盛世的序曲

南北朝的最后五十年

一苇◎著

中国出版集团　现代出版社

图书在版编目（CIP）数据

盛世的序曲：南北朝的最后五十年 / 一苇著 . --
北京：现代出版社 , 2020.6
ISBN 978-7-5143-8654-7

Ⅰ . ①盛… Ⅱ . ①一… Ⅲ . ①中国历史—南北朝时代
—通俗读物 Ⅳ . ① K239.09

中国版本图书馆 CIP 数据核字 (2020) 第 091475 号

盛世的序曲：南北朝的最后五十年

作　　者　一　苇
责任编辑　姜　军　王志标
出版发行　现代出版社
地　　址　北京市安定门外安华里 504 号
邮政编辑　100011
电　　话　010-64267325　64245264（传真）
网　　址　www.1980xd.com
电子邮箱　xiandai@vip.sina.com
印　　刷　三河市国英印务有限公司
开　　本　710mm×1000mm　1/16
印　　张　23.25
字　　数　427 千字
版　　次　2020 年 6 月第 1 版　2020 年 6 月第 1 次印刷
书　　号　978-7-5143-8654-7
定　　价　52.00 元

历史的暗处

（序言）

公元 395 年，罗马帝国皇帝狄奥多西在米兰驾崩。按照狄奥多西的临终遗嘱，帝国最高当局做出一项重大决定：将帝国领土划分为东西两块，分别交由狄奥多西的长子和次子继承，这也就是后来的东罗马帝国和西罗马帝国，罗马帝国自此正式分裂。

一百多年之后，在世界的另一端，中华大地上也发生了极为相似的一幕。公元 534 年，北魏孝武帝元脩出奔关中，北魏宣告灭亡。控制北魏朝政的权臣高欢，在洛阳拥立元善见为帝，后迁都邺城，是为东魏。而宇文泰迎元脩于关中，之后又另立元宝炬为帝，定都长安，是为西魏。

罗马帝国分裂为东罗马帝国和西罗马帝国，北魏王朝分裂为东魏和西魏。从表面上看，这两起历史事件是何其相似，就连发生的时间也只相隔了一百余年而已。

然而，历史终究是不同的。罗马帝国分裂之后，便陷入了蛮族入侵的泥潭，西罗马帝国随之灭亡，欧洲历史进入了长达十个世纪的黑暗的中世纪时代。而北魏王朝分裂之后，东魏被北齐所取代，西魏被北周所取代，北周最终完成了统一，并且孕育出了三百年的隋唐大一统大繁荣时代，这也是中国历史上最为光辉灿烂的一页。

同样是帝国分裂，罗马帝国走向了四分五裂并进入了黑暗的中世纪，而北魏王朝却在分裂中迎来了新生，并为之后的隋唐盛世奠定了基础。

我们不禁要问，看似相同的历史现象，为何却有着截然不同的历史走向，到底是什么主宰了欧洲和中国背道而驰的历史命运呢？

欧洲的历史且不论，单说中国历史的发展。笔者觉得，决定历史走向的答案就隐藏在从北魏分裂到隋朝大一统的这50多年的历史当中，也就是中国南北朝时代的最后50年。

东汉中平元年（184），黄巾起义爆发，从这一年起中国历史就进入了长达四百年的割据战乱时期。其间仅有西晋王朝实现了30余年短暂的和平统一局面，其余时间中国的历史都处于分裂和战乱之中，直到隋朝开皇九年（589），中国才迎来了第二次大一统，隋唐盛世也随之来临。

在这四百年间，诞生了十数个王朝，更有上百位帝王竞逐于中华大地之上，然而，在这四百年的纷扰中，除了晋武帝司马炎，竟然再无一人能实现天下一统。即便也有诸如苻坚、刘裕等英雄帝王，却也无力拾掇这片破碎的山河。

然而，在南北朝时代的最后50年，历史的进程却突然加快了，从三足鼎立到天下一统，历史在这50年里发生了翻天覆地的变化。我们简要地梳理一下南北朝这最后50年的历史进程。

第一阶段：公元534年，北魏分裂为东魏和西魏，东魏被北齐所取代，西魏被北周所取代。

第二阶段：公元548年，梁朝发生侯景之乱，战乱历经数年才被平息，南朝自此由盛转衰，西魏在这场战乱中攫取了南朝大片领土，北强南弱的局面自此奠定，战乱平定后5年，陈朝代梁而立。

第三阶段：北周吞并北齐，北周实现了北方的统一，杨坚受禅代周，于581年建立隋朝，589年南平陈朝，终结了南北乱世，实现了大一统。

我们可以看到，在这50年的历史当中，有一个朝代是其中关键性的一环，这就是北周王朝。

北周，历五帝，共25年，这在中国历史长河中只能算一朵小小的浪花。然而，北周却上承北魏，下启隋唐，是联结北魏和隋唐的重要纽带。换句话说，研究北周王朝，是研究从南北朝乱世到隋唐盛世这一历史大转折的一把秘钥。

事实上，如果再对这50余年的历史细分的话，我们会发现，历史的进程突然加快的关键性时间节点是在北周建德元年（572），这一年也是周武帝宇文邕亲政的第一年。

我们发现，从周武帝宇文邕亲政之日起，历史的脚步就开始突然加快，尤其是在周武帝宇文邕当政的短短6年时间里，他完成了统一北方的伟大功业，同时又击败了南方的陈朝，迫使陈朝龟缩于江南一隅，为之后的隋朝大一统奠定了坚实的基础。可以说，周武帝宇文邕在这段历史中发挥了至关重要的作用。

而且，从北魏到北周，从北周到隋唐，有一个非常有趣的现象。北魏、北周、隋、唐，这不仅是四个连续的朝代，而且这四个王朝的统治者都互结姻亲。就拿周武帝宇文邕为例来说，宇文邕其实有着多重身份，北魏末帝元廓是宇文邕的舅舅（元廓是宇文邕嫡母元氏的哥哥），他和隋朝开国皇帝杨坚是儿女亲家（宇文邕的长子宇文赟娶了杨坚之女杨丽华为皇后），他也是千古明君唐太宗李世民的舅姥爷（唐太宗母亲窦氏太穆皇后是宇文邕的外甥女，换句话说，唐太宗的外婆襄阳长公主是宇文邕的姊妹）。

四个连续的朝代，同时还互结姻亲，这在中国历史上也是独一无二的现象。当然，如果你对以上这些错综复杂的姻亲关系感觉毫无头绪，这也没关系，后文中笔者会逐一梳理。此处想要表达的主要观点是，北魏、北周、隋、唐其实是一个庞大的婚姻政治集团，从北朝到隋唐，这一集团主宰了中国三百年的历史。历史学家陈寅恪将这一集团称作"关陇集团"。

有时人们把独孤信称作"三朝国丈"，他的三个女儿分别嫁给了三个皇帝，而且还分属北周、隋、唐三个朝代。这一现象看似很神奇，但如果你了解到它所发生的背景正是"关陇集团"这样一个关中豪强内部的话，其实也就不难理解了。因为这一集团主要就是依靠婚姻和血缘把众多家族捆绑在一起的，正所谓一荣俱荣，一损俱损。

清代学者赵翼在《廿二史劄记》中言："周、隋、唐三代之祖皆出于武川。……区区一弹丸之地，出三代帝王，周幅员尚小，隋、唐则大一统者，共三百余年，岂非王气所聚，硕大繁滋也哉！"事实上，哪里有什么"王气所聚"，不过是北周、隋、唐均发迹于这一军事政治集团而已。

杨坚在北周享有至高无上的外戚的地位，李渊是隋炀帝的表兄弟，在隋朝担任太原留守，隋唐两大帝国的缔造者在前朝均担当国家枢要，最后夺取政权也是自家人内部在争权夺利。因此，北周、隋、唐三个朝代的禅代，从本质上来说，就是统治集团内部的权力交替。

当然，南朝在这段历史中的作用我们也不能忽视。南朝，或者称六朝，虽然政权更迭频繁，但由于改朝换代所引发的战乱较小，因此，相较于北朝而言，它的环境相对比较和平安定。因此，南朝更好地保留着汉晋以来的传统制度和文化，中华文明的火种在南朝得到更好的发展。同时，大量中原人口的南迁，也极大地促进了江南地区的开发，经济也呈现出一片繁荣景象。唐朝在后来的发展中，表现出非常强烈的"南朝化"倾向，这和南朝三百年的历史发展是不可分割的。

罗马城不是一天建成的，隋唐盛世的出现也绝非偶然，在这段看似混乱而黑暗的 50 年的历史上，却酝酿着走向和平和统一的因素，这个时代不乏黑暗，但也不缺光明；这个时代不乏荒诞，但也不缺英雄梦想。

接下来，就让我们一起来认识和解读周武帝宇文邕的传奇一生，以及他所处的那段 50 余年的南北朝走向终结的风云时代，一起来探寻隐藏在隋唐盛世前夜的这一段历史密码，一起走进中华民族从烈火中走向重生的这一段辉煌历程。

目录 / Contents

第一章

关陇传奇——北周奠基人
宇文泰的奋斗史

西巡托孤

公元 556 年，即西魏恭帝三年，暮秋九月。

在中原大地的最西部，在群山逶迤的狭长古道上，一队车马正浩浩荡荡地向西而行，黑色的旌旗遮天蔽日，如同游弋于群山中的黑色巨蟒。

这队车马的行制和仪仗，都非同凡响，显然是只有帝王才能享用的规制和等级。事实上，乘坐在车驾之中的那个人不仅不是皇帝，也非皇亲贵胄，那么，这个人是谁呢？

他就是西魏王朝的当朝丞相，位列太师，大冢宰，宇文泰。

宇文泰名为丞相，但实际上，他是这个国家的缔造者，以及实际上的统治者，是他亲手缔造和建立了这个鲜卑族人的国家，而那个坐在龙椅上的皇帝元廓不过是被他控制的傀儡。

换言之，宇文泰和皇帝元廓的关系，如同昔日的曹操和汉献帝的关系。

从山河拱戴、沃野弥望的关中国都长安出发，一路西驰，在这茫茫的黄土大塬上，宇文泰已经出巡了有五个月之久。

从四月的孟夏到九月的暮秋，天气已渐渐趋寒，当西巡队伍行至牵屯山（今甘肃省平凉市西北，属六盘山）的时候，宇文泰也在"秋老虎"肃杀的威势之下一病不起，病情迅速恶化。

此时的宇文泰，刚到 50 岁知天命的年纪，他似乎预感到自己大限将至，于是命令队伍班师回朝，同时暗中派人快马加鞭先行赶往长安，通知一个重要人物即刻赶到。

这个在宇文泰眼中极为重要的人物，就是西魏当朝的小司空，也是宇文泰的侄子，更是被宇文泰视作宇文家族的希望，他就是宇文护。

于是，宇文泰的车马向着长安进发，宇文护也快马加鞭向着宇文泰飞驰而来，两人最终在泾州（今甘肃泾川北）相遇，宇文护的这个速度也是够快的了。

《周书》记载，此时的宇文泰已经"疾已绵笃"，显然已经病入膏肓了。病榻上的宇文泰，看着自己的侄子宇文护姗姗来迟，强憋着最后一口气，对宇文护做了临终托付。

宇文泰说："我现在这个样子，怕是不行了，我的儿子们都太幼小，国家又不安宁，今后这个国家的担子，就全都交给你了，你一定要努力去完成我的事业。"

谓护曰："吾形容若此，必是不济。诸子幼小，寇贼未宁，天下之事，属之于汝，

宜勉力以成吾志。"

——《周书·晋荡公护传》

　　面对叔叔的嘱托，宇文护只能一边哭泣一边应允。就这样，一场帝国最高权力的人事交接完成了。然而，真的完成了吗？我相信，宇文泰的心中一定充满了挣扎和纠结，他对宇文护充满了诸多疑虑却又无可奈何。而宇文护的内心也同样五味杂陈，因为他根本没想到叔叔宇文泰会把国家权柄交给位卑言轻的自己。

　　其实，在宇文泰的心中，宇文护并非是一个真正可以托付后事的人。宇文护缺乏历练，更缺乏政治经验，对于朝政大事也缺乏了解，虽然已经是43岁的中年人，但在政治上却只是一个初出茅庐的"小辈"。更为重要的是，西魏王朝是一个以军功论地位高低的国家，宇文护的资历和战功都尚浅，他的功绩还支撑不起他出任国家一把手的地位，那些元老重臣对他必然不服。

　　本来，宇文泰一直最看好另一个侄子宇文导，并封他做了大将军，无论是军功还是威望，宇文导都高人一筹，都足以让他震慑那些元老重臣。然而，天有不测风云，就在两年前（554），宇文导正值壮年便溘然离逝，年仅44岁。宇文导的去世令宇文泰既痛心又失落，痛心于他失去了一个有力的臂膀，失落于原本算好的托孤计划彻底泡汤了。

　　而当时宇文泰的家族中，除了宇文导之外，并没有一个如宇文导一般，具有丰富政治经验，可以担当此重任的人。既然没有理想人选，那就只能在矮子里挑高个了。于是，宇文泰的目光便落在了宇文护的身上。

　　宇文护是宇文导的亲弟弟，也是宇文泰子侄辈中年龄最大的，虽然政治和军事经验尚浅，但还是立过军功的。毫无疑问，宇文护成为宇文泰心中唯一能够寄予希望的人，因为在整个宇文家族之中，宇文泰已经找不到第二个合适人选了。

　　对宇文泰来说，他除了信任宇文护，还能信任谁呢？宇文泰本想好好栽培宇文护，然而时间不等人，他自己也没想到，会在这次西巡中一病不起，宇文泰也只能这样匆匆忙忙赶鸭子上架了。

　　在此次西巡之前，宇文泰已经正式册立嫡长子宇文觉为世子，并象征性地拜他为大将军，这也就意味着宇文觉成了宇文泰的合法继承人。然而，宇文觉年仅十五岁，十分幼小，怎能独自担当大任，主弱臣强，势必会被那些元老重臣所挟持，因而，就必须有一个自己信任的辅政大臣来辅佐才行。除了任命宇文护为辅政大臣，宇文泰已经别无选择。

　　西魏的这片江山是宇文泰毕生的心血，宇文泰不希望自己的心血付诸东流，他知道自己马上就不行了，一只脚已经踏入鬼门关，随时都有可能见阎王，于是便做出了临终前的这一决定，任命宇文护为托孤重臣。

十月，宇文泰病逝于云阳宫（今陕西淳化县），享年 50 岁，他戎马倥偬的一生也就此画上了句号。

然而，宇文泰只能看到他生前的功业，看到他一手缔造的西魏王朝；宇文泰无法看到，在他的身后，北周、隋、唐将依次接过历史的接力棒，在他的肩膀上创造出更为辉煌灿烂的历史。

可以说，公元 556 年的这个初冬十月，对宇文泰而言是人生的终点，但对于继承宇文泰遗产的北周、隋、唐三朝而言，却可以看作一个起点。

属于宇文泰的时代结束了，属于隋唐的历史在这一刻奏起了序曲。

魏裂东西

在讲宇文泰身后的故事之前，我们有必要再来回顾一下他生前的时代，以及他英雄的一生，因为历史从来都是环环相扣的，在宇文泰的时代所发生的诸多历史事件，都深刻影响着之后历史的走向。

公元 534 年，北魏分裂为东魏和西魏，在南北朝的历史上，这是一个标志性的历史事件。

然而，北魏分裂的种子其实早在 40 年前就埋下了。40 年前到底发生了什么呢？

公元 494 年，北魏太和十八年，北魏孝文帝拓跋宏正式宣告从平城（今山西大同）迁都至洛阳。

也正是从这一刻开始，北魏孝文帝开始了一系列的全面汉化改革，汉化改革包括移风易俗、改汉姓、穿汉服、说汉话、实行汉魏官制等。孝文帝自己积极做出表率，改姓"元"，因此他的名字也叫元宏。

中学历史教科书对孝文帝改革多有表述，同时，也多从积极的方面来评价孝文帝的汉化改革，认为孝文帝的汉化改革极大地促进了民族融合。然而，我们要知道的是，历史上的任何一次改革都不是一帆风顺的，也不可能有利无弊。

在当时，一大批鲜卑旧贵族就极力反对孝文帝，其中就包括他的太子元恂。就在孝文帝迁都洛阳两年之后，太子元恂在洛阳发动叛变，企图逃回平城。孝文帝为了坚定汉化改革，不惜将元恂废黜，贬为平民，最后将其赐死于狱中。

因此，孝文帝的迁都之举以及一系列汉化改革，引起了鲜卑旧贵族的极大不满。而且，随着北魏的政治中心南移，跟随到洛阳来的贵族和官员地位得到了提升，而留守在旧都平城的鲜卑贵族和军人的地位却一落千丈，这种南北两大阵营地位的强烈对比直接为北魏后来的灭亡埋下了种子。

孝文帝的汉化改革最终走向了两个极端。在南边的洛阳，汉化的贵族和官员开始奢侈腐化，沉溺声色犬马，争权夺利，而在北边的平城，保持着鲜卑旧俗的贵族和军人依旧过着部落式的生活，经济困难，物质匮乏，待遇低下，几乎成了被国家遗忘的对象，甚至还要遭受洛阳贵族的歧视。

这种南北矛盾，不仅从未得到北魏王朝的解决，而且经过三十多年的历史沉淀之后，最终演化为一场历史的灾难——六镇起义。

何为"六镇"？"六镇"是北魏王朝在平城以北设立的六个军镇，目的是防御来自北方草原的柔然民族以及守卫旧都平城，位置在今天的内蒙古南部和河北北部，从西向东依次是沃野镇、怀朔镇、武川镇、抚冥镇、柔玄镇、怀荒镇。后来的宇文泰、高欢，以及隋唐的先祖都发迹于六镇。

公元 523 年，破六韩拔陵率先揭竿而起，其余军镇也纷纷响应，由此拉开了六镇起义的序幕。

这场起义席卷了北魏的大半个江山，而北魏朝廷内部却还在争权夺位，于是，历史的机遇最终落到了军阀尔朱荣的手中。

尔朱荣大字未必识几个，却是一个极富军事才能的人，他从一支小小的义军，逐渐壮大自己的势力，几无败绩，逐步将整个北方囊入怀中，同时招降纳叛，收拢起一众人才，这其中就有东魏和西魏的缔造者——高欢和宇文泰。

尔朱荣坐大之后，开始觊觎身处洛阳的北魏朝廷。公元 528 年，他借着勤王的名义，杀入洛阳，将主政的胡太后和幼帝元钊在河阴（今河南孟津）抛入黄河，杀戮公卿百官 2000 余人，史称"河阴之变"。

《魏书》记载，河阴之变之后，"天下闻之，莫不切齿"。尔朱荣的滥杀屠戮，最终也让他被世人所唾弃。可能正是由于尔朱荣在历史上的恶名，后来黄巢攻入长安以及朱温发动"白马之祸"时，对朝臣百官的杀戮程度都相对有所收敛。

至此，北魏王朝只是名义上姓元，实际已经成为尔朱氏的朝廷了，北魏几乎已经成为一具空壳，灭亡只是时间早晚的问题。

然而，尔朱荣的日子并没有好过多久。公元 530 年，不堪压迫的傀儡皇帝孝庄帝元子攸便联合几名近臣，埋伏于大殿之上，最终将尔朱荣诛杀。

尔朱荣一死，北魏朝堂便陷入群龙无首的状态，局面也再次混乱起来。

虽然说孝庄帝元子攸杀掉了尔朱荣，但是他依然无法掌握真正的实权，自己最终也命丧于尔朱荣之堂侄尔朱兆的手中。尔朱兆虽然继承了伯父尔朱荣的衣钵，但他没有伯父的军事威望和军事才能，在与高欢的战争中，连连溃败，最终兵败自杀。就这样，北魏的朝政落入高欢的手中。

高欢入主洛阳之后，从民间农舍迎立元脩为帝，这就是北魏孝武帝。然而，元脩虽然感念于高欢的拥立之恩，但他却并不甘心做一个傀儡帝王，元脩自知不是高欢的对手，最终率众西逃至关中。

此刻的关中是宇文泰的天下，元脩的投奔，让宇文泰欣喜不已，宇文泰甚至亲自在长安城外恭迎。宇文泰本就缺乏和高欢对抗的资本，孝武帝元脩的投奔，相当于让宇文泰获得了"挟天子以令不臣"的机会。

高欢没办法，只好另立元善见为帝，为了防范皇帝再次西逃，便迁都于邺城。宇文泰见高欢又新立了皇帝，手中这个元脩反而显得碍手碍脚，索性将元脩毒杀，另立了随同元脩入关的元宝炬为帝，并且也以魏自称。

因此，严格地说，历史上并不存在"东魏"和"西魏"这样的叫法，"北魏"也是不存在的，在当时的历史中，他们都以"魏"为国号，都自称魏国，只是今人为了区别这些王朝才用方位加以区分。

自此，北魏宣告正式灭亡，历史进入了东西魏对立的时代，这同样也是宇文泰和高欢双雄争锋的时代。

关中黑獭

随着北魏的分裂，历史进入了另一个三国时代。

在北方，是东魏—北齐政权和西魏—北周政权；在南方，是南梁—南陈政权，可谓三足鼎立。

说起三国，可谓家喻户晓，一部《三国演义》让这段历史成为坊间巷尾津津乐道的话题。然而，提起南北朝后期另外一段三国历史，恐怕了解的人就不是那么多了。

也许是历史的巧合，前一个三国，开启了魏晋南北朝四百年的乱世，而后一个三国，却成为魏晋南北朝四百年乱世的终结，前一个上承秦汉，后一个下启隋唐，实在是值得后人玩味。

如果以国力作排名，在后三国时代的初期，东魏政权是那个时代的最强者，南梁政权居中，而西魏则一度处在垫底的位置。

东魏地盘最大，而且所占据的都是当时经济最发达的几个区域，人口也最多，囊括了今天河北、山东、河南、山西、苏北、皖北这些区域，而西魏的地盘主要以关陇盆地为主，可谓地瘠民贫，经济凋敝，力量对比不可谓不悬殊。

然而，实力最弱的西魏却能顽强地屹立于关陇地区不倒，并且最终在北周时代完成华丽逆袭，一举吞并北齐，统一北方，这堪称历史的奇迹。而这一切都要归功于西魏—北周政权的奠基人——宇文泰。

宇文泰，字黑獭，出生于鲜卑宇文部。獭，是一种生活在草原上的鼠科动物，黑獭也就是黑色的旱獭，不仅生存能力强，而且擅长打洞和造穴。

在传统汉文化里，取字一般都喜欢取具有美好寓意的字，然而宇文泰却取字黑獭，显然这并非汉族传统。事实上，在北朝历史上，以动物名字取名或者取字，是非常普遍的一个现象，是胡人习俗的一种体现，就连许多汉人都染此风俗。比如，西魏名将王罴，取字熊罴，但他出身京兆王氏，是根正苗红的汉人氏族。

宇文泰，取字黑獭，很可能是因为，泰和獭读音非常接近，另外又由于宇文泰天生长得黑。《周书》记载，宇文泰出生时"生而有黑气如盖"，而且"背有黑子"，也就是背上长满了黑痣。抛去帝王神话色彩不谈，宇文泰显然是个天生的"黑种人"。

在六镇起义的烽烟中，宇文家族可谓颠沛流离，居无定所，宇文泰的父亲、大哥、二哥相继死于战乱，最后只剩下宇文泰和他的三哥宇文洛生相依为命。然而，宇文泰唯一的一个亲兄弟最终也命丧黄泉，杀他的人就是上文所说的尔朱荣。

按道理讲，宇文泰也应该随同他三哥宇文洛生一起被杀的，然而，在关键时刻，宇文泰却在尔朱荣面前激动地慷慨陈词起来，诉说起家族的苦难以及哥哥的冤屈。

或许是宇文泰的哭诉实在太过煽情，也或许是宇文泰的表演极具感染力，一向杀人如麻的尔朱荣竟然也被感动了，于是便放了宇文泰，还将他收入麾下。此时的宇文泰不过 20 岁出头，却有如此过人的胆识，不管他这番慷慨陈词是有感而发，还是故意"作秀"，都令人刮目相看。

接下来，宇文泰又遇到了一个贵人，同时也是武川镇的同乡和世交，正是由于跟对了这个人，宇文泰的人生开始走上了快车道，此人就是贺拔岳。

贺拔岳，出身于武川镇，后来他和哥哥贺拔胜都追随了尔朱荣，成为尔朱荣帐下的得力干将，而宇文泰则又是贺拔岳的部下。

公元 528 年，关中的大片地区被万俟丑奴的军队完全占领，并且以天子自称，设置百官，严重威胁着尔朱政权。于是，公元 530 年，贺拔岳便在尔朱荣的任命之下，率兵征讨关中。

在此次西征过程中，贺拔岳招募和笼络了一大批武川英豪，其中就包括宇文泰以及一个叫作李虎的人。李虎这个名字，你可能会觉得陌生，但是他的后代你一定如雷贯耳，唐朝开国皇帝李渊就是他的孙子，唐太宗李世民就是他的曾孙。

这也就是后来关陇贵族集团的雏形，而贺拔岳则可以看作关陇贵族集团的第一代领袖人物。

就在贺拔岳平定关中之后，尔朱荣在洛阳被孝庄帝元子攸杀害，贺拔岳索性一举将长安攻占下来，关起门来，据守关中，并大力开展生产建设。贺拔岳也开始有点飘飘然，而且心里非常清楚，此时无论是尔朱家族，还是高欢，都拿他贺拔岳没办法，完全可以关起门来当个土皇帝。

然而，明枪易躲，暗箭难防，高欢在这个时候却玩起了阴的——离间计。

当初率兵征讨关中之时，贺拔岳担任的是左大都督，而另外一个叫作侯莫陈悦的将领则担任右大都督。两人一同入关，地位和官职都大致相当，然而，贺拔岳无论是战绩还是能力，都远胜侯莫陈悦，最终贺拔岳成为关中的最高长官，而侯莫陈悦却几乎原地踏步。虽然侯莫陈悦表面上和贺拔岳称兄道弟，实际上他早就对贺拔岳充满了怨恨。

高欢不愧是玩弄人心的高手，他派出一个叫作翟嵩的使臣前往关中，面见失落的侯莫陈悦。翟嵩三言两语，便使侯莫陈悦对贺拔岳心生杀意。最终，侯莫陈悦在和贺拔岳的一次会晤中，将贺拔岳刺杀。

贺拔岳就这样倒在了血泊之中，高欢的离间计得逞了。但是，令高欢万万没有想到的是，贺拔岳虽然倒下了，另一个不知名的"小人物"却出场了，而这个人最终成为高欢的心腹大患。

这个"小人物"就是宇文泰。相比于高欢的崛起，宇文泰要晚得多，换句话说，高欢开始当老大的时候，宇文泰还只是个跑龙套的小弟，宇文泰最多只能算是个后起之秀。

宇文泰在贺拔岳的提拔之下，逐渐成长为一颗军政新星，并且为贺拔岳提出了诸多极富远见的意见，最终成了贺拔岳的左膀右臂。而且，在辅佐贺拔岳期间，宇文泰就表现出了极高的政治天赋。比如，在平定万俟丑奴之后，宇文泰出任原州刺史，积极发展生产建设，抚恤黎民，百姓对他赞赏有加。

也许这就是历史的宿命，早年的宇文家族，因为经常站错队，父亲兄弟几乎都死于非命，而当宇文泰跟定贺拔岳之后，他的人生就像坐上了火箭，事业蒸蒸日上，一片前途似锦。

而贺拔岳的突然遇刺，再一次将宇文泰推向了历史的前台。在武川部将的拥戴之下，宇文泰接管了贺拔部，成了关中的新主人。

说起来，宇文泰的上位其实充满了历史的偶然性和戏剧性。在这场权力的交接过程中，宇文泰远在他方，因此他并没有主动去争取权力的可能，而他最后所获得的领袖地位，实际上是一场公开推举的结果，而推举宇文泰的人都是忠心于贺拔岳的武川人。

可以说，这是一场没有夹杂私心的公开推举。

起初，大家推举的是年纪最长的寇洛，然而寇洛很有自知之明，以能力不足为由坚决推辞掉了。最后大家只好推举了宇文泰，因为大家都知道贺拔岳最器重的就是宇文泰，宇文泰的能力也毋庸置疑。大家都是武川人，都是穿一条裤子打拼出来的，一起站过岗，一起扛过矛，谁还不清楚谁的底细？而这个时候，宇文泰还远在夏州，连他自己都不知道自己已经成为关中的新领袖了。

事实上，在这场选举中，只要有谁但凡有点私心，最终都不可能会选宇文泰当接班人。因此，宇文泰不仅是幸运的，而且武川军人之间这种纯粹的不计利益的患难之交也实在令人感佩。

宇文泰成为新领袖之后，大家都对他心悦诚服，没有叛乱，没有倒戈，可见这场"民主选举"是对的，宇文泰有这个实力和资本。从这一刻开始，宇文泰也成了当时实力仅次于高欢的人。而这一切，都被高欢看在眼里，不知道这时的高欢作何感想呢？

公元534年闰十二月，宇文泰毒杀投奔而来的孝武帝元脩，次年，公元535年正月初一，宇文泰拥立元宝炬登基称帝，改年号大统，西魏正式建立。

与此同时，宇文泰继续收拢武川英豪，其中收获了三个极其重要的人物——贺拔胜、独孤信和杨忠。

贺拔胜，贺拔岳的兄长，游走于高欢和南梁之间，威望甚高，实力不容小觑；独孤信，也就是后人常说的"三朝国丈"，三个女儿分别嫁给了三个王朝的皇室，成为三朝外戚，古往今来唯此一人；杨忠，三人中资历最浅的，隋朝开国皇帝杨坚的父亲。

至此，关陇贵族集团便呼之欲出了。

帝国设计师：苏绰

作为一个优秀的政治家，不仅要做到马上得天下，更要懂得马下治天下的道理。

这个道理虽然说起来简单，但是实际能做到的人却很少，多数人往往是马上得天下之后，还想继续在马上治天下，最终滑向了毁灭的深渊。

远的例子不多说，就说尔朱荣，他其实是个卓越的军事统帅，一生罕有败绩，然而夺取北魏的权柄之后，却只懂得用残暴的手段来治理朝堂，失尽人心，政治上表现得天真而幼稚，最终死于非命，丢了天下。

公元535年，西魏建立，宇文泰成为西魏的实际掌舵人。

此时此刻，摆在宇文泰面前的，正是这个永恒的政治问题——靠武力可以打下一片天下，但是这个国家该如何来治理呢？

上文说过，西魏在建立之初，是后三国之中疆域最小、人口最少、实力最弱的，而东魏则是三国中的最强者。这种敌强我弱的局面，让宇文泰心中始终充满着危机感。一旦东魏大军压境，西魏王朝随时都可能土崩瓦解，化为乌有。宇文泰深知，高欢不是那种偏安一隅、安于现状的庸人，事实也正如宇文泰所料。

公元537年正月，此时距离东、西魏建国不过两年多，高欢纠集北、中、南三路兵力，他亲率北路兵力，驻军蒲坂（今山西永济），在黄河上建起三座浮桥，随时准备西渡黄河。

面对来势汹汹的东魏大军，宇文泰知道，高欢这是要倾尽兵力，迫不及待要把自己给吞了。可是，西魏地乏兵弱，该拿什么来和东魏抗衡呢？而且，就在上一年，西魏刚刚经历了罕见的大饥荒，灾情不是一般的严重，用史书的描述来说就是"人相食，死者十之七八"。对西魏来说，这是雪上加霜；对东魏来说，这却是天赐良机。

宇文泰临危不乱，迅速召开军事会议，商讨对敌之策。

按照常理来说，高欢是主动进攻，而且要跨越黄河天险，西魏还有"一夫当关万夫莫开"的潼关要塞，最佳的御敌之策应该是据险而守，坚壁清野，和敌人拼消耗。毕竟东魏长途远征，拼消耗一定是可以拼得过的。

然而，宇文泰却选择了进攻。

宇文泰在会议上说道："东魏敌众我寡，敌军兵分三路，我军如果分兵御敌必然会导致兵力分散，这就正中了高欢的下怀，很容易被敌人各个击破，与其防守，不如主动出击，集中优势兵力，去进攻敌人的软肋，而且要出其不意。"

接着，宇文泰继续说道："中路军统帅窦泰，号称常胜将军，手下都是一群骄兵，必然会对我方轻敌，是最容易攻破的，中路一旦击破，另外两线必然溃败。"

宇文泰虽然从来没有以统帅的身份打过什么大仗，但是他的这番话，却极富军事智慧，不由得让人佩服。

最终，宇文泰选择以迅雷不及掩耳之势，在小关突袭中路敌军，斩杀统帅窦泰首级，歼灭东魏数万精兵，最终大获全胜。高欢闻讯，痛失爱将，伤心欲绝，军心也随之大乱。他自知已经无力再战，只好狼狈撤军。

这就是东、西魏的第一场交锋——小关之战。

宇文泰凭借他的超凡胆识和魄力打赢了这场看似不可能胜利的战争，然而，平心而论，小关之战虽然精彩，但却具有很大的冒险因素，一旦稍有差池，必然兵败国灭。赌运气，终究不是办法，唯一的办法只能是让自己变强。

谁来帮助宇文泰实现强国梦呢？宇文泰其实已经物色好这个人选了，而且，在这场小关之战中，宇文泰更加坚定了自己的想法。

这个人就是苏绰。

就在战前军事会议上，当宇文泰提出他的对敌之策时，几乎所有部将都持反对意见，唯独武将达奚武和一个文官赞同宇文泰的策略，这个文官就是苏绰。于是，宇文泰也让苏绰随军参战，擒杀窦泰。

苏绰是谁？不同于宇文泰身边的这些武川鲜卑军人，苏绰是个地地道道的汉族文人，而且是名门望族之后。

宇文泰要宰制关陇，就必须笼络当地的汉族豪强，也就是这个机会，让苏绰来到了宇文泰的身边。

起初，宇文泰只是将苏绰任命为郎中，也就是普通的政府文员。然而，苏绰却在平凡的岗位上做出了不平凡的业绩，公文上传下达，从来没有出过差错，所有公务都能处理得井井有条。而且，各部门的同事有任何疑难问题，苏绰都会不吝答疑解惑，几乎所有的同事都称赞苏绰的才能。

就连苏绰的上司周惠达，也经常向苏绰请教问题。周惠达在西魏堪称萧何式的人物，宇文泰每次出征，都是周惠达负责镇守后方，地位相当于宰相。可就是这样的一个人物，也会被宇文泰问到不知道的问题，他只能去向苏绰请教。

这样一来二去，周惠达这个中间人便将苏绰引荐给了宇文泰，并称赞苏绰有"王佐之才"。而宇文泰的心里跟明镜似的，宇文泰说："吾亦闻之久矣。"（引自《周书·苏绰传》）

此后，苏绰就成了宇文泰的贴身秘书，不论大事小事，宇文泰都要向苏绰询问，而苏绰每次都能对答如流。最后，宇文泰竟然经常邀请苏绰谈话至深夜，苏绰向他阐述帝王大道，以及申不害、韩非的刑名之学和帝王之术。宇文泰听得入迷，便不自觉地身体前倾，跪坐到席子前面，一直谈话至天亮，都不觉得厌倦和疲惫。

对此，《周书·苏绰传》做了十分生动描述和记载：

> 遂留绰至夜，问以治道，太祖卧而听之。绰于是指陈帝王之道，兼述申韩之要。太祖乃起，整衣危坐，不觉膝之前席。语遂达曙不厌。诘朝，谓周惠达曰："苏绰真奇士也，吾方任之以政。"

关于宇文泰和苏绰之间，还有一个流传甚广的段子。据说，宇文泰向苏绰请教如何治国，而苏绰的回答是"用贪官，治贪官"，换句话说就是"以贪治贪"。这个故事看起来非常奇特，逻辑也很诡异，但是十分抱歉，这个故事纯属好事者杜撰，由于在网络上流传甚广，因此在这里有必要做一下辟谣。

事实上，西魏当时穷得叮当响，怎么可能支持整个国家实行"以贪治贪"，这显然不符合西魏的国情。而且，在苏绰后来的改革政策中，倡导清廉是非常重要的一项，这也和实际情况相悖。

从公元541年开始，由苏绰主持的改革便如火如荼地展开了。苏绰首先把改革的重点放在了提高行政效率和增加财政上。他提出裁减多余的官员，只设置了两个令长，并且实行屯田，从而增加财政和军用开支。

当年九月，苏绰又草拟了六条改革方案，经宇文泰批阅之后，正式颁行，这就是历史上著名的"六条诏书"，也称"治国六条"。它成为当时西魏推行改革的纲领性文件，对西魏的崛起以及后来北周的改革都产生了重大影响。

这六项改革方案分别是：

第一，清心；第二，敦教化；第三，尽地利；第四，擢贤良；第五，恤狱讼；第六，均赋役。

概括起来，主要就是两个方面：一方面，整饬吏治，革新社会风气，一二四五都属于这一方面；另一方面，改革土地和赋税制度，增加财政和税收，从而达到国富民强的目的，三和六都属于这一方面。

宇文泰非常看重苏绰提出的这六项改革方案，并要求各级官员深入学习和领会改革精神，还要定期考核，考核不合格者，取消做官资格。苏绰不负宇文泰的嘱托，改革政策推行之后，社会风气顿时为之一新。

不过，苏绰的改革也有它的局限性。比如第一项"清心"，实际上是倡导官吏廉洁自律，但是，对于朝廷而言，是不可能做到大力度反腐的。为什么呢？因为当时天下三分，很多官员的朋友或者亲眷都在敌对国家，如果实行大规模的反腐运动，必然导致人才外流。因此，东魏和西魏虽然都在倡导廉洁，但主要还是在做表面文章，喊喊口号，实际上朝廷对腐败是睁一只眼闭一只眼的态度，腐败抓得不能太严，否则官员会直接叛逃到敌国。

苏绰的六项改革中，还有一处闪光点，这就是第四项"擢贤良"。魏晋以来，官员选拔主要按照门第高低，用苏绰的原话来说就是"自昔以来，州郡大吏，但取门资"，"门资"也就是门第。而苏绰却提出罢"门资"，选贤良，这其实是在和当时的门阀社会相对抗。虽然有进步意义，但实际上在当时极难做到，这也可以看作苏绰改革的局限之处。

但总体而言，苏绰的六项改革，确实为当时陈旧的社会注入一股新鲜空气，涤荡了当时社会的不良之风，更重要的是，为国家财政开源节流，经济状况为之一振。

　　然而，光有这些改革就够了吗？还不够。因为在当时，西魏社会的主要问题是不平等的民族关系。

　　社会风气的确越来越淳朴了，百姓的日子也越来越幸福了，但是尖锐的民族矛盾却还非常突出，尤其是在军队之中，胡汉矛盾时常激化，直接导致兵源不足和战斗力下降。

　　那么，该如何来解决这个矛盾呢？

苏绰的遗产

　　在整个魏晋南北朝时代，民族矛盾和民族融合是一个永恒的话题。

　　民族关系处理不好，往往会导致国家衰亡，比如曾经强盛一时的前秦和北魏，尖锐的民族矛盾是他们走向灭亡的一个重要原因。

　　可以说，近四百年的魏晋南北朝，尤其是北方王朝，无不在面临着同一个问题——怎样解决民族矛盾，这也是摆在所有多民族王朝统治者面前的一道难题。

　　宇文泰为这道长期困扰历代统治者难题交出了一份漂亮的答卷。

　　苏绰在提出"六条诏书"之后，又提出了十二条新制，最后又扩充为二十四条。苏绰的改革，是以发展经济为重心，这也是当时西魏最急迫的。

　　然而，光是把钱袋子充实起来，是远远不够的。没钱肯定不行，但光有钱也是不行的。就像后来的宋朝，国家和民众都富得流油，还不是经常被契丹、女真、蒙古攻打吗？

　　宇文泰深切知道，乱世的唯一生存之道，就是要拥有一支强有力的军队。

　　因此，西魏王朝接下来的改革重心必须做出调整，必须由经济建设转向军事改革。当然，经济建设也不能丢，必须二者必并举，缺一不可。

　　当时的西魏军队，存在着两个突出问题：一是，兵源不足；二是，战斗力弱。如果追根溯源的话，造成这两个问题的根本原因，还是民族矛盾。

　　公元543年，东西魏在邙山发生大战，这就是邙山之战。这场战役，西魏大败，兵力损失严重，让兵源本就不充裕的西魏军队陷入无兵可用的地步。

　　事实上，西魏早期的军队，以鲜卑人为主，同时还有匈奴、敕勒、羌胡等民族，汉人很少，即便有也是胡化的汉人。这样光靠胡人打仗，兵员自然是越打越少，而关中本就是汉人的地盘，根本没有足够的胡人兵员。

　　于是，西魏军事改革就这样提上了日程。

　　负责改革的人选依然是苏绰，然而，苏绰这次却辜负了宇文泰。

　　苏绰自从受命改制以来，就没日没夜地疯狂工作，最终积劳成疾，患上了气疾，也就是肺痨一类的呼吸系统疾病。对于这次的军队改革，苏绰正准备继续施展自己的才华，然而仅仅是拟定了改革纲要，就撒手人寰了。

苏绰遗体出殡的时候，宇文泰扶棺痛哭，悲恸欲绝，以酒洒地。由于苏绰一生为官清廉，宇文泰为了尊重苏绰，归葬家乡时便只安排了"布车一乘"，最后又亲自为苏绰撰写祭文，以示哀悼。

人世间有一种默契，叫作惺惺相惜，苏绰和宇文泰这对君臣，便是如此。

苏绰虽然永远地离开了这个世界，但是改革大计依然要进行，因为只有这样才能对得起苏绰的一番心血。于是，改革的重任最终交到了苏绰的助手手中，此人将接替苏绰继续推行改革，此人名叫卢辩。

卢辩，出身于范阳卢氏，太学博士，是个地地道道的儒生，儒学积淀非常深厚。宇文泰选择他是有道理的，因为宇文泰和苏绰共同拟订的第一个改革方案，就是要恢复周礼，用今天的话来说就是汉化改革。

前面说过，北魏孝文帝的汉化改革最终让北魏王朝自掘坟墓。但其实，汉化并没有那么可怕，汉化也并非错误。从魏晋南北朝四百年的历史来看，汉化其实是历史的主流和趋势，推行汉化是顺应历史大势的，也是解决社会民族矛盾的最佳方案。

只不过，北魏孝文帝的汉化改革过于激进，用句不太文雅的话来说，步子迈得太大，容易扯到蛋。因此，汉化是一柄双刃剑，玩得好可以走向强盛，玩过头了就会自取灭亡。

这套周礼改革方案，究竟是谁贡献最多，从目前留下的历史文献中已经很难判断了，但是绝对不会超出宇文泰、苏绰、卢辩这三人，而且必定有苏绰的名字，我们姑且就当是三人合力的智慧结晶吧。

苏绰是一位有非凡政治才华的人物，他也是一位被低估了的政治家，他的能力绝对不低于后来"房谋杜断"（唐朝的房玄龄和杜如晦）。然而，苏绰的政治才华在中国历史上，很少有人知道。人们都知道诸葛亮以及他的"隆中对"，可是又有几人知道苏绰以及苏绰的"六条诏书"呢？苏绰的政治才华长期以来被历史淹没，实在令人惋惜。

神奇的府兵制

宇文泰所要实行的这套周礼改革，主要涉及两个方面：一是恢复六官制度，即天官（大冢宰）、地官（大司徒）、春官（大宗伯）、夏官（大司马）、秋官（大司寇）、冬官（大司空），以天官（大冢宰）为总；二是恢复六军制度，建立府兵。

第一个方面，主要是拉拢关陇地区的汉族豪强，让汉族士大夫看到，我们虽然是鲜卑人，但我们所要建立的是礼乐文明的国家，代表了汉文化的正统。值得一提的是，后来隋唐的三省六部制，即脱胎于此。

更为重要也更具深远影响的是第二个方面，即府兵制。

可以说，整个宇文泰时代乃至后来的北周时期，在所有的改革中，对后世影响最深远的，都莫过于这一条——府兵制的创建。

公元 543 年，西魏大统九年，也就是邙山之战后，宇文泰以西魏皇帝元宝炬的名义发布诏令——"广募关陇豪右，以增军旅"。

这是具有划时代意义的一刻，这道诏令的发布意味着，府兵制就此登上了历史的舞台。

这里所谓的"关陇豪右"，指的就是汉人兵员，分两类：一类是乡兵，即附属于汉族地主庄园的民间武装力量；另一类是有地的农民，家底相对殷实，赤贫的农民不算在内。

北朝长期以来，都流行"鲜卑为兵，汉人务农"的制度，因为军人社会地位高，所以只允许鲜卑族当兵，农民地位低，只让汉人去耕种。而府兵制出台之后，彻底改变了这一局面，只要是"有才力者"都可以当兵，直接从根本上扩大了兵源。

府兵也有很多优待政策，比如免除租调、免除赋税、免除徭役，更重要的是可以平时在家务农，有战事的时候，再参军入伍，十分灵活方便。

因此，历代评价府兵制，它最大的好处就是寓兵于农、兵农合一，也是它最显著的特点。对府兵来说，农忙时节耕种，农闲时节练兵，而且不需要缴纳赋税，在父老乡亲面前还倍儿有面子，简直是太滋润了。而对国家而言，农事战事两不误，农业生产和军事动员两不误，既扩充了兵源，又提高了士兵的积极性。

如果说府兵制有什么缺点的话，那唯一的缺点就是有一定门槛。由于府兵参战所需要兵器、马匹等全部装备，都需要自己准备，就连往返路费都是自费的，因此府兵普遍家底比较殷实，都是有一定产业的自耕农、半自耕农或者小地主。

《木兰诗》中描述花木兰从军时，"东市买骏马，西市买鞍鞯，南市买辔头，北市买长鞭"，所描述的就是府兵制早期的真实历史。

有人或许会说，士兵把脑袋系在裤腰带上参军，国家却连一身装备都不给发，这还能有人为国家卖命吗？的确，表面上看确实蹊跷，但是如果你仔细回顾一下前面说到的对府兵的好处，以及战后国家会给士兵按军功授予田地，你可能就会明白了。

"耕者有其田"，这是两千年来中国农民的梦想，农民获得了土地也就获得了生命，可以说，土地是古代封建社会的第一资源。

因此，这其实是一个权利和义务相权衡的问题，给你多大的权利，你就应该承担多大的义务，权利和义务不可分割。

当然，府兵制的推行和当时的社会大背景也密切相关。自西晋永嘉之乱以来，大量农民流离失所，人民苦于战乱，人口锐减，赤地千里。很多土地都成了无主之地，最后收归国有，而种地的农民却很少，于是，从北魏孝文帝时代开始，中国诞生了一种新的土地制度——均田制。

府兵制这一制度得以推行，就和均田制密不可分，二者相辅相成，缺一不可。

我们不妨把目光转移到后来的唐朝看看。府兵制到了唐朝，就开始弊端丛生，而到了唐玄宗时代，府兵制最终被新的募兵制所取代。究其原因，就在于府兵制的经济基础是均田制，而土地就那么多，人口却越来越多，土地分了上百年之后，土地越来越吃紧，到了无地可分的地步，均田制最终只能瓦解。农民无地可分，所能获得的权益也锐减，还要自备装备参军打仗，这个账谁都算得明白——根本不值。

北朝能够推行均田制，是因为历经百年动乱之后，民生凋敝，地广人稀，而进入隋唐之后，迎来了盛世，人口滋生，均田制就没办法再搞了，均田制的崩溃直接导致了府兵制的瓦解。而唐玄宗时代之后所实行的新的募兵制，所招募的一律是职业兵，全部费用由国家承担。

因此，均田制和府兵制就是一对孪生兄弟，二者缺一不可，而且只适用于特定历史环境之下。后来唐朝、宋朝一度有人想恢复府兵制，然而府兵制的基础均田制已然不可能再恢复，府兵制只能成为一些文人的空想。

我们继续说回到宇文泰时代。

宇文泰在草创府兵制时，其核心是六军制，这也是《周礼》中的军制，是恢复周礼的一项重要内容。宇文泰在六军的基础上加以改造，最终形成了八柱国体系。

西魏府兵制的顶端就是八柱国、十二大将军，这也是整个西魏王朝军政高层。

八柱国：宇文泰、元欣（皇室）、李虎（李渊祖父）、李弼（李密曾祖父）、于谨、赵贵、独孤信、侯莫陈崇。

十二大将军：元育、元赞、元廓、达奚武、侯莫陈顺、宇文导、宇文贵、李远、豆卢宁、贺兰祥、杨忠（杨坚父亲）、王雄。

鲜卑人曾经设立了鲜卑八部来管理自己的国家，每一部都设立一个"八部大人"，由"八部大人"来统领各部族。而宇文泰所创建的八柱国，无疑就是照搬的这一鲜卑旧俗。

在这八个柱国中，宇文泰的地位是超脱于这个组织结构的，因为宇文泰是实际上的国家首脑。还有一位柱国，是皇室元欣，当时就连西魏皇帝都只是个摆设，这个皇室就更是个摆设了，所以也只是挂个虚名。这样的话，实际的柱国只有六个人，也就是六柱国，每个柱国统领一军，这就是六军。

而在每个柱国之下，又设立了两个大将军，合起来就是十二大将军，一个大将军之下，又设立了两个开府，合起来就是二十四开府，二十四开府各领一军，组成二十四军。很明显，这是一个以2为倍数的等比数列，一个很简单的乘法运算。

这就形成了一个金字塔的结构，金字塔从上向下依次是：皇帝、宇文泰、八柱国、十二大将军、二十四开府。

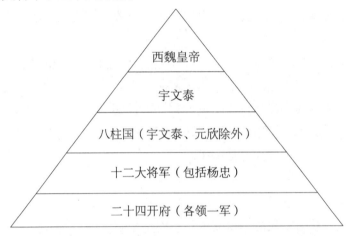

而这个金字塔结构，本质上是一套自上而下的军事组织结构，自上而下有严密的统属关系。

其中，八柱国是仅次于宇文泰最富声望的人物，他们原本是军事统帅，只负责打仗，被设立为柱国之后，就上升成了政治贵族。也就意味着他们是出将入相的，既参与军事，又参与政治。威望军功以及地位稍次一点的，便是十二大将军，杨坚的父亲杨忠就是十二大将军之一，同样也有特殊的政治地位。

从横向的角度来看，这一措施不仅满足了各个将领的政治野心，同时又把将军的军权予以分割，又可以彼此相互牵制，一箭三雕。如同把一块蛋糕，平均切六份，分别赐给六个柱国，每个人不多不少，都有份儿。

从纵向的角度来看，这严密的上下级统属关系，很多都是靠血缘和联姻组织在一起的，不仅是上下级，而且还是亲属，是捆绑在一起的，所带来的就是一荣俱荣，一损俱损。

这样，宇文泰不仅可以最大限度地掌握最高军事权力，达到政治军事上的集权，同时可以最大限度地发挥各级将领的主观能动性，让他们在战场上燃起建功的欲望之火。同时还配备了一些辅助鼓励措施，诸如赐姓、改郡望、分田。

宇文泰为了安抚高层鲜卑将领，以及解决军队内部的民族矛盾，便推行起一套"鲜卑化运动"。

最主要的变革就是改姓。很多鲜卑族人在北魏时期改了汉姓，宇文泰规定，全部恢复鲜卑族姓，就连皇帝本人，也从"元"姓改回了"拓跋"姓。而那些汉人，全部改为鲜卑姓，比如李渊的爷爷李虎，就改姓"大野"；杨坚的父亲杨忠，改姓"普六茹"。因此，在当时，杨忠其实是"普六茹忠"，李虎其实是"大野虎"（莫名其妙地觉得很好笑）。后文说到相关历史人物，按本姓做介绍，不再另做说明。

或许有人会说，这不是在开历史的倒车吗？这不是逆历史潮流而动吗？实际上，这只是宇文泰在故弄玄虚，鲜卑化只是军事改革的外衣，本质上仍是以汉化为主的。

如此一来，军队内部就更能拧成一股绳了，既满足了鲜卑将领的需求，又化解了军队内部的胡汉矛盾。我们不得不佩服宇文泰的高明的政治智慧。

著名国学大师钱穆先生在《国史大纲》中讲到宇文泰的府兵制时，最后一句说"将来中国全盛时期之再临，即奠基于此"。这里的"全盛时期"所指就是隋唐。由此，府兵制的历史重要性可见一斑。

而由八柱国体系所确立的这一军事贵族集团，近代学界将其称为"关陇贵族集团"，隋唐两代帝王以及无数王侯将相，都来源于此。

当然，这一系列的政治军事改革，也绝不是宇文泰一人所能完成的，我们也必须记住苏绰和卢辩这两个名字。

坐收渔利

公元 550 年，即西魏大统十六年，宇文泰的府兵制宣告基本建设完成。

如此，在宇文泰的带领下，西魏的进步可谓神速，国力日渐强大，宇文泰也不再甘心蜗居在这小小的关陇，开始觊觎着周围的对手。

西魏此前也一直被强敌东魏压制，双方在过去十多年间争战不断，西魏也主要是采取防御策略，但是一直到高欢去世，东魏都没能啃下西魏这块硬骨头。而且，比起西魏早期的贫穷落后，此时的西魏底气也足了不少，虽然谈不上发家致富，但是小康水平还是有的，抵御和抗击东魏的军事实力也越来越强。

同样是在公元550年，东魏突然换了旗帜，做了升级和进化，东魏变成了北齐，而北齐当家人也换成了高欢的次子——高洋。不过，这只是把国家的名字变了，把原先的皇帝拉下位，高家人自己当上了皇帝，和原先的东魏其实并没有太多区别。

当时的宇文泰，把目光盯上了南方。因为在南方刚刚经历了一场大动乱，这场动乱严重破坏了南方的社会经济，同时也让当时的梁朝走向衰败，这场动乱就是侯景之乱。

侯景之乱之后，北强南弱的格局也自此奠定，南方的梁朝顿时成了三国中最弱的那一个，西魏也摆脱了倒数第一的尴尬境遇。

也正是趁着南朝大乱，宇文泰打起了趁火打劫的主意。当年正月，由杨忠率军一举拿下安陆（今湖北安陆）。自此，"汉东之地尽入于魏"。

尝到了甜头的宇文泰，更加关注起南朝的动向。次年，即公元551年，梁朝的湘东王萧绎，也是梁武帝萧衍的第七子，在江陵向西魏发出求救，请求合力对抗侯景。为了表达诚意和示好，萧绎竟然直接将汉中之地向西魏拱手相让。

这一消息让宇文泰感到难以置信，偌大的一块汉中宝地，南朝竟然愿意拱手相送。汉中对于南梁而言，可能路途遥远，但这并不算什么，可是对于西魏而言，这不仅是一块土地那么简单，更是一块战略要地。汉中既是关中的门户，更是巴蜀的门户，西魏拥有汉中之地后，对巴蜀的优势几乎就是压倒性的，夺取巴蜀之地便指日可待。我猜想，宇文泰估计睡觉都能从梦中笑醒。

萧绎将汉中拱手送给西魏之后，有两个人立马就急眼了。一个是镇守汉中的梁、秦二州刺史萧循，他是萧绎的侄子；另一个是镇守在蜀地的武陵王萧纪，他是梁武帝萧衍的第八子，萧绎的弟弟。

然而，由于萧循兵力有限，以及萧纪驰援不到位，西魏轻而易举地就拿下了汉中。其实，汉中原先就是北朝的地盘，西魏夺取汉中，也相当于汉中重新回到了宇文泰的怀抱。

但凡有点战略头脑的人此刻都明白，宇文泰的下一个目标必然是巴蜀，然而当时驻守巴蜀的武陵王萧纪却丝毫没有看到这一点。

侯景之乱，梁朝分崩离析，在巴蜀驻守了十几年的萧纪也开始躁动起来了，他不甘于只做一方诸侯，做起了皇帝梦。公元552年，萧纪在成都称帝即位，年号天正。次年，即公元553年，萧纪意图和身居江陵的哥哥萧绎一争高下，于是，倾尽巴蜀兵力，发兵江陵。

宇文泰的好运气又来了，我甚至都怀疑，是不是老天在帮他的忙。短短几年之间，西魏已经先后占领汉东、汉中全境，此时夺取巴蜀的好机会又送上了门。天上掉馅儿饼的事，本来就很少见，结果天天掉馅儿饼，这只能说是天助宇文泰。

巴蜀的兵力几乎都被萧纪带走了，此时的巴蜀兵力空虚，面对这块摆在眼前的肥肉，如果不要简直就是傻子。宇文泰任命外甥尉迟迥为征南军统帅，率领一万两千精兵，讨伐蜀地。结果可想而知，尉迟迥在蜀地几乎没遇到什么像样的抵抗，就轻松进驻成都，巴蜀之地尽归于西魏。

当萧纪听说成都被围困的时候，萧纪变得精神失常，他不顾身边人请求撤兵的意见，决意要继续东征，和萧绎做最后的殊死决战。事实上，家园被占，军队军心早已被打乱，此时的萧纪再执意东征，无异于虎口送命。最终，萧纪兵败如山倒，被游击将军樊猛截杀。

由于平蜀有功，尉迟迥被封益州刺史，统领十八州诸军事，接管巴蜀全境。

读到这里，你或许会发现，西魏的崛起之路和曾经的秦朝似曾相识，他们同样是发迹于关陇，也都历行改革，同样兵不血刃拿下汉中和巴蜀，而且最终都统一了全国（隋朝承袭北周，一脉相承）。

纵观历史，秦朝、西汉、东汉无不是先占领巴蜀和关中，然后夺取全国的。这里很重要的一个原因，和中国的地理形势有关，中国地势西高东低，关中和巴蜀都是进可攻退可守的地域。

大破江陵

萧纪死了，侯景也死了，坐镇江陵的萧绎也可以喘口气了。然而，历经侯景之乱之后，梁朝已经不再是原来的梁朝了，曾经那个繁花似锦的梁朝再也回不来了。

公元552年，萧绎于江陵称帝即位，年号承圣，史称梁元帝。

从前面梁元帝将汉中之地赠送宇文泰的事件可以看出，这哥们儿多少有点傻帽儿，其政治眼光和宇文泰相比，差的不是一点半点，简直是一个在天上，一个在地下。

更要命的是，梁元帝萧绎还把宇文泰当成铁哥们儿，自认为把那么大一块土地送给了宇文泰，那就是过命的交情了。然而，萧绎不知道的是，宇文泰只是表面上和他称兄道弟，实际想要他的命。

可能这就是政治白痴吧，面对宇文泰这样的政治高手，萧绎自始至终都没有意识到危机的降临。

面对这么天真到犯傻的"小弟"，宇文泰开始挥起了屠刀。

公元554年，宇文泰命于谨（八柱国之一）、宇文护（宇文泰的侄子）、杨忠统率五万精兵，其中于谨担任最高统帅，大军从西魏首都长安出发，兵指江陵。

而此时的梁元帝，正悠闲地在江陵城中开学术讲座，讲座的主题是"道德经"，也就是《老子》。

说起来，梁元帝萧绎也是一个"文艺青年"型的皇帝，他和后世的李煜、宋徽宗有的一比，擅长舞文弄墨、诗词歌赋，但治理国家却一塌糊涂。

萧绎从小就受到非常浓厚的家学熏陶，他的父亲是历史上大名鼎鼎的梁武帝萧衍，是"竟陵八友"之一，而他的大哥同样也是中国文学史上赫赫有名的昭明太子萧统，著有《文选》，另外，他还有个三哥萧纲，是南北朝时期宫体诗的开创者和代表人物。

生在这样的文学世家，萧绎自然从小便耳濡目染受到了优良的文学熏陶，这也成就了他非凡的文学才华。

我们继续回到这场战争。当西魏大军还在路上的时候，就已经有人得到了消息，并向梁元帝报告说，西魏军打过来了！

当时正在专心讲学的梁元帝却缓缓抬头，目光里充满了狐疑。很显然，梁元帝并不相信眼前这个报信人的话。

于是，萧绎把目光转向众大臣，向群臣征询意见。大臣们七嘴八舌开始了讨论，讨论并不热烈，因为大臣们心中其实都有着和梁元帝一样的答案，根本不相信西魏会派兵来攻打，我们梁朝和西魏始终交好，它凭什么来打我们呢。

很快，众大臣得出了一致的结论，西魏怎么可能无缘无故就打来呢，简直是无稽之谈。

既然大伙儿都说没事，那就肯定没事了。于是，梁元帝继续埋头讲学，继续兴致盎然地讲《道德经》。道可道，非常道；名可名，非常名……

不过，梁元帝出于谨慎，还是派出了一个叫王琛的人去打探消息。同时，停止讲座，并宣布全城内外戒严。

很快，王琛回来了，报告说，一路上连个影子都没有，并未发现任何兵马，之前传的都是假消息。

梁元帝顿时如释重负，那是自己的好哥们儿，怎么可能真的来打呢。于是，讲座重新举行。不过，大臣倒是开始害怕，穿着甲胄和军装听讲。

整个江陵城中，都洋溢着一片学习的氛围，《道德经》的诵读声久久回荡在城中，淹没了远方而来的马蹄声。如果老子在世看到这一幕，肯定也会感动得流泪，因为这些人强烈的学习热情，早已置生死于度外。

西魏的五万大军沿着汉水长驱而下，一路上几乎没有遇到任何阻挠。

直到西魏的五万铁骑渡过汉水，兵临城下，梁元帝才如梦方醒，西魏军真的打过来了。

错愕中的梁元帝开始备军守城，由于城中根本没有可以抵抗的兵力，因而梁元帝萧绎赶忙向大将王僧辩写求援信，因为只有王僧辩那里手握重兵，可是远水救不了近火，一切都为时已晚。

西魏军很快就把江陵城像铁桶一样团团包围，断绝了江陵和外界的联系，梁元帝爬上城头，当他看到城外黑压压望不到边际的敌军之时，他终于绝望了，或许他此刻才从往日的天真中走出来，也终于明白宇文泰早已不做大哥好多年了。

绝望的梁元帝，穿上一身白衣，准备好了白马（古代投降通常要用的道具），城头也扬起了白色的旗帜。梁元帝就这样落魄地走出城门，向着西魏的三位军事统帅投降。

梁元帝在经过一番敌人的凌辱戏耍之后，被处死了，同时被处死的还有城中所有的萧氏子孙。

从个体的角度而言，梁元帝的结局是悲惨的，但是他的死，同时也带来了一场文化的浩劫，这也是中国文明史上的一个悲剧。

萧绎一生最大的爱好就是读书和藏书，用他自己的话来说，他用了四十年的时间收集到了八万卷藏书。同时，他还专门兴建了一座藏书楼，专门存放他所有的藏书，公私藏书合计十四万卷，堪称一座文化的宝库。

然而，当西魏大军攻城之时，梁元帝萧绎自知在劫难逃，便直奔他的藏书楼而去，然后将整座藏书楼连同十四万卷古今图书全部付之一炬。

看着熊熊燃烧的大火，萧绎拔出佩剑，重重地砍在了立柱上，说了一句著名的话："文武之道，今夜尽矣。"然后，他又想纵身跳入火海，和他珍爱的书籍一同殉葬，不过，最后被左右侍臣拽着，这才没有死成。

这是继秦始皇之后的历史上第二起"焚书"事件，事实上，萧绎的这次焚书所酿成的文化浩劫其严重程度，绝不亚于秦始皇焚书，是中国古代文化的一个巨大损失。

处死梁元帝的人，叫作萧詧。此人是梁元帝的侄子，两人早有仇怨，萧詧也早已归顺了西魏，对宇文泰称藩。

而在这次军事行动中，萧詧为了复仇，便主动协助西魏大军围攻江陵，并最终亲手处死了自己的仇敌。而梁元帝被处死的方式是被装满土的麻袋压死（也可以说是闷死），可见叔侄二人仇怨之深。

江陵城被惨遭屠戮后，泄了愤的萧詧从此坐镇江陵，并被宇文泰扶持称帝，而他所统辖的区域，仅仅是这一座破败的空城以及方圆三百里地。而这个如同累卵的傀儡政权，我们后世称为西梁。

这样的国家，这样的皇帝，不知身为西梁皇帝的萧詧做何感想，这样的复仇是否值得。

至此，西魏已不再是后三国之中实力最弱的了，短短几年之间，西魏的国土面积几乎翻了一倍，一跃成为三国中疆域最广阔的国家。但是，西魏还不是最强的国家，它的老邻居北齐，在过去、现在以及未来很长一段时间里，都将保持超级大国的地位。

而南方的梁朝也已名不副实，梁元帝的一个小儿子名叫萧方智，在建康（今江苏南京）被王僧辩和另外一位武将扶持为帝，几年以后，王僧辩被杀，这位武将篡位自立。

这位武将就是陈霸先，他所开创的朝代就是陈朝。而这个建立在江南水乡的王朝，永远失去了逐鹿中原的实力，也注定了历史的胜利者将在北方诞生。

值得一提的是，这场战役之后，宇文泰逐一封赏了有功之臣，而且连同功臣的子嗣都有封赏。这其中，一个十五岁的少年，因为父亲的功勋而获得封赏，这也是他第一次获得仕途的晋升，正式踏进了国家行政队伍，在所有人眼里，这个少年将前途无量。

这个少年就是杨坚，未来统一天下之人。就连宇文泰都忍不住夸赞这个孩子："此儿风骨，不似代间人。"

此时的宇文泰不会知道，这个人将最终继承他的全部遗产，并且会完成他毕生努力而无法实现的理想，同时也将葬送他的整个家族。

江陵之战后两年，公元556年，即西魏恭帝三年，宇文泰完成了他的历史使命，驾崩于云阳宫，临终前委任宇文护为辅政大臣。

从此，世间再无宇文泰，而他留下的，只有这个日渐强盛的西魏帝国，以及后人无限的慨叹。

但是后人不会忘记宇文泰，他是一代枭雄，他给中国历史留下最丰厚的一笔财富，那就是他的府兵制，同时他也为民族融合做出了自己应有的贡献。如果没有宇文泰，就没有日后的杨坚和李渊；没有宇文泰，也将不会有隋唐盛世的到来。

第二章

北周王朝建国始末

待宰的羔羊

宇文泰就这样轻轻地走了，他挥一挥衣袖，不带走一片云彩。

当宇文护在云阳宫送走叔父宇文泰最后一程的时候，他做出了身为帝国新任领导人的第一项决策——秘不发丧。

从秦始皇以来，秘不发丧就成为历代帝王突然离世所采取的最常见的应急手段，尤其是皇帝遗体远离政治中心的时候，这是最保险也最安全的保证权力顺利过渡的方式。

宇文护知道，云阳宫不是长安，现在的西魏王朝也并不稳定，一些觊觎权位之人都在时刻等待着机会，此刻必须封锁宇文泰病逝的消息，并安全护送宇文泰的遗体回到长安。

在赶往长安的路上，宇文护也时刻在思索，为什么会是自己。

如果叔父宇文泰再多活几年，如果宇文护的哥哥宇文导多活几年，如果宇文泰的儿子们再早出生几年，在这几种可能中，只要有一种可能出现，那么，走上历史前台的，都绝不会是他宇文护。

然而，历史的命运之手偏偏就选中了他，宇文护这个名字也注定要在后世的史书上留下浓墨重彩的一笔。

回到长安之后，宇文护主持了宇文泰的丧葬，葬于成陵（今陕西富平）。

然而当宇文泰病逝的消息对外传开，所有人都错愕不已，人们开始议论纷纷，尤其是那些手握兵权的武将，他们开始摩拳擦掌。

前文已经介绍过，西魏的国家基石，是八柱国体系。而此时的八柱国中，死了两个（宇文泰和李虎），一个是花瓶（皇室元欣），一个病恹恹的（李弼），只剩下了四个柱国，即于谨、侯莫陈崇、独孤信、赵贵。

虽然八柱国变成了四柱国，实力却丝毫不减，他们都是军政一把手，政治经验老到，就连宇文泰都得管他们叫兄弟。

宇文泰活着的时候，他可以用自己的威望和人气来震慑这批人，但是，此刻宇文泰已经死了，也就意味着，再没有人可以震慑他们。

而这时的宇文家族，唯一的领袖人物，就是宇文觉和宇文护，一个是未成年，一个是其监护人。

这就如同在一个笼子里，有一只猛虎和一只羔羊，你想让它们保持和平共处，这可能吗？显然，猛虎和绵羊终须 PK 一场，才能决定谁才是这个国家的当家人。

而 PK 的结果，我相信，绝大多数的人都会认为四柱国会赢，因为一只绵羊要击败一只猛虎，这无异于天方夜谭。

那些自恃功高的武将老臣甚至就在私底下悄悄议论，让这个路人甲（宇文护）滚一边去，论资排辈，我们才是武林盟主。

当这些老臣议论的风声传到宇文护耳中，宇文护感到不寒而栗，宇文护似乎感觉到了老虎獠牙已经横在自己脖颈之上，而自己只是一只待宰的羔羊。

宇文护知道，宇文家族的兴衰全都系于他一身，宇文泰的嘱托也言犹在耳，自己绝对不能倒下，他要绝地反击。

双簧戏

宇文护想到了一个人，这个人就是四大柱国之一的于谨。

于谨，是江陵之战功勋最卓越的人物，和宇文泰关系甚密，而且于谨和宇文家还有联姻，宇文泰曾把自己的女儿嫁给于谨的儿子于翼。

宇文护曾在于谨的麾下作战，并且一同参与了江陵之战，宇文护也深知于谨此时权势正隆，如果能争取到于谨的支持，那么其他几位柱国和大将军肯定也就不再多说什么了。

宇文护心想：在这种危急时刻，找于谨一定没有错，他一定会维护宇文家族的利益。

于是，可能在某个夜晚，宇文护秘密暗访了老臣于谨。

当宇文护见到于谨时，很快便把自己的心事和盘托出。于谨听完忙抱拳回答说："承蒙宇文丞相的知遇之恩，我和宇文丞相是骨肉之情，今天正是我为之肝脑涂地的时候，即使让我豁出性命，也会全力协助你的。"

于谨这一番义薄云天的告白，瞬间让宇文护感动到哭。

这个世界上，妖怪越来越多，唐僧越来越少，像于谨这种为了报答知遇之恩，宁愿抛头颅洒热血的人，恐怕也越来越少了。

并且，于谨还表示，事不宜迟，就在明天，我们来一出双簧戏。

第二天，各王公重臣齐聚一堂，召开大会。

于谨率先站了出来，声泪俱下地说："我们能有今天，国家能有今天，多亏了老丞相（宇文泰），如果没有他老人家，也不会有我们的今天。如今，我们的老丞相归天了，我的内心非常悲痛。"

于谨哽咽着，其他的老将军也跟着一起哽咽，于谨突然又义正词严地说："但是，世子（15 岁的宇文觉）会继承老丞相的遗志，世子虽然年幼，但是有中山公（宇文护）来辅佐他，这是老丞相临终之前说的，我们不能违背，军国大事都应该由他来统一决策。"

在座人士瞬间错愕，全场都震住了，不过，还没等他们回过神来，宇文护突然站了起来。

宇文护立刻接话："这是我宇文家的家事，我虽然天性愚笨，但是我不敢推辞！"

于谨毕恭毕敬地说："如果您能主持大局，我们这些人就都有依靠了。"于谨连忙下跪，拜了又拜。

一个朝廷重臣，居然对这一个乳臭未干的政治新人跪地叩拜，这简直是不可思议，在场所有人士都不敢相信自己的眼睛。

宇文护将跪拜着的于谨，亲手搀扶起来，并发誓一定要承担起国家的重任，不负大家的殷殷期盼。

在场人士全都傻眼了，他们根本没时间反应，这一连串双簧表演就已经结束了（估计他俩通宵排练过）。

连于谨这样和宇文泰平起平坐的人，都对宇文护如此谦恭，如果还有人站出来反对宇文护，那就是反对于谨啊。

回过神来的众大臣，彼此之间交换着眼神，你看我，我看你。眼神交流的结果是，所有的元老大臣齐刷刷地跟着于谨，向宇文护跪拜。

老虎居然会臣服于羔羊，不是老虎害怕了，而是因为，宇文护这只羔羊找到了另一只更强大的老虎做靠山。

而这些老虎，只是表面上服从了这只羔羊，内心并不服气，他们等待着反扑的时机。

对于这一点，宇文护当然清楚，别人只把宇文护当羔羊看，但宇文护知道，做羔羊的结局，除了被老虎吃掉，就是被吃得连骨头都不剩，除了死还是死，与其都是死，不如鱼死网破。

北周建立

就这样，宇文护暂时度过了这场信任危机，顺利成了真正的辅政大臣。

宇文护第一次走到了历史前台，也第一次领教了什么叫作政治，政治远比战场凶险。

此时，宇文觉也正式宣告继承了父亲宇文泰的全部遗产，宇文泰此前太师、大冢宰的封号，悉数落到了这个稚气的孩童身上。同时，皇帝又封宇文觉为周公，因为宇文泰此前一直尊奉周礼，他的很多改革也都是围绕周礼展开的。

宇文泰是西魏的权臣，宇文觉继承父亲之位，也成了西魏的权臣，而宇文护也顺理成章地变成了权臣的监护人。

然而，宇文护不希望宇文家族还只是别人的臣子了，而且面对那些位高权重的老臣，必须要给宇文家族做个正名，来和这些元老重臣划清上下级的界限。

怎么划清界限？称帝。

宇文觉如果只是单纯继承宇文泰的权位，那么，宇文觉和这帮元老重臣，还是臣子与臣子之间的关系，为了进一步树立宇文家族的权威，那就必须称帝。

别以为宇文泰曾经和你们出生入死过，你们就能称兄道弟，你们从来都只是我们宇文家的臣子而已。

曹操病逝的时候，年纪尚轻的曹丕就是这么干的，所以接下来，宇文觉要按照曹丕的路子，重新模仿一遍。

公元556年，农历十二月三十日（除夕），西魏恭帝正式宣布禅位，将皇帝的玉玺和印绶授予了周公宇文觉，正式禅位给宇文觉。第二天，即正月初一（春节），宇文觉正式即位称帝，国号周，史称北周。

不过，皇帝的称谓有点特殊，因为宇文觉是自称天王的。当然，宇文觉不是托塔天王，他之所以称天王，这和他们的鲜卑族身份密切相关。

一种解释是，这是北方胡族普遍存在的一种传统。在此前的十六国时期，就有不少称天王的皇帝，这是当时部分胡人民族的一种习俗。比如十六国时期的后赵皇帝石勒，石勒就自称大赵天王。

另一种解释是，"天王"即"宇文"。"宇文"这个姓氏，在鲜卑族传统里，本意就是天子，也就是天王，"宇"字本就是指代天。

尽管天王的称号怪别扭的，宇文觉还是接受了，因为这一切都是宇文护安排的，宇文觉没有选择。宇文觉在称天王的同时，还任命了新一套的朝廷班子。

李弼：太师
赵贵：太傅、大冢宰
独孤信：太保、大宗伯
侯莫陈崇：梁国公
于谨：燕国公
宇文护：大司马、晋国公

如此安排，宇文护在一定程度上满足了这几大柱国的虚荣心，以安抚这些元老重臣，我宇文护不会忘记大伙儿的。

而宇文护从此前默默无闻的中山公、小司空，一跃而飙升为晋国公，和这帮元老重臣是一样的爵位，是仅次于天王的。同时，宇文护还把大司马（相当于国防部部长）一职弄到了手，他一下子把军政大权都握在了手里。

而在封赏的名单里，其实是漏了一个人。这人就是禅位的西魏恭帝，他当时被封为宋国公。

西魏恭帝，本名元廓，也叫拓跋廓，是西魏皇帝元宝炬的儿子。元宝炬病逝之后，长子元钦继位。元钦对宇文泰的专权十分不满，密谋诛杀宇文泰，最终事泄，被宇文泰废黜并毒杀。元钦死后，弟弟元廓又被宇文泰扶上帝位，在位仅两年多，便禅位给了天王宇文觉。

元廓和他的哥哥元钦一样，最终都成了宇文家族的祭品。元廓在宋国公的府邸仅仅待了两个月，他就被宇文护派人毒杀了。

人们常说，乱世人不如太平犬，但是对于皇帝这个职业来说，无论是在乱世还是治世，非正常死亡率都是极高的。尤其是在南北朝时代，自东晋恭帝司马德文禅位于宋武帝刘裕开始，历代禅位的帝王没有一个善终的，元廓自然也无法逃脱这个命运。像汉献帝这样在禅位之后，还好端端又活了14年，把魏文帝曹丕都熬死了，最终寿终正寝，无疑是极为幸运的。

就这样，从公元338年鲜卑人拓跋什翼犍建立代国（北魏的前身）开始，到公元556年西魏恭帝元廓禅位，这段近二百年属于拓跋魏的时代成了历史的过去式。

从这一刻起，属于北周的时代来临了，属于关陇集团的时代来临了，历史真正进入了三百年余年的关陇时代。

侧帽风流

清朝初年，有一位著名的词人，叫作纳兰性德，他的诗词集最早结集刊印，取名叫作《侧帽集》。为何取名"侧帽"？这其实跟纳兰性德所崇拜的一个历史人物有关。这个人是南北朝时期著名的将军，也是中国古代著名的美男子，同时还被现代人称为"史上最牛的老丈人"。没错，这个人便是独孤信。

那是一个日暮的黄昏，天际如同被夕阳精心装点过一般，一切都显得那么安逸和自然，夕阳的余晖把整个世界装点成一片金黄，一片诗情画意。打破这片安宁的，是一个骑马的军官。这位军官刚刚打猎归来，射猎的弓箭还挂在马鞍上，奔驰的马蹄声逐渐靠近日暮下的秦州城（今甘肃天水）。一阵风吹来，把这位军官的帽子吹斜了，而他也没去注意，就这样侧戴着帽子，一路驰马入城，回到自己的府邸。然而这位军官没想到，就在第二天，整座秦州城，人们争相效仿，所有的男子全都侧戴着帽子。一时间，"侧帽"成了当时秦州城的一种风尚。

这就是独孤信以及他"侧帽风流"的典故。

在当时，独孤信可谓文武全才，而且相貌英俊，风度翩翩，非常讲究服饰穿搭，是个标准的美男子，世人称他为"独孤郎"。

"郎"在古代是对英俊少年的美称。比如三国名将周瑜，就世称"周郎"，连苏东坡都是他的超级粉丝，专门写了《念奴娇·赤壁怀古》来怀念他，其中便有"三国周郎赤壁"一句。

可见，"独孤郎"是怎样的一种美誉。因此，现代人评选中国古代美男子的时候，独孤信基本不会掉出中国古代美男子人气榜前十位。

另外，独孤信这个人还特别注重诚信。在他出任秦州刺史期间，独孤信以礼义教化百姓，以诚信待人，赢得了百姓的一致拥戴。

其实，独孤信本名叫独孤如愿，正是因为他在秦州治理有方，使得当地官府和百姓都很殷实富足，宇文泰为了表彰他，也为了树立百官楷模，便赐名一个"信"字，这才有了独孤信的大名。

这就是独孤信的偶像魅力，他不仅文武双全，而且风度翩翩，道德情操还特别高，以信立人。独孤信在他那个时代，绝对算得上偶像级明星。

而现代人之所以称独孤信是"史上最牛的老丈人"，则是因为独孤信有三个女儿全都成了皇后，而且是北周、隋朝、唐朝三个朝代的皇后，也就意味着独孤信是三朝国丈，这是古今以来，前所未有的。

然而，和独孤信在历史上留下的风流佳话相比，他的人生却充满了坎坷，并最终成了悲剧。

前文我们提到过，宇文泰在接管贺拔旧部之后，又继续收拢了几个同出武川镇的重要将领，其中就有独孤信。

事实上，在早期关陇集团形成的雏形阶段，是存在两大派系的。一派是早期追随贺拔岳入主关中的旧派，我称之为贺拔系；另一派是以贺拔胜为首长期经略荆襄，后来才进入关中的新派，且称之为荆襄系。

宇文泰属于贺拔系，他对荆襄系普遍不是很信任，但是宇文泰为了能长期立足关中，实行的是"人才强国"战略，是兼收并蓄、不拘一格纳人才的态度。在这一点上，宇文泰和高欢的格局高下立判，因为高欢对异己势力所采取的政策是彻底毁灭，顺我者昌，逆我者亡。

而且，独孤信在入关时，是追随魏孝武帝元脩而来的，而且不惜丢下父母妻儿，忠于魏室，属于典型的"保皇派"。在当时人看来，独孤信的行为属于忠义之举，但是在宇文泰眼里，这就是迂腐，未来很可能会为了皇室和自己作对。因此，宇文泰对独孤信不得不多留一个心眼。

从这个角度来看，独孤信有点像汉末的荀彧。他内心深处是忠于西魏皇室的，而且他也知道西魏皇室衰微，只能倚仗宇文泰的权势，和宇文泰保持着若即若离的合作关系。

宇文泰接收独孤信之后，便交给他一个几乎不可能完成的任务——打荆州。另外，随独孤信一起攻打荆州的还有杨忠，独孤信和杨忠都属于荆襄系。

想必大家也看出来了，宇文泰这一军事安排，是在考验荆襄系的忠诚度以及能力。宇文泰心里其实并不相信荆襄系的人，所以就把这个烫手的山芋交给了独孤信和杨忠这两个"外来户"。

由于独孤信之前担任过荆州新野郡守，又追随贺拔胜镇守荆州，在荆州任官多年，非常有民望，独孤信和杨忠最终从东魏的手中拿下了荆州。不过，由于兵力有限，东魏军力很快再次扑来，独孤信终因寡不敌众把荆州给丢了。

在此之后，孤独信和杨忠先后流落到了南朝，成了南梁的俘虏。不过，他们在南梁并没有受到折辱，相反，梁武帝萧衍对他们十分礼遇。三年之后，独孤信和杨忠才得以重新回到西魏。

临别之时，梁武帝萧衍还问了独孤信这样一个问题。梁武帝语重心长地说："你的父母家人都在山东（属于东魏），你不打算投奔东魏吗？"

独孤信没有丝毫犹豫，斩钉截铁地回答了四个字："事君无二。"

这里的"君"指的是谁？以往很多人读这处史料，通常会认为是指宇文泰，因为宇文泰在西魏是实际上的"君主"。但是，正如我前面所分析的，独孤信亲近魏室，是典型的"保皇派"，他心目中所追随的"君"，自然是端坐在龙椅上如提线木偶般的那个大魏皇帝。虽然此时孝武帝元脩已经不在了（被宇文泰毒杀），但是元宝炬继承了元脩的皇位，那元宝炬所代表的就是大魏的正统，独孤信便要誓死追随。

然而，当独孤信回到西魏之后，他也没能真正接近权力中枢，而是被宇文泰安排到了远离政治中心的陇西秦州（今甘肃天水）。并且，此后的十多年时间里，独孤信除了几次跟随宇文泰与东魏作战，主要的时间都是在秦州度过的。后来，独孤信向宇文泰请求回到长安，宇文泰直接予以拒绝，非常不留情面。

与独孤信的境遇相反的是，杨忠回归西魏之后，却成为宇文泰身边的近臣。这就让人感到奇怪了，独孤信和杨忠同出于荆襄系，为何宇文泰更愿意把杨忠留在中央呢？

事实上，杨忠虽然和独孤信同出于荆襄系，但杨忠的性格和独孤信完全不同。杨忠是个比较单纯的武将，身材魁梧，从小就武艺高强，而且是个标准的"美髯公"。你只要联想一下关羽，就知道杨忠是个什么形象了。这种人往往只喜欢好勇斗狠，思想也单纯，没太多花花肠子，最容易控制，宇文泰所看中就是这一点。

有一件事就非常能体现杨忠的人物性格。

有一次，杨忠随同宇文泰外出狩猎，猎意正酣之时，突然冒出一只猛兽。所有人都吓出一身冷汗，唯独杨忠毫不畏惧，赤膊上阵，竟然表演起了一出"人兽大战"。只见杨忠徒手和这只猛兽扭打在了一起，杨忠左手抓住猛兽的腰部，右手伸进了猛兽的嘴里，揪住舌头，最后硬生生揪断了猛兽的舌头。当时在场所有人都看得目瞪口呆，短暂的寂静之后便爆发出雷鸣般的欢呼声，宇文泰也连连称赞杨忠的勇猛。

这件事之后，杨忠便获得了一个外号，叫"揜于"，也就是猛兽的意思。杨忠可能也对这个外号十分喜欢，有一种荣誉感，他干脆就把"揜于"当作自己的小字，以后别人称呼他的时候，就直接叫杨揜于，也就是杨猛兽，这称呼够酷够拉风。

这就是杨忠，用一句俗话来说——肌肉发达，大脑简单。这样的人，留在身边并不可怕，因为他最好控制，也最好摆布，更能为我所用。

不过，后来的事实表明，宇文泰还是看走眼了，杨忠虽不可怕，但他的儿子杨坚却是个十足的野心家，玩弄人心和权术的本事绝不在宇文泰之下。

而反观独孤信，宇文泰觉得他心机深重，难以捉摸，民间声望又特别高，索性就让他留在基层（秦州）为祖国做贡献吧。

因此，独孤信虽然给后世留下了风流佳话，但实际上，他的一生其实并不风流，而是充满了坎坷和辛酸，而且他最终也没能躲过宇文家族的迫害，落得凄惨而死的下场。

独孤信之死

公元 556 年，这注定是一个不寻常的年份，宇文泰在西巡途中病逝，在宇文护的拥立之下，天王宇文觉受禅称帝，北周王朝正式建立。

同样也是在这一年，就在此次西巡之前，宇文泰实际上已经为自己确立好了接班人，就是嫡长子宇文觉。

按照鲜卑人的传统，继承人的选择和中原文化截然不同，他们更倾向于立贤，而非立长。而宇文泰推行周礼改革，内心深处更愿意按照汉家宗法传统，选立嫡长子。

　　然而，当时的嫡长子宇文觉只有 15 岁，不过是个黄髫少年。宇文泰早就料定这些元老重臣会心有不服，为此他专门召开了一场会议，来敲打一下这些老臣。

　　会议一开，宇文泰便直奔主题："我今天叫大家来开会，是想和大家宣布个事情，我想立我的嫡长子宇文觉为世子。"

　　还没等大家发表意见，宇文泰目光一转，落在了当时担任大司马的独孤信的身上："但是，我恐怕大司马（独孤信）会有意见，大家说该怎么办呢？"

　　独孤信顿时惊得脸色铁青，众人也都面面相觑，沉默不语。

　　这时，十二大将军之一的李远站了出来，厉声说道："自古以来，立嫡不立长，主公只管放心大胆地立，大司马（独孤信）如果有意见，我就砍了他。"

　　说罢，李远便抽刀，向着独孤信而去。

　　这回，宇文泰也急了，慌忙起身拦下了李远，说道："我只是说说而已嘛，李将军你这是何必呢？别冲动！别冲动！"（何事至此！）

　　独孤信也连忙跪倒，赶紧表明态度："臣对立嫡之事，绝无异议！"

　　李远这才把刀收了回去。

　　群臣也跟着拜倒在地，表示对立嫡无异议，并忠心拥护世子。

　　看到大家这样表态，宇文泰满意地点点头，立世子一事也就此确定了下来。

　　散会之后，李远向独孤信道歉说："事关国本，干系重大，才有冒犯之举，还请独孤兄弟恕罪啊！"

　　这哪儿像是道歉啊，潜台词明明就是，为了国家，我只能这么做，你（独孤信）可别怪我！

　　对于今天这件事，独孤信心里极其羞愤，但却只能打碎了牙往肚子里咽，还得表现出豁达和大度。于是，他向李远赔笑说道："今日仰赖李公，才能定夺大事啊。"

　　面对独孤信如此卑躬屈膝，李远就差再说一句"不用谢"了。

　　我们回头再来看这件事，可以看出，在宇文泰临终前，宇文泰和独孤信的矛盾就已经公开化或者半公开化了。对于这一点，朝中大员应该也都看得非常清楚，而作为宇文泰贴身亲信的李远，甚至都丝毫不给独孤信留一点颜面。

　　要知道，独孤信在当时已经位列八柱国，而李远则是十二大将军，独孤信的地位在李远之上。结果却是，身为八柱国的独孤信颜面扫地，不仅宇文泰让自己尴尬下不来台，就连地位比自己低一等的李远都不把自己放在眼里，这能不让独孤信感到羞愤吗？

　　而宇文泰之所以会拿独孤信开火，原因不外乎两点：

第一，忌惮于独孤信荆襄系的身份，同时站队于元魏皇室；

第二，独孤信和宇文泰是儿女亲家，独孤信的大女儿嫁给了宇文泰的长子宇文毓，独孤信肯定更倾向于立宇文毓作为世子。

事实上，当时的宇文毓已经是23岁的成年人了，相比较年幼的宇文觉，宇文毓无疑更加胜任世子之位。然而，宇文泰最终没有考虑宇文毓，也有他自己的因素，最主要的顾虑就是独孤信。因为一旦立宇文毓为世子，也就意味着独孤信将会成为未来的外戚，自己一旦撒手人寰之后，很难保证独孤信不会对宇文家族不利，说不好未来的天下就会姓独孤。

然而，宇文泰千算万算没有想到，真正借用外戚身份最终上位的是杨氏家族，而杨氏和独孤氏最终联手，夺取了宇文氏的天下。

这可能就是天意。

在这之后所发生的事，我们也都知道了，宇文泰在西巡途中突然病逝，宇文护临危受命成为托孤大臣，西魏禅代北周，宇文觉最终顺利地登上了天王之位。

当时所剩的四大柱国之中，于谨已经公开表态支持宇文护，剩下的就只有三位了——侯莫陈崇、独孤信、赵贵，这也是宇文护的最大威胁。

这个时候，表面上看似风平浪静，大家都一致拥护宇文护，然而，在平静的背后实则暗流涌动，双方都在伺机而动。

最先按捺不住的人是赵贵。

赵贵，贺拔系资格最老之人，当初贺拔岳遇刺，正是赵贵第一个站出来提议拥立宇文泰的，因此赵贵对宇文泰而言有拥立之功，宇文泰也极其倚重和信任赵贵。

宇文护专政之后，赵贵是最不满的，想当初自己和宇文泰平起平坐，现在却被一个后辈骑在头上，怎么想都觉得气，气得肝疼。

于是，赵贵找到了同为八柱国的独孤信，商议发动政变除掉宇文护。

然而，独孤信并不像赵贵那么意气用事，独孤信虽然也对宇文护不满，但是对于政变，他并不那么热衷，并且劝阻了赵贵的政变行动。

隔墙有耳，他们的这次秘密约会，被另一个叫宇文盛的人窃听到了，这个人立刻报告给了宇文护。

老虎和羔羊同笼，和平只维持了短短两三个月，血腥的杀戮不可避免，不是你死就是我亡。宇文护也知道这一点，他知道这几个老臣不会真服软，既然你不动手，那我就先动手了。

宇文护决定先发制人，在朝堂上安插了自己的人手，就等着赵贵自投罗网。

赵贵像往日一样来到朝堂，毫无心理准备的赵贵，迅速被宇文护的手下捉拿，连一点反抗的能力也没有。

然后宇文护当即宣布了赵贵的罪状——谋反。

宇文护挥起了屠刀，兵不血刃地把赵贵及其党羽，统统杀掉。

往日的绵羊，终于暴露出了嗜血的本质。

宇文护不是羊，他只是佯装而已，如果我们把"佯"字分解开来看的话，不就是披着羊皮的猎人吗？

世界上什么药都有，就是没有后悔药，如果赵贵早做决断，不听独孤信的，或许此时任人宰割的就是宇文护。

独孤信当然也好不到哪里去，他迅速被革除一切职务，罢官在家。

几个月之后，宇文护再次对独孤信痛下杀手。由于独孤信威望太重，宇文护并未对他直接定罪处死，只是逼令独孤信自杀，让独孤信死得体面一点。

一代将星独孤信就此陨落。

我们现代人总是津津乐道于独孤信三朝国丈的身份，然而事实上，独孤信从未享受过一天国丈的殊荣，独孤信只是政治的牺牲品罢了。

八柱国的谢幕

这场赵贵谋反事件，其实疑点重重。

赵贵对宇文护的专政心生不满，这点可以理解，但是赵贵竟然找独孤信商议谋反之事，这就让人非常不解了。

就当时的情况来说，关陇系的元老有很多，有位列柱国的侯莫陈崇，也有位列大将军的李远、达奚武等人，赵贵的选择很多。按理说，赵贵应该找同一政治阵营的人来商讨政变之事，这样最安全，也最合乎常理。但是，赵贵却偏偏联络了关陇系之外的独孤信，同时也是宇文泰生前最不信任的人。

这也成为此次赵贵谋反案的最大的疑点，作为关陇系的赵贵，怎么会和荆襄系的独孤信联手谋反呢？我们查阅史料，也从未发现赵贵和独孤信之前有任何密切交往的证据。

难道说，独孤信之死，其实是宇文护栽赃的结果吗？

我们在史料中找到了另外一条线索，或许可以解开这一谜案。

赵贵谋反案后一年，即公元558年，当时已经是周明帝宇文毓在位，宇文毓发布了一道诏书，其中有这样一段：

元氏子女自坐赵贵等事以来，所有没入为官口者，悉宜放免。

新皇继位发布赦令，这是古代常见的事，但是，此次大赦却包含了因为赵贵谋反而被连坐的元氏子女，这就令人十分意外了。

另外，就连宇文护的大舅子元孝矩（宇文护娶了元孝矩的妹妹），由于元魏宗室的身份，也在赵贵谋反案后被一并流放到了蜀地。

这就不禁让人感到疑惑，元魏宗室怎么会和赵贵谋反案牵扯上了关系呢？

元氏被宇文氏夺了天下，对新朝不满这是可以理解的，但是赵贵谋反只是为了自己上位，元氏子孙没必要为了反对宇文氏而帮助赵贵上位。

唯一的可能是，赵贵一定给了元氏子孙某种政治上的许诺，比如改立元氏为帝，恢复魏室江山。

这也就有了赵贵和独孤信合作的最好解释，即赵贵向独孤信和元氏子孙同时许诺，在政治上恢复元魏的正统。

因为独孤信除了荆襄系的派系身份之外，同时他也是拥护元魏的"保皇派"，元氏子孙和独孤信的政治诉求是一样的，他们都痛恨宇文氏，都希望这个国家继续姓元。

可能也正是因为涉及面太广，赵贵的阴谋还没付诸实施，就走漏了消息，被宇文盛提前告了密。

这也是独孤信之死的真正原因，他对元魏的忠诚，导致了他参与赵贵谋反，最终也迎来了灭顶之灾。

包括《周书》《北史》在内的众多史书，对于西魏禅代北周的这一历史事件的描述，都非常简略。尤其是对于宇文护的成功上位和赵贵谋反案，都不过是寥寥数笔的记录。

事实上，历史上任何权力的过渡，从来都不可能是风平浪静。就像现在很多人所说的，"字数越少，事情越大"，历史事件同样如此。历史只会记录表面上权力交接的结果，背后的政治博弈则需要我们透过史料上简略的文字来破解真相。

赵贵死了，独孤信死了，两大柱国一夜之间被宇文护摆平了。三柱国顿时又变成一柱国，宇文护只剩下了最后的一个隐患——侯莫陈崇。

六年之后，侯莫陈崇因为说了不该说的话，祸从口出，最终也被宇文护所杀。具体情况，暂且不表，后文还会细说。

因此，我们翻阅《周书》会发现，赵贵、独孤信和侯莫陈崇三人是放在同一个传记里记述的。原因自然不言自明，这三个人都属于北周的叛臣。

说到侯莫陈崇，我们有必要解释一下他的姓氏，也许你以为他姓侯，也许你以为他姓侯莫，其实都不对，此人的姓氏是侯莫陈，这是鲜卑族的姓氏。三个字的复姓，在今天看来十分罕见，但在当时其实并不稀奇。

而八柱国之一的于谨，一向态度鲜明地支持宇文护，所以他逐渐从老虎蜕变成了羔羊，宇文护也没有对其杀戮，最终寿终正寝。或许宇文护是因为感激于谨此前对自己的拥护，才将于谨放过一马吧。于谨的子孙在后世都享尽荣宠，唐太宗时期著名宰相于志宁就是他的曾孙。

另外，八柱国中还有一直病恹恹的李弼，也终于在北周刚建立的这一年，一命呜呼了。死得早不如死得巧，李弼似乎是卡好了时间咽气的，不仅避免了宇文护的忌惮和杀戮，而且死后极尽哀荣，子孙荣宠不衰。隋末农民起义军领袖李密，唐朝著名的"山人宰相"李泌，都是他的后世子孙。

八柱国自此谢幕。

让我们再次简单回顾一下八柱国的历史谢幕。

宇文泰：556年北巡途中病逝，宇文觉继嗣。

元欣：西魏皇室，无实权，大约逝世于西魏恭帝时期，生卒年不详。

李虎：唐朝开国皇帝李渊的祖父，病逝于551年，他是八柱国中第一个病逝的。

李弼：对宇文护的上位始终没有发表过任何意见，557年病逝。

侯莫陈崇：宇文护掌权期间，他一直明哲保身，后来因为说了对宇文护不敬的话，祸从口出，被逼自杀，死于563年。

于谨：深受宇文泰知遇之恩，宇文泰病逝后，力排众议拥护宇文家族宇文护和宇文觉，宇文护此后对于谨始终尊奉有加，568年病逝，他是八柱国中年岁最高的。

赵贵：不满宇文护专权，谋反被杀，死于557年。

独孤信：受赵贵牵连，自杀而死，死于557年。

可以很明显地看出来，557年是一个重要的分水岭，这一年不仅完成了西魏到北周的过渡，统治集团内部也完成一次大清洗、大重组，也更意味着一个时代的终结。

这个时代，就是八柱国的时代。在《周书》里，有这样一段对于八柱国的描述："当时荣盛，莫与为比。故今之称门阀者，咸推八柱国家云。"

《周书》成书于唐太宗时期，这段话也就代表唐朝人对八柱国的看法，人们无不倾慕于那个时代门阀的荣耀。

八柱国的门阀时代，渐渐远去，然而，每当我透过泛黄的书页读到那段历史，回想起那个时代，我的脑海总是被一片刀光剑影所笼罩，血与火的拼杀充斥其间。

在峥嵘的战火下，是一双双死不瞑目的眼睛，流露出一种凛冽的杀气，久久涤荡于胸臆间挥之不去，凝滞的空气里散发出死亡的喧嚣，精灵的鬼魅在原野上哀嚎。

我们不得不承认，那是一个纯粹的战争年代，一个军事杀伐的时代，一个流血漂杵、生灵涂炭的时代。

然而，就是这样一个伴随着野蛮与杀戮的时代，最终却能够完成凤凰涅槃，酝酿出前所未有的文明与礼仪，造就出一段中华文明前所未有的隋唐盛世，隋唐繁华和风流的背后，竟然是这样一段惨烈而血腥的历史，你可曾想到？

历史还需要走很长的路，历史需要积淀，需要磨砺，在它绽放出绚丽之花之前，它还需要饱尝无数风雨的洗礼。

八柱国的荣光，从此不复存在，正式退出了历史的舞台，但是他们的后代仍将继续前行，并最终浴火重生。

八柱国从此谢幕了，与之相对应的，是宇文护的掌权，宇文护成了北周当之无愧的掌门人。

一桩婚姻

独孤信自杀后，独孤家的妻妾子女，一并被宇文护流放到巴蜀之地，那里虽被称作天府之国，但却远离政治中心，而且因为蜀道之难，环境闭塞，那里也常常是流放犯人的地方。

此刻的独孤家，早已不复当年的荣光，人人避之不及，唯恐连累自身。就如同《红楼梦》中贾府被抄家，最后败落一般，"落得白茫茫一片真干净"。

独孤信的自杀，同时也让两个家族如履薄冰，一是李昞家族，一是杨忠家族。

李昞是李虎之子，李虎死后，李昞承袭爵位，并娶了独孤信的第四女为妻，北周建立之后，受封唐国公，这也是后来唐朝国号的由来。

同时，杨忠的长子杨坚也迎娶了独孤信的第七女独孤伽罗，并且杨忠早年就和独孤信关系甚密，同出自荆襄系。

李家、杨家分别与独孤信家缔结的这两桩姻缘，在当时人看来，这原本是人人艳羡的一桩好事，但是随着赵贵谋反独孤信被诛，这两桩好事瞬间便成了人人躲之不及的坏事。

独孤信之死，如果连坐的话，不仅独孤氏子女要牵连被诛，李杨两家也绝对免不了大难一场。因为李虎、杨忠都和独孤信有旧日交情，更何况还结为姻亲，谁敢说宇文护不会把屠刀伸向李、杨两家呢。

让我们把视线移到一年前，即公元 556 年，也就是在独孤信被杀的前一年，16 岁的杨坚正式迎娶了比自己小两岁的独孤伽罗。

也许是天意的安排吧。杨坚小名叫那罗延，是金刚力士的意思。而独孤伽罗的名字，同样也是梵文音译，出自佛教，"伽罗"一词是香炉木的意思。这也意味着，二人有着共同的宗教信仰，都对佛教充满虔诚。

就在新婚之夜上，也许是床笫之间，独孤伽罗给杨坚提出了一项难题。

独孤伽罗："你愿意永远爱我吗？"

杨坚："当然愿意。"

独孤伽罗："那你愿意一辈子只娶我一个，只和我一个人有孩子吗？"

杨坚："我发誓，我只娶你一个，绝不会和别人有孩子。"

（《隋书·后妃传》记载"誓无异生之子"）

在杨坚日后的岁月里，几乎没有再娶过别人，即使日后当了皇帝，他和独孤伽罗也依然是伉俪情深。可以说，杨坚真正用实际行动践行了当初的承诺。

在未来的几十年里，他们一起携手尝遍了人世间无数的艰辛，也一同享受了成功后的欢乐，他们不只是夫妻，他们更是战友，也是彼此的精神支柱。

很多书籍上都说，杨坚娶了独孤信的女儿，是麻雀变凤凰，攀上了高枝。事实上，我们可以看到，独孤家在惨遭变故之后，杨坚不仅没有攀上高枝，而且很可能惹上了麻烦，因为他的妻子独孤伽罗在当时相当于罪臣之女。

然而，杨坚不仅没有嫌弃自己的妻子，也没有责怪她，反而更加地疼爱和安慰自己的妻子。

什么是爱情？爱情就是捏两个泥人，然后一起打碎混合在一起，重新再捏两个。于是，你中有我，我中有你。此时的杨坚和独孤伽罗就是这样，不分彼此，患难与共。

我们可以想象到，杨坚和独孤伽罗正是因为有了这段患难与共的经历，后来的感情才更加坚牢。

面对此时混乱不堪的朝政，杨坚能做的唯有隐忍，而在这期间，他和独孤伽罗需要做的就是相濡以沫，等待东山再起的时机。

第三章

铁血权臣宇文护

首席权臣

随着独孤信之死，北周的权力格局也发生了根本性的变化。

在此之前，西魏和北周的朝堂，三股势力保持着此消彼长的微妙的三角平衡关系：一是关陇系，二是荆襄系，三是宇文家族（从关陇系中分化而来）。

随着赵贵谋反案发以及独孤信被诛，这种三角权力平衡被瞬间打破了。

关陇系和荆襄系，一夜之间变成了落水的凤凰，宇文家族取得绝对的最高权力。

然而，这种三角权力关系被打破之后，新的一种二元权力对抗关系形成了，这也是中国两千年来最主要的权力斗争关系，即皇权和相权。具体在当时而言，就是以天王为首的皇权和以宇文护为首的相权。

此刻的宇文护是当之无愧的北周帝国的第一权臣，赵贵和独孤信一死，朝中已经没有人可以和宇文护抗衡了。

当时有个叫齐轨的大臣，有一天私下和人议论，天下应该是归天子所有的，怎么至今都在某个权臣（宇文护）手中。然而这个大臣刚刚发完这通牢骚，就有人把他举报给了宇文护。宇文护知道后，二话不说，一个字：杀。

这就是得势之后的宇文护，一朝得势，权倾天下。

同时，我们也可以看出，此时的朝廷上下，已经遍布宇文护的眼线，也许你稍不留神说一句牢骚话，都有可能锒铛入狱。

顺我者昌，逆我者亡，这就是此刻宇文护的人生哲学。

此时的宇文护，已经没有了任何的惧怕，即使是天王宇文觉，他也不会放在眼里，甚至越来越不恭敬起来。

而当宇文护亲自处理国家政务的时候，他根本不经过天王宇文觉的应允，就直接对满朝文武发号施令，这显然已经无视了坐在天王宝座上的宇文觉，这让宇文觉内心很不高兴。

宇文觉虽然有不满，但是他也没辙，因为自己能够坐到天王的宝座，全赖宇文护之力，自己的能力太弱小。

整个朝廷只知宇文护，却不知天王。

天王都没办法约束宇文护，大臣们更加噤若寒蝉，没有一个人敢说个"不"字，甚至私底下也都不敢随便议论，齐轨就是前车之鉴。

掌权后的宇文护，也终于可以好好享受一番胜利之后的喜悦和放松了，他也真正品尝到了权力的滋味。

在宇文护过去的 40 多年里，他默默无闻，所有人都把他当作路人甲，他的哥哥宇文导始终压制着他，他生活在哥哥的光环之下，让他丝毫没有出人头地的机会。

终于，这一天来了，宇文护成了众人仰视的人物，用他那沾满鲜血的屠刀，警戒世人，谁敢和我宇文护作对，我就让他去见阎王。

然而宇文护错了，有些人宁愿去见阎王，也不想见你宇文护，因为阎王都比你可爱。

年幼的宇文觉，看着那些昔日的权臣，一个个都死在宇文护的屠刀下，他突然不寒而栗起来。

现在朝廷上下，所有人叩拜的都是宇文护，我这个天王到底算什么？难道只是元宝炬和元廓的翻版吗？

宇文觉这样想着，越想越苦闷。

此时此刻，宇文家族已经坐稳了北周王朝最高权力的宝座，宇文护和宇文觉也不再是绑在一条绳子上的蚂蚱了，宇文护越来越无视宇文觉的存在，而宇文觉也越来越痛恨宇文护的跋扈，二者势必将爆发矛盾。

小天王的密谋

对于天王宇文觉的处境，朝臣看在眼里，也是心知肚明，绝大多数人都选择了默不做声。

然而，也有一些投机分子似乎发现了人生的机遇，开始在宇文觉面前煽风点火起来。

有一天，独坐深宫的天王宇文觉听到宫人禀报，有四个人前来觐见。宇文觉不禁纳闷，对于自己这样一个提线木偶，谁会有事找上门呢？难不成是知道自己深宫里待着憋闷，陪自己来玩的吗？

宇文觉随即召见了这四个人。为首的是李植，大将军李远的儿子。另外三人分别是军司马孙恒、宫伯乙弗凤、宫伯贺拔提。

为首的李植率先说道："宇文护自从杀了赵贵、独孤信，势力越来越大了，现在所有的人都去依附宇文护，军国大事全都他一个人说了算，依我看，宇文护这个人迟早会图谋不轨的，天王陛下您应该早作决断，除掉宇文护。"

李植发表完这通讲话之后，宇文觉的内心顿时波涛汹涌了起来。这是宇文觉自即位以来，听到的最入耳的一席话，句句都说到了他的心坎里，这无疑引发了两人心灵间的共鸣。

一旁的乙弗凤继续附和道："李植和孙恒都是先帝（宇文泰）委任的，是值得托付之人，陛下如果有他们二人的辅佐，何愁大事不成？宇文护经常说要效仿周公辅政，臣听说周公辅政要七年之久，然后才能还政于陛下，陛下岂能苦等七年？"

宇文觉激动地上前拉住众人的手，发自肺腑地说了句："就听你们的。"

于是，宇文觉和这些侍臣展开密谈，密谈的结果就是，把宇文护召来，埋伏下武士，然后一举拿下。

说干就干，宇文觉立刻组织人手，在后宫里蓄养武士，开始搏击训练，甚至宇文觉亲自担任搏击教练，反复练习如何捆绑，如何抓人。

这一幕完全和《鹿鼎记》里的康熙擒拿鳌拜的场景一模一样，但是宇文觉不是康熙皇帝，李植也不是韦小宝。

之所以这么说，是因为宇文觉和李植的智商太让人着急了。

既然密谋抓当朝首辅，居然还如此大张旗鼓地召集人手，保密性肯定无法保证。人手凑够了，还要进行专业的搏击训练，等训练好了，宇文护也差不多该知道了。

果不其然，李植等人觉得人手还不够，于是又另外联络了一个叫张光洛的宫廷内官。正所谓人多力量大，一定可以擒拿宇文护。

没想到的是，这个张光洛其实是宇文护安插在宫禁的眼线，张光洛把李植等人谋逆的事一五一十地汇报给了宇文护。

宇文护知道后，不禁想嘲笑宇文觉和李植的智商，他只想对天王宇文觉说，呵呵，你小子太嫩了。

宇文护随便找了个理由，就把李植和孙恒驱赶出了京城，然后亲自面见了宇文觉。

看到一脸稚气的宇文觉，宇文护摆出了一副委屈的模样，且一把鼻涕一把泪地哭诉起来："天王陛下啊，天底下最亲的就是兄弟，如果连兄弟都不相信，还有什么人可以相信呢。我对您的忠诚是兼有兄弟之情和君臣之义的，我会竭尽全力辅佐您。"

宇文觉哑口无言。

"如果您可以总理一切国家事务的话，那么我死了也不算什么。如果把我除掉的话，小人得志，不仅对陛下不利，而且也会危害国家啊，我哪有面目去见九泉之下的太祖陛下（宇文泰）。"

宇文觉依然哑口无言。

"而且，我是您的堂兄，我的官位已经是丞相了，一人之下万人之上，我还有什么奢求的吗？愿陛下不要相信小人谗言，疏远了我们的骨肉之情啊。"

宇文觉彻底无语。

听了这番告白，我们不得不佩服宇文护的演讲口才，可谓是句句入理，字字动情啊。看着如此诚恳的宇文护，宇文觉除了发蒙什么都不会，他确实说不过人家宇文护，不过，宇文觉的沉默并不代表自己放弃反抗。

而宇文觉之前组织在身边的乙弗凤等人开始害怕了，如果宇文觉反悔的话，宇文护迟早都会找他们算账。于是一个个撺掇着宇文觉，可别相信宇文护的鬼话，快动手吧，再不动手就晚了。

宇文觉沉思片刻，虽然你宇文护口才很好，我也说不过你，但我还是必须要除掉你——宇文护。

人为刀俎，我为鱼肉，宇文护，我跟你拼了！

宇文觉使出了吃奶的劲儿，又开始和乙弗凤等人谋划起来，继续在后花园里操练武士，进行搏击训练。

这一次，张光洛再次把宇文觉密谋的事儿全部汇报给了宇文护。

对于宇文觉的智商，我已经不想再说了，经历过第一次的泄密之后，傻子都知道应该先把内奸揪出来，然而宇文觉竟然无动于衷，继续堂而皇之地操练武士，几乎没有再采取任何防范举措，你当宇文护是瞎子吗？

宇文护开始愤怒了，第一次本想给你（宇文觉）个机会，没想到你还想着继续搞我，既然你不仁，就休怪我不义了。

宇文护迅速派人邀请宇文觉身边的几个亲信前来喝茶，这些人来了之后，茶水没看到，明晃晃的屠刀倒是看到了，一个个跪地求饶。

宇文护又命令大将军贺兰祥和尉迟纲带兵进宫，直冲向宇文觉的寝宫。宇文觉宫中的武士，此刻一点用武之地也没有，迅速被贺兰祥的军队一锅端掉。

孤立无援的宇文觉，彻底惊慌了，此刻是叫天天不应，叫地地不灵。宇文觉巡视四周，只有身边的几个宫女太监，宇文觉命令这些宫女："你们都给我拿起武器，保护我。"

当禁卫军进入天王陛下的寝宫之时，人们只看到一个唯唯诺诺躲在宫女身后的小孩子，惊吓中已然尿湿了裤子，这个孩子就是宇文觉，这一幕多么令人可笑可悲。

大将军贺兰祥看着眼前这个孩子，逼令宇文觉退位，同时，又将他驱赶出了皇宫，彻底软禁在了他以前的府邸中。

宇文护还不忘收拾李植、孙恒。

李植是李远的儿子，李远是十二大将军之一，宇文护充分给了李远面子，于是把李植交给了李远，你的儿子参与谋反，想要杀我，你自己来处置。实际上，这是让李远自己动手杀掉李植。

李植在父亲面前，极力否认，声称自己并没有参与谋反。这下李远迟疑了，李远是个慈父，他向来疼爱自己这个儿子，因而对李植的话开始相信了，他相信自己的儿子并没有谋反。

第二天，李远带着儿子李植，去面见宇文护。

宇文护以为李远已经杀掉了李植，对于李远的到访，问道："阳平公（李远）一个人来是何意啊？"

李远答道："我不是一个人，我儿李植也在门外。"

宇文护听到李植还活着，勃然大怒。

好你个李远，你竟然不相信我。

愤怒的宇文护，立刻召来了被软禁的宇文觉，让宇文觉和李植当面对质，李植顿时哑口无言。

李植就像个撒了谎的小孩儿被戳穿谎言一般，一脸的惊慌，手都不知道往哪儿放。

李远也终于胆战心惊起来，瞬间扑倒在地，李远知道，这下真的要大祸临头了。

宇文护盯着眼前的这对父子，随即下令，处死这个敢做却不敢当的李植，同时逼迫李远自杀。同时被处死的，还有李植的几个成年的兄弟。不过，李远的两个在朝为官的兄弟——李贤和李穆，并没有被牵连处死，而是被除名为民。

疯狂的宇文护再把目光转回到天王宇文觉身上，这样的皇帝，留着也是祸害。

宇文觉，别怪堂哥无情，是你自讨没趣，你去见你九泉之下的父亲吧。

最终，16 岁的宇文觉被弑杀在了自己的府邸。

年轻的心没有经验，年轻的心容易大意，年轻的心不会预料结局，但是年轻的心不甘平庸。

为了诛杀宇文护，宇文觉用他 16 岁的青春埋了单，也付出了他生命的代价。

我们不能说什么，因为我们也曾年轻过。

宇文毓的抗争

宇文护在完成这一幕精彩的"屠龙"大戏之前，他必须得考虑一件事，谁来继位。

宇文觉年仅 16 岁，他膝下没有一儿半女，如果要另立新帝，那就得从他的兄弟中间选择继承人了。古代确立继承人，第一继承人是嫡长子，如果没有嫡长子，就只能选择最为年长的。而此时宇文泰的众多儿子中，最年长的是24岁的宇文毓，他也是此前除宇文觉之外世子的最佳人选。

于是，在朝堂之上，宇文护声泪俱下地痛诉着宇文觉的罪状："自即位以来，（宇文觉）荒淫无度，昵近群小，疏忌骨肉，大臣重将，咸欲诛夷。若此谋遂行，社稷必致倾覆。"（引自《周书·晋荡公传》）

宇文护一边哭诉一边塑造着自己的周公形象，同时还说："今日宁负略阳（宇文觉），不负社稷尔。"

这话跟曹操当年说的那句"宁人负我，勿我负人"几乎如出一辙，既虚伪假善，又惺惺作态。

然后，宇文护话锋一转，开始了今天的重点："今欲废昏立明，公等以为如何？"

都到这个份儿上了，大家还能说什么呢，群臣只能跪拜道："此公之家事，敢不唯命是听。"

这是你们自家的事，你自己看着办就好了。

的确，此时的宇文护真的把皇帝废立看作家事，自己就是大家长，想立谁就立谁，想废掉谁就废掉谁。

就这样，16岁的宇文觉被弑杀，24岁的宇文毓踏着他弟弟宇文觉的尸体，开始走上历史前台，即位为天王。

宇文毓不同于他的弟弟宇文觉，宇文毓已经是一个24岁的壮小伙了，宇文毓比宇文觉要成熟，也更有阅历，而且在即位天王之前，他一直在地方上担任长官，且深受百姓爱戴。

这一点其实让宇文护非常不爽，天王都24岁了，还会老老实实听命于自己吗？不过传统规矩就是立长，你宇文护再牛，也不敢太逾矩。

另外，让宇文护感到不满的还有一点，宇文毓娶了独孤信的长女为妻，宇文毓做了天王，那独孤氏就成了王后。对于独孤信这块疙瘩，宇文护始终难以释怀。

宇文毓显然也不愿意服从宇文护，但他不会像自己的弟弟宇文觉那样"大张旗鼓"地搞谋杀。

宇文护虽然也不怎么待见这个宇文毓，但是他吸取了宇文觉身上的经验，人家毕竟是天王，不应该把人家当傀儡一样对待，稍微给他点权力，说不准这位天王陛下还会感激自己呢。

宇文毓当上天王之后，很忙碌。今天拜谒祖陵，明天祭天，后天又大赦天下，接二连三地发布各种诏书，提出各种政策改革。

　　这让一把年纪的宇文护大跌眼镜，宇文护本以为，让宇文毓过过天王瘾就好，没想到这人喜欢玩改革。

　　宇文护逐渐感觉到了危机。年纪轻轻的宇文毓，表现出了非凡的政治才华，逐渐开始赢得人心。

　　这是宇文护所不愿意看到的，但是宇文毓没有留下任何把柄，宇文护一时奈何不了宇文毓。时间很快到了559年，宇文毓已经是26岁了，已经不是孩子了，宇文护你还厚着脸皮做辅政大臣？显然，宇文护脸皮比较薄。

　　好吧，我放权。

　　宇文护开始妥协了，正式宣布归政于天王宇文毓。

　　但是，宇文护留了一手，政治上你说了算，军事上得听我的。宇文护深知掌握军权的道理。

　　宇文毓不像宇文觉那样搞阴谋，宇文毓和宇文护拼手腕。

　　宇文毓一步一个脚印，利用他天王的身份，一点一点攫取更多的权力，积攒自己的人气，然后和宇文护较劲，他相信终有一天，他会战胜宇文护。

　　很快，宇文毓又做了一个大胆的决定，给自己"升职"。天王这个称呼实在太老土了，充满了乡村风格，于是，改称天王为皇帝，改元武成。

　　皇帝让你做了，权力也一定程度给你了，想折腾我也让你折腾了，你还不满足，宇文毓，你到底还想干什么？

　　宇文护真的有些坐不住了，这小子如果不收拾的话，以后肯定会骑到自己的头上。

　　忍无可忍，那就无须再忍。

　　宇文护也懒得找什么理由去废掉宇文毓，当然他也找不到，宇文毓没有留下丝毫的把柄，宇文护沉思片刻，有了决定。

　　宇文护叫来了一个人，这个人叫李安，当然，他的职业不是导演，他是个大厨。

　　按照宇文护的指示，李安做了一张糖饼。这并不是宇文护自己想吃，而是要送给宇文毓，因为这张饼里，多放了一点作料——毒药。

　　李安端着这张精心制作的糖饼（带毒的），径直来到皇帝宇文毓的寝宫。

　　宇文毓正好也饿了，看着这张糖饼，香气扑鼻，顺手就拿来食用了。

　　可当宇文毓津津有味地吃完这张糖饼之后，他突然发现这饼有问题，问题在哪儿？有毒！无须多想，这肯定是宇文护要杀自己。

　　此时的宇文毓开始用秒来计算自己最后生命的时间，他憋着最后一口气，喊出了自己的临终遗言，传位给自己的弟弟宇文邕。

　　事实上，宇文毓是有儿子的，但他并未把皇位传给自己的儿子，因为他的儿子现在还在穿开裆裤，让一个穿开裆裤的小屁孩去做皇帝，这无异于继续把来之不易的权力拱手让给宇文护。

宇文毓在临死一刻，做了一个无比正确的决定，他没有怀着私心把皇位传给自己的儿子，而是托付给了自己的弟弟，目的就是想让自己的弟弟宇文邕继承自己的遗志，同宇文护斗争到底。

说完自己的遗言，宇文毓撒手西去，年仅 27 岁，谥号明帝，庙号世宗。

宇文毓的离去，标志着宇文护打破了一项历史纪录，那就是，宇文护获得了历史上弑君之最的头衔。

从西魏恭帝，到宇文觉，再到宇文毓，由宇文护主演的三次"屠龙"大戏，都堪称大片，他将真龙天子玩弄于屠刀之下，用皇帝的鲜血来铺就自己的权臣之路。

宇文毓在历史上，只做了 5 个年头的皇帝，如果除去称天王时期的话，也只有两年。在这有限的历史舞台上，它给历史留下了浓墨重彩的一笔。

宇文毓不仅是个敢于同权臣抗争的皇帝，他也是一个有勇有谋且才华出众的皇帝。

宇文毓自小就博学多才，且写得一手好诗，他有诗歌存世，文学天赋很高。在即位天王之前，他镇守一方，治理得井井有条，受民爱戴，可见其政治才华很小就已经显现。

在他即位之后，做了很多政策改革，这些改革很多都是有历史意义的，这并不是为了对抗宇文护，而是为了对抗邻国北齐。

宇文毓知道，宇文护不过是个权臣，宇文护再骄横专权，这也只是国家内斗，而老邻居北齐，却一直窥伺着北周，北周始终面临着强敌，这是国家存亡。内斗和国家存亡，孰轻孰重，宇文毓很清楚。

宇文毓还进行了强有力的文化建设，其中最著名的就是设立了麟趾殿，聚集了一大批文人，校验书籍。当时，在宇文毓的主持下，编辑成五百卷的《世谱》，可谓皇皇巨著。

毫无疑问，如果假以时日，宇文毓定是一位英主，只可惜天妒英才。

缩头乌龟是怎样练成的

权力就像毒品，一旦沾染，便会上瘾，宇文护显然就是这样的"毒瘾患者"。

宇文护甚至觉得自己很委屈，想我宇文护容易吗？要不是我宇文护，你们兄弟几个能当上皇帝？我又没篡权，你们为什么一个个这么针对我？

面对杀红了眼的宇文护，尽管朝臣中也有一些人对宇文护心存不满，但是朝臣们还是一致地选择了俯首帖耳。

按照宇文毓临终前口述的遗言，应当由其弟弟宇文邕来继位。宇文护当然也不好说什么，毕竟这是皇帝遗命。

宇文护把宇文邕拎了出来，瞅了瞅，不过是个 17 岁的毛孩子，样子也蛮乖的。

宇文护不无威胁地看着宇文邕："你知不知道你的两个哥哥是怎么死的？"

宇文邕点点头。

宇文护笑了笑："知道就好，以后要乖乖的，不然你也会像你的两个哥哥一样。"

没有人知道此刻的宇文邕内心是怎么想的，人们只看到从宇文邕即位这一天开始，便对宇文护言听计从，不管宇文护如何跋扈，宇文邕始终不闻不问。不仅是不闻不问，而且谦恭到了极点，宇文邕规定，以后自己对宇文护的礼节要用家人礼。

宇文邕是真的被宇文护吓怕了吗？面对杀兄之仇，宇文邕你要一直淡定下去？你愿意就这样一直做一个傀儡？

宇文邕默然。

没多久，563 年的一天，宇文邕去了一趟原州视察，然后又连夜返回了京城，随行的柱国将军侯莫陈崇便私下里和人说："皇上连夜回京，怕是宇文护死了吧。"

侯莫陈崇说这话的时候，也许只是无心揣测，然而，这句话却一传十，十传百，越传越广。

谣言转发超过 500 次，这意味着什么，你懂的。

果然，这条谣言闹得尽人皆知，包括宇文护，也包括宇文邕。

这显然是谣言，必须治罪，可是侯莫陈崇是德高望重的老将军，而且是曾经的八柱国之一，和宇文泰当年也是好哥们儿，立下赫赫战功，这样的元老重臣怎能轻易治罪？

宇文邕立刻在殿上严厉斥责了侯莫陈崇，同时表示，无端诋毁晋国公宇文护，管你什么来头，必须定罪，而且该死。

连夜，宇文护的军队包围了侯莫陈崇的府邸，逼令侯莫陈崇自杀。

如此一来，宇文护和朝臣们都看到了，宇文邕不仅在态度上对宇文护言听计从，甚至在行动上也处处维护宇文护的利益。

宇文护终于会心地笑了，宇文邕这孩子不错，孺子可教也。

甚至朝臣们也认为，宇文邕真的就是个提线的木偶，他就是甘当傀儡。

可谁都不知道，当宇文邕听话地低下头，对宇文护跪地叩拜的时候，宇文邕不是懦弱，而是在满地找板砖，而且一找就是十二年。

宇文邕需要一块给力的板砖，这块板砖，要够硬够沉，要能置人于死地。宇文邕要用这块板砖，击碎不可一世的宇文护的脑袋。

而在此之前，宇文邕能做的只有一件事，那就是忍耐，像缩头乌龟一样，一忍再忍。

事实上，周明帝宇文毓临终时选择传位于宇文邕，这绝非随意为之，因为他非常了解宇文邕的性格。

宇文邕平时从来不说话，沉默寡言，只有别人问他话的时候，他才会说话，而且他每次开口都能说中要害。用句成语来形容，宇文邕就是"不鸣则已，一鸣惊人"。

《周书·武帝纪》记载：（宇文邕）性沉深有远识，非因顾问，终不辄言。世宗（宇文毓）每叹曰："夫人不言，言必有中。"

宇文毓平日里也特别喜欢和宇文邕在一起，就连军国大事，偶尔也会向宇文邕请教，宇文邕每次都能说到点子上，这让宇文毓非常佩服。

可以说，少年的宇文邕表现出了远胜于成人的成熟和冷静。

因此，宇文毓在临终的关头，宣布传位于宇文邕，这不仅是因为他的儿子太过年幼，更是因为他发自内心地钦佩宇文邕的能力。

包括父亲宇文泰，也曾对宇文邕说过："成吾志者，必此儿也。"

我们不知道宇文泰是在什么样的情况下说出的这句话，但从后来的历史来看，这番话最终应验了，宇文邕最终完成了宇文泰的志向。

父亲，兄长，你们安息吧，我不会辜负你们的期望，我会实现你们的全部愿望的。

宇文邕的内心翻涌着，思索着，但在他稚气的脸上，却平静如水。

是权臣，也是孝子

公元 563 年的冬天，北周决定发兵攻打老邻居北齐，并且还找了帮手，联合了北方的游牧民族突厥。

而这时的北齐，当家的叫作高湛，同时还有三位非常著名的将领，史称"北齐三杰"。

排第一的叫作斛律光，字明月，史书也常称之为斛律明月，擅于骑射，人称"落雕都督"。

还有一个叫作高长恭，人称兰陵王，不仅骁勇善战，而且是和独孤信一样的美男子（这是个男色时代），因为太过貌美，所以战场上不得不戴上面具（有点像《美少女战士》中的夜礼服假面）。

最后一个，叫作段韶，字孝先，是三人中资历最老的，同样也是名将。

由这三人组成的"铿锵三人行"坐镇北齐，加上北齐雄厚的国力，北齐的军事实力是不容小觑的，因而，北周的朝臣们对此次出兵充满疑虑，怎么着也得要10万军队才能有胜利的可能，而且，这也仅仅是可能。

这时候，大将军杨忠突然站了出来大声说道："斛律明月只是个竖子而已，给我一万骑兵就能灭了他。"（万骑足矣，明月竖子，亦何能为！）

于是，杨忠率领一万骑兵北上，与突厥合兵，风卷残云般席卷了北齐的二十座城池，直逼晋阳（还真不是吹的）。

不过，北周朝廷还是对杨忠不放心，于是又加派了三万军队，由另一位武将达奚武统率，从南部迂回，配合杨忠，进攻晋阳。

可当杨忠兵临晋阳城下的时候，天降大雪，北齐的军队又军容整齐。突厥人一看如此情景，心想，北齐看来是早有准备，我们肯定打不过，这仗我们不打了。于是，突厥大军顿时全部畏缩反水，大军站在一边，坐山观虎斗。结果可想而知，杨忠所率部队大败而归。

另一路达奚武的三万军队一路到了平阳，对阵的是斛律光。斛律光写了一封信给了达奚武，信里说，鸿雁已经高飞，你还在草丛里张网做什么。意思就是杨忠已经败了，你还在这里打个毛啊。

于是，达奚武也只好灰溜溜地撤军了。斛律光还不忘从后面狠狠踹了达奚武一脚，一直把达奚武踹回了老家，俘虏了达奚武军队2000人才罢休。

因为杨忠战败，等到北周的军队回到长安之后，宇文护正好趁此机会，对杨忠实施报复。宇文护以此为由，加罪于杨忠，把杨忠放任到地方上去了，担任泾州总管。

经过这次的军事行动，宇文护也了解到，北齐和北周的军事实力，其实已经相差无几。虽然北周是战败了，但是北齐也没吃到多少甜头。

而在宇文护的内心深处，始终藏着一个心结，这个秘密很少有人知道。

那是在几十年以前，在宇文泰进入关中之时，宇文护的母亲阎氏以及自己的姑姑宇文氏被留在了晋阳。很不幸，阎氏和宇文氏最终全都被敌人俘虏了，后来又被东魏北齐的统治者所扣留。直到北周建立以后，由于宇文护成了北周的权臣，北齐便时时拿宇文护的母亲阎氏做要挟。

宇文护虽然杀人如麻，甚至皇帝都敢杀，却偏偏是个大孝子，不忍自己的母亲在敌国受苦，所以多次写信给北齐，要求释放人质。

　　而北齐却把这两个老太婆当成了要挟宇文护的宝贝，当成了护身符，所以，根本不可能释放人质。

　　宇文护恼怒了，于是就有了这一次的军事行动。你不放人的话，那我就给你点颜色瞧瞧。

　　当时北齐的皇帝高湛，也确实害怕了，于是便答应释放二老，可是临到放人的时候，却打了个折扣，只释放了宇文护的姑姑宇文氏，宇文护的母亲阎氏还是没有释放。

　　高湛派人勒令宇文护的母亲阎氏写一封家书，并寄给了宇文护，随带的还有阎氏的一件贴身衣服。这篇书信写得是情深意切，宇文护阅后也是痛哭流涕，并且做了回信，回信中同样也表现了宇文护的拳拳赤子之心。这两篇书信中显现的母子情意，完全不亚于李密的《陈情表》。

　　宇文护只能更加地尊奉北齐，尊奉高湛，甚至不惜低三下四地给高湛拍马屁。一个堂堂的北周帝国的第一权臣，将皇帝玩弄于股掌之间，竟然也会如此有失身份，原因只是那身处异国受困的八十岁的老母亲。

　　可高湛偏偏就是不放人，甚至看着宇文护奴颜婢膝的样子，倍儿有虚荣感。高湛也给宇文护开出了条件，只要北周永远不进犯北齐，我就放人。

　　宇文护在书信里接受了高湛提出的任何条件，高湛也觉得戏弄够宇文护了，只要答应两国修好，北周不来打北齐，这个老太婆就给你好了，留我这儿还浪费粮食呢。

　　不过有一个大臣不同意高湛这么做，他就是"北齐三杰"之一的段韶。段韶认为，仅凭一纸书信怎么可以相信宇文护的话呢，必须正式订立合约才行啊。高湛也没过脑子，也懒得听段韶的话，直接放人了。

　　三十多年母子分别，宇文护终于见到了自己的母亲，激动之情溢于言表。宇文护兴奋地迎接了自己的母亲阎氏，举朝同庆，大赦天下，给母亲的一切供奉全都是最高档次的，一切用具，全部都是宫廷所用的高档奢侈品，连皇帝宇文邕也得谦恭尊奉。

　　面对这三十年晚来的亲情，宇文护把他所有能想到的最高待遇，都给了自己的母亲，相信那一刻，是宇文护一辈子最幸福的时刻，也许那一刻他也开始有点明白，在亲情面前，权力或许根本不算什么。

　　事实证明，段韶的话是对的，因为宇文护这只老狐狸根本没把和约的事放在心上。

　　公元564年十月，宇文护利用宇文邕的名义下诏，集结二十万兵力，宇文护为都督，东征北齐。

宇文护的这次出兵，或许更多的还是出于泄愤的目的，他想拿北齐出出气，好好教训一下高湛此前对自己的傲慢。

然而，宇文护毕竟只是个权臣，玩弄权术可以，打仗嘛，还是太菜了。虽说宇文护任都督，其实真正负责全军指挥的是尉迟迥将军。

宇文护立刻派尉迟迥带领十万大军，兵围洛阳。而高湛见宇文护翻脸比翻书还快，顿时慌了，不听老人言吃亏在眼前，真该早点听段韶的话。

临危之时，高湛派出高长恭和斛律光救援洛阳，这才守护住了洛阳之地。因为洛阳地处中原，是北齐的门户，必须得守住。而北周军队连日作战，损兵折将，又无战果，且被斛律光打得连连败退，只好退兵潼关。

而这次战争中，杨忠被从泾周总管调任到前线，但是只是在边塞做接应工作（喝西北风），这明显是宇文护在消遣杨忠（逗你玩）。

这次东征，证明了宇文护毫无军事才能，同时也证明，北周北齐之间，还没有到大鱼吃小鱼、把对方吞并的时候。

回到长安之后，宇文护向宇文邕请求治罪，当然这只是作秀而已，宇文邕哪儿敢真的给宇文护治罪，反倒是不断慰劳宇文护，因为宇文邕在通往缩头乌龟的道路上，没有最远，只有更远。

失落的"官二代"

在宇文护专政的这些年里，隐忍的不只是宇文邕，还有一个名不见经传的"官二代"。

此人就是杨坚。

自从独孤信被杀之后，杨家就生活在惶惶不可终日之中，用一个词来形容，那就是"步步惊心"。

也就是在宇文护刚刚杀了天王宇文觉之后，朝廷的一封任命书，突然送到了杨坚这里。宇文护任命杨坚为右小宫伯，并封大兴郡公。

所谓右小宫伯的官职，就是皇宫宿卫，并不是什么稀罕的官位。

不过，大兴郡公就值得说道了。

隋朝建国之后，在北周长安城的东南，重新营建了一座新的都城，这座新城就被取名为大兴城，也就是唐朝长安城的雏形。而"大兴"二字的得名，就源于杨坚此前在北周的这个爵位——大兴郡公。

杨坚接过宇文护授予的职务之后，他忽然开始明白过来。宇文护的这一任命，其实就是要自己去监视皇帝啊（当时还是宇文毓在位）。

在当时的皇宫内外，宇文护安插了数不清的眼线，宇文护任命杨坚去做皇宫宿卫，这可不就是让杨坚去给自己做眼线吗？

同时，这也是宇文护在向自己伸出橄榄枝。宇文护的意思很明白，杨坚你是个好苗子，未来前途无量，你以后就跟了我吧，我保你日后飞黄腾达。

宇文护没有对杨坚一家治罪，这一点让杨坚颇感安慰，但是此时的杨坚却面临一个更艰难的抉择。

宇文护要拉拢自己，那就要在宇文护和皇帝之间，做出一个站位。可是无论站在哪边，杨坚都觉得不合适。

杨坚思来想去，决定去请教自己的父亲杨忠。

杨忠听完儿子的一番诉苦之后，冷静地对杨坚说："夹在两个婆婆之间，是很难做媳妇儿的，你不要去！"（两姑之间难为妇，汝其勿往！）

杨忠的话，让杨坚心领神悟，虽然接受了宇文护的任命，但是绝对不可以和宇文护同流合污，当然也不能和皇帝站在一派，那就是和宇文护树敌了，那样的话，死得更快。最好的办法，就是和稀泥，我谁也不帮，你好我好大家好。

杨坚就这样走进了皇宫，做起了他的右小宫伯，说好听了是皇宫宿卫，实际上，就是个看大门的，或者说是保安。

机缘巧合之下，同在这皇宫之中的杨坚和宇文毓，有一天碰面了。

宇文毓见到杨坚之后，看着杨坚的相貌，隐隐之中觉得这个比自己略小的少年有着一种非凡的气质。询问之下，宇文毓才知道眼前的这个人叫作杨坚，是大将军杨忠的儿子。同时，宇文毓还发现，自己和杨坚还是连襟，因为他俩都有一个共同的老丈人——独孤信。

宇文毓的心里，总有一种不踏实，于是找来了一个术士，叫作赵昭，派他去给杨坚看看面相。

这个会看面相的赵昭，奉宇文毓之命，来到了杨坚的府邸。

赵昭一见到杨坚，就上下打量，打量完之后，一脸惊异地看着杨坚说："兄弟啊，你长得真是贵相，将来必定要坐拥天下啊，但是一定要大开杀戒之后才能拥有天下，你一定要记住我今天说的话。"

赵昭说完，便拂袖而去，只留下杨坚自己仍在琢磨着赵昭刚才的一席话。

"坐拥天下"，这个词第一次在杨坚的脑海中烙下了印记，也让杨坚开始浮想联翩。

赵昭回去之后，就立刻向宇文毓禀报："杨坚最多就是做一个柱国而已。"宇文毓这才打消了心头的疑虑，不再去理会。

没过多久，疯狂的宇文护毒杀了宇文毓，宇文邕即位称帝，官员随之需要进行新一轮的改组，杨坚也不例外。

杨坚从他的右小宫伯，突然换成了左小宫伯，虽然只是左右换了一个字，但是，古代以左为尊，杨坚多少还是算升职了。

虽然调动官职了，但是杨坚牢记着父亲的教导，并严格听从父亲的指示，对宇文护的拉拢，他既不直接拒绝，也没有表示合作。

宇文护如同是热脸贴上了冷屁股，有点尴尬，也很不满。不过，杨家对政治似乎一点也不热衷，这么些年也没留下什么把柄，宇文护想想也就算了，自始至终也没把杨家怎么样。

就这样，宇文护逐渐淡忘了杨家，也逐渐淡忘了杨坚，而杨坚的官职在此后的 8 年时间里，再也没有晋升过。

557 年至 565 年，杨坚从 17 岁变成了 25 岁，在这 8 年时间里，杨坚的官职止步不前。在奔三的道路上，杨坚可以说是很苦闷的，简直比十四年抗战还苦。

而这 8 年的保卫工作，杨坚所收获到的，除了自个儿长了身体，还有就是自己变成了父亲。

公元 561 年，杨坚和独孤伽罗的第一个孩子降生了。生下的是个女娃，杨坚略感遗憾，不过还是很开心，给这个女娃取了一个非常好听的名字——杨丽华。丽华，美丽而且华贵。

此时的杨坚不会想到，日后正是这个女娃，最终帮助他实现了人生的飞跃。

一年、两年、三年，一直到第八个年头，杨坚的人生终于有了转机。

欲望的膨胀

公元 565 年，北周保定五年。

这一年，杨坚晋升为大将军，并且出任随州刺史。

虽然并不是什么大官，不过杨坚心里还是很开心，一来终于可以扔掉保卫的工作了，二来可以和待在京城的宇文护说拜拜了。

随州地处今天的湖北，这个地方直到今天还叫随州，不过，那时的随州属于襄州的下辖城市。

当杨坚路过襄州的时候，按照惯例，下属应该去向自己的长官做汇报，于是，杨坚决定登门拜谒这位长官，当然也是自己的上司。

当时襄州的长官，叫作宇文直。

宇文直是宇文泰的小儿子，宇文邕的同母弟弟。但是宇文直和他的几个哥哥完全不一样，他的几个哥哥都和宇文护作对，他却自始至终都依附于宇文护，甘当宇文护的走狗。宇文直逐渐成了宇文护身边的大红人，甚至红得发紫。

很明显，杨坚和宇文直不是一路人，因为他们的政治立场不同，所以面对杨坚的到访，宇文直根本懒得搭理杨坚，直接给杨坚吃了闭门羹。这让杨坚又一次郁闷了，怎么走到哪儿，都有宇文护的党羽。

虽然宇文直懒得理会杨坚，但也不能太没礼貌，宇文直还是派了一个手下去回访杨坚，这个人叫作庞晃。

庞晃见到杨坚，瞬间就被杨坚非凡的气质打动了，他觉得杨坚日后一定能成就一番事业，于是他主动攀附杨坚。

杨坚也感觉莫名其妙，上司身边的人物，居然会主动来巴结自己，不是吃错药了吧。不过，来者就是客，杨坚也不拒绝，杨坚和庞晃也算聊得投机，彼此间互诉衷肠，经过一番畅聊，二人便结为了密友。

杨坚和庞晃作别之后，便立刻赶赴随州上任了。可当杨坚刚到随州，进入随州刺史官署，办公室的椅子还没坐热，一封朝廷的诏令又下来了。

这封诏令要求杨坚立刻回京，随州这儿就别待了。

这不是耍人吗？这才来几天啊，千里迢迢的，成心逗自己玩儿不是，往返路费谁给报销啊？

不过，抱怨归抱怨，杨坚还得收拾行囊，启程回京。

正当杨坚收拾行装，离开随州，路过襄州的时候，他又一次见到了庞晃。而且庞晃是特意主动来迎接，这令失落的杨坚倍感温馨。

庞晃给杨坚摆了一桌酒席，二人小酒一喝，醉意就上来了。

喝得面红耳热的庞晃，突然拉着杨坚的手大有深意地说："杨兄啊，你相貌非常，未来定是九五之尊，发达之后，可千万不要忘记兄弟我啊。"

半醉半醒的杨坚，突然一个激灵，连忙说："兄弟你怎么能说这种大逆不道的话呢？"

杨坚差点被庞晃这话吓到，不过，杨坚心中还是有点窃喜的。这已经不是第一个人预言自己未来当皇帝了，难道自己真的有做天子的命？压抑在杨坚心底的欲望，开始一点点燃烧起来。

也就在此刻，屋外一只雄鸡，突然高声鸣叫。

见此情景，杨坚对庞晃说："兄弟你听，外面有鸡叫，你来射射看，如果一箭射中，我就信你的话，他日我富贵之时，你就以此为凭证来找我。"

庞晃听后，自是高兴，弯弓搭箭，"嗖"的一声冷箭射了出去，直直射中屋外的那只雄鸡。

杨坚见此，哈哈大笑起来："看来真是天意如此啊！来，我们继续喝！"

二人便又是一番把酒言欢。

杨坚临别之际，还特别赠送了两个丫鬟给庞晃，两人的交情自此也更加亲密了。

杨坚内心深处，隐隐之中，那颗暗藏许久的雄心，逐渐露出了水面，野心和欲望开始盘根在杨坚内心。

对于这些年北周宫廷内，权力的倾轧，杨坚似乎开始有了清醒的认识，既然国家不给我报效建功的机会，那么，我又何必去效忠这个国家呢。杨坚如此想着。

不过，就目前来说，杨坚还根本没有政治资本，他只是众多官二代中的一个，多他一个不多，少他一个不少，更何况杨坚自己处处还受着宇文护的打压，杨坚对自己未来的皇帝命，也只能是将信将疑。

当杨坚回到京城之时，恰逢母亲吕苦桃重病。于是，杨坚辞去朝廷给予的所有职务，专心守护在母亲身边，昼夜不离母亲的病榻，以侍奉自己的老母亲。

杨坚这么做，一来是他孝顺，二来这也正好是自己躲避宇文护锋芒的好办法。

出人意料的是，杨坚的孝顺，竟然出了名，他成了京城长安尽人皆知的大孝子，成了当时的道德模范。这一下，杨坚声名鹊起，顿时就惹怒了一个人——宇文护。

宇文护本来一直想征召杨坚，但杨坚却不识抬举，没想到杨坚还给自己赢得了这么好的名声，这怎能不让宇文护恼火。

宇文护很生气，后果很严重。宇文护咽不下这口气，便想着法儿地加害杨坚。这时有一位将军突然站了出来，此人叫作侯伏侯寿（鲜卑复姓侯伏侯），极力劝阻了宇文护，宇文护这才罢休。

也就在杨坚从随州回到京城的三年后，也就是公元568年，一个噩耗突然降临到了杨坚的头上。

父亲杨忠因为败仗，被宇文护下放，所以，便一直在外地任职。杨忠不仅能打仗，治理地方也颇有政绩，还被朝廷赏赐了不少财物。也就是这几年在外地的任职中，杨忠积劳成疾，突然一病不起。

已经病倒了的杨忠立刻被送回到京城，可他已经气息奄奄，和杨坚都没多说几句话，便撒手人寰了。

这对杨坚来说是一个非常巨大的打击，从此，父亲杨忠永远地离自己而去了。

这一刻，杨坚真正体会到什么叫作天人永隔，这是一种切肤之痛，这种痛无法言说，却痛彻心扉。

杨忠的突然病逝，不仅意味着杨坚失去了父亲，而且也失去一座强有力的政治靠山。从前，杨坚处处受着父亲的庇护，而从此刻开始，杨坚将独自面对这暗流涌动的朝廷政治。

　　成为一家之主的杨坚，也真正成熟起来了，此时能与他相依为伴的，就是自己的妻子独孤伽罗了，独孤伽罗的体贴入微让杨坚备感温暖，独孤伽罗无疑成了杨坚坚强的后盾。

　　而此时的独孤伽罗，又先后为杨坚生下了两个孩子。两个都是男孩儿，杨坚给这两个孩子取名，大的叫杨勇，小的叫杨广。这无疑又是一件喜事，杨家香火有续了。

　　杨忠此前获得的爵位是随国公，杨坚作为长子，自然也继承了这一爵位。

　　不过，杨坚对自己的前途，还是非常不自信。

　　这一天，杨坚听说在京城长安，有一位叫作来和的术士，据说相面很准。于是，杨坚特意邀请了来和，到自己的家中给自己看看面相。

　　来和一见杨坚，也发现他确实长得很不一般，于是就问杨坚："随国公平日里可有什么异样的感觉？"

　　杨坚稍作沉思便说："确实有一点非常奇怪，我一听到别人的脚步声，就知道这个人是谁，你说这奇不奇怪？"

　　来和突然惊异地看着杨坚，拱拱手说："随国公啊，您的眼睛就如同早晨的星星，无所不照啊，您将来一定会得天下，但是希望您不要杀太多的人。"

　　杨坚的欲望再一次膨胀起来，难道自己真的有做皇帝的命？

权臣的末路

　　历史上的权臣，大致可以分为三类：

　　第一，谋朝篡位型。这种人的结局，要么一跃成为皇帝，如曹丕、刘裕，要么身死族灭，如桓玄。

　　第二，擅权乱政型。这种人不谋朝不篡位，但是喜欢玩弄权术，喜欢将相权凌驾于皇权之上，如梁冀、董卓。

　　第三，匡复社稷型。这种人往往利用手中的权力，辅佐君主，治理国政，但结局有好有坏，有的好，如周公、诸葛亮；有的不好，如霍光、张居正，但是这批人在历史上却普遍都有美名，有很高的人气，粉丝众多。

　　而宇文护属于哪一类呢？显然属于第二类。

　　但是，平心而论，宇文护在北周建国之初其实有着非常显著的功绩。

　　宇文泰临终之际，宇文家族势力羸弱，如果哪位异姓大将突然振臂一呼，可能这天下就不姓宇文了，也就是在这个时候，宇文护不负宇文泰之托，争取到了老臣于谨的支持，进而顺利辅佐宇文泰的嫡长子宇文觉继位，又用迅雷不及掩耳之势，诛杀了赵贵、独孤信，彻底消灭了威胁皇权的不稳定因素。而且，我们也发现，宇文护虽然喜欢杀人，但基本都是点到为止，也不会牵连太多人，不然杨坚不可能一直活着。

如果此时的宇文护，积极辅佐皇帝，整饬朝纲，而不是党同伐异，那么宇文护就可以迈入第三类权臣之列。然而，宇文护最后并没有这样做。

宇文护有没有想过篡位，史书没有记载，但是从现有的史料分析，我觉得他最多只是想当周公，并没有篡位之心。

如果宇文护想篡位的话，之前其实有很多次机会，他都可以去做，但他并没有。宇文护所做的是一次次弑杀君主，并且擅自杀害无辜的大臣（如侯莫陈崇），建立自己的政治党派，又穷兵黩武地发动对北齐的军事进攻，结果大败而归。

因此，如果给宇文护归类的话，他只能属于权臣中的第二类。

时至今日，宇文护的好日子，算起来也有十多年了，而且找回了失散多年的老母亲，那更是志得意满。

宇文护专政期间，拉拢了很多人，拉帮结派，把很多人都组织在自己的幕府中，让这些人为他一人效命。杨坚称帝后的佐命大臣中，很多人也都是出自宇文护的幕府之下。

但是，也有不少像杨坚一样，拒绝倒向宇文护，并且对宇文护深恶痛绝的。

其中有一个人叫作苏威，此人是苏绰的儿子，苏绰在前文中提到过，是协助宇文泰进行军政汉化改革的第一功臣。

苏绰在朝中非常有威望，受人尊敬，所以苏绰死后，苏威继承了父亲苏绰的爵位，苏家也是殊荣不断。后来他就被宇文护看中了，宇文护也想拉拢苏威，并且还把自己的闺女许配给了苏威。

对于送来的新媳妇，苏威照收不误，美女谁会拒绝呢。但是对于宇文护的拉拢，苏威却毫无兴趣。并且苏威还带着新婚妻子，偷偷钻进了深山老林里，找了一处山中的寺庙，从此就居住在这里，埋头读书，好好学习天天向上。

宇文护只能哭笑不得，真是赔了夫人又折兵，女儿就这么被拐跑了。

不过，苏威的这一举动，也顿时让他成了街头巷尾议论的八卦人物，人们认为苏威志向高洁，不同流合污，苏威的声望反倒与日俱增起来。

当然，宇文护在掌权期间，也害死了不少无辜的大臣，除了之前讲过的侯莫陈崇，我们还要介绍一个人物。

这个人叫作贺若敦，不要以为他姓贺，其实他姓贺若，同样也是鲜卑复姓。

写到这里，也许你会发现，本文里有很多人都是复姓，而且清一色都是少数民族。事实上，中华姓氏文化中很多的复姓，其实都不是来自汉族，而是来自古代的少数民族。诸如独孤、尉迟、宇文、贺若等，全都是来自古代的少数民族。

贺若敦同样也是少数民族，他是鲜卑人，因为得罪了宇文护，被宇文护逼迫自杀。

贺若敦自杀前，哭着对他的儿子贺若弼说："我之所以有这样的下场，就是因为我这条舌头啊，祸从口出，你以后必须得谨慎说话办事啊。"

说完便让儿子贺若弼吐出舌头，贺若弼不明所以地伸出舌头，可刚一伸出舌头，就被贺若敦用锋利的锥子扎在了舌头上，顿时血流不止。

贺若敦又继续说："我是怕你有一天忘记我说的话，你必须谨记，谨记。"

交代完遗言，贺若敦便自杀而死了，贺若弼哭着安葬了自己的父亲，对父亲临终的话，也是谨记在心，从此缄默不语，因而宇文护也没加害于贺若弼。

这里之所以要介绍这两个故事，一来是为了说明宇文护掌权时的专横跋扈，二来是因为这两个故事的主人公苏威和贺若弼，在后来隋朝的历史上，都做出过极为重要的历史贡献。

苏威，隋朝著名的宰相，参与了隋初诸多典章制度的修订以及税法改革。

贺若弼，隋朝名将，是隋朝南伐陈朝的主要统帅之一。

宇文护一边享受着属于自己的美好时光，一边也在为自己的未来埋下了深深的苦果，同时也在很多人内心深处，播种下了复仇的种子，其中就包括宇文邕，也包括杨坚。

丧钟为谁而鸣

看着宇文护活跃在历史前台，宇文邕在幕后已经沉默很久了，他从 17 岁一直沉默到了 29 岁。

对任何一个人而言，这都是人生中最美好的年华，然而，宇文邕把这 12 年的大好时光全都用在当缩头乌龟这一件事上。

事实上，如果不是一个机会的到来，宇文邕可能还会选择继续沉默下去。

这个机会的到来，和一个人有关。

此人叫作宇文直，我们并不陌生，杨坚在前往随州上任的路上，就是吃了他的闭门羹。

宇文直本是宇文邕的亲弟弟，却为虎作伥，一直投靠在宇文护的麾下，看着两个哥哥被杀，他也无动于衷。

宇文直天生就是一个利欲熏心的人，谁给他好处，谁就是他的衣食父母，而他这十多年，宇文护就是他的衣食父母。

可是有一天，宇文护翻脸不认人了。因为宇文直在一次对南方陈朝的作战中失利了，于是便被宇文护炒了鱿鱼，免除了所有职务。宇文直开始心生嫉恨，屁大点儿事，宇文护竟然就炒我鱿鱼，犯得着吗？

愤愤不平的宇文直，越想越生气，于是找到了自己的亲哥哥宇文邕，找他去诉苦。

宇文直连篇累牍地控诉着宇文护的罪行，甚至劝宇文邕杀掉宇文护。宇文邕听在耳朵里，但他却并不敢真的相信宇文直的话，因为宇文邕知道朝中遍布宇文护的眼线，说不准眼前的宇文直就是宇文护派来试探自己的。

有人会说，这可是一母同胞的亲哥俩啊，也会有假？那我只能说，你太单纯了，在政治面前，亲情算得了什么。易牙和王莽都可以不惜杀子，出卖个兄弟又算得了什么。宇文邕当然也深知弟弟宇文直一向的秉性，贪财好利，唯利是图，所以宇文邕只能静静地观察。

而此时的宇文邕，比宇文觉成熟，比宇文毓更有手腕，他知道他的两个哥哥是怎么死的。在经过一番长期的摸底之后，宇文邕才敢真的相信眼前的这个弟弟宇文直，他是真的倒戈向自己了。

就这样，宇文邕和宇文直走到了一起，并不是因为他们志同道合，而是因为他们有着共同的敌人——宇文护。敌人的敌人就是自己的朋友，要团结一切可以团结的力量，这是恒久不变的真理。

宇文觉的悲剧告诉宇文邕，不怕虎一样的敌人，就怕猪一样的队友。

参与这次密谋的人，除了宇文邕和宇文直，还有三个人，而这三个人都是宇文邕精心培植的得力亲信。

第一个人，叫作宇文神举，担任皇宫保安队大队长，同时也是宇文邕的贴身保镖，左右不离身，朝中一旦有任何动静，都会汇报给宇文邕。

第二个人，叫作宇文孝伯，是宇文邕最要好的朋友，且担任宇文邕私人秘书兼陪读，二人寝则同床、食则同桌，大小国家事务都参与其中。

第三个人，叫作王轨，沉稳干练，足智多谋，气度不凡，宇文邕决定诛杀宇文护，最后决策的就是他。

于是，一个夜深人静的夜晚，密谋开始了。

十二年的隐忍，十二年的磨砺。

绝地反击，在此一举。

公元 572 年 3 月，宇文护从外地赶回京城长安，照理要去觐见皇帝宇文邕。宇文邕用家人礼热情地接见了宇文护，在此前十二年，宇文邕对宇文护一直都是这样的礼数，而这一切，在宇文护看来，并无异常。

礼毕之后，宇文邕又带领着宇文护前往含元殿，去觐见皇太后。在路上，宇文邕不无感慨地说："晋国公（宇文护）啊，母后最近几日常常饮酒，您看她老人家岁数也不小了，可不能这么瞎折腾了，喝酒伤身啊，她老人家最听您的话，您一会儿见到太后，一定要好好劝劝她啊。"

宇文邕又不慌不忙地从衣袖里拿出一卷书，书名《酒诰》，并递给宇文护："丞相，您到时候可以把这篇《酒诰》读给太后听，这是周公当年所作，这是圣人的话，太后肯定会听的。"

宇文护看着宇文邕一副孝顺的样子，甚至忍不住夸赞宇文邕："陛下很有孝心啊，这事好办，老臣一定好好规劝太后，把这篇文章读给太后听，陛下您就放心吧。"

在宇文护的脸上，没有露出一丝迟疑，在过去的十二年里，宇文邕对自己一向都如此尊奉有加，十二年日日如此，宇文护还有什么好疑虑的呢？

是啊，人人都可以伪装，可是一个人不管如何伪装，也不可能十几年如一日地装下去，正所谓日久见人心，宇文护对宇文邕几乎已经没有任何芥蒂。

宇文护拿着手里的《酒诰》，径直走入了太后寝宫，一切都按照宇文邕事先安排的那样，有条不紊地进行。

又是一番礼节之后，宇文护开始拿出文章，对着皇太后，恭恭敬敬地读了起来。

宇文护对周围的情况根本毫无意识，也没有丝毫防备，他的注意力全都集中在这篇文章的每个字词上，而他根本不知道此时的宇文邕已经站在了他的身后，而在宇文邕手里，正死死地握紧一块玉珽（皇帝随身用的玉制的手板）。

宇文邕突然挥起这块玉珽，冲着宇文护的后脑勺就是猛烈一击。

宇文邕等待这一刻，已经等了整整十二年，这一猛击使出了宇文邕压抑了十二年的全部力气。

浑然不觉的宇文护，顿时眼前一黑，失去重心，扑倒在地。此时的宇文护，肯定是天旋地转，眼冒金星，但还不至于死掉。

宇文邕随即命令旁边一个叫何泉的太监，让他手拿御刀，直接向宇文护砍了过去。太监毕竟是不中用的，面对这样一个平日里赫赫在上的大人物，不免紧张，连砍好几下，都没砍中要害。

宇文护也终于知道了此刻的危急情况，他挣扎着，用尽自己全部的力气挣扎着从地上爬起来，宇文护的身上遍布鲜血，鲜血浸透了他的衣襟。

就在这危急时刻，一个身影突然从后门跳出，他就是宇文直。宇文直手拿长刀，一个箭步跃到宇文护的身前，锋利的刀刃直插入宇文护的心脏。

宇文护终于停止了一切挣扎，一下跌倒在地面上，停止了心跳，所有的生命迹象全部消失。

这就是那个嚣张跋扈不可一世的宇文护，曾经的威风八面全然没了踪影，只留下一具冰冷的尸体，横尸朝堂。

宇文邕当了十二年的傀儡，做了十二年的木偶，今天终于结束了。

不负苍天，宇文邕终于为他的两个哥哥报了血海深仇，两位兄长可以瞑目了。

人生有几个十二年可以挥霍？而宇文邕的这十二年，他只做了一件事——隐忍。

司马懿在曹爽面前装病装了两年，宇文邕在宇文护面前装孙子装了十二年，最终，司马懿发动高平陵之变一举诛杀曹爽集团，宇文邕伺机而动兵不血刃一举斩杀宇文护。

历史总是这样，锋芒毕露者，往往被历史淘汰，韬光养晦者，往往被历史推上前台。

杀人者，人恒杀之。

自作孽，不可活。

第四章

周武帝时代

忍者的胜利

伴随着宇文护倒在一片血泊之中，一个权臣的时代彻底结束了，历史翻开了新的一页，而此时的北周帝国也陷入了一片欢乐的海洋。

帝国的臣民不约而同地为宇文邕成功诛杀宇文护拍手叫好，多年来他们可谓是敢怒而不敢言，因而，在宇文护被诛杀之后，几乎没有人站出来提出什么反对意见，人们无不跟过节似的普天同庆。

当然，最高兴的当数宇文邕，他终于从一个傀儡皇帝蜕变成了北周武帝，从这一刻开始，宇文邕的周武帝时代，也正式拉开了序幕。

当然，除了最开心的宇文邕之外，开心的人还有很多很多，其中就包括杨坚和他的妻子独孤伽罗。对于杨坚来说，这么多年来，宇文护几乎处处压制着父亲杨忠还有自己，他们都受尽了宇文护的压迫，而自己父亲也在宇文护的百般打压下与世长辞。而这一刻，宇文护终于毙命了，压在杨家头顶上十多年的一座大山也终于倒塌了，杨坚怎能不激动一把。

当然，激动的还有杨坚的妻子独孤伽罗。父亲独孤信就是被宇文护害死的，独孤家就是毁在宇文护手里的，独孤伽罗对宇文护的仇恨要比别人多得多。而这一刻，无论杨坚还是独孤伽罗，终于从多年的阴影里走了出来，担惊受怕的日子也终于结束了，一家人从此可以安心地过日子了。

在这一片欢庆声之中，有一个人却是不开心的，这人就是宇文直。

宇文直当初就是因为官职被罢，才同宇文护决裂的，进而投靠了哥哥宇文邕，并且在关键时刻挺身而出，一刀了结了宇文护的性命。

宇文直盘算着，宇文护是我亲手所杀，自己的功劳是最大的，理应得到最大的封赏。大冢宰是北周六官制中的天官，地位是最高一级的，因此宇文直想做大冢宰。宇文直心里想着，我功劳这么大，求个大冢宰的官职，哥哥肯定不会不答应。然而，让宇文直傻眼的是，宇文邕偏偏就不给宇文直，宇文直心里一股怒火油然而生。

宇文直退而求其次，向宇文邕提出做大司马，因为大司马是掌控军队的。让宇文直瞪眼的是，宇文邕还是没有给他。不过，宇文邕也看出来这小子不会安生，肯定不会罢休，于是把大司徒的职务授予了宇文直，当然这只是个虚职。

宇文直简直气得火冒三丈，头顶都冒烟了，如果不是我，能有你宇文邕今天吗？你居然就给我这么一个有名无实的官职！面对气得头顶冒烟的宇文直，宇文邕根本毫不理睬，你头顶冒烟关我何事，就算你自燃了也和我无关。

愤怒的宇文直，从此心怀不满，每次一想到自己的这个亲哥哥，就恨得牙痒，牙齿都快咬碎了。

后来在一次骑马打猎中，宇文直骑着马横冲直撞，把整个队伍都冲散了，一下就把周武帝宇文邕惹恼了。宇文邕拿着皮鞭，大庭广众之下冲着宇文直就是一顿猛烈抽打，这让宇文直很没面子，对宇文邕的怨恨更加深入骨髓，也许在宇文直内心深处，已经开始后悔当初帮助宇文邕诛杀宇文护了。宇文直暗暗发誓，不报此仇，誓不为人。

就在一次宇文邕离开京城长安的时候，宇文直趁此机会，发动叛乱。事实证明，宇文直根本不是造反的料，最终失败被擒。不过，宇文邕并没有杀掉他，而是把他囚禁了起来，宇文直仍然不消停，千方百计想着造反，宇文邕忍无可忍，只好杀掉了亲弟弟宇文直。

宇文直在宇文泰的儿子中，是一个另类，宇文直的一生只追求功名利禄，为了爬向高位不择手段，在他眼里，没有亲情，没有友情，他比宇文护更加嗜权，也比宇文护更加无情，也幸好宇文直没有坐到宇文护的位置，不然那将是一场更大的灾难。

协助宇文邕政变成功的三位得力助手——宇文神举、宇文孝伯和王轨，都受到了相应的封赏，他们三人是宇文邕最忠实的支持者，无论过去还是未来，他们都将忠实地追随宇文邕，因为曾经那段日子，他们患难与共。

清除党羽

宇文邕当然也不会忘记清除宇文护的党羽，就在朝堂之上，宇文护的儿子、兄弟、亲信统统被处死。宇文邕送这些人下地狱的过程中，还不忘给他们陪葬一个大厨，免得他们在黄泉路上饿肚子，这个大厨就是毒杀自己亲哥哥的李安。

宇文邕杀人也是有原则的，宇文邕并不滥杀，他杀的只是那些依附宇文护，且招摇过市、作威作福的人，这些人祸乱朝政、欺压百姓，根本死不足惜。

之所以说宇文邕杀人有原则，是因为他特意宽恕了两个人，而这两个人在未来都将发挥重要的历史作用，一个叫宇文宪，一个叫庾季才。

宇文宪，宇文邕的弟弟，从小二人就穿一条裤子长大。宇文宪长大之后，主动请求镇守蜀地，在蜀地治理有方，后来依附宇文护，曾跟随宇文护东征北齐，有勇有谋，宇文护平时探讨什么事，都有宇文宪参与其中，宇文护平日里有什么要和宇文邕说的话，也都是宇文宪负责带话的。

也就在政变诛杀宇文护之后，宇文邕专门征召宇文宪入宫觐见。宇文宪以为宇文邕要杀自己，因而他一见到宇文邕，便摘下帽子跪地叩拜，请求治罪。可是宇文邕并没有要给他治罪的意思，而是扶起了跪在地上的宇文宪说："你我二人本是兄弟，宇文护专权不法和你无关，我干吗要给你治罪？"宇文邕出人意料的安慰和勉励，让宇文宪感动得无以复加，连连叩谢宇文邕的不杀之恩。

世间最难得者便是兄弟，这就是兄弟手足之情，亲情是打动一个人最好的法宝，它胜过了任何的说辞。这之后，宇文邕甚至给宇文宪加封大冢宰的职位，这是宇文直梦寐以求的职位，宇文邕居然如此轻易地就给了宇文宪。面对宇文邕的宽宏大度，宇文宪除了感动还是感动，他只有用实际行动去效忠宇文邕，才能弥补自己之前所犯的过错。

因而，我们可以看到，宇文邕并不是一个不顾兄弟手足之情的人。面对宇文直的贪婪跋扈，宇文邕只能一再退让，直到宇文直不念手足之情发动谋反，宇文邕也依然给了他活命的机会，最后杀死宇文直，只能说迫不得已。而面对宇文宪，宇文邕用血浓于水的兄弟情谊，彻底征服了对方。

宇文邕之所以对宇文宪如此厚待，除了兄弟情谊之外，还有一个很大的原因，就在于宇文邕看重了宇文宪的军事政治才华。随着八柱国时代的谢幕，北周现在急缺能征善战的武将，宇文邕需要宇文宪这样的得力干将来为自己效力。

被宇文邕特意宽恕的另外一个人，叫作庾季才，此人自小就是个神童，尤其擅长天文术数，会看星相。

也许你觉得这没什么了不起，不就是看星星吗？一闪一闪亮晶晶，满天都是小星星，小孩子都会唱。

可是，在古代，天上的星星被人们赋予了神圣的概念。天上所有的星星都围着北极星转，因而，北极星，又被称作紫微星，象征着人间的帝王。而这些围绕着北极星转动的星星，就被划分为了二十八星宿，这二十八星宿就都象征着人间的每一个官职。看星星，居然也有这么大的学问，我们不得不佩服古人的想象力。

而懂这门学问的人，诸如诸葛亮，只要夜观星象，就知道什么时候刮风，什么时候下雨，什么时候打雷，甚至还能预测未来。

在当时人眼里，这岂止是人才，简直就是旷世奇才。

而这样一位奇才，也同样受到宇文护一定程度的赏识。之所以说是"一定程度"，是因为宇文护并不完全相信星相之学。庾季才曾夜观天象，认为天下大势不利于宇文护，于是劝谏宇文护，让他归政于宇文邕，并且解甲归田，这样才能对自己有利。

但是，宇文护根本没把庾季才的这番话放在眼里，让宇文护放弃权力解甲归田，这简直就是个笑话，纯粹的痴人说梦。可事实证明，成为笑话的是宇文护，庾季才的预言准确地应验了。

有此奇才，宇文护居然不重用，活该你宇文护倒霉。

而当宇文邕在下令查抄宇文护府邸的时候，偶然间发现了一封书信，书信里写的正是庾季才劝谏宇文护的内容。宇文邕翻阅完这封书信之后，立刻把庾季才从囚犯堆儿里拎了出来，宣布赦免庾季才，并且对庾季才进行了提拔和重用。

庾季才深受感动，在宇文邕的任命之下，他又组织编纂了一部天文学书籍——《灵台秘苑》，也算不辜负宇文邕的一片知遇之恩了。

宇文邕之所以赦免并厚待庾季才，原因就在于庾季才懂得为臣之道，同时，更因为庾季才是个非凡的星相学奇才。

而在宇文邕提拔的名单之中，还有一个特殊的人，此人叫作李穆。如果您阅读本书仔细的话，您可能对李穆还有印象。李植参与谋杀宇文护，结果李远李植父子被杀，而李穆就是李远的兄弟，李穆没有被杀只是被免为庶人，而现在宇文护被诛杀后，李穆也理所应当地官复原职了。

宇文邕在诛杀宇文护的当年，改年号为建德。

建德，预示着一个朝气蓬勃、建功立业的时代即将到来。

厉行新政

在解决了宇文护残余势力的善后工作之后，宇文邕开始马不停蹄地进入了他的皇帝工作之中。

过去的十二年里，宇文邕无时无刻不在期待着这一天，他要做皇帝，他要做一个励精图治、勤政爱民的好皇帝，他要做一番前无古人的伟大事业。

宇文邕亲政之后，他所做的工作，我们分别从经济、军事、思想文化、外交四个方面来进行归纳。

第一，经济方面。

首先，释放奴婢。宇文邕亲政当年便下诏："江陵所获俘虏充官口者，悉免为民。"

宇文泰当年曾经把南方梁朝的江陵收入囊中，西魏的国土面积迅速增加，但是户口数却并未随之增长。原因是江陵的大量人口，全都作为战争俘虏，被押解到了关中，沦为了奴婢。大量人口沦为奴婢，人口大量隐匿，这无疑束缚了生产力，同时也加剧了社会矛盾，加剧了胡汉的民族矛盾。宇文邕显然看到了这一点，于是果断下令凡是在江陵之战后沦为奴婢的，一律赦免。

紧接着，建德六年，宇文邕再一次下诏释放奴婢，这一次范围更广，凡是河南诸州的百姓，被北齐掳掠为奴婢的，不问官私，一律赦免。这样一来，国家的户口数开始增加，人多了自然好办事，一来发展了生产力，二来增加了国家财政税收，同时也缓和了社会矛盾、民族矛盾。

当然，宇文邕还不忘解决农业问题。宇文邕要求，各个州县的长官，都应该督促农业生产，不要延误了农时，甚至要求各级官吏亲自带领农民耕种。就连宇文邕自己，也要下地，也扛过榔头，也拉过犁，发挥了表率和模范作用。

宇文邕也特别体谅老百姓，如果遇到灾荒，也要减免租赋，赈济灾民。同时，宇文邕也下令引用黄河水，发展水利，灌溉关中平原。

另外，宇文邕特别提倡节俭，对自己非常自律，吃穿用度，都非常俭朴，从不奢靡浪费，不仅不大兴土木，甚至还要把很多没用的宫殿建筑，全部拆毁，以节约耕地。

为了真实反映历史情况，我们引用一段史书的记载："身衣布袍，寝布被，无金宝之饰，诸宫殿华绮者，皆撤毁之，改为土阶数尺，不施护楑。其雕文刻镂，锦绣纂组，一皆禁断。后宫缤御，不过十余人。"（引自《周书·武帝纪》）

这是宇文邕对自己的节俭要求，对自己的臣民和百姓，同样如此。宇文邕多次颁布节俭诏，要求各级官吏以及百姓，无论饮食用度，无论婚丧嫁娶，都应该节俭为宜，严禁地方向中央上贡奢侈贡品。

第二，军事方面。

周武帝宇文邕刚一亲政，便召集众多高级将领，进行讲武以及大阅兵，检验军队，严格纪律，组织大量军事演练，以此对军队进行整训。

而在军事方面，最重要的变革，是在对府兵制的改革上。

宇文泰之时，创建了府兵制，国家最高军事指挥权，分别掌握在几大柱国手中，他们各成体系。西魏的时候，皇帝是傀儡，以宇文泰为首的几个将军掌握军事权力，且相互制约，这并无问题，但是现在皇帝已经不是傀儡了，宇文邕成了真正的天子，那么，这一军事结构就对皇权形成了致命的威胁。

于是，宇文邕下诏："改诸军军士并为侍官。"

这条诏令明确表示，所有的兵士，你们服从的不再是从前的长官了，而是皇帝本人，所有的军事调遣，都归皇帝所有，皇帝是唯一的最高统帅。

这其实也应和了中国古代皇权发展的必然逻辑，那就是中央集权的逐步加强，皇帝不仅是国家权力的最高代表，更是最高权力的执行者。

紧接着，宇文邕又颁布了第二条诏令："募百姓充之，除其县籍，是后夏人半为兵矣。"

一来大规模地增加了兵源，军队数量明显增长；二来招兵的范围不再局限于鲜卑胡人以及那些关中豪强。汉人武装，在军队中的比例不断扩大，汉人超越胡人，真正成了北周国家军队的主力。这同时也进一步解决了胡汉的民族矛盾，曾经那些被打压的汉人开始翻身从军，进而影响当时的国家政治和决策，这无疑是具有里程碑意义的改革举措。

文化政策

第三，思想文化方面。

其实，最重要的举措，就是两个字——灭佛。

宇文邕亲政当年，曾经多次召集群臣百官，以及大量儒生、道士、和尚，召开宗教信仰大会。在大会上，举行了激烈的辩论，争论诸教的优劣。最后，宇文邕对儒释道三教进行了排序："以儒教为先，道教为次，佛教为后。"

到了574年，北周建德三年，周武帝宇文邕正式下诏灭佛。

南北朝时期，是一个佛教鼎盛的时期，比如著名的梁武帝，多次舍身佛寺，大臣们只能用钱去赎买皇帝。而杜牧的一句"南朝四百八十寺，多少楼台烟雨中"，更是这个时代佛教盛行最真实的写照。

伴随着佛教盛行而来的是寺院经济的大规模扩张，以及大量人口藏匿寺院。当时全国僧尼的数量以百万计，这些人不种地，不参与劳动，也不用服役，很多人都投身于寺院。出家的人越来越多，佛寺也越来越多，所占用的土地也越来越多，这全部都是国家资源，而这些资源都在无形地浪费。而周武帝宇文邕灭佛也正是基于此种考虑，这就叫作"求兵于僧众之间，取地于塔庙之下"。

这是周武帝宇文邕经济上的考虑，另外也有政治上的因素。因为要做到思想统一，就必须汉化，汉化已经成为主流，汉文化的主流就是儒学，佛教是外来的宗教，非中国本土，既然要尊儒，那也就意味着必须灭佛。而儒家的思想是什么？是君君臣臣，父父子子。思想上的尊儒，同样也是在意识形态领域，确保中央集权。

因此，佛教的问题，表面上看是思想文化层面的问题，但归根结底，还是经济和政治问题。

在后世流传的一些史料文献中，我们还发现，在周武帝灭佛的前前后后，似乎还隐藏着一个幕后的神秘推手。

这个人叫作卫元嵩。

卫元嵩，蜀人，本来也是个和尚，但是他不吃斋，不念佛，不甘于寺院里清苦的生活，他喜欢结交权贵，爱出风头，而且还颇有学问，不仅能写诗作赋，还懂阴阳数术，于是很多人都迷信他。

卫元嵩还颇有一番魏晋名士的风流，魏晋名士普遍放荡不羁，无视礼法，比如著名的竹林七贤，据说就是"集于竹林之下，肆意酣畅"，而卫元嵩也有样学样，整天在街头无所事事，佯狂放荡，时不时之乎者也地念念经，说几句谁也听不懂的胡话。而卫元嵩之所以这么做，目的很简单，就是炒作。

事实证明，卫元嵩的这一番炒作是非常成功的，很快，他的名声就传遍了整个巴蜀地区，几乎是无人不知无人不晓。而卫元嵩也逐渐觉得，巴蜀这块地儿已经不够自己施展才华了，卫元嵩本着梦想有多大舞台就有多大的信念，义无反顾地来到了长安，他不仅要忽悠四川人民，还要继续忽悠全国人民。而他一到了长安，就宣布还俗，且著书立说，宣扬儒学，鼓吹君权至上，批判佛学和道学。

所谓神人，就是神龙见首不见尾，卫元嵩就是这样的人。紧接着他又向当朝皇帝宇文邕献策20道，其中就有裁汰无用的寺院和僧侣等意见。

宇文邕也听说了卫元嵩的事迹和大名，越是邪乎的人，往往越是有某种才能，可能卫元嵩真的是个神人吧。宇文邕翻看着献上来的20道策论，深以为然，但是宇文邕表面上并没接受20道意见，因为这时掌权的还是宇文护，宇文邕还无法大展拳脚。不过，宇文邕从此记住了卫元嵩这个人，也记住了他的这番在当时看似荒诞的言论。

就在宇文邕诛杀宇文护之后，宇文邕终于想到了卫元嵩，于是便迅速提拔卫元嵩，封赏卫元嵩为蜀郡公，迅速参与到了浩浩荡荡的灭佛运动之中。在这场灭佛运动中，卫元嵩可以说是不遗余力，不仅给予宇文邕灭佛的理论指导，而且还身体力行地参与灭佛运动，我们可以说，这场运动的最后成功，卫元嵩是功不可没的。

但是在这场灭佛运动之后，卫元嵩这个人，便消失在了人们的视线之中，就像是人间蒸发了，还真有点神仙下凡的感觉。就连《周书》的作者令狐德棻都说卫元嵩"史失其事，故不为传"，这个人太过神秘，都没法给卫元嵩立传。

实际上，我们现在所讲的很多卫元嵩的事迹，正史中只有寥寥几笔的记载，主要源自唐朝的《续高僧传》。严格来说，《续高僧传》只能算是一部佛教典籍，并不能列入正史之列，里面所记载的很多高僧大德的故事往往既荒诞又奇诡，卫元嵩的故事同样如此。

不过，可以确定的是，卫元嵩是个真实存在的人物，对周武帝宇文邕灭佛也有建言之功，甚至很可能极大地影响了宇文邕的决策。

佛教兴衰

周武帝灭佛一事，在历史上也是非常著名的。它和北魏太武帝灭佛、唐武宗灭佛、后周世宗灭佛，并称"三武一宗灭佛"。

历代史学家，尤其是当代史学家，对此也是颇多赞扬，大多以积极的态度来称赞此事。但是，在史学家的眼睛里，往往是纯学术地去考究历史、解读历史，他们往往缺少感性，更多的是理性认识。

灭佛，对于国家来说是一桩好事，可是对于那些虔诚的佛教徒来说，却是一场灾难。其中，就包括了杨坚和独孤伽罗。

我们翻阅历代佛家典籍，甚至会发现，很多记载都说北周是因果报应，正是因为周武帝宇文邕不遗余力地灭佛，所以北周最后短命而亡。

事实上，佛教在中国历史上虽然经历过"三武一宗"之难，但是每次灭佛运动之后，佛教都能在很短时间内死灰复燃。

就拿周武帝宇文邕之前的北魏来说。北魏太武帝拓跋焘由于尊崇道教，对佛教实行了大规模的打击，甚至不惜对佛寺僧尼采取残酷的杀戮政策，灭佛的力度并不比周武帝宇文邕弱。然而，随着北魏太武帝之死，佛教又迅速发展起来，并且几乎成为北魏的国教。

北魏举国力营造的云冈石窟和龙门石窟，就是北魏时期佛教盛行的最好例证。就连记录北魏历史的《魏书》，对于当时存在的佛教问题单独设置了《释老志》，用于记述佛教的流传，这是历代正史中所没有的。

周武帝灭佛的结果也同样如此，虽然灭佛运动帮助北周解决了钱袋子的问题，也实现了兵源的扩充，但是随着宇文邕的谢世，佛教在之后隋唐两朝又再次发展起来。

可以说，包括宇文邕在内，"三武一宗"灭佛虽然在短期内取得了不错的经济和政治效益，但是从最终的结果来看，他们全部都以失败而告终。

我们不禁要问，为何佛教在中华大地上会有如此强大的生命力呢？而在它的本土印度，影响力却越来越小了呢？

我们不妨先来看看印度。

在古印度，佛教虽说是本土宗教，但其实佛教的很多教义是来源于当时的婆罗门教等其他教派。这就导致佛教和其他教派存在着相似或者共同的教义，也就意味着佛教的特色天生不足。

当佛教一旦式微，就很容易被其他教派所取代。公元 8 世纪，婆罗门教诞生了一位天才式的人物——商羯罗，他凭借个人丰富的知识和雄辩的口才，将印度各大佛教寺院的高僧辩驳得哑口无言。佛教在论战上的失败，直接导致佛教就此失去了大量民众的信任。

其实，归根结底来说，还是佛教的教义特色不足，而且理论发展缓慢，最终被婆罗门教所击败。

而且，在佛教的发展过程中，它的教义逐渐钻进了象牙塔中，比如玄奘求法讲学的那烂陀寺，既是当时的第一大佛寺，更是当时最大的大学，这里每天都有上百场的讲坛。

佛寺中人不事生产，没有经济来源，只喜欢钻研佛理，很多深奥的佛学要义都在大学之中，群众如何能懂得？随着佛学走向哲学化和专业化，佛教也完全脱离了普通民众，最终被民众所抛弃。

当历史进入 12 世纪，伊斯兰军队入侵印度，将那烂陀寺付之一炬，逼迫僧众改信伊斯兰教后，佛教迅速衰落，在印度几乎走向了消亡。其实，这场战争只是佛教衰落的引子，本质上则是因为佛教脱离了广大民众，失去了赖以生存的土壤。

我们反观中国，从东汉明帝白马驮经开始，佛教就在中国彻底扎下了根，并且和儒教、道教并立，极大地影响了中国的历史进程。

从陈胜吴广起义开始，"王侯将相宁有种乎"的理念就飞入了寻常百姓人家。中国两千多年的帝制社会里，普通民众的上升渠道从未中断，即便在科举制创建之前，中国的察举制、征辟制都始终在讲求"任人唯贤"和"唯才是举"的理念。

这也就意味着，中国不存在古印度那样的种姓制度，社会阶层的流动性从未隔绝。而佛教的"众生平等"，天然地与中国这种"王侯将相宁有种乎"的理念相契合。

尤其是在魏晋南北朝时代，中原板荡，百姓流离失所，迫切需要安定的生活。而佛教则犹如一针安慰剂，让百姓在苦难中将命运寄托于佛祖，思想得以麻痹。当然，这也应和了当时统治者的需要，佛教所倡导的"顺民"思想，正是维护皇权和统治的思想武器。

在门阀盛行的魏晋南北朝时代，统治阶层日日饮酒作乐，荒淫堕落，奢靡之风在社会上层盛行。而这种奢靡的物质生活，直接导致了统治者思想上的空洞和空虚，产生厌世情结。

正如历史学家萨孟武在《中国社会政治史》中所说："到了最后，一切娱乐都不能引起他们的兴趣，由是他们便变成厌世的人，人世的事物，他们都视为虚幻，所以极端的快乐主义者常是极端的厌世主义者。其结果，他们遂要求一种新的人生观，可以转变他们的生活方式。"

这种"新的人生观"就是佛教，"凡有所相，皆是虚妄"。

佛教在古印度衰落的很重要的一个原因，是教义长期一成不变，最终被其他教派所击败和取代。与此不同的是，佛教进入中国后，和魏晋时期的玄学思想迅速融合，最终脱胎换骨本土化，成为更适合中国国情的宗教，后来更是发展出了禅宗。

如此，也就解释了为何佛教历经"三武一宗"之难，却仍然能在中国盛行千年，根本原因就在于，中国有着天然适宜佛教生长的土壤。

"野火烧不尽，春风吹又生"，周武帝宇文邕的灭佛运动注定只是一场短暂的胜利。

攘内必先安外

周武帝的全面改革，取得了非常不错的效果。不过，要保证改革的顺利进行，还得有和平的外部环境。

宇文邕开始了他的外交活动，概括起来就是南和陈朝、北结突厥。

西魏攻取江陵之后，梁元帝萧绎被杀，只有自己的小儿子逃了出去，后来在建康被武将陈霸先拥立，直到公元557年，陈霸先废帝自立，建立陈朝。

而到了周武帝登基之初，手握北周权柄的宇文护，便派出使臣和陈朝达成了互不侵犯的边境关系，十多年下来，北周和陈朝一直关系和睦，而宇文邕所需要做的，就是继续维持和维护这样的友好邦交关系。

而当时北方最强大的游牧民族，叫作突厥，而突厥的可汗叫作阿史那俟斤，史称木杆可汗（名字很奇特）。这也是当时北周所面临的最严峻的外部威胁。

在宇文邕刚即位不久，宇文护便推行和平外交政策，突厥可汗也有意和亲，最后，宇文邕便迎娶了木杆可汗的女儿，这便是阿史那皇后。

阿史那皇后虽然是个突厥人，却温文尔雅，举止端正，就连宇文邕都不由得对其尊敬有加。但是，这毕竟是一桩政治婚姻，二人并无多少感情积淀，宇文邕虽然对阿史那皇后并不讨厌，却也谈不上喜欢，直到成功诛杀宇文护，完全亲政之后，宇文邕对阿史那皇后就更加疏远了。

这一切都被一个人看在眼里，这个人找了个机会便对宇文邕说："现在四方并不安定，突厥又如此强盛，我们还有求于突厥，不能破坏了关系，所以，希望您以苍生为念，好好对待阿史那皇后，就算您真的不爱皇后，那也要装装样子啊。"

宇文邕听完之后，幡然醒悟，现在四方战乱，可不能坏了和突厥的联姻关系，于是，宇文邕从此不再疏远阿史那皇后，并且对阿史那皇后更加疼爱。

说起来，也许大家都不相信，向宇文邕提出这一建议的人，还是个不满十岁的小女孩儿。一个不满十岁的小女孩儿，竟然能够说出如此有城府和远见的政治道理，就算是成年人也未必能有如此周详的考虑啊，更何况是个黄毛丫头。

不管你信不信，历史就是如此。

这个小女孩儿姓窦，在史书并没有留下名字，她是宇文邕的外甥女，是宇文邕的姐姐襄阳长公主和北周定州总管窦毅的女儿。

窦毅听说这件事后，对襄阳长公主说："我们的女儿才貌俱佳，绝不能随意许了人家，我们一定要为女儿挑选一个贤能的夫君。"

于是，在一面屏风上画了两只孔雀，求婚者可以射两箭，只要能射中孔雀的眼睛，就能中选，成为窦毅的乘龙快婿。前来求婚的人，有数十人之多，然而却无一射中。

这个时候，一个男子出场了，两支箭，例无虚发，分别射中了两只孔雀的眼睛。就这样，这个女孩儿最终嫁给了这个箭法高超的男子。

有人要问，这个男子是谁呢？他就是后来的唐高祖李渊，而这个女孩儿就是唐朝的开国皇后，唐太宗李世民便是她的儿子，历史上称其为太穆皇后。

由于这个女孩儿窦氏自小就被舅舅宇文邕寄养在宫中，窦氏和宇文邕的感情非常深厚。宇文邕驾崩后，窦氏日日追思，就如同父母去世一般。再后来，杨坚受禅称帝，将宇文家族斩尽杀绝，窦氏痛哭流涕，一头扑倒在床上，痛恨地说道："恨我不为男，以救舅氏之难。"

窦毅和襄阳长公主吓得连忙掩住了孩子的嘴，说道："切勿妄言，灭吾族矣！"

窦氏的这番豪言，在当时看来只是愤恨于杨坚篡夺宇文氏的江山，不过，从后来的历史来看，窦氏的话最终被她的丈夫实现了。唐高祖李渊夺取了隋朝的天下，某种意义上来说，也是为宇文氏报了血海之仇。

话题继续回到周武帝宇文邕的外交政策。宇文邕所采取的和平外交政策，一方面是为自己国内的改革创造有利的外部环境，同时也是为他的另一个重要决策做准备。

什么决策？伐齐。

从建德元年到建德三年，宇文邕用这三年时间，全面推行国家改革，最终使得北周王朝迈上了一个新的台阶。

而这一时期，不仅是北周最为辉煌的时期，同时也是南北朝晚期最为辉煌的时期，而周武帝本人，也堪称南北朝晚期最为杰出英明的帝王，没有之一。

宇文邕的个人能力，如果我们按照百分制打分的话，起码80分。也许你觉得这个分数可能有点低，但是我想说，中国历史上超过一半的皇帝，他们连60

分的及格分都达不到。

而宇文邕所做的一切的一切，都是为了另外一个伟大的目标而服务的，这个伟大的目标也是真正让周武帝得以名垂千古的，这个目标就是统一。

完成华夏统一，是周武帝宇文邕的毕生理想，也是宇文泰的理想，而要完成这一理想，第一步就是伐齐。

"统一"这个词，在那个时代几乎已经被世人淡忘了，因为从东汉末年以来，唯独西晋有过一段短暂的统一，除此之外，有三百多年的时间，都是处于分裂割据的状态，"你方唱罢我登场"是那个时代最真实的写照。

而这一时期，有很多人为了统一做出过自己的努力，其中不乏雄才大略的历史人物，比如曹操、刘裕，但是他们最终都失败了。于是，很多人只顾醉生梦死，都是过把瘾就死，最多不过是完成区域性的统一，能做到保境安民就已是难能可贵，谁又敢奢求天下一统呢？因而，统一对于他们来说，那是遥不可及的。

而宇文邕不甘于平凡，他知道自己的目标绝不仅仅是富国强兵，统一大业才是他的终极目标，他的眼光已经不仅仅局限在北周帝国之内，他已经把目标瞄准整个中原大地，他首先瞄准了北齐。

第五章

三十年河东，三十年河西

北朝也出了个曹操

正如北周的前身是西魏一样，北齐的前身叫作东魏。

在东西魏对峙的历史上，原本东魏是占据着绝对的优势，而西魏则处于被动防守的劣势。然而，当东西魏换了"马甲"，成为北齐和北周之后，历史的天平却朝着弱势的北周一方倾斜而去。

这无疑是让人深思的，北周的崛起固然是因为宇文泰和宇文邕两代人的军政改革，但是曾经强大的北齐究竟发生了什么，让这个强大的国家走上了下坡路呢？

三十年河东，三十年河西，前后不过弹指三十年，北齐究竟发生了什么？

要讲这段历史，必须从一个人讲起，他就是高欢。

如果我们把北魏末年的历史和东汉末年的历史做比对的话，我们会发现，尔朱荣有点类似于曾经的董卓，而跟随尔朱荣最后崛起的高欢有点类似于曾经的那个曹操。

高欢，字贺六浑，出身北魏著名汉族门阀渤海高氏。按理说，高欢是个不折不扣的汉人，然而，历史上的高欢从来都是以鲜卑人自居。

渤海高氏，在北魏算得上一个望族，特别是在北魏太武帝时代，高氏一族出现了个著名的人物，在当时与崔浩共修国史，这个人就是高允。

高允身历五朝，受世人尊敬，他生前和死后所受到的赏赐是北魏建国以来所有臣子中最高的，可见他在北魏王朝地位之高。

然而，高欢的祖父高谧却因为犯事，被流放到了六镇之一的怀朔镇，从此高谧和他的后世子孙便定居在了怀朔镇。

前文对六镇已经做过诸多介绍，它相当于北魏的一道抵御外患的"长城"，在此驻守的都是鲜卑旧贵族和军人。因此，我们也就不难理解出身名门望族的高欢，为何最终会以鲜卑人自居。

《北齐书》也对此专门做了解释："神武（高欢）既累世北边，故习其俗，遂同鲜卑。"

高欢出生之后，从小便生活在这片以鲜卑文化为主流的塞北苦寒之地，和鲜卑人杂居，口中讲的都是鲜卑语，在文化认同上，自然是更倾向于鲜卑文化。

在这样的环境下，高欢自然也没受到什么良好的教育，从小就舞刀弄枪，结交狐朋狗友，就开始在社会上打拼。

高欢的家境并不好，可谓一穷二白，这样的家庭条件，也就只能去参军了，然而高欢却发现，自己穷到连买一匹马的钱都没有。

也就是在这个节骨眼上，高欢认识了他毕生的贵人。

话说这一天，高欢正在城楼上值班，一个年轻美貌的女子正好从城下而过，她抬眼一看，就看到了身材魁梧、相貌英俊的高欢，刹那间，她就被眼前的这个男人迷住了。

然后，她便说了一句话："这个男人就是我的丈夫了！"

她就是娄昭君。

这样一个一见钟情的故事，后来被改编成了戏曲，直到今天依然在传唱，戏曲名就叫"娄昭君"。

事实上，娄昭君出身于代北（今山西朔州一带）的高门大户，家中资产不计其数，是个典型的"白富美"。娄昭君不仅主动向高欢以身相许，甚至偷偷资助他家财，让高欢以此作为聘礼来迎娶自己。娄昭君的父母也非常无奈，还没成婚，就倒贴进去大把钱财，最终也只能应允了这桩婚事。

而且就是这样一个富家女，自从嫁给高欢之后，就开始勤俭节约起来，身边的奴仆从来都不会超过十个人，并且倾尽钱财让高欢在外结交朋友。

不久之后，娄昭君就为高欢生下了一男一女。值得一提的是，娄昭君一生为高欢生下了六男二女，其中四个孩子都做了皇帝，两个女儿做了皇后，在中国古代后宫史上堪称奇迹。

老实说，有妻如此，夫复何求呢，高欢可能是上辈子积了福报，今生才能有这么大的福气。

高欢当然不会满足于老婆孩子热炕头的美满生活，他开始从军，经常外出东征西讨，只为不辜负妻子娄昭君的厚爱。

公元 524 年，六镇起义爆发，高欢不可避免地被裹挟进了这场动乱之中，而且最终追随了尔朱荣。

高欢最初来到尔朱荣帐下，尔朱荣并没有重视他，而是直接把他带到了马厩，对着一匹高头大马说道："这是一匹恶马，你小子能给它剪毛吗？"

这明显是在考验自己，高欢深知其意，二话不说，便上前为马剪毛，而且是徒手，连羁绊都不需要。

什么是"羁绊"呢？

"羁绊"这个词，想必大家都知道是什么意思，但是把羁和绊分开，恐怕你就不知道每个字的意思了。

先说羁。羁就是套在马头上的网笼，用来固定马头。再说绊。绊就是给马的四肢缠绕捆绑，让马难以行走。我们今人所说的"羁绊"，即由此而来，形容被束缚难以脱身。

　　高欢三下五除二，就把马身上的鬃毛修剪得既整齐又漂亮，而这匹尔朱荣口中的"恶马"，却自始至终没有动弹，对高欢是服服帖帖，任其修剪。

　　自此以后，尔朱荣便对高欢刮目相看，而且把他作为亲信，经常和他探讨军国大事。就这样，高欢从一个小喽啰，一跃成为尔朱荣面前的"红人"。

　　此时的尔朱荣已经扫平了大半个北方，就在这个时候，高欢突然给尔朱荣提了一个意见："如今天子无能，太后淫乱，朝纲败坏，以主公您的威武，不如趁势而起，以清君侧的名义，成就您的霸业。"

　　高欢的这一提议，让尔朱荣十分欣喜，他拉着高欢一直聊至深夜。可以说，此时的高欢已经成了尔朱荣的心腹。

　　尔朱荣随即听取了高欢的提议，出兵洛阳，这就是后世著名的"河阴之变"。

　　不过，随着高欢的不断晋升，尔朱荣也逐渐开始担心起来了。有一次，尔朱荣突然问身边的人："如果有一天我死了，谁能主持军政呢？"

　　旁人不假思索地说："还能有谁，当然是您的堂侄尔朱兆啦！"

　　但尔朱荣却摆摆手，给出了一个让所有人都震惊的答案："非也！尔朱兆，不过是个寻常将领。如果真有我死的那一天，能取代我的人，唯有贺六浑（高欢）！"

　　事实上，尔朱荣也提醒过尔朱兆，要提防高欢这个人，然而，尔朱兆自始至终都没把高欢放在心上。

　　公元 530 年，尔朱荣被孝庄帝元子攸所杀，高欢和尔朱兆随即反目成仇，尔朱兆最终败北，自缢而亡。自此，高欢真正取代了尔朱荣，真正成了北魏的当家人，尔朱荣生前的话最终应验了。

　　就这样，高欢成了北魏的"曹操"，开始行使他奉天子以令诸侯的权力。

敕勒歌：一曲王者的挽歌

　　高欢入主洛阳之后，拥立了孝武帝元脩为帝，然而，元脩却不甘心做高欢的傀儡，带兵西逃至关中，投奔了宇文泰。

　　高欢不得已，只能另外拥立 11 岁的清河王元善见为帝。公元 534 年，元善见登基称帝，是为东魏孝静帝，东魏正式建立。

　　从此，东西魏之间，高欢和宇文泰，这对绝世双骄，开始了长达十多年的攻伐大战。

　　第一战，小关之战。

　　此战在前文中已有详解，公元 537 年，东魏高欢率三路大军讨伐西魏，宇文泰以奇兵偷袭窦泰，最终以弱胜强，战胜东魏。

第二战，沙苑之战。

公元 537 年，为一雪前耻，东魏高欢亲率 20 万大军，讨伐西魏。宇文泰亲率不满万人的西魏军队，埋伏于沙苑以东十里的芦苇丛中，等到东魏大军赶到，西魏军以芦苇做掩护，大败东魏。西魏又追至河上，再次大败东魏。最终，西魏以弱胜强，战胜东魏，并俘获武器辎重无数。

第三战，河桥之战。

公元 538 年，为夺回被侯景占据的洛阳金墉城，宇文泰率兵伐魏，侯景弃城而逃，宇文泰乘胜追击，却中了东魏军的设伏，西魏惨败，宇文泰侥幸脱逃。双方主力继续展开战斗，东魏名将高敖曹被斩杀，双方均损失惨重。

第四战，邙山之战。

公元 543 年，占据虎牢关的高仲密投降西魏，宇文泰率兵接应，高欢也率兵前来救援，两军决战于邙山，双方互有胜败，东魏最终战胜西魏，西魏此战几乎全军覆没。

在这四场大战中，东魏和西魏互有胜负，双方差不多打了个平手。

此时的高欢怎么也没有想到，他一生算计无数，偏偏就漏算了宇文泰。早知如此，恐怕高欢也不会去借助侯莫陈悦之手杀掉贺拔岳，因为比起贺拔岳来说，宇文泰显然才是真正的心腹大患。

公元 545 年，这一年高欢正好 50 岁，已经步入天命之年，他决心倾尽全力，除掉宇文泰这个后患，否则便是遗祸子孙。

为此，他先后与吐谷浑和柔然结盟，为和宇文泰的殊死决战做最后的准备。

为了和柔然结盟，高欢本意为世子高澄迎娶柔然阿那瑰可汗的孙女，并派出杜弼出使柔然。

然而，阿那瑰可汗却给高欢出了个难题："和亲可以，那必须是高王（高欢）来娶。"意思也就是让高欢自己娶，做高欢的正室。

高欢愁坏了，高欢和妻子娄昭君有几十年的感情，娄昭君倾其所有，帮助自己完成大业，如今，高欢怎么舍得把正妻之位让给一个柔然的公主呢？

娄昭君却主动劝说高欢："国家大计，愿不疑也。"简短的八个字，让高欢十分感动。娄昭君主动让出了正室之位，高欢最终迎娶了柔然公主。

为了讨得邻国的结盟，高欢付出了他最大的牺牲——爱情。

公元 546 年，高欢征召山东十几万重兵，会于晋阳，起兵讨伐西魏在河东的一座孤城——玉壁。

玉壁位于今山西省稷山县西南，汾河下游的峨嵋塬，此处地形易守难攻。早在春秋时期，晋国就曾三次驻军于此，以防备秦国和戎狄，地理位置的重要性，可想而知。而此时，这里同样是西魏防备东方的战略要地，东魏几次想打下来，却始终没有得手。

高欢集结了十多万兵力，意图一举攻破玉壁城，东西魏之间的第五场大战开始了。

而此时驻守在玉壁城的将领，不过是个晋州刺史，也并没什么名气，此人名叫韦孝宽。

此前，高欢可能也从来都没听说过这个人的名字，因此，高欢此次出兵，可谓是志在必得，根本没把韦孝宽放在眼里。

然而，高欢不知道的是，这个人的名字将让他含恨而终。

战争就这样开始了。高欢从一开始进攻就碰了钉子，他敏锐地感到，韦孝宽并不是个普通角色。

高欢严密地部署了攻城战，在城外先是修筑土山，接着又断绝城中水源，冲车、云梯、投石机，各种攻城器械轮番上，甚至用上了最先进的地道战。各种办法全部都想尽了，然而，这些招数却都被韦孝宽一一化解，玉壁城岿然不动。

高欢傻眼了，他没想到眼前的对手竟如此强悍，但是，高欢并不甘心，倾全国之力，居然打不下一座小小的城池，竟然打不赢一个无名小卒。

高欢见武力强攻根本打不下这座玉壁城，于是，便想到了他最拿手的"攻心计"。

高欢命令参军祖珽在城下喊话："两军交战，已僵持多日，你只有一座孤城，不会有援兵营救的，我们迟早都会攻破，你不如趁早弃城投降吧。"

韦孝宽高坐于城头之上，答道："不过短短几十天，要什么救兵？你还是担心一下自己吧，搞不好会死在这里！"

祖珽见无法劝降韦孝宽，随即对城里的士兵开始了劝降："韦将军收了宇文泰的赏赐，所以才甘心死守，你们这些当兵的，可别给别人当枪子儿，为何要为韦孝宽送死呢？"

同时，祖珽派人向城内射了一支箭，箭上有一封悬赏令，写道："谁能斩获韦孝宽的首级，拜为太尉，封开国公，城邑万户，丝帛万匹。"

结果，韦孝宽拿过悬赏令，在背面写道："谁能斩高欢首级，照此封赏。"回射给了高欢。

高欢怒火中烧，越想越不甘心，继续猛攻玉壁城。

就这样，东魏大军包围在玉壁城下，昼夜不停地猛烈攻城，这一攻，就是六十天。

六十天后，玉壁城依旧是那个玉壁城，只是城外多了七万具尸骸。这七万具尸体，无一例外全都是高欢的士兵。

高欢彻底服气了。

高欢下令撤军，而高欢没日没夜地攻城，一下子就累趴了，从此一病不起，以致军中谣言四起，说高欢已经被韦孝宽用弓弩射杀了。

为了稳定军心，高欢拖着病体，在营帐外与诸将宴饮，同时令斛律金将军献歌一首《敕勒歌》。

斛律金看着高欢，开始引吭高歌：

敕勒川，阴山下，
天似穹庐，笼盖四野。
天苍苍，野茫茫，
风吹草低见牛羊。

高欢一边和唱一边痛哭流涕，在歌声中，他回想起自己峥嵘半生的经历，不禁悲从心起。

不久之后，高欢病逝于晋阳，享年52岁，葬于义平陵，谥号神武皇帝。

作为失败者，高欢的名字在历史上并没有太大的名气，但是作为他一生写照的《敕勒歌》却传唱了千年，也算是对失意英雄的慰藉吧。

玉壁之战成了高欢毕生的遗憾，但是同时，也让韦孝宽跻身名将之列。韦孝宽创造了一个军事上的奇迹，在强大的敌人面前，以寡敌众，最终击溃了一代枭雄高欢。玉壁之战，也因此成为中国古代军事史上城市保卫战的经典案例。

而这一场玉壁之战，同样也是一个历史的分水岭。

因为，自此役之后，东魏从战略进攻，开始逐步转为战略防御，而西魏，则由战略防御逐步转为战略进攻，西魏从此告别了低头做人的历史。

死神来了

也就在此时，一个人反了，这就是侯景。

侯景，小字狗子，不仅是个跛子，而且还瞎了一只眼睛，身材矮小，声音嘶哑，犹如豺狼之声。这样的形象，很难说是个武将，但是侯景从小就自命不凡，对谁都看不上眼。

高欢生前，与其一同起家的很多怀朔镇猛将基本丧尽，唯独侯景可以依靠。

侯景曾对高欢说："愿得兵三万，横行天下，要渡江捉来萧衍，让他做太平寺住持！"

高欢没有给他三万，而是给了十万，从此侯景便镇守河南之地。事实上，河南之地这块地方处于东魏、西魏、南梁三国的交界之处，进可当作一个小王国割据自立，退可以投靠于三国中任意一家。

史书记载，高欢对侯景"杖任若己之半体"，也就是说，高欢对侯景的信任，犹如自己的半个身体。

其实，对侯景而言，高欢也是他在东魏唯一佩服之人。他曾私下里对尚书令司马子如说："王（高欢）在，吾不敢有异；王无，吾不能与鲜卑小儿（高澄）共事！"

这番话直接预示了侯景的反叛。高欢，我佩服你，敬你是英雄，但是，让我去侍奉你儿子，没门儿！

这一点，高欢看得很清楚，长子高澄心里也明白。因此，就在高欢弥留之际，高欢把高澄召到了晋阳，说道："我知道你心里担心侯景会反叛。侯景这个人飞扬跋扈，专制河南已有十多年了，我能驾驭得了他，但岂是你能驾驭得了的？举国之内，唯有慕容绍宗能对付侯景，我故意不用他，就是留给你的，你可以对他委以重任，切记。"

就这样，慕容绍宗成了高欢留给高澄的一个"撒手锏"，关键时刻，可以拿出来用。

果不其然，当侯景风闻高欢的死讯，立刻拉起了反叛的大旗。这个时候，河南之地的战略地位就凸显出来了，侯景一面向西魏宇文泰投降，一面又向梁武帝萧衍搬救兵，可谓脚踏两条船。

宇文泰和萧衍在不知情的情况下，同时派出了两队援军。其实，宇文泰和萧衍也不是真的想帮侯景，他们所觊觎的只是侯景手上河南十四州的地盘而已。

不过，算盘打得最精明的还是侯景。侯景知道，所有人都眼馋自己手上这块肥肉，通过河南之地这个诱饵，充分利用西魏和南梁的势力，共同来对付东魏，而自己则乱中取胜，坐收渔翁之利。

不过，侯景最终还是失算了，因为东魏派出的这个人是侯景曾经的军事导师，也是他最为害怕之人，这就是慕容绍宗。

最终，慕容绍宗将侯景的部队一路追杀，侯景最后时刻清点人马，结果发现只有八百多人。

几乎陷入绝境的侯景突然派人对慕容绍宗送过去一句话："景若就擒，公复何用！"

这句话可谓深谙政治厚黑学，常言道，飞鸟尽，良弓藏，如果敌人没有了，还要将军有何用呢？

侯景的这句话无意戳到了慕容绍宗的心窝上，慕容绍宗的追兵就此打住，下令撤兵，从而放过了侯景。而侯景则带着八百残兵败将，投靠了南梁。

慕容绍宗没想到的是，他这一放，将会遗祸江南，一场动乱即将席卷大半个南朝，这就是侯景之乱。

梁武帝萧衍一生笃信佛教，先后四次舍身同泰寺，堪称佛门天子，因此他的性格十分仁厚，对待降将从来都是一应收纳。前面讲过独孤信和杨忠投靠南梁，梁武帝不仅接纳了他们，还给予厚赏，最后独孤信想回到西魏，梁武帝也未加阻拦。

事实上，此时的侯景几乎没有任何利用价值，梁武帝萧衍原本是想通过侯景得到河南之地，现在不仅没得到，却只收到八百残兵败将。面对侯景来降，本来南梁朝廷是有很大反对意见的，不过，梁武帝萧衍最终力排众议，还是决心收纳了侯景。

此时此刻，梁武帝仍然选择接纳和厚待侯景，我什么都不需要，你来我这儿，对我忠心，那就够了。同时，梁武帝萧衍授予侯景为南豫州牧，侯景寸功未立，便空手套白狼，得了个官儿，简直羡煞人等。

在这之下，一封书信彻底打破了平静。

此前南梁在接应侯景之时，大军统帅萧渊明（萧衍之侄）成了东魏的俘虏被送到了东魏国都邺城。在高澄的怂恿之下，萧渊明给叔叔梁武帝萧衍写了一封书信，内容是东魏愿意和南梁讲和，只要你们把侯景交出来，东魏就把萧渊明送回去。

梁武帝萧衍收到书信后，立刻就动了心，然后回信给东魏。结果，这封书信被侯景截获了，送信的使臣把事情的来龙去脉一五一十地向侯景和盘托出。

侯景顿时火冒三丈，好你个皇帝老儿，竟然欺骗我，虚伪至极！

由此，侯景反意已决，开始积极扩充军备，强征百姓为兵，又劫掠商人，劫取物资，掠夺城中的女孩子，分赏给将士享用。

公元548年，寄人篱下的侯景终于反了，他在寿阳设坛歃血，以清君侧的名义，举起义旗，发兵建康。

此时此刻，萧衍安坐在建康城中，丝毫没有危机感，即便是收到侯景反叛的消息，他也置若罔闻，满不在乎地说道："侯景那几个兵能成什么气候，我随便折根棍子就能揍扁他。"

结果，侯景兵不血刃地就渡过了长江，将建康城团团围困。建康城苦苦坚守了五个月，终因外援断绝，弹尽粮绝，被侯景攻破。侯景围梁武帝萧衍于台城，萧衍最终在饥饿和病痛中死去。

此时大权在握的侯景开始擅权乱政，他先是把太子萧纲立为傀儡皇帝，又强迫貌美如花的溧阳公主嫁与他为妻，最后又自封为"宇宙大将军"，都督六合诸军事。

之后，侯景又嫌萧氏子孙碍事，索性自立为帝，国号汉，自己过起了皇帝生活。

然而，侯景的风光并不长久。南梁各地援军逐渐聚拢于湘东王萧绎旗下，公元 552 年，在名将王僧辩和陈霸先的联合进攻下，侯景兵败被杀。

蹊跷的刺杀

公元 549 年，东魏武定七年，高澄正式接任宰相之位，同时受封为齐王。

此时的高澄加九锡，封王爵，赞拜不名，入朝不趋。这几个词，想必大家在影视剧里都听过，历来都是作为改朝换代的信号而出现的。

这意味着，东魏的天下要变了，如果说高欢是曹操的话，那么，此刻的高澄就是曹丕。

高澄已经迫不及待地想要登基称帝了。

然而，一场意外却发生了，让高澄的称帝计划彻底泡汤。

这一年的八月初八，高澄召集散骑常侍陈元康、吏部尚书侍中杨愔、黄门侍郎崔季舒来到他在邺城的居所东柏堂，会议的主题是如何逼迫东魏孝静帝元善见禅位，以及相关的礼仪和人事安排。

这时一个叫作兰京的厨子，端着一盘热腾腾的饭菜上来了。高澄立刻喝退了这个厨子，同时对陈元康说："昨天夜里，我梦到这个厨子拿刀砍我，回头就得把他杀了。"

厨子似乎听到了高澄的谈话，没过多久，他再一次端着饭菜走了进来。高澄怒道："我不需要什么饭菜，你怎么又进来啦？"

厨子突然掏出了事先藏在盘子下的一把匕首，锋利的刀刃直冲高澄的胸膛而去，同时大声说道："我就是来杀你的。"

在这电光石火之间，所有人都吓傻了，高澄毫无防备，一脚想要把这个厨子踹开，却不料被砍伤了脚。高澄仓皇逃窜，立刻钻进了床下。

厨子杀红了眼，掀起床板，一刀就要了高澄的性命。陈元康在保护高澄的时候，不幸被匕首刺中，肠子都流了出来，最终也因伤势过重而死。

另外两个大臣呢？杨愔跑得最快，而且还把一只鞋子落在了房间里，崔季舒则躲进了厕所，吓得不敢出来。

这就是震惊东魏的"东柏堂事件"。

我们不禁要问，这个厨子兰京到底是什么人，他为何要杀高澄？

兰京，南梁名将兰钦之子，在战争中被东魏俘虏，成为服侍高澄饮食的厨子。兰钦多次请求用钱财赎买兰京，高澄都予以拒绝，而且，高澄还用木棍狠狠杖打兰京。也许正是因为不堪奴役和压迫，兰京和六个同为俘虏的人密谋作乱。于是，便有了这次震惊当时的"东柏堂事件"。

当然，这只是《北齐书》和《北史》上的说法，然而，这一刺杀事件却疑点重重。

首先，关于兰京的其他事迹，史书上只字未提，这个人似乎是凭空突然出现的。其次，我们翻阅《梁书》中关于兰钦的史料，却从未提及他有一个叫作兰京的儿子。

因此，这一刺杀事件，不由得让人生疑，兰京真的是真凶吗？他刺杀高澄，会不会另有主使？

假设兰京真的只是别人的棋子，幕后的主使之人最有可能的是两人：一是东魏孝静帝元善见，另一个就是高澄的弟弟高洋。

高澄想要改朝换代的举动可以说是非常明显了，也就意味着孝静帝元善见即将皇位不保，孝静帝是第一个痛恨高澄的人。而且，高澄此前对孝静帝有很多不恭敬的行为，有一次高澄醉酒，大骂孝静帝元善见是"狗脚朕"，同时还让崔季舒对孝静帝大打出手，把孝静帝揍得鼻青脸肿。

因此，孝静帝元善见来实施策划刺杀高澄，他完全有这个动机，既合情，又合理。

那么，高洋有可能吗？

事实上，史书也有意在暗示凶手就是高洋。"东柏堂事件"案发之后，身在城东的高洋竟然面不改色。亲哥哥被杀害，身为弟弟竟然可以做到面不改色，这不由得让人生疑，难道此事和高洋有关？

其实，在高欢生前，长子高澄和次子高洋之间的关系就不是很和睦。高洋从小就颇有才干，多次赢得高欢的赏识，高澄看在眼里，就对高洋心生嫉恨。不过，高洋每次都表现得很无辜，很迟钝，对哥哥高澄毕恭毕敬。

高澄有一次看到高洋老婆李祖娥戴着的首饰十分漂亮，就想拿来欣赏欣赏。李祖娥很不情愿，高洋就劝慰道："不过是件首饰，还能再买嘛，哥哥要的东西，我们怎么可以吝啬呢？"

结果，高澄反而不要了，高洋又主动送上了门。

虽然高洋始终在表面和哥哥高澄维护着关系，但是从后来的历史来看，高洋绝不是心胸开阔之人，高洋心里怎么想，完全可以想象得到。

"东柏堂事件"之后，高洋将涉事人等全部处死，并且碎尸万段，然后秘不发丧，迅速控制朝政，一切都显得有条不紊，朝臣们无不惊讶。

当然，这些都只是猜测，在没有新的史料发现之前，高澄之死可能注定是一个无法解开的历史之谜。

热闹的皇位

我们来简单罗列一下北齐的历代皇帝的户口档案。

开国皇帝：高洋

高欢第二子，高澄死后不久，即公元550年，篡位称帝，国号齐，史称北齐，谥号文宣帝。

第二位皇帝：高殷

高洋长子，在位一年被废。

第三位皇帝：高演

高欢第六子，废黜侄子高殷称帝，在位一年，谥号孝昭帝。

第四位皇帝：高湛

高欢第九子，后退位为太上皇，谥号武成帝。

第五位皇帝：高纬

高湛的嫡长子，史称北齐后主，是历史上著名的昏君。

我们仔细观察这份户口档案，可以看出一个非常有趣的现象。宇文泰死后，他的三个儿子宇文觉、宇文毓、宇文邕分别继承皇位；而高欢死后，同样也是他的三个儿子高洋、高演、高湛继承皇位，历史似乎冥冥之中开了一个玩笑，看来北周和北齐天生注定就是一对冤家。

我们先从北齐的开国皇帝高洋讲起。

高澄遇刺后，高洋以超乎冷静的姿态处理着东魏的大小政务，这和曾经那个处在高澄阴影下的高洋截然不同。

为了树立威信，高洋需要尽快完成改朝换代的任务，然而却遭到了一众朝臣的反对，其中包括他的母亲娄昭君。

娄昭君对高洋说道："你的父亲如龙，你的哥哥似虎，他们尚且不敢夺取皇位，你凭什么能耐，想做禅让之事？"

然而，即便有朝臣的反对，高洋还是雷厉风行地开始了改朝换代的准备工作。

公元550年，东魏武定八年，高洋从晋阳出发，前往邺城。孝静帝元善见在禅位诏书上，盖上了属于皇帝的玉玺，自此，东魏王朝宣告灭亡，北齐正式建立。

也就是在这个时候，宇文泰听闻高洋受禅称帝的消息，于是兴兵讨伐。

高洋听说西魏讨伐的消息后，他再次表现出了出奇的冷静，他知道，宇文泰在关中立足未稳，根本不可能真的来打，只是做做样子，打探虚实而已。于是，高洋也不跟宇文泰正面交锋，而是选择镇守晋阳，严阵以待，静观其变。

宇文泰最终撤军了，并且留下一句话："原来高欢并没有死。"

是啊，能如此果断而冷静地处理军政大事，高洋可不就是第二个高欢吗？

在稳定统治之后，高洋开始了对北方民族的征伐。从公元552年，到公元555年，高洋先后征讨库莫奚、契丹、山胡、柔然等，北齐的国力达到鼎盛，疆域也最为辽阔。

同时，高洋在国内改定律法，在《麟趾格》的基础上修订《北齐律》，成为隋朝《开皇律》的蓝本，在中国法制史上有着极为重要的地位。

再比如，高洋还鼓励生产，鼓励盐铁和制瓷业，我们知道唐朝时期瓷器有"南青北白"之说，实际上这里的白瓷最早就是从北齐开始的。

再比如，兴办学校，兴修水利，劝课农桑，高洋做出了很多实实在在的政绩。

然而，我们平常一提起北齐王朝，常常会和荒淫暴虐联系在一起。诚然北齐的皇帝们做了无数的荒唐事，其中高洋就占了一大半，但是就整个社会的发展来说，至少在高洋时代，社会是在稳定向前发展的，政治清明，百姓富足。

因此，史书评价高洋的时代是"主昏于上，政清于下"。也就是，高洋在朝堂上胡作非为，是个典型的暴君，但是在民间，百姓安居乐业，政治非常清明。

很多人说高洋是间歇性精神病，这么说的确没错。高洋嗜杀成性，大肆屠戮元魏宗室，又喜欢冬日裸体外出，喝醉酒骂自己的母亲，酒醒之后又用鞭子抽打自己，更残忍的是把妃嫔肢解，还做成了琵琶。

诸如此类的荒唐之举，不胜枚举，简直可以编成一本黄色暴力故事集了。

然而，高洋就是这样一个"双面"的帝王，一面明君，一面暴君，游走于两个极端，这其实非常像心理学上所说的边缘型人格。

最终，高洋因酗酒过度而暴亡，终年仅有34岁。

公元559年，北齐文宣帝高洋驾崩，皇太子高殷即位称帝。

高殷在整个北齐的历史上，是个极为特殊的存在，他是唯一一个尊奉汉文化的北齐皇帝。也正是因为这一点，他非常不讨父亲高洋的喜欢，高洋认为这个孩子和自己一点都不像。

高殷是个深受汉文化熏陶的人，并且得到了当时以杨愔为首的汉族士大夫的拥戴，也正因为有汉人的支持，高洋自始至终都没有废掉这个在他眼中不成器的皇太子。

有一次，高洋为了锻炼高殷，让他亲手处死囚犯。然而，高殷几次都没能砍掉囚犯的脑袋，高洋就拿鞭子抽打，把高殷吓成了口吃，而且终日精神恍惚。

高洋临终前，其实非常顾虑高殷的处境，毕竟高殷只是个16岁的孩子，于是高洋便托孤于杨愔，防止他的两个弟弟高演、高湛篡位。

然而，杨愔终究是没有宇文护的手腕，杨愔本打算先发制人，结果计划走漏，最终败给了高演和高湛，杨愔等汉族大臣被全部诛杀。

更重要的是，太后娄昭君也对高殷非常不满，朝堂之上更是斥责高殷要谋害自己的两个孩子（高演和高湛）。

在太后娄昭君的授意之下，公元560年，高殷被废为济南王，高演在晋阳登基称帝，是为北齐孝昭帝。

高演是高洋的弟弟，也是高欢的第六子，也最被太后娄昭君所宠爱。

高演称帝的第二年，他就秘密派出高归彦毒杀了自己的亲侄子高殷。

高洋在世的时候，曾经语重心长地对高演说："皇位你想夺就夺吧，但是请一定不要伤害我儿高殷的性命。"

事实证明，高演不仅夺了位，最后更是毒杀了高殷，可能是因为高演心中有愧，自此以后，高演就有些精神恍惚起来。太后娄昭君为了给高演"驱鬼"，让侍卫们拿着火炬站在宫中，防止鬼魂来找高演。

为了散心，高演和随从前往郊外打猎，不料马匹受惊，高演跌落马下，身受重伤，最终不治而亡。

高演吸取了哥哥的教训，临终之前，没有把皇位传位给自己的儿子高百年，而是直接传位于高湛。

高演肯定清楚高湛的为人，立我的儿子为帝，高湛迟早会下手的，倒不如直接把皇位送给高湛，自己的儿子也能幸免于难。

公元561年，高湛即位称帝，是为北齐武成帝。

其实，就在高演称帝之时，高湛就已经迫不及待地和族侄高元海等人密谋政变了。但高湛始终有贼心没贼胆，后来又找人占卜，占卜的结果是，什么都不要做，就是大吉。

结果高湛还真就什么都没做，只等一年时光，就顺顺利利地当上了皇帝，高湛估计笑得牙都要掉下来了。

不过，高湛终究还是没有放过高演的儿子，同时也是自己的侄子高百年。

高湛听说高百年练习书法的时候，写过一个"敕"字，从而心生不满。于是，高湛把高百年叫到自己宫中，用乱锤击打，同时逼迫他绕着大堂走，边打边走，所过之处都是斑斑血迹。高百年就这样被残忍地虐杀了，他的尸体被投进了池水，池水变成了赤红色。

高演好歹还有愧疚之心，而高湛却丝毫没有一点怜悯之心，高湛留在史书上残暴嗜杀的例子比比皆是。

更令人发指的是，高湛奸淫了自己的嫂子李祖娥，也就是高洋的皇后。李祖娥发现自己怀孕后，羞愧难当，自己的儿子高绍德到宫中探望，李祖娥只能避而不见。

高绍德对母亲说："儿子难道不知道吗？母亲的肚子大了，所以不肯见儿臣。"

最后，李祖娥诞下女儿之后，便亲手将其杀死。高湛知道之后，非常愤怒，把高绍德抓到宫中，威胁李祖娥说："你杀了我的女儿，我今天就杀了你的儿子。"

于是，高湛再一次展露出嗜杀的本性，亲手虐杀了自己的侄子高绍德，然后埋在了园子里。

李祖娥闻讯，伤心欲绝。高湛又把李祖娥衣服扒光，一顿暴打，打得李祖娥遍体鳞伤，然后把李祖娥装进了绢织的袋子里，滴着鲜血，投进水沟里。

然而，李祖娥大难不死，许久才苏醒过来，最后她乘着牛车被送到了妙胜寺出家为尼。

如果说高洋只是个双面帝王的话，那么高湛就是一个彻头彻尾的暴君。在我看来，高湛是北齐历史上最无情、最残暴的帝王，他内心连起码的一丝愧疚都没有，他把人性最丑恶最阴暗的一面展现得淋漓尽致。

从高洋到高湛，一个王朝，四个皇帝，在这近二十年的历史中我们看到的是一幕幕人性的大戏。

在权力和地位面前，人性被扭曲，被撕碎，直至泯灭，每个人都变成了嗜血的魔鬼，也都成了皇权下的祭品。

三十年河东，三十年河西，在北齐四位皇帝的"作死"之下，北齐的国力不可避免地衰落了。

在高欢和高洋的时代，每年冬天，西魏就会在黄河上凿冰，以防备东魏的偷袭，而到了高湛的时代，每年冬天，在黄河上凿冰的却变成了东魏，以防备西魏的偷袭。

在历史的长河中，三十年不过弹指一挥间，然而天下的局势却翻转了。

第六章

齐宫惊变

两个推手

公元565年，北齐河清四年，武成帝高湛传位于嫡长子高纬，自己却退居二线，当起了太上皇。

就这样，北齐的第五任皇帝，也是高氏家族第三代领袖，高纬走上了历史的舞台。

然而，高纬的即位其实并非一帆风顺。因为在高湛和胡皇后眼中，他们更看重的是东平王高俨，高纬一直不讨父母喜欢。

而高纬最终得以上位，其实得益于两个幕后的推手，他们就是和士开与祖珽。

在高湛以及高纬的时代，和士开与祖珽是当时最有话语权的两个宠臣，堪称一对儿活宝，正史《北齐书》也把和士开放进了《恩倖传》。

我们先来说和士开。

和士开的出身有点特殊，他既非汉人，也非鲜卑人，而是西域胡商之后。

和士开的发迹，靠的是两样本事，一是弹琵琶，二是握槊（一种赌博游戏）。可惜，这两样本事都和治国理政无关。

凭借这两样本事，和士开很快就收获了当时还是长广王的高湛的宠幸，关系一度十分亲密，史书用了一个很暧昧的词来形容——"亲狎"。

和士开和高湛经常厮混在一起"商业互吹"，和士开称赞高湛："殿下非天人也，是天帝也。"高湛回捧道："卿非世人也，是世神也。"

不知道各位看了是什么感觉，我反正觉得非常肉麻，肉麻到让人恶心。

不只我觉得恶心，就连一向重口味的高洋也看不下去，高洋觉得和士开过于"轻薄"，会教坏小朋友的，索性找了个理由，把和士开发配到长城搬砖去了。

不过，和士开的苦力日子并没熬太久，随着高湛即位，和士开迅速回到了中央，并且稳稳地坐上了第一宠臣的宝座。

高湛与和士开整日地黏在一起，片刻都不能分离，以至高湛都懒得上朝，每次上朝都是随便划拉几个字，就匆忙回宫陪着和士开了。

高湛对和士开的宠幸程度，已经达到令人匪夷所思的地步，宫中任何一个妃嫔都远不及他，就连史书都用"相爱"来描述两人的关系，这实在是让人怀疑高湛是否有双性恋。

和士开的母亲去世，高湛却比任何人都伤心，比死了亲妈还痛苦。同时，高湛担心和士开伤心过度，派自己的武卫将军到和士开家里，不分昼夜地服侍和士开，一直到丧毕才回来。

老实说，如果不考虑他们的性别的话，我也真的被打动了。

由于和士开与高湛关系亲密，和士开要经常进宫，这就导致和士开有很多机会和高湛的妃嫔接触。胡皇后本身也是个风流成性的女人，而且也喜欢玩握槊的游戏，一来二去，胡皇后就跟和士开有了奸情。

高湛知道和士开和自己皇后通奸的事吗？史书上没有说，但我觉得高湛应该是默许的，以高湛对和士开的宠爱，高湛对和士开有求必应，也愿意和他分享一切，"有妻同享"应该也不在话下。

不过，就在高湛与和士开"热恋"的时候，另外一匹政坛黑马开始进入高湛的视线，这个人就是祖珽。

祖珽，出身于范阳祖氏，说起来你可能不相信，他和我国古代著名的数学家祖冲之算得上同宗。

前文中讲到玉壁之战时，祖珽亮过一次相，就是祖珽站在城门外对韦孝宽进行的劝降，结果不仅没劝成，还把高欢气得要死。

祖珽这个人几乎是个全才，天文、术数、音乐、绘画，无所不通，但他有一个最大的弱点，就是贪财。

其实这也不算什么，在东魏北齐官场，贪污腐败是常有的事，而且屡禁不止，可谓无官不贪。然而，祖珽贪财的方式却犹如一个傻子，让人哭笑不得。

有一次，高欢府上举行宴会，祖珽也参加了这次宴会。正当大家酒酣耳热之时，高欢突然发现有一只金叵罗（金质的酒器）不见了。这时，窦泰给高欢出了一个主意，让在场所有人都摘下帽子，不就知道是谁拿了吗？结果众人纷纷摘帽，只见祖珽的头顶，正扣着一个金灿灿的金叵罗。场面一度非常尴尬，高欢也不好因为一个小玩意儿怪罪大臣，最后大家一笑了之。

祖珽偷东西的毛病屡教不改，在官场上传为笑柄，不过祖珽的脸皮比城墙还厚，每次偷东西被人揭穿都不觉得害臊。

除了贪财，祖珽还特别变态，他养了一个小情人，却是个寡妇，姓王。祖珽经常带着小情人公开出现在各种公共场合，每次在人前都不知收敛，也不顾及他人的目光和评论。

当时，参军元景献的老婆出身高贵，是东魏博陵长公主的女儿，也就是孝静帝的表姐。祖珽出手阔绰，花巨资把她请到自己的家中，让她陪自己和朋友们轮流"递寝"。

这种事，亏祖珽能想得出来，不过，也只有这种变态到极致的人才能做出这种兽性的行为。

不是一家人，不进一个门儿，有这样的变态癖好，也难怪祖珽、和士开、高湛能玩到一块儿去。

一次偶然的机会，祖珽为了巴结当时还是长广王的高湛，用胡桃油画了一幅画，进献给高湛。祖珽对高湛吹捧道："殿下有非常骨法，我在梦中梦到您乘龙飞天。"

谁不爱听好话呢？更何况是高湛这样爱面子的人。高湛哈哈大笑，向祖珽许诺道："如果真有这一天，我一定和祖珽兄共享富贵。"

由此，祖珽通过一幅油画，敲开了高湛王府的大门，从此成为高湛身边的红人。而且，祖珽极善于拍马屁，整天围着高湛溜须拍马，把高湛哄得团团转。

等高湛即位后，祖珽被封为中书侍郎，成为高湛身边仅次于和士开的第二大宠臣。

于是，就出现了这样一幕画面。高湛在后花园中休憩，一边倾听着祖珽弹奏的琵琶乐曲，一边欣赏着和士开跳着胡人的舞蹈，高湛高兴极了，便给了祖珽与和士开大把赏赐。

左手和士开，右手祖珽，高湛这种"左拥右抱"的生活实在是快乐至极。

和士开经常在高湛耳边说："自古以来的帝王，都成了灰土，尧舜和桀纣，有什么两样！陛下应当趁着年少恣意行乐，不必有太多顾忌。快乐一天，抵得上活一千年。国事交给大臣处理就行，不必担心办不成，也不用自己劳累约束自己！"

和士开的这番话，就是劝诫高湛要及时行乐，人活一辈子，就得活一天，快乐一天，天天顾虑这担心那，活得多累啊！

既然人生苦短，那就及时行乐吧，正如和士开所说"一日取快，可敌千年"，也就是说，逍遥一天，抵得上普普通通活一千年。

可以说，这种及时行乐的人生观，在北齐君臣上下都非常普遍。在乱世之中，有这种心态也是再正常不过的，毕竟谁能晓得明天会是什么样子呢？倒不如快乐一天是一天。

但是，及时行乐的人生观，说好听了是快乐主义，说难听了就是不负责任，不懂得居安思危。正所谓人无远虑，必有近忧，一味地贪图享乐，最终只能走向毁灭。

高湛如此，高纬亦如此，最终北齐走向了灭亡。同样地，后来缔造开元盛世的唐玄宗李隆基更是如此，眼前的繁华虽然令人迷醉，但不思进取，则注定会被历史所埋葬。

放长线钓大鱼

不过，祖珽的能力和见识明显要强于和士开，和士开只知道及时行乐，但祖珽却有着强烈的忧患意识。

祖珽非常清楚，他自己能和和士开一起成为宠臣，全靠着皇帝高湛这棵大树，高湛一旦离世，自己恐怕就没有好日子过了，必须早做打算。

于是，祖珽思量再三，他决定放长线钓大鱼。钓什么大鱼呢？就钓未来的皇帝。

高家人普遍寿命不长，高湛又爱酗酒，祖珽知道，光靠高湛是有很大风险的，他必须再给自己找个靠山。

找谁呢？高纬。

高纬虽然是皇太子，但他这个位子做得并不稳固，甚至可以说是摇摇欲坠。

其实，高纬并非高湛长子，而是次子，真正的长子是南阳王高绰。而且，高纬和高绰是同年同月同日出生，高绰只比高纬早出生了几个时辰。但由于高绰是庶出，而高纬是胡氏嫡出，所以高纬排在前面。

当然，在继承人的问题上，高绰根本不是高纬的对手，真正的对手是东平王高俨，他也是高纬的同母胞弟。

但是，在高湛和胡皇后眼里，高纬并不成器。

高纬天生懦弱，胆小，自闭，而且有口吃，经常磕巴半天也说不利索一句话，而且最怕见陌生人，有严重的社交恐惧症。这样的孩子怎么配做北齐的接班人呢？

因此，高湛和胡皇后更偏爱高俨。胡皇后就经常在高湛耳边吹枕边风，请求废掉高纬，改立高俨。

不过，高湛顾虑到嫡庶之别，改立高俨不合礼法，并没有下定主意废长立幼。

高湛觉得，既然给不了高俨皇位，那就给他超越帝王的待遇吧。

高湛便开始宠溺起了高俨，凡是高纬有的东西，高俨都必须有，高纬没有的，高俨也得有。在吃穿用度等各个方面，高俨都和太子高纬一个标准。

宠溺过头，其实对孩子有害无利。高俨的性格越来越孤傲，他把父母的溺爱看作理所应当，而且越来越不把哥哥高纬放在眼里。但是，高湛并没有醒悟到这一点，更加变本加厉地宠溺高俨。

有一次，高俨在哥哥高纬的宫里看到了冰镇的李子，回去后，便勃然大怒地说道："我的哥哥有冰镇的李子，凭什么我却没有！"高湛听说后，立刻将管事的人投入狱中。从此以后，只要高纬比高俨先得到新奇的东西，属官和工匠就一定会被治罪。

高俨性情刚愎，等到高纬即位之后，就开始对高纬心怀嫉恨，私下里曾对太上皇高湛说："哥哥这么懦弱，就凭他怎么能统率天下？"高俨的意思就是，高纬做皇帝根本不配，凭什么不让我来当？

祖珽非常了解高纬和高俨这对兄弟的性格，也非常清楚高湛想要废立太子的想法。祖珽知道，高俨聪慧却高傲，如果协助高俨当上太子，高俨肯定不会感激自己。因此，协助高纬保住太子之位，才是对祖珽最有利的选择。

高纬为人昏暴，而高俨少年聪睿，如果最终上位的是高俨，凭高俨的聪明才智，再加上胡皇后与和士开的情人关系，到时祖珽很难继续待在官场一线。站在祖珽的立场考虑，协助高纬保住太子之位，是最符合祖珽利益的。

为防夜长梦多，祖珽找到了和士开，并对他说："和兄现在位极人臣，享尽荣华富贵，可和兄想过没有，一旦皇帝有恙，该如何自处？"和士开心中大惊，仔细一想，确实如此，于是便向祖珽请教该如何应对。

祖珽微微一笑，指点迷津道："文襄帝（高澄）、文宣帝（高洋）、孝昭帝（高演）死后，他们的儿子都未能被立为皇帝，如今应该让皇太子高纬早登大位，尽早把君臣的名分定下来，这样一来，幼主将来必定感激于您。"

和士开顿时茅塞顿开，于是就在高湛耳边极力吹捧皇太子高纬，把和士开的想法拼命向高湛脑袋里灌输。

祖珽也对高湛说道："皇帝并不是人间最贵者，最贵者，是太上皇也。"然后又向高湛介绍当年北魏献文帝禅位的故事。

有了和士开和祖珽两位宠臣的建言，高湛其实已经有点动心了，这时候只需要再有股力量推动一下，这事儿就算成了。果不其然，就在这个节骨眼上，北齐发生了一次彗星事件。

当时恰巧天上出现了彗星，太史令上奏说："彗星预示着将要除旧布新。"

高湛一听，这可不就是天意吗？祖珽也趁热打铁地继续在高湛面前一番洗脑，这次不说大道理了，专门解读天象，说"今年太岁乙酉，宜传位东宫"，说得嘴皮子都磨破了。

高湛内心其实本就对朝政之事倦怠了，和士开总是给自己灌输及时行乐的思想，让自己少操心点政事，交给大臣们处理就好了。传位给皇太子，自己去当太上皇，这可不就是最好的解决办法吗？

自此，大事已定。

公元 565 年，这一年的四月二十四日，高湛命令太宰段韶手持符节，携带皇帝玉玺，将帝位传给了十岁的皇太子高纬，而二十九岁的高湛成了太上皇。

十岁的高纬在群臣的簇拥下，在晋阳宫举行了登基仪式，宣布大赦天下，改元天统。

不过，高纬的这个皇位有点有名无实，军国事务仍旧牢牢掌握在太上皇高湛的手中。

而且，太上皇高湛还给新皇帝高纬安排了几个老师，让高纬日日学习功课，锻炼他处理事务的能力，老师还要每天汇报学习进度。

当然，这一切都不重要，重要的是祖珽的政治目的达到了，他是这场禅让事件的幕后总导演，也是辅佐新皇登基的头号功臣。

想到此处，祖珽不由得笑了，自己都不禁佩服起自己的聪明才智。

太上皇驾崩了

人在高处，不由得会骄傲，此时的祖珽就犯了这样的错误。

祖珽与和士开一同合作把高纬拥上皇位之后，祖珽接下来的目标就是，将和士开扳倒。

祖珽知道，要促成高纬登基，必须二人合力才能办成，但是，他骨子里其实一点都看不起和士开，与和士开合作完全是迫于现实。祖珽是个自命不凡的人，他觉得自己博学多才，不自觉就有点清高，对和士开这种头脑简单专靠邀宠上位的文盲十分看不起。别看平日里，祖珽与和士开打成一片，但那其实是做给高湛看的，说白了，和士开只是祖珽的一块敲门砖而已。

祖珽也知道，拥立太子高纬明明是自己想出来的主意，但是，高纬将来感激的只会是祖珽与和士开两个人。换句话说，和士开以后要与自己平分胜利果实，祖珽越想越觉得不值得。

因此，祖珽决定在高纬正式亲政之前，先除掉和士开。

祖珽想借刀杀人，这把刀就是当时的黄门侍郎刘逖。祖珽写了一封奏疏，罗列了和士开、元文遥、赵彦深三人的罪状，然后交给刘逖，让他上奏朝廷。这三个人，和士开是宠臣，元文遥和赵彦深都是当时的宰相。祖珽弹劾这三人的目的不言自明，他就是想除掉眼前的拦路虎，自己做宰相。因此，《北齐书》说祖珽"志于宰相"。

刘逖只是一介文人，后来他也被召入了文林馆，他哪里敢掺和这种政治斗争，拿着祖珽送来的奏疏一直不敢上奏。这一拖，结果就走漏了风声，被高湛知道了。

高湛十分生气，质问祖珽："何故毁我士开？"意思是，你凭啥要诬陷我的宠臣和士开？

祖珽这回豁出去了，他厉声说道："和士开等人专弄威权、内外勾结、卖官鬻爵、贿赂成风，如果陛下再不惩治，大齐的天下就完了！"

紧接着，祖珽又把高湛在民间强占民女的事儿抖搂了出来。高湛怒不可遏，想我平时对你祖珽也不薄，你竟然敢诽谤我。

高湛羞愤交加，拿起佩刀，用刀柄堵住了祖珽的嘴，同时一顿棍棒，想立马就把祖珽杀掉。

祖珽见高湛心生杀意，说道："陛下不杀我，你就能得一个纳谏的美名，陛下要是杀了我，我就能得一个直言进谏的美名。如果陛下想给自己赢得好名声，就不要杀我，我还可以给你炼金丹。"

高湛觉得有理，于是便想放了祖珽。

结果，祖珽知道高湛没办法杀自己了，索性继续把话说开："陛下有一范增而不用。"

高湛又一次生气道："你什么意思？你是说我是项羽？"

结果祖珽得意地说："项羽一介平民，五年就成就了霸业，你呢？你只是凭借着父兄的功业，才坐上这个宝座，你能和项羽比吗？我的能力绝不止于范增，我比张良都强。张良尚且需要商山四皓来做帮助，我只凭一片忠心就能辅佐太子上位。"

看到这里，我也不由得佩服祖珽的口才，以他的口才，高湛根本不是他的对手。愤怒的高湛知道自己辩驳不过祖珽，从地上抓起一把土就塞进了祖珽的嘴里，让祖珽无法再继续说下去。就这样，高湛拿起鞭子，狠狠地抽了祖珽二百鞭，然后把他丢进了大狱。

祖珽在阴暗的地牢里伸手不见五指，他只能用芜菁子照明，时间一长，祖珽的双眼就被熏瞎了，自此成了盲人。

祖珽是个不折不扣的聪明人，但是在这个时候，却突然与和士开、高湛彻底撕破脸皮，这一行为实在令人费解。我想，可能是祖珽看准了高湛命不长久，所以他才说他可以帮高湛炼制丹药，并且敢如此顶撞高湛，因为料准了高纬亲政之后会即刻释放自己。

可能是纵欲过度的原因，高湛提前"退休"之后，身体状况反倒是每况愈下，甚至经常出现幻觉。

高湛经常会在空中看到五彩斑斓的物体，这个物体靠近，就会变成一个绝色美女，再多看一会儿，反而又变成了观世音菩萨。

当时有个名医，叫作徐之才，给高湛稍做诊断，就看出了症结所在："此色欲多，大虚所致。"（《北齐书·徐之才传》）

不过，高湛酒色成性，并未因此节制，依然我行我素，因而经常反复发病，每次发病都得找徐之才来诊治，徐之才也因此声名大噪。

然而，和士开却心生醋意，他觉得徐之才仗着自己医术高超，就在太上皇身边邀宠，实在令人可恨。于是，就把徐之才外放到了兖州。

结果，当高湛再次发病的时候，即使快马加鞭征召徐之才，也无济于事了，徐之才赶到邺城的前一天，高湛就不治身亡了。

高湛自知去日无多，对和士开说道："公有伊尹、霍光之才，幼主孤弱，我把江山社稷和幼子都托付于你，公务必尽心辅佐。"

临终时，高湛紧握着和士开的手说："勿负我也！"说完，便倒在和士开的怀中，安详地死去了。

我觉得高湛的幻想症确实已经到了病入膏肓的地步，竟然会把和士开比作伊尹、霍光，把社稷托付于和士开一人，这简直是滑天下之大稽。伊尹和霍光地下有知，也得气得活过来。

就这样，公元 569 年，当了三年多太上皇的武成帝高湛因病去世，终年 32 岁，13 岁的高纬正式亲政。

也就是在高纬亲政伊始，当时出任定州刺史的高济在私底下说了一句："这回该轮到我当皇帝了吧。"

高济是谁？高济为何会说这句话呢？

北齐从高澄以来，就形成了兄终弟及的继位传统，从高澄到高洋，又从高演到高湛，一路下来，除了只当了不到一年皇帝的高殷之外，无一例外都是兄终弟及，而且他们都是娄太后所生，属于嫡出。

娄昭君一共为高欢生下六个儿子，其中除了第八子高淯早夭之外，高澄、高洋、高演、高湛四个儿子都当上了皇帝（高澄死后被追封为皇帝），此时就只剩最小的第十二子高济没当上皇帝了。

按辈分来说，高济是高湛的弟弟，是高纬的叔叔，此前高演就曾经夺取过侄子高殷的皇位，自己是不是也能效仿高演来一场政变呢？

结果，高济刚思忖完这事儿，高纬的人就来了，来人不为别的，只为索高济的小命。就这样，高济还没发动政变，就被高纬扼杀在了摇篮里。

通过这件事也可以看出，高纬虽然懦弱、胆小，但是杀起人来，一点都不含糊，一点都不手软，可谓雷厉风行。这样的人其实非常可拍，因为人们总会被他懦弱的外表所欺骗，他一旦发起狠来，手段之残忍是你无法想象的，后来发生的历史就印证了这一点。

高湛死后，按照高湛的遗命，和士开成为首席辅政大臣。

与此同时，参与朝政的还有另外七人，分别是领军将军娄定远、录尚书事赵彦深、侍中尚书右仆射元文遥、开府仪同三司唐邕、领军将军綦连猛、武卫将军高阿那肱、度支尚书胡长粲。

在当时，这八人并称"八贵"。

但是，"八贵"内部并非铁板一块，它是多股势力形成的一个集合体。这其中，只有高阿那肱是和士开的亲信，两人同穿一条裤子，其余七人则或中立、或敌对，因此，和士开的势力是相对比较孤立的。

不过，和士开有他自己的秘密武器，这个武器就是他在后宫中的老情人——胡太后。

如此一来，和士开不仅是首席托孤重臣，更有后宫势力撑腰，和士开不由得得意起来。

随着高湛的病逝，胡太后也成了寡妇。正所谓寡妇门前是非多，但胡太后一点都不怕麻烦，人生几度春秋，再不及时行乐，大好的青春就没了。

没有了高湛这个"电灯泡"之后，胡太后便开始放飞自我起来，她与和士开原先的地下情也瞬间公开化。

"八贵"中有很多人都看不下去了，这简直就是伤风败俗，不过，最看不下去的是高家人。

胡氏，你是我高家的女人，现在却跟先皇的宠臣厮混在一起，你对得起先皇吗？我们高家的脸面还要不要啦？

当然，他们也不能把矛头直接对准胡太后，而是对准了和士开。和士开没想到，他就这样成了众矢之的。

宠臣的危机

最先站出来反对和士开的人，叫作高叡。

高叡，赵郡王，北齐宗室大臣，是高欢的侄子，论资排辈下来，他算是高纬的堂叔。

高叡联合冯翊王高润（高欢第十四子）、安德王高延宗（高澄第五子）、领军娄定远及尚书仆射元文遥一同上奏："和士开不应该留在朝中。"

把和士开调离中央，这事儿就算和士开答应，胡太后也不会答应。胡太后好不容易熬到"解放"，怎么能轻易放走自己的老相好呢？

胡太后想了一招，在宫中大摆宴席，宴请包括高叡、娄定远等人在内的朝中亲贵，想在宴席上说和一下这件事。

结果，胡太后还没说什么，高叡就首先发话："和士开是先帝身边的亲近之臣，仗势作恶，收受贿赂，淫乱后宫，臣等为了伸张正义不得不说，冒死向太后禀报。"

淫乱后宫？这哪儿是在说和士开啊？分明就是指桑骂槐，在骂当朝的太后！胡太后听完高叡的话，又气又恨，也顾不得和这帮人客气了，说道："先帝在世的时候，你们干吗不说？却要在今天说这个，是想欺负我们孤儿寡母吗？"

胡太后顿了一下，继续说道："今天只管喝酒，少废话。"

高叡等人的脸色也挂不住了，这时仪同三司安吐根站出来说道："臣家本是胡商，在朝廷亲贵中最多只算是末流，我既然受到了朝廷的恩赏，怎敢怕死！今天不把和士开从朝中调走，朝野上下将不得安宁。"

看来，这宴席也没法儿吃了。胡太后本想跟大家好好商量对策，没想到这些朝廷亲贵竟然如此大胆，敢如此顶撞当朝太后。高叡和安吐根如此激烈的言辞，分明就是要胡太后当场表态，和士开到底是去是留？

胡太后说道："此事改天再议吧！大家都各回各家吧！"

言下之意，你们都给我滚，有多远滚多远。

连杯热茶都没喝，太后就给咱们大伙儿下逐客令，大家面面相觑，看来今儿这酒席，真的是没法儿吃了。

在场的人都是大老爷们儿，多是武人出身，哪儿受得了一个女人的气，既然已经撕破了脸，大家也顾不上什么礼法了。有的人摔帽子，有的人拍桌子瞪眼，有的人拂袖而去，还有很多人在大吵大闹，现场一片狼藉。

通过这件事，我们可以看到高叡在政治上的幼稚，他似乎根本不知道自己的敌人究竟是谁。如果是对付和士开，那他就应该把火力都集中向和士开，而他偏偏却把斗争矛头转嫁到了胡太后身上，甚至和胡太后撕破了脸。

高叡依然不依不饶，第二天，高叡等人再次集结于宫门前，人多力量大，仗着人多给胡太后施压。

由于昨天刚和胡太后闹翻了脸，高叡没有亲自出马，而是委派元文遥入宫请愿，请求驱逐和士开。但越是这样硬逼，胡太后就越是不为所动，胡太后死活不答应。

眼看着局面再次僵化，在老将段韶的劝谏之下，胡太后才不得已做出让步，让胡长粲向高叡传话道："现在是国丧期间，国事繁多，事情要一件一件来做，不可能马上就决定，也请诸位王爷再考虑考虑！"

胡长粲也是"八贵"之一，大家得给这个面子，而且胡长粲说得合情合理，现在毕竟是国丧，应以丧事为重。于是，众人拜谢之后，便悻悻而去。

胡太后赢得了这一喘息之机后，便急忙与和士开商量起应敌之策，和士开思索一番后说道："我是先帝任命的托孤重臣，现在还只是服丧期，他们就已经闹得这么凶了，如果真的听他们的把我贬斥到外地，这是给陛下自剪羽翼啊。"

不得不说，和士开的这番分析，是非常有政治远见的。

实际上，此时北齐朝堂的政治冲突，已经不再是高叡与和士开两个人的矛盾了，已经升级为以高叡为首的宗室勋贵集团和以胡太后为首的皇室后宫集团的斗争。这已经不再是和士开一个人去和留的问题了，而是高叡等勋贵旧臣的势力已经严重威胁到了胡太后和高纬的统治。

这个时候，即便是把和士开贬走，就真的管用了吗？高叡等宗室勋贵就满足了吗？他们的胃口只会越来越大，他们可以有一次成功胁迫太后和皇帝，就可以有第二次、第三次，到最后，皇帝就真的成傀儡了，甚至被取而代之。

和士开继续说道："所以，我们必须要和他们斗，但不能明着斗，太后只需对外宣称'现在是国丧，要等安葬完先帝，才能把和士开派出去'。高叡等人知道后，必定欣喜。"

于是，胡太后就按照和士开的提议来做，假装把和士开任命为兖州刺史，过了国丧百日之期，就速去兖州任职。

和士开的这招缓兵之计果然奏效了，高叡等宗室勋贵终于停止了闹事。

然而，等到高湛下葬，临近百日之期，和士开却丝毫没有要外出赴任的迹象，高叡等人又开始急了。高叡继续上奏，请求尽快安排和士开上任，并且一连几日轮番上奏。

有个内官对高叡劝说道："太后既然已经下旨，大王何必这么着急呢？"

高叡却义正词严起来："在国家大事面前，岂能贪生怕死，如今小人当道，我怎能坐视不管，何况皇上年幼，只会受奸佞之人的蒙蔽，如果我不坚持正道，将愧对苍天。"

高叡说得正义凛然，估计连他自己都感动了。说完，他大步冲入宫内，直面太后。

面对高叡不尊礼数大闯宫禁，胡太后这次也不再像之前那样冲动，也没责怪高叡，而是当即赐了一杯酒："赵郡王别急，先喝杯热酒吧。"

胡太后如此恭敬，反倒让高叡不自在起来，说道："我今天是来商量国家大事的，不是来讨酒喝的。"说完，又气呼呼地走了。

都闯进宫了，撂下一句话，就跑了。我想，可能是胡太后态度大变，反而让高叡觉得自己太莽撞了，本来他是带了一肚子怨气来的，最后却快快地离去了。

不过，高叡之所以敢如此无礼，擅闯宫禁，一方面是他性格鲁莽，另一方面则是因为他手中掌握有禁军之权，因为当时的禁军领军娄定远就是他的人。

事实上，此时高叡已经掐断了和士开和后宫的来往，就等着和士开卷铺盖赶紧走人，而负责看守宫禁的人就是娄定远。

和士开物色了两个绝色美女，又精心准备了一件珍珠编织的帘子以及诸多珍玩异宝，难道他真打算卷铺盖溜走？当然不是，和士开不是给自己准备的，而是给娄定远准备的。

和士开用一辆大车，载着这些宝物，送到了娄定远府上。他向娄定远拜谢说："朝中权贵都想杀我，承蒙您的庇护，我的小命才能保全，今当远别，特意给您献上一份薄礼，还请笑纳。"

娄定远定睛一看，香车美女，金银财宝，看得是两眼发直，喜不自胜，立刻就收下了这份"薄礼"。娄定远问道："那你还想回来吗？"

和士开笑眯眯地说："我在邺城过得一点都不自在，心里常常不安，我其实早就想走了，这次离开，我再也不想回来了，只希望您在朝中给我美言几句，让我能长久在州上当官，我就知足了。如今要走了，还请您通融一下，让我进宫和太后、皇上道个别。"

和士开简直是满嘴瞎话，不过能把瞎话说得这么合情合理，不留一丝破绽，这口才真是了得。娄定远收了这么一份大礼，当然是什么都答应了，和士开这才获得了进宫的机会。送出这么大一份礼物，和士开的心始终都在滴血，但是，如果能用钱换得反戈一击的机会，花再多的钱也值了。

和士开在娄定远的授意之下，顺利地进入皇宫，见到了胡太后和高纬，一边哭泣一边说："现在的局势，太后和陛下都看到了，这些权贵的终极目的，是想把陛下弄成乾明（高殷的年号，特指高殷）那样的下场。一旦我离开京师，朝中定有大变，到时候我有何面目到地下见先皇啊？"

说完，和士开、胡太后和高纬三人一同抱头痛哭，像极了一家人。和士开继续说道："你们别担心，我此次进宫，已有良策，只需写一道诏书即可。"

于是，和士开当即帮助高纬草拟了一道诏书，并盖上了皇帝的玉玺，然后送出了宫。

诏书上什么内容呢？两件事。一是任命领军娄定远为青州刺史，二是斥责赵郡王高叡目无君上，召其入宫。

此时，高叡正要再次入宫和胡太后说理，看到这道诏书之后，心中不由得一惊。他的妻子儿女纷纷劝说不要进宫，此次入宫必定凶多吉少。

然而，高叡却说："自古忠臣，皆不顾性命，我高家的江山社稷，岂能因为一个妇人而倾危，更有奸佞庶子专擅朝政，我宁可一死去陪伴先帝，也不愿看到朝堂被小人颠覆。"说完，高叡便扬长而去。

当高叡面见过太后和高纬之后，他以为平安无事时，不料却在出宫的路上，被禁卫军缉拿，一路押送到了华林园，一个叫刘桃枝的杀手将其杀死。

高叡的失败，和他的个人能力有着巨大关系，他不仅在政治上极其幼稚，而且还在关键时刻逞英雄，还高举正义的大旗，以为自己是拯救国家存亡的英雄，其实不过是意气之争，也因此最终丢了性命。

高叡一死，其他的人物就都只是小角色了，和士开重新坐回他首席辅政大臣的宝座上，甚至还晋封为淮阳王。

和士开以贪婪著称，之前送给娄定远的那些美女财物，全部被娄定远奉还了回来，娄定远还另外搭了一大笔珍宝送给和士开，这才得以保全小命。

高俨政变

自高湛死后，和士开再一次成了朝中炙手可热的一号人物。

一时间，和士开府上门庭若市，无不是阿谀奉承之徒，都想巴结和士开，以求升官发财。

关于这一点，有个极为荒诞又可笑的故事。

有一次，和士开生了病，医生给他开了一剂汤药，叫作黄龙汤。虽然现代的黄龙汤是纯中药方剂，但是在古代其实还要加入另外一味重要的引子——粪便。而且，其中还有讲究，新鲜的粪便和发酵的粪便各有不同的功效。所以，这副汤剂为何得名黄龙汤，想必你也能意会得到。

和士开面对这碗既苦涩又难闻的黄龙汤，面露难色，好几次都无法下口。这时正好有一个登门拜访的人，面对此情此景，连忙上前对和士开说："这药不难喝，大王（受封淮阳王）不必担心，我先替大王尝尝。"说罢，端起药碗一饮而尽。众人看得目瞪口呆，和士开也十分感动，于是，端起药碗，也勉强地喝了下去，发汗之后顿时痊愈。

在我看来，这才是拍马屁的最高境界，和吃粪便比起来，其他任何溜须拍马的行为都只能算是小事。这个人最后是否被和士开提拔重用，史书并没有记载，但我觉得凭他这份胆识，一定可以出人头地。

其实，在此之前的一千年前，也有人用这种方式（吃屎）拍过别人的马屁，此人就是勾践。为了取得吴王夫差的信任，勾践卧薪尝胆，甚至亲身品尝夫差的大便，以帮他检查疾病。勾践最终获得了夫差的信任，最终成功复国，灭了夫差。

写完这几段文字，我都觉得自己的文字有种特殊的味道了。好了，回到正题，我们继续来说和士开。

　　和士开的专权迅速引起了一个人的强烈不满，这个人就是高俨。

　　高俨原本是高湛最宠爱的孩子，从小就养成了高傲的性格，常常目中无人。此时，哥哥高纬登上帝位，父亲高湛也已去世，围绕在他身上的光环已经没有了，这让他十分嫉恨。

　　尤其是和士开，和士开一手促成了高湛的禅位和高纬的登基，他是真正夺走高俨皇位的罪魁祸首，高俨能不对他愤恨吗？

　　其实，高纬和高俨都只是十岁出头的孩子，高俨只比高纬小两岁。对于高俨这样一个黄口小儿，和士开等人其实并没有把他太当回事儿，这反而更加激怒了高俨，他觉得自己毫无存在感。

　　包括我们今天的很多人在内，都很难想象到，一个十岁的孩子，他能有多大的仇恨。可事实证明，小孩子的仇恨非常可怕，尤其是他身边还有一群推波助澜的人。因此，我们经常也会在新闻上看到类似的报道，明明只是个天真无邪的小孩子，却能做出极端残忍和暴力的事情，让所有人都难以置信。

　　公元570年，武平元年，高纬亲政，高俨改封为琅邪王。第二年，高俨的全部职务悉数被解除，只留下一个太保的虚衔。和士开又劝说高纬，他认为北城已有武库，要夺取高俨手中的兵权，同时把他发派到地方。

　　眼见着高俨即将失势，围绕在高俨身边的几个侍臣便说道："殿下被疏远，全是和士开的谗言导致的，我们岂能丢掉兵权离开京师？"

　　高俨对侍中冯子琮说："和士开这个人作恶多端，儿想杀了他。"

　　冯子琮是胡太后的妹夫，也就是高俨的姨父，他此前一度摇摆在和士开和高叡之间，暧昧不明，他仗着有外戚的身份，并不甘居人下。当冯子琮听到外甥高俨想杀和士开，他心里也萌生了废掉高纬改立高俨的想法，一旦政变成功，自己就是头号功臣。于是，冯子琮便和高俨秘密筹划起来。

　　高俨让近臣王子宜写了一道弹劾和士开的奏疏，要求领兵将和士开逮捕捉拿。

　　同时，冯子琮凭借自己担任侍中这一职务，偷偷把王子宜的奏疏混杂在一堆无关紧要的文书之中。高纬对政事从不关心，也不看文书具体内容，拿起来就是签字盖印，这次也不例外。

　　有了皇帝的签字"同意"，高俨找到了库狄伏连，命令他逮捕和士开。

　　这里多介绍一下库狄伏连，因为这是个极为搞笑的人。库狄伏连是个大老粗，平时特别抠门，老婆生病了，他只肯出一百钱，老婆的病虽然治好了，但他的心病却犯了，他天天唠叨这一百钱，越想越恨。他家里还特别不卫生，家里蚊虫肆虐，苍蝇满屋子飞，他就杖责看门的人，一边打一边说："让你不给我好好看门！

打死你！"

此刻的库狄伏连完全不明就里，和士开位极人臣，皇帝怎么会突然要逮捕和士开呢？高俨见他迟疑，便拿出了皇帝批阅的文书，面对白纸黑字，库狄伏连只好认了。不过，他还想再向皇帝高纬核实一下，冯子琮却说："琅邪王亲自接手的诏令，手续齐全，何须再上奏！"

库狄伏连只得听令行事，在进宫的必经之路神兽门外，埋伏下五十名士兵，伺机捉拿和士开。

第二天一大早，和士开像往常一样进宫上朝，走在神兽门外的大道上。这时，库狄伏连迎面向和士开走来，连忙握住和士开的双手，充满幽默地说："今天有一个大好事啊！"

和士开一愣，但是在库狄伏连的脸上却看不到笑容，反而一副哭丧脸，既然是大好事，怎么是这副表情呢？你逗我呢？

还没等和士开回过神来，王子宜上前递给和士开一封书函，并说道："皇上让你立刻去御史台。"

和士开连打开书函的机会都没有，就被旁边的士兵抓了起来，然后一路押解到御史台。和士开到了御史台，皇帝没有看到，却只看到了一个杀手，白色刀刃从他眼前一闪，和士开便倒在了血泊之中。

和士开就这样不明不白地死了，他至死都不明白这到底是怎么一回事，究竟是谁想要他的命。

事实上，高俨本意只是想杀掉和士开泄愤，此时的高俨开始心生退意，想就此罢手。但是，开弓没有回头箭，既然选择了政变，就无法再回头了。于是，高俨紧急集合三千余人的队伍，驻扎在千秋门，准备随时和皇帝高纬开干。

高纬听说宫外有变之后，一脸惊愕，这么大的阵仗，对高纬来说还是头一回遇到，一时间也难以做出决断。高俨则驻守在千秋门，进也不是，退也不是。

此时，高纬和高俨这对兄弟一个在宫内，一个在宫外，双方都不知彼此的虚实，都不敢轻举妄动，场面就这样陷入了僵持状态。

打破僵持的人，叫作斛律光。前文提及过，此人是"北齐三杰"之一，号称"落雕都督"，是当世名将。同时，斛律光的女儿还是高纬的皇后，斛律光是名副其实的国丈。

斛律光听说和士开被高俨所杀，不禁拍手大笑，对于和士开的为人，斛律光心里十分清楚，和士开被杀可谓是大快人心。斛律光也不禁钦佩起此时年仅14岁的琅邪王高俨："龙子（高俨）做事，实在出乎常人所料。"

此时的高纬正决定和高俨鱼死网破，准备率领四百名兵士出宫应战，哭着和胡太后拜别道："有缘的话，还能再见到母亲，无缘的话，就此永别了。"

这时，刚好赶到的斛律光连忙拦住了高纬，就你这四百人，就敢出去硬拼，只能是有去无回。斛律光说道："琅邪王的队伍，不过小孩子过家家，随便一打，就能让他们自乱阵脚，陛下根本用不着和他动手，只需要亲自登上千秋门，必作鸟兽散。"

高纬将信将疑，但还是选择相信斛律光，于是，高纬就被大家簇拥着，一路朝千秋门而去。斛律光提前派人去千秋门传话："大家来！"（大家是对皇帝的称呼）

果不其然，当高俨的三千兵士听到"大家来"的通报声时，瞬间人心惶惶。高纬临近千秋门的时候，站在桥上朝着高俨远远喊话，高俨也吓得不敢应答，其余人等更是吓得四散奔走，相当于直接缴械投降了。

斛律光走到高俨身边，对他说："天子的亲弟弟杀了一个汉人，有什么好害怕的呢？"斛律光的言下之意就是，不用怕，我会保护你。

在斛律光心里，高俨诛杀权臣和士开的行为，他其实是一百个支持的，但是他并不想看到高纬和高俨这对兄弟发生火并，因此他才阻拦高纬出兵，想用自己的方式来化解这场危机。

斛律光把高俨带到高纬身边，斛律光向高纬求情道："琅邪王年轻，脑满肥肠，一时冲动，这才酿成大祸，他长大之后，自然会悔过，请陛下宽恕。"

高纬并非心胸豁达之人，虽然有惊无险，但他又惊又气，拔出高俨的佩刀，用刀环的部位在高俨头上一顿乱打，宣泄完之后，才把高俨给放了。高俨虽然暂时保住了小命，但那些撺掇高俨政变谋反的亲信就没这么好的运气了。高纬把他们全部射杀，然后斩首、肢解、暴尸街头，以泄心头之愤。这里面最无辜的要数库狄伏连了，他其实并不知道任何政变的内情，只是因为轻易相信了高俨假传的诏令，最终招致杀身之祸。

不过，这依然没有消解高纬的心头之恨，高纬还想把涉事的文武官员全部杀光。斛律光连忙劝说道："这些人里很多都是勋贵之后，全部杀掉，会引起朝野动荡不安。"尚书令赵彦深也说："《春秋》也主张只惩罚统帅。"高纬只好作罢，但是死罪可免，活罪难逃，根据每个人的犯案情况分别予以不同程度的惩罚。

胡太后十分了解高纬的性子，她生怕高纬会继续加害高俨，于是就把高俨留在宫中，与自己同吃同住同睡。不过，这并不能挽救高俨的性命。当年九月，高纬外出打猎，还是四更天（凌晨一点到三点）的时候，就召高俨一同前往。高俨心恐不安，但最终还是不得已出了门，刚出门就被杀手刘桃枝截住了去路。刘桃枝用布团塞住了高俨的口鼻，拖至大明宫，亲手杀死了高俨，然后用草席一裹，就地掩埋。

　　胡太后知道高俨被杀之后，痛哭了十余声，高纬和胡太后的梁子也就此结下了。高俨虽然只有14岁，但他已经有四个儿子，皆在襁褓之中。高纬不想遗留后患，把这四个孩子幽禁起来，不给吃不给喝，最终幽禁而死。

　　透过高俨之死，我们可以窥见高纬的腹黑性格，虽然他在外人面前表现得极为懦弱，就连大臣都不敢对视，但是对待自己人，尤其是亲人手足，他凶狠起来一点都不含糊。

　　这种性格其实也不难理解，就好像现在有些人在外面忍气吞声，但在家里却独断专横，只会对家里人实施家暴，这样的人本质上就是怯懦。

　　回过头来再看高俨的这场政变，其实只是雷声大雨点小，除了在杀和士开的过程中可圈可点之外，在和高纬的较量中，高俨就彻底露了怯。关键时刻畏首畏尾，犹豫不决，高俨最终连打都没打，就被高纬轻松制服了。

　　想当初，高俨还在父亲高湛面前指责高纬懦弱，难当君主之位，可是纵观高俨整个政变的过程，高俨难道就不胆小懦弱了吗？

第七章

齐后主的"艺术人生"

无愁天子

接下来，我们该好好说说高纬了。

也就是在高纬诛杀高俨之后的第二年，公元572年，在北齐的邻国北周，也发生了一起类似的政变。和高俨的政变失败不同的是，北周的这场政变取得了成功，北周皇帝宇文邕诛杀权臣宇文护，开始亲掌北周国政大权。

可以说，高纬和宇文邕几乎是同一时间稳固了自己的统治，他们几乎是站在一个起跑线上起跑的。

如果把宇文邕和高纬看作两个赛跑的选手的话，宇文邕在他的跑道上一步一个脚印，坚定不移地在朝着目标冲刺，而高纬却在他的赛道上左顾右盼，流连于风景，甚至偏离了赛道。

高纬在历史上被称为齐后主，而宇文邕在历史上则被称为周武帝，称呼的不同，直接预示了他们相反的帝王之路。

从572年开始，宇文邕励精图治，全面推进军政改革。形成鲜明对立的是，高纬却用一种令人啼笑皆非的方式，过着属于他的"艺术人生"。

在高湛生前，高纬可以算是一个不折不扣的乖孩子，虽然性格上胆小懦弱了一点，但是他爱读书，还很上进，高湛总体上是满意的。

但是当太上皇高湛驾崩之后，高纬的本性便一点点暴露出来了。

首先是在文艺上，高纬表现出了极高的天赋，属于典型的文艺青年。

音乐方面，高纬是个地道的音乐发烧友，经常在大殿之上，席地而坐，怀里抱着琵琶，弹奏西域来的乐曲，时不时还要哼唱一番，甚至还组织了一个上百人的歌唱团，演奏他自编自导的《无愁曲》。于是，人们给高纬起了一个非常风雅的外号，称高纬为"无愁天子"。

而在文学方面，高纬设置了文林馆，收纳了当时北齐境内所有顶尖级的文人才子，这些才子统统称为待诏。清朝有位学者考证待诏文林馆的才子一共有65人，而这其中最著名的有四大才子，他们分别是薛道衡、颜之推、李德林、卢思道。这都是当时第一流的文化名人，也代表了当时北朝文学的主流。

比如颜之推。我们现在所熟知的《颜氏家训》，被称为古代家训第一，它的作者就是颜之推。颜之推原本出仕南梁，在侯景之乱中差点被杀，追随了江陵的梁元帝萧绎，最后江陵城也被西魏攻破，他变成了西魏的俘虏。眼看着就要成为阶下囚，颜之推找了个机会，就又逃到了北齐。后来北齐被北周所灭，北周又被隋朝取代，颜之推最后又出仕隋朝。颜之推身仕四朝，做了三次亡国奴，这样的经历绝对算得上传奇了。

颜之推更厉害的是在后代的教育上，他的三个儿子都成了当时有名的大学者，在隋唐两朝都担任重要文职。颜之推的孙子颜师古，成就更大，是唐初著名的文学家、史学家，是研究两汉经学和史学的头号专家，尤其是他对《汉书》做的注疏，影响最为深远。直到今天，只要是研究汉代历史或者做《汉书》研究的，"颜注"都是必读的。

到了中唐，颜氏家族又涌现出一位著名的书法家，这就是颜真卿。前段时间，新闻上闹得沸沸扬扬的《祭侄文稿》，就是出自颜真卿之手。而颜真卿的大哥颜杲卿，颜杲卿之子颜季明，都在安史之乱中被安禄山的军队残忍杀害，颜氏三十余口被杀，颜氏一门堪称忠烈。文天祥《正气歌》中有言："为张睢阳齿，为颜常山舌"，这里的"颜常山"就是指担任常山太守的颜杲卿。

正是由于颜氏一门在历史上留下了如此光辉的业绩，颜之推的《颜氏家训》便成为"千古第一家训"。

除了颜之推外，李德林、薛道衡、卢思道这些人，后来无一例外成了隋朝文坛上的重要人物。先秦时期，齐国有一座稷下学宫，吸引了天下诸子，它不仅是当时齐国最高等级的学府，而且成为百家争鸣的重要场所，儒、墨、道、法等学派思想在这里交会和碰撞，成为先秦百家争鸣的学术中心，事实上，高纬的文林馆也相当于一座"稷下学宫"，他所招揽的文学之士都是当世名家，对后世隋唐时代的文学发展有着重要影响。

可能文艺青年多少都会有点特殊的爱好，高纬除了雅好文艺之外，还有很多类似"行为艺术"的爱好。

高纬喜欢养宠物，猫狗鹰，鸡鸭鹅，统统都养，而且还给这些动物封赏官职，什么仪同，什么开府，什么郡君，每一个宠物都有它自己的官位。而且，这绝不是小孩子过家家，随口一封，这是实际意义上的官职，和真正当官的人没有丝毫区别。

在朝堂上，人和狗是平起平坐的，就连俸禄什么的，也丝毫不少。这些宠物的吃喝用度，统统都是按照人的标准来定的，用的是国家俸禄，是民脂民膏，而这些国家的钱，就这样白白地消耗在了这些不会说话的宠物身上。

高纬又在宫里修造了一座贫民窟，把自己弄得披头散发，穿得破衣烂衫，活脱脱一副叫花子的模样。一个人玩儿多没劲，高纬又召集了一大帮亲信，围在自己身边，有的打扮成叫花子，有的打扮成商人，俨然一个集贸市场，过家家做买卖。

高纬还仿照西部的边邑，在宫里修筑了不少城堡，让自己的一些手下穿上黑色的衣服，假扮成羌人的样子，又带领一拨人守在城堡里，模仿攻城和打仗。

高纬不只是玩玩，他还动真格的。高纬玩得尽兴之时，会站立在城头，弯弓搭箭，对着眼前的"敌人""嗖"的一声冷箭，直接射杀"敌人"。

你瞧，这就是高纬的日常生活，既有点孩子气，又有点文艺气息，这就是高纬的"无愁"生活。

高纬的女人们

高纬这位文艺青年，还有个更大的爱好——好色。

高纬的好色在历史上是出了名的。高纬的后宫美女无数，在史书上留下记录的受宠过的女人就达十多个人，其中光是皇后，前后就有三位。

上文中，我们提到了国丈斛律光，斛律光的女儿正是高纬的第一任皇后。斛律皇后后来被废，胡太后又把自家侄女胡氏送给了高纬，高纬对胡氏十分喜欢，这就是高纬的第二任皇后。

然而，胡氏因为说了胡太后不好的话，即"太后行多非法"，胡太后十分愤怒，胡氏的皇后之位因此被废，胡氏也被赶回了家。高纬对胡氏十分思念，经常派人送东西给胡氏。不过，高纬并没有难过多久，他就又有了新欢，这就是他的第三任皇后，名叫穆黄花。

穆黄花出身很卑贱，是母亲被强奸之后所生，后来入宫廷做了宫女，不料却被高纬看中。高纬自小有个奶妈，叫作陆令萱，宫中称之为陆大姬，非常有权势。曾经有部非常出名的古装电视剧，叫作《陆贞传奇》，女主角陆贞的原型其实就是陆令萱。陆令萱也看中了身为宫女的穆黄花，于是就收为自己的养女。在陆令萱的运作之下，穆黄花成功上位为皇后。

高纬自然喜不自胜，为了取悦穆黄花，高纬可谓下了血本。高纬打算给穆黄花造一条珍珠裙子，这条裙子上的珍珠，都是当时极其名贵的珍珠，下令在整个北齐境内收集名贵珍珠，结果还是数量不够，于是只好派人去北周，用大量金银财宝来交易珍珠，好不容易，终于打造出来。

可这还不够，高纬又决定给穆黄花打造一辆豪车，叫作七宝车，所选用的材料都极其名贵和奢侈。高纬想继续和北周交易，用金银来买卖珍珠宝物，可是这一次北周人不答应了，高纬郁闷坏了，不过高纬还是想方设法收集到了这些珍珠宝物。高纬想的什么办法，咱不知道，但是七宝车最后是真的被造出来了。

然而，当时却流传着一首歌谣，唱的是"黄花势欲落，清觞满杯酌"，意思是指穆黄花的好日子快到头了。果不其然，生性风流的高纬不可能专情于一人，很快高纬便又喜欢上了一位姓曹的乐师的女儿，并且立为曹昭仪。

此时的穆黄花，简直就是人如其名，一副"人老黄花瘦"的怨妇样子。女人都是爱嫉妒的，穆黄花也不例外。穆皇后为了把丈夫对自己的爱从曹昭仪那里抢回来，便在五月初五的一个夜晚，把身边的一个很有姿色的婢女送给了高纬，而这个婢女却更胜曹昭仪万分，一夜风流之后，高纬被这个婢女迷得更是神魂颠倒。

此时的穆黄花简直哭笑不得，曹昭仪倒是被自己扳倒了，可是自己却又亲手迎来了另一个"曹昭仪"。而这个把高纬迷得神魂颠倒的婢女，名叫冯小怜，一个传奇到不能再传奇的女人，她是那个时代真正的女神。

而冯小怜的崛起竟恰似百年之后的武则天，武则天不也是因为李治宠爱萧淑妃，王皇后为了打压萧淑妃而从感业寺迎入了武才人，王皇后不过是穆皇后的翻版，武则天则是冯小怜的翻版。

但是，冯小怜绝对不是武则天，她虽然是这个时代当之无愧的女神，却根本无法左右自己的命运。武则天可以驱使她那个时代，而冯小怜的一生却只能被这个时代所驱使。

而高纬自从得到了冯小怜，高纬的生活更加糜烂，简直是如入云里雾里，整日流连于冯小怜的石榴裙下，徜徉于冯小怜的温柔乡中，史书记载二人"坐则同席，出则并马，愿得生死一处"，二人如胶似漆的画面瞬间跃然纸上。而冯小怜也早已不是那个卑贱的婢女，她被高纬封为了淑妃。

而关于高纬和冯小怜之间，还有一个非常香艳的故事。

文艺青年的思想总是不同于常人，总是能迸发出很多艺术的火花，高纬就是如此。高纬认为"独乐乐不如众乐乐"，他认为只有自己一个人来欣赏冯小怜的美貌，简直就是暴殄天物，何不把冯小怜的那份美拿出来与众人分享呢？于是，高纬便将赤身裸体的冯小怜置于朝堂之上，一丝不挂地横卧在案几之上，摆起了人体艺术，这就叫作"玉体横陈"。然后，高纬让众大臣纷纷来观看这香艳的一幕，而且还不能白看，必须掏钱。于是，大臣们排起了长龙，揣着钱来一睹淑妃娘娘的国色天香。

这个故事流传非常之广，但是，这个故事毕竟只是故事，太过香艳往往并不可信，我可以很负责任地说，"玉体横陈"的这一出故事，在史书上毫无记载，仅仅是今人的杜撰。关于高纬和冯小怜的故事，我们后面还要继续讲很多。

可以看得出，高纬虽然年纪不大，却打小就是个多情种，见一个爱一个，身边的女人就跟走马灯似的，连轴换。

文青也疯狂

然而，就是这样一个文艺青年兼多情种子，却也有极为疯狂的一面。

高纬有个哥哥叫作高绰。前面我们也提到过，高绰本是高湛长子，由于是庶出，被高湛贬为了次子，因此也可以说高绰是高纬的弟弟。

高绰是个极为残暴的人，在担任定州刺史期间，他经常杀人放火，无恶不作，为祸民间。

有一天，高绰外出，碰巧看到路边一个怀抱婴儿的妇人。他突然把妇人怀中的婴儿抢夺过来，然后拉过来一条恶狗，还是一条波斯狗，从西域引进的，把襁褓中的婴儿直接丢到了这条波斯狗面前。狗毕竟只是畜生，狗哪里认识这是婴儿，扑上去就直接啃，襁褓中的婴儿顿时变成一片血肉模糊，婴儿的啼哭也最终消失在了这条恶狗的血盆大口之下。

这妇人见自己的孩子惨死，号啕大哭起来。如此惨状，只要是个人都会心生怜悯之心，然而高绰不仅没有怜悯之心，反而认为眼前的妇人不识抬举，顿时勃然大怒，于是再放恶狗去咬这个妇人。

这毕竟是一个大活人，是个成年人，狗虽然凶恶，但它还是认识人的，并没有立刻扑上去咬人。但这并没有难倒高绰，他把那个已经被吃得血肉模糊的婴儿的血，涂抹到这个妇人身上。狗见到了血，顿时亢奋起来，不再犹豫，扑上去就把这个妇人活活咬死。听着妇人一声声凄厉的惨叫，看着恶狗食人的血腥场面，高绰的内心却升腾起一股前所未有的兴奋感。

这等惨绝人寰的凶杀案，按道理来说，应该严惩不贷才对，可是，事实并非如此。这件事立刻引起了北齐皇帝高纬的浓厚兴趣，高纬不是在想怎么制裁自己的这个哥哥，而是由衷地钦佩自己的哥哥，哥哥真是太有才了，居然有这么好玩的事儿，他立刻把哥哥高绰传唤到了邺城。

高绰以为朝廷要给自己治罪，本来还有些顾虑和惶恐，也只好硬着头皮去了邺城。高纬一见到远道而来的哥哥高绰，便问："听说哥哥在外面很会玩啊，不知道哥哥玩过最好玩的是什么啊？"高绰一听高纬这么问，顿时没了任何顾虑，笑呵呵地就回答说："拿一盆蝎子，然后把猴子丢进去，让蝎子咬猴子，这个最好玩。"

这番话，瞬间触动了高纬那根敏感的神经，高纬连连称赞："哥哥你这种玩法太有创意了，不过，我给你改进一下，咱们玩个升级版的。"听高纬这么一说，高绰也来了兴趣。只见高纬派人连夜捉拿蝎子，足足捉了有好几升蝎子，放在一个大浴缸里，然后随便揪过来一个人，让这个人脱光衣服，再把这个人推进浴缸，只见此人在蝎子堆里发出一声声惨叫。

此时在一旁观看的高纬乐坏了，简直乐不可支，那一声声凄惨的叫声，就如同给高纬打了兴奋剂一般，叫得越是凄惨，高纬就越是兴奋和来劲儿。兴奋之余，高纬拉着高绰的手说："哥哥你看，我没说错吧，多好玩啊，哥哥你有这么好玩的游戏，居然也不早早告诉我。"高纬和高绰二人连连大笑，从此二人形影不离，成了一对玩伴，真可谓不是一家人，不进一家门儿。

前面说过，高纬喜欢养一些小动物，据史书记载，高纬为了养鹰，竟然将活狗身上的肉割下来喂鹰。每天都要从活狗身上割肉，这只活狗最终苦苦支撑了好几天才气绝而死。

虽然这只是一只狗，但是对狗如此，对人又能好到哪里去呢？

《北齐书》中还记载，高纬甚至"或剥人面皮而视之"。高纬把人的面片活生生剥下来，而且还要拿在手中端详，很难相信如此瘆人恐怖的一幕竟然出自一个十几岁二十岁的少年之手。

相比而言，商纣王的炮烙之刑也不过如此，高纬的残暴程度，完全超出了常人能理解的范畴。他表面上是一个沉默寡语的文艺青年，然而你永远无法知道，他会在何时何地突然变身成一个恶魔，一旦化身成恶魔，所有人都将成为恶魔脚下的蝼蚁。

高纬的"朋友圈"

彪悍的人生不需要解释，高纬不仅彪悍，而且奇葩，一个奇葩的皇帝，注定他的"朋友圈"里少不了一帮奇葩的玩伴。

这里面最为活跃，地位也最为尊贵的，当数高纬的奶妈陆令萱（电视剧《陆贞传奇》的主人公原型）。

陆令萱早年出身非常低贱，而且相貌丑陋，她此前不过是一个宫中的婢女，后来被提拔成了高纬的奶妈。陆令萱很快用实际行动证明了"三百六十行，行行出状元"的至理名言，就算是做奶妈，也一样可以出人头地。

陆令萱对高纬照料得无微不至，非常周到，进而受到了高湛的赞许，从此，她便成了高纬的专用奶妈。由于高纬自小就是喝着陆令萱的奶水长大的，因而对高纬来说，陆令萱不是亲妈胜似亲妈，俗话说有奶就是娘，就是这个意思。

一直到高纬的父亲高湛病逝，高纬正式亲政之后，高纬秉着"滴奶之恩，当涌泉相报"的信念，对陆令萱大加尊崇，陆令萱的地位也更是水涨船高，成了朝中响当当的一号人物。

也就是在这时，高纬的母亲胡太后摊上大事儿了。

自从和士开被杀之后，胡太后的日子可就苦了。胡太后本就是个寡妇，老情人无端殒命，从此内心的寂寞便无处宣泄了，每次看到自己枕边空落落的，内心便极度失落。

正所谓旧的不去，新的不来，自己的儿子都可以天天换女人，自己凭什么不行呢。于是，胡太后便盯上了一个叫昙献的和尚。

南北朝时期，佛教非常盛行，然而在当时的北朝，却呈现出一半是海水一半是火焰的局面。在北周，宇文邕正在不遗余力地打击佛教，而在北齐，佛教却在蓬勃发展，从高欢到高湛无不信奉佛教，其中尤其以高洋信佛最重。

胡太后时常去庙里烧香，去得多了自然和寺里的和尚打成一片，一来二去，就和其中一个相貌英俊的和尚有了奸情，这个和尚就是昙献。胡太后对昙献一见钟情，每次去寺里找他，都会把大把金钱铺在昙献的席子下，又在昙献的墙壁上挂上用珠宝制成的胡床（现在所说的马扎），这胡床还是高湛生前用过的。

后来，可能是觉得经常去找小情人约会不方便，于是，胡太后就以讲经为借口，在内殿安置上百个和尚一起诵经，而她则日夜和昙献缠绵在一起。昙献得到了胡太后的宠幸，立马就变成了大红人，很多小和尚就开始在昙献面前拍马屁，说昙献是"太上皇"。这马屁拍得实在是溜，昙献也真是有艳福，睡了太上皇的女人，自己也算是做了一回太上皇，真是做鬼也风流啊。

当然，纸是包不住火的，更何况是一个寡妇的欲望之火。很快，胡太后与僧人乱搞的事情败露了。有人也在高纬面前说太后不检点，但高纬始终都没信。

后来有一次，高纬到胡太后宫中探望，结果发现两个妙龄尼姑。高纬玩遍了美女，但这女尼姑还真没玩过，于是就见色起意，准备当场临幸。结果他扑过去一抱才发现，这哪儿是什么女尼，分明就是两个男人。太后宫里怎么这么多男人？怎么放进来的？

不查不知道，一查吓一跳，经过一番彻查，昙献和胡太后私通的事儿就被完全曝光了。高纬一开始很生气，不过最后也理解了胡太后的苦衷。高纬知道，自己的亲娘确实是太寂寞了，寂寞不是错，但是这一行为实在有伤风化，给尸骨未寒的父亲戴绿帽子事小，妨碍国家风化事大，必须严肃处理。

胡太后也知道没脸见人，毕竟这样的丑事，搁谁脸上都挂不住，从此不敢出来露面。当然，高纬也不想见自己的老妈，简直丢人丢到家了，索性把太后安顿在了一处环境比较封闭的北宫，相当于软禁，又安排几个太监前去照料，任何人都不准来看望，看你以后还敢再勾搭男人，想勾搭就勾搭这几个太监好了。

从此，真正的皇太后名存实亡了，这让身为奶妈的陆令萱蠢蠢欲动，因为此时陆令萱的脑海中，突然萌生了一个伟大的梦想——"我要做太后"。

不过，陆令萱也是有自知之明的，毕竟自己原先只是个婢女，现在也只是仰仗着皇帝奶妈的身份作威作福，做太后是名不正言不顺。但是，欲望之门一旦被打开，就很难再关上，陆令萱的欲望之门显然已经打开，陆令萱思前想后，甚至晚上睡觉都激动得辗转难眠。

也就是这个时候，有一个人看出了陆令萱的心思，这个人就是祖珽，也是高纬"朋友圈"的重要组成人员。

我们已经很久没讲到祖珽了，自从顶撞太上皇高湛之后，祖珽就被下狱，并且自此双目失明。

高纬亲政之后，果然开始想念起了祖珽，祖珽毕竟有拥立之功，即便罪过再大，但他已经双目失明，也算得到了应有的惩罚了。和士开本就智商捉急，他想让祖珽帮自己出谋划算，所以也愿意和祖珽捐弃前嫌。就这样，祖珽就从狱中放了出来。

不过，祖珽出狱之后，并没有倒向和士开，而是和陆令萱站在了一起。祖珽知道，和士开只是个蠢材，虽然他现在位极人臣，但迟早会被人拉下台的。而此时的陆令萱权势日隆，是更佳的合作伙伴，祖珽便决定与陆令萱结为联盟。

胡太后被幽禁之后，祖珽亲自找到了陆令萱，他把希望陆令萱来做当朝太后的想法，一字一句地和盘托出。听在耳朵里的陆令萱简直欣喜若狂，没想到这个双目失明的老头居然如此懂她的心意。二人从此结为政治同盟。

同时，祖珽还帮陆令萱解决了做太后名不正言不顺的问题。祖珽借用了北魏的先例，在北魏太武帝、文成帝时期，太后有两种不同的叫法，先皇的皇后，叫作皇太后；皇帝的奶妈，叫作保太后，两个太后并尊。而事实上，保太后到了后来，也被尊为了皇太后，与真正的皇太后并无差别。

祖珽便利用了这一历史先例，进而旁征博引，大做文章，疯狂地为陆令萱进行炒作和宣传，甚至郑重地公开宣布，陆令萱是自女娲以来历史上最伟大的女性。陆令萱丝毫不觉得惭愧，也积极地在高纬面前说祖珽的好话，称祖珽为"国师""国宝"。

虽然没有人为他们测算过脸皮厚度，但我相信，他们二人已经超越了脸皮厚度的极限，已经厚到惊为天人了，这样大言不惭吹捧的话也能说得出来。祖珽和陆令萱的一唱一和，简直就是一对天作之合，而彼此之间赤裸裸的阿谀谄媚，也已经到了厚颜加无耻的最高境界。

除了陆令萱和祖珽这对活宝，高纬"朋友圈"里的好伙伴还有很多。

陆令萱还有一个儿子叫作穆提婆，别看他名字里带着个"婆"字，却是个真正的汉子。有其母必有其子，穆提婆和陆令萱，母子二人狼狈为奸，长期把持朝政，作威作福，横行不法，残害忠良，凡是陆令萱干过的坏事，穆提婆全都参与其中。

还有当时总理北齐军事和机要的高阿那肱，此人不是复姓，就姓高，其父高市贵、其弟高孔雀。他靠着阿谀奉承，拜陆令萱为干妈，顺着干妈的提携，一步步爬上了高位。

另外还有高纬身边的卫队长兼贴身侍卫韩长鸾，也是一个骄恣不法之徒。

由于穆提婆、高阿那肱、韩长鸾三人都担任了中枢的重要职务，因而他们在朝中被称为"三贵"。

而到了公元573年，北齐武平四年，一场危机突然来临。

南方陈国经过几年的长足发展，国力日渐崛起。而当时陈朝的皇帝陈宣帝，却无偏安江南之意，也就在这一年，陈宣帝正式下令——北伐。

这次北伐的目标，就是北齐，因为当时陈朝的年号是太建，这次北伐在历史上被称作"太建北伐"。

北齐十万军队在这次战役中大败，北齐的淮南之地也全部丢失，然而，值得玩味的是，北齐朝中对此却异常淡定。高纬身边的亲信甚至说，就算把黄河以南的土地都丢了，又有什么大碍，我们仍然可以做一个小小的龟兹国。

任何腐败都来自内部，皇帝和大臣都如此，整个国家的情况也就可想而知了，北齐朝政的腐朽已经深入骨髓，这些人除了整天溜须拍马，钻营投机，他们对于国家的未来，根本毫不关心。

他们把高纬哄得团团转，陪着高纬各种玩闹，高纬也确实享受其中，真正做到了"无愁天子"的至高境界。

然而，这不是童话王国，高纬无法永远生活在童话世界里，残酷的现实终将彻底击碎这个天真少年的一切梦幻，只不过是时间早晚罢了。

而对于这场战败，我们不禁要问，北齐损失为何会如此惨重？北齐的名将都去哪儿啦？

可怕的毒计

前文已经讲过，北齐有三大名将，号称"北齐三杰"，他们分别是斛律光、段韶、高长恭。正是因为他们三人坐镇北齐，才成功打退了宇文护当年的屡次来兵进犯。

就在宇文邕诛杀宇文护的前一年，也是北齐平定高俨政变的当年，公元571年，"北齐三杰"中年龄和资历都最老的段韶，突发重病，很快便一命呜呼了。

段韶的死，无比正确地证明了早死早安乐、早死早超生、早死早解脱的人生哲理。因为，对于另外两位名将斛律光和高长恭来说，正常死亡已经成了一种奢望。

斛律光，复姓斛律，字明月，高车人，他和他的父亲斛律金都是当世名将。斛律光还是 17 岁的时候，就在战场上崭露头角，受到了高欢的赏识。

话说有一天，风和日丽，艳阳高照，正适合外出打猎，斛律光便跟随高欢的长子高澄外出打猎。就在打猎途中，突然头顶一只大鸟飞过，个头非常之大，高澄以为这是只大雁，众人无不惊异。

这时候，斛律光跳下马来，大喝一声，会挽雕弓如满月，箭矢瞄准了飞翔在高空中的那只大雁，嗖的一声，箭矢穿透了空气，弓弦响处，那只大雁惨叫一声，在高空中旋转着，坠地而亡。

一群人连忙围上去，才发现这哪儿是大雁啊，分明是一只大雕，引得高澄连连称赞斛律光的英勇。旁边的一个名叫邢子高的侍从，赞叹地说："这才是真正的射雕手啊！"从此，斛律光有了一个响当当的名号——"落雕都督"。

斛律光很快在政坛中扶摇直上，迅速成长为帝国最知名的将军，而斛律光的名字，也成为令敌国胆寒的代名词。

对于斛律光的战绩，我们可以用两个字来形容——神话。斛律光创造了百分之百的超高胜率，史书记载"自结发从戎，未尝失律，深为邻敌所慑惮"。

失败是什么？有人说失败是成功之母，这显然是安慰那些遭受失败的人的，对于成功的人来说，这就是一句废话。

而事实上，斛律光才是成功之母，因为他才是创造成功的人。在斛律光的字典里，从来没有"失败"这个词儿，在斛律光的面前，敌人只有闻风丧胆的份儿。

太过优秀的人，往往遭人嫉妒，太过优秀的人，也往往瞧不起别人。有一个人就嫉妒斛律光，并且也被斛律光瞧不起，此人就是祖珽。

祖珽自从和陆令萱结为联盟之后，势力更胜从前，很多人都前来巴结祖珽，而斛律光一向性格耿直，根本瞧不起这些人的所作所为。甚至就在朝堂之上，斛律光和祖珽时常发生冲突。

祖珽知道斛律光恨自己，背地里肯定没少说自己的坏话，于是就买通了斛律光家的一个仆人，询问斛律光背地里都怎么说自己。这个仆人经过一番暗访之后向祖珽报告说："斛律光每天晚上，都会抱着膝盖感叹说'一个瞎子进了朝堂，国家一定会被这个瞎子搞得破败不可'！"祖珽听完，怒不可遏，气得直跺脚，斛律光一口一个瞎子地称呼自己，这太伤自尊了。

同时，斛律光还得罪了另外一个人，此人就是陆令萱的儿子穆提婆。穆提婆看上了斛律光家的女儿，于是便前来提亲，斛律光根本瞧不上这种人，一个老妖婆的儿子，竟然要求娶自己的女儿，简直是癞蛤蟆想吃天鹅肉。斛律光一口回绝了穆提婆的要求，这让穆提婆很丢面子。

又有一次，皇帝高纬打算把晋阳的一处田地赏赐给穆提婆，斛律光立刻站了出来，当即表示否决："晋阳这块地，从神武帝（高欢）以来，就是用来种植谷物并饲养马匹，是用来对付外敌的，交给穆提婆这种人，会坏了国家军务。"到手的田地就这么飞了，穆提婆气炸了锅，穆提婆的脸上，顷刻间就乌云密布，暴雨倾盆，斛律光你太过分了，我不会就这么算了的，我们走着瞧。

祖珽和穆提婆，无疑都是受伤的人，斛律光的不留情面，深深伤害了他们那颗脆弱的心。于是，某个夜晚，两个受伤的男人走到了一起，共同许下了报复斛律光的志愿。

复仇的种子，一入土壤，便会生根发芽，并以惊人的速度茁壮成长起来。自此，祖珽和穆提婆二人，达成了抗敌的统一战线，一切只等待反击的那一刻。

在繁华的北齐都城邺城，某一天，一首不知名的歌谣，开始在大街小巷里传唱，一群欢快的小孩儿在街头上嬉闹玩耍，口中念念有词："百升飞上天，明月照长安；高山不推自崩，槲树不扶自竖。"

也许你完全不懂这两句歌谣的意思，但是有一个人一眼就看出了其中玄机，此人便是祖珽。玄机何在？

第一句"百升飞上天，明月照长安"。一百升就是一斛，这是计量单位的换算，明月是斛律光的字，你看明白了吗？这句话就是暗示斛律光将会一飞冲天，"一飞冲天"换个同义词的话，那就是造反。

第二句"高山不推自崩，槲树不扶自竖"。北齐的皇帝就姓高，"高山"明摆着暗指北齐高家，而"槲"谐音"斛"，还是暗指斛律光，整句话意思就是高家将会自崩，斛律光将会取而代之。

这分明就是一首藏头诗啊，这种文字游戏，对于祖珽这种大才子来说，水平并不高。而当祖珽听到这首歌谣之后，祖珽给这首歌谣多加了一句"盲老公背受大斧，饶舌老母不得语"。

新加的这句歌谣并不难理解，"盲老公"明显是指祖珽自己，而这"饶舌老母"不就是陆令萱吗？意思就是，祖珽和陆令萱都不得好死。

歌谣之类东西，在古代有个专有名词，叫作"谶纬"，如果用现代词汇来形容的话，那就是封建迷信。说起来这些都是忽悠人的，但是古人偏偏就信这个，认为这是上天的某种暗示，冥冥中预示着国家的未来和兴亡。而这种"谶纬"之说，早在先秦时期就有，东汉时期，一度被发扬光大，这也算是中华文明的一大文化"瑰宝"了。

而这首经过祖珽添油加醋之后的歌谣，用意非常明显，那就是要陷害斛律光。原先的两首歌谣，整体意思是斛律光将造反，取高家而代之。

如果说，这两首歌谣只是威胁到了高家的话，那么后来另外加的一句，则是把陆令萱也威胁到了。这样一来，不仅皇帝高纬容不下斛律光，陆令萱也不会饶了斛律光，当然自己更不会轻饶斛律光。

什么是毒，这就是毒，杀人不见血，杀人于无形。而这一切，斛律光浑然不知。

斛律光之死

因为身体残缺，心理上往往容易敏感而产生扭曲和变态，祖珽无疑是心理变态中的佼佼者。

当穆提婆、陆令萱得知这一歌谣之后，又是害怕又是着急，急得像热锅上的蚂蚁，二人纷纷求救于祖珽。而这一效果，正是祖珽所预期的，一切尽在祖珽的掌握之中。三人经过短暂的谋划之后，决定把这一歌谣上报给皇帝高纬，让高纬亲手杀掉斛律光。

当祖珽在高纬面前，把这几句歌谣详细地解释过一遍之后，高纬顿时吓得面无血色，往日的"无愁天子"总算发愁起来了。不过，斛律光毕竟是当朝的第一名将，因为一句歌谣，就把他杀了，似乎说不过去。高纬略显迟疑。

看到高纬迟疑的样子，祖珽有些等不及了。眼看着自己的仇敌马上就要被除掉了，可不能在这个节骨眼儿上出了差错啊。于是，祖珽指使一个人来到高纬面前，并自称斛律光府中的人，对斛律光予以揭发，称斛律光有种种不法行为，且私藏兵器，蓄养家童无数，常常和自己的弟弟暗中来往，行动诡异。

这下，高纬已经没有再考虑的机会了，如果再不行动，怕是明天自己就得脑袋搬家。高纬是一个爱惜生命的人，当然他只爱惜自己的。

公元572年夏日的某一天，居家的斛律光，突然接到一封诏令，诏令上说，皇帝要去东山游玩，需要斛律光陪同，并且还赐予了一匹骏马。斛律光接过诏书，看着眼前的骏马，没有丝毫的疑虑，他整理了一下着装，便驰马入宫。

当斛律光进入皇宫，来到一处叫作凉风堂的地方，按照皇帝的安排，他要在这里等候皇帝，而这座凉风堂也确实是阴风阵阵，斛律光不觉打了个寒战。

斛律光等着朝见皇帝高纬，高纬没等来，等来的却是杀手。

一个壮汉突然从他的身后扑了上去，斛律光也是武人出身，哪儿有那么容易就被撂倒。站稳后，回头才发现眼前的人是高纬的御用杀手，名叫刘桃枝。死在他手里的人太多了，高叡、高俨都死于他之手，斛律光当然认得他。

斛律光怒目而视，说道："刘桃枝！你又干这种杀人的勾当，我斛律光尽忠报国，从没辜负过国家一分一毫！"

尽忠报国是不错，从没辜负过国家，这也不假，可你一旦触犯和威胁到了当权者的利益，那么，你必须得死。

紧接着，另外三个壮汉跳了出来，一同围攻斛律光。以一敌四，而斛律光也已接近花甲之年，他逐渐招架不住了。

刘桃枝拿着事先准备好的弓弦，趁斛律光不备之时，突然勒住了斛律光的脖子。纤细的弓弦，深深地陷入斛律光的脖颈之中，直到气绝。

斛律光是死不瞑目的，临死的刹那，他一定是瞪大了双眼离开这个世界的。他至死都不明白，这一切是为什么。

没有绝对的忠臣，也没有绝对的奸臣，有的只是永远的利益。作为利益的牺牲品，斛律光你就该死。

现实的世界里，正义和邪恶，往往就是此消彼长的。人们总说正义战胜邪恶，但有些时候，那根本是不可能的。任何一个人的内心深处都有邪恶的一面，邪恶从来没有被消灭，它只不过是暂时被掩盖。

而残酷的现实是，为了利益，正义往往被邪恶所抑制，好人往往被坏人所欺负。

斛律光，你再忠心，你力量再大，你做的贡献再多，到头来也终究不过是政治斗争的牺牲品罢了。

《资治通鉴》记载，斛律光被杀死的地方，鲜血流满了地面，无论经过怎样的清洗，始终还留有印记，"血流于地，铲之，迹终不灭"。我想，这不仅仅是斛律光在流血，也是北齐帝国在流血。

世间再无兰陵王

北齐三杰，按照地位高低排序的话，依次是段韶、斛律光、高长恭，而如果按照死亡的先后顺序排的话，也是这个顺序。这是冥冥之中的巧合吗？

高长恭，本名高肃，又名高孝瓘，长恭是他的字，后世称之为兰陵王。高长恭是高澄的儿子，是高欢的孙子，和高纬的关系，属于堂兄弟。著名的《兰陵王入阵曲》就是在一场邙山大捷之后传唱开来的，不仅兰陵王的名号威名远播，这首曲子更是传唱了千年之久。

魏晋南北朝无疑是一个美男论斤称的时代，美男是层出不穷，兰陵王高长恭就属于其中最为知名的美男之一。史书记载是"貌柔心壮，音容兼美"，具体怎么个美法，对于今人来说，只能是发挥你的想象力进行补充了。

不过，就是这样的一个偶像明星，却并没有一直生活在光环和鲜花之下，而在他人生的后期，却始终郁郁寡欢。

就在公元 564 年，高长恭在取得一场邙山大捷的胜利之后，高纬询问高长恭说："入阵太深，万一失利，岂不追悔莫及？"

高纬也许只是无心之问，而高长恭也随口一答："关系到家事，不自觉地就勇往直前了。"

高纬顿时心头一紧，狐疑地注视着眼前的高长恭，而高长恭并不明白高纬此刻到底在想什么。对高长恭来说，他只是老实回答，我们都是高家的子弟，这北齐是我们高家的，为国效忠，也就是为自己的家族效忠啊。

可是，事情坏就坏在你姓高。高纬姓高，高长恭也姓高，高纬可以说这天下是高家的，但是你高长恭却不可以说这天下是高家的。原因是高纬是皇帝，高长恭你即使也姓高，那也是君臣关系，一个臣子怎么可以说这天下是自己家的，难道你想图谋不轨？

高纬如此想着，从此便开始猜忌高长恭。而高长恭也终于意识到自己说错了话，可是为时已晚。

比起斛律光，高纬内心其实更害怕高长恭，因为斛律光能力再强，也只是外人，而高长恭却是自家人，不仅有才，还能领兵作战，这让高纬那根脆弱的神经再次紧张起来。

高长恭是聪明的，他选择了明哲保身，并且从此开始收受贿赂，贪污军饷，把自己弄成一副贪财好利的样子，以蒙蔽高纬。

但是，高长恭的内心深处是痛苦的，他根本不是一个守财奴，惶惶不可终日，整日担惊受怕，生怕高纬哪一天突然要了自己的性命。

当时高长恭的一个名叫尉相愿的手下看在眼里，便问道："您深受朝廷器重，为何突然如此贪财了呢？"

高长恭默不作声。

尉相愿又说道："难不成您是因为邙山大捷功劳太大，怕遭猜忌，才如此自污吗？"

高长恭点点头。

尉相愿继续说："如果朝廷真的猜忌您，那么您现在的所作所为，岂不是正好落了别人攻击您的口实吗？您原本是为了避祸，这样反倒加速了灾祸的来临。"

高长恭顿时泣不成声，尉相愿的每一字每一句都说到了高长恭的心坎里，内心的痛楚全都被一一说中。高长恭突然跪倒在地，说道："请您指点我一条可以安身的办法。"

尉相愿扶起高长恭说道："只要您称病回家，从此对朝政不闻不问，那么，灾祸或许就可以避免。"

高长恭听后，觉得尉相愿的一席话深有道理，连连称赞。不过，功成身退，对于很多人来说，是很难做到的。打拼了那么多年，突然之间让自己放弃一切，怎能甘心。高长恭犹豫了，他并没有及时地急流勇退，而这一片刻的犹豫，最终葬送了自己。

也就在这个时候，陈宣帝对北齐开始了北伐，高长恭害怕被调任到前线作战，感叹地说道："我去年脸肿过，怎么今年就不复发啦？"

一个战功赫赫的名将，因为忌惮皇帝的猜忌，不仅无法在疆场上杀敌建功，却还希望自己生病，以此来逃避皇帝的调遣和任命，这是何等可悲！

既然没病，那就想办法制造疾病，高长恭从此对自己的身体放任自流，从不进行医治。

高纬觉得其中有诈，便派了一个叫作徐之范的御医，将一杯毒酒赐给了高长恭。

望着那杯毒酒，高长恭拉着妻子郑氏的手说道："我一心一意为国，为何却要遭此厄运？"

听完丈夫的告白，一颗颗豆大的泪珠，从郑氏的眼睛里夺眶而出，顿时哭成了一个泪人，眼角的泪花不断濡湿着衣襟。

郑氏哽咽着说道："你不能死，你去见见皇上，求求他，或许其中有什么误会，他会饶恕我们的。"

高长恭仰天长啸一声："皇帝他是不会见我的。"

高长恭知道，高纬是绝对不会让自己活下去的，此刻做再多的挣扎也都是徒劳，只后悔没有及时听从尉相愿的建议，没有能够及早功成身退。

说罢，高长恭端起了那杯毒酒，闭上眼睛，生前的种种荣耀从他脑海中片段似的闪过，笼罩在自己心头多年的阴霾也终于在此刻散去，就这样去吧，一了百了。高长恭举起酒杯，将毒酒一饮而尽。

在那个将星云集的年代里，高长恭算不得第一流的名将，这并不是说高长恭不优秀，而是段韶和斛律光实在太猛。

但是，在历史的长河中，段韶和斛律光的名字已经逐渐被人淡忘，而高长恭兰陵王的名字，却闪耀了一千多年，而他的《兰陵王入阵曲》甚至传播到了日本。

在高长恭的身上，名将的影子其实并不算很重，他给世人留下更多的历史记忆，是偶像，是男神，更是传奇。

如果说有一种军事神话，叫作斛律光的话，那么也有一种偶像的力量，叫作兰陵王高长恭。

从公元 571 年，到 572 年，再到 573 年，每一年都要死去一位名将，似乎是上帝之手在无形中安排好了，北齐三杰在这三年里一一凋零。

在中国历史上，政治斗争从来就没有停歇过，翻开二十四史，随手翻开一页，映入眼帘的可能都是政治斗争，一片钩心斗角，一片尔虞我诈。

每个时代都有人才，历史上从来不缺乏人才。对于北齐来说，祖珽就是多学科、跨领域、全方位的复合型人才。

可是，这些人才把精力都放在了钩心斗角上，放在了尔虞我诈上，在这样一种内在的消耗中，无数人才筋疲力尽，最终也将国家的能量消磨殆尽，最终将跌入万劫不复的深渊。

人们总是说官场如战场，可是战场永远比不上官场，官场的政治无时无刻不在左右着战场。

于是，我们看到，无数驰骋疆场的英雄人物，他们不是死在战场，而是败在政治角逐上。卫青如此，岳飞如此，于谦亦如此。

当英雄全部凋零，当英雄被政治的角逐所淘汰，剩下的就只有一帮蝇营狗苟之辈，这帮人只会追求个人名利，国家也将在这帮人手中被彻底葬送。

历史的悲哀，就在于此，明知这是悲剧，我们却无能为力，而且，这样的悲剧将一再上演。

第八章

伐齐第一战

幕后的推手

斛律光和高长恭的被杀，不禁让读史之人唏嘘感叹一番，然而，就当时的人来说，根本没有人会去感伤和流泪，因为所有人都在狂欢。

首先，是高纬和他的玩伴们，他们无不弹冠相庆。

高纬终于除掉了威胁自己皇权的人，可以继续高枕无忧地做他的"无愁天子"，想纵欲就纵欲，想怎么玩就怎么玩，何其逍遥！

祖珽和陆令萱这对活宝，同样也是不亦乐乎，祖珽终于除掉了自己的政敌，除掉了这个曾经百般羞辱过自己的斛律光，从此，在朝廷里，除了皇帝，就数祖珽和陆令萱最大了，可以为所欲为，真是太快人心！

然而，沉浸在玩乐中的高纬并不知道，远在几百公里之外的长安城中，有两个人笑得比他还得意！

一个是宇文邕，一个是韦孝宽。

宇文邕听说斛律光被杀的消息，立刻宣布，大赦天下，一时间，北周举国欢庆。

而追随在宇文邕身边的韦孝宽，嘴角微微上扬，也得意地笑了。

一首可以置人于死地的歌谣，怎么会凭空出现在北齐邺城街头？真的是上天安排？

显然，高纬和祖珽等人，都是有神论者，因为他们根本没有怀疑过这首歌谣，在他们的观念里，这一切都是上天的安排。

而马克思主义唯物论教导我们，世界是物质的，妖魔鬼怪，牛鬼蛇神，根本是不存在的。

既然如此，这歌谣又是从何而来？为何偏偏把矛头指向了斛律光？

因为这一切，根本不是上天的意思，而是韦孝宽使的反间计，一切都是韦孝宽一人策划。

韦孝宽，名叔裕，孝宽是他的字，以字行于世。韦孝宽的名字，前面已经提到过了，著名的玉壁之战就是韦孝宽的成名之战，韦孝宽坚守玉壁六十余天，最终拖垮了东魏大军，高欢也因此含恨而终。

如果说斛律光是北齐第一名将的话，那么韦孝宽绝对可以称得上北周的第一名将。北周建立以来，随着八柱国的逐渐凋零和谢幕，韦孝宽成了当之无愧的第一名将。

如果给韦孝宽单纯定性为一个名将的话，那你就小看了韦孝宽，韦孝宽不仅是个名将，他还是个谋略家，他不仅能在战场上杀人，还能用谋略杀人。

　　韦孝宽和斛律光，可以称得上老相识了，双方交战多次。要想在战场上彻底击溃百战百胜的斛律光，显然是不可能的。于是，韦孝宽便使出了这一招反间计。

　　韦孝宽借祖珽之手，借高纬之手，成功地除掉了北齐第一名将斛律光，除掉了对北周最大的威胁。而祖珽和高纬可能至死都不会知道，他们只是被人利用的工具。

　　杀死斛律光的，不是高纬，也不是祖珽，真正的幕后黑手是韦孝宽。

　　这招反间计高明吗？其实，并不高明。但是，面对高纬这样的人来说，这种计策已经绰绰有余了。就像皇太极对崇祯使出离间计，杀袁崇焕一样，不需要多高明的计策，只需要这条计策能够击中对方的软肋，击中对方那根敏感的神经，怕什么你就给他来什么，这就完全足够了。高纬和崇祯虽然差别很大，但是有一点，他俩都属于神经过敏的人，他俩都有一根脆弱而敏感的神经。

　　面对北齐君臣上演的自相残杀的好戏，宇文邕和韦孝宽无疑是最忠实的观众，宇文邕全程欣赏了高纬君臣的华丽表演，就只差奉上鲜花了。

　　然而，高纬此时根本浑然不觉他有这样的好观众，当然，他也没空知道，因为高纬是一个极其执着而敬业的文艺青年，在昏君的道路上，他将越走越远。

　　每个人都有自己的梦想，高纬的梦想是，做一个无忧无虑的"无愁天子"，宇文邕也有梦想，他的梦想是统一大业。

　　宇文邕虽然没有像马丁·路德·金一样发表《我有一个梦想》的精彩演讲，但是，宇文邕大刀阔斧的改革，却是另一种无声的演讲和宣誓。

　　宇文邕的矛头毫无疑问地指向了北齐，指向了高纬。

伐齐的时机到了

　　其实，在此前不久，宇文邕就曾经征询过一位大臣的意见，此人叫作于翼。

　　于翼，八柱国于谨之子，也是宇文邕的姐夫（娶了宇文邕的姐姐平原公主），在宇文护掌权之时，于翼就和宇文邕有着密切的联系，后来宇文护被诛杀后，宇文邕当即任命于翼取代宇文护儿子的职位，镇守山西蒲州，却被于翼推辞掉了。

　　而就在宇文邕亲政之后，宇文邕不断地在周齐边境上增加兵力，眼尖的于翼很快洞察到了宇文邕的用意，他知道宇文邕这是想对北齐用兵了。

　　于翼对宇文邕说："在战场上交兵，只会白白消耗兵力，对于大局并无益处，这并非上策，不如撤去边防上的军部部署，两国修好，这样可以使对方松懈，我们可以静观其变，趁其不备，出其不意，这才是上上之策。"

　　于翼的这一番话，犹如醍醐灌顶，让宇文邕瞬间醒悟，宇文邕即刻听从了于翼的策略，撤掉了边境上的兵力部署。

然而斛律光被杀后，宇文邕瞬间看到了时机的到来，出于谨慎，宇文邕又征求了一位大臣的意见，此人叫作伊娄谦。

宇文邕召见了伊娄谦，从容地说："现在国家一点点强盛起来了，我想对外用兵，你认为应该先拿谁开刀？"

伊娄谦毫不犹豫地回答说："齐国。"

伊娄谦的回答，正中宇文邕下怀，宇文邕又问："为何？"

伊娄谦回答说："齐国的皇帝整日沉溺酒色，他们的名将斛律光也死在了谗言之下，上下离心离德，百姓慑于暴政，只能道路以目，讨伐这样的国家简直轻而易举。"

听罢，高坐在龙座上的宇文邕哈哈大笑，笑声传遍了整个宫殿。

看来，这是天意，既然大家的意见都是伐齐，那就这么定了。

天予不取，反受其咎，伐齐的时机终于到了。

这时候，韦孝宽突然站了出来，为宇文邕提出了三条计策。

第一，陈朝可以一举攻占北齐的江淮之地，说明北齐已经腐朽不堪，只需号召全国兵力，分道进攻，联合一切可以团结的力量，一鼓作气，直捣黄龙，北齐必灭。

第二，联络陈朝，孤立北齐。同时，借助陈朝的兵力夹击北齐，让北齐的兵力分散，且战且退，坚壁清野，让北齐疲于奔命，北齐的灭亡指日可待。

第三，和北齐订立盟约，重新修好，从而麻痹敌人，让敌人继续内耗，而我们则养精蓄锐，伺机而动，最终可以轻易地兼并北齐。

什么是谋略家？这就是谋略家，一个超越名将的谋略家，一个运筹帷幄、决胜千里的韦孝宽。

这三条计策，即三种应敌策略，有轻有重，有缓有急，而这三条计策，其实已经融合了所有人的观点，其中，第三条计策完全就是此前于翼的翻版。这让宇文邕连连称赞，有如此的谋略家在，还怕他伐北齐不成？而在宇文邕心中，他已经急不可待，他采取了韦孝宽提出的第一条计策，这也是上上之策。

宇文邕下定决心之后，立即组织了他的智囊团，召开战前会议。

智囊团成员包括：宇文宪、王谊、卢韫、于翼。

会议上，大家达成了统一的意见——伐齐，又进行了具体的战略部署，一场大战，即将到来。

北周建德四年，即公元 575 年，七月二十五日，宇文邕正式下诏讨伐北齐。

诏书的内容，其实很简单，概括起来就是两个字：骂人。

说起来，这也是中国古代战争的一个优良传统，大战之前，总少不了一番口诛笔伐，揭发和声讨对方的罪恶，甚至要问候对方的祖宗十八代，怎么难听怎么骂，骂要骂得有水平，骂要骂得有风格，美其名曰"檄文"。例如，建安七子的陈琳骂曹操的《为袁绍檄豫州》，那就是骂出了水平，骂出了风格，属于骂文中的经典之作。

目的很简单：第一，为了说明自己是以有道伐无道，我们是正义的，对方是邪恶，代表正义消灭你；第二，以达到先声夺人的效果，在气势上占据上风。

宇文邕明显有些仓促，并没有骂出高水平，不过，宇文邕是一个务实的人，他迅速做了以下的战争部署：

前三军总管：柱国陈王宇文纯（宇文泰第九子），荥阳公司马消难（曾是北齐将领），郑国公达奚震（十二大将军达奚武之子）。

后三军总管：越王宇文盛（宇文泰第十子），周昌公侯莫陈琼（侯莫陈崇之弟），赵王宇文招（宇文泰第七子）。

齐王宇文宪率众二万趋黎阳（今河南滑县），阻挡邺城来的齐军救援洛阳。

随国公杨坚、广宁侯薛迥率舟师三万，从渭河入黄河，顺流而下。

梁国公侯莫陈芮率众二万守太行道，阻挡北齐邺城以外的其他军队。

申国公李穆率众三万守河阳道，作用同侯莫陈芮一样。

常山公于翼从安州（今湖北安陆）率众两万出陈（今河南淮阳）、汝（今河南汝南），牵制北齐南部军队。

以上这十二万军队，其实都是为了服务宇文邕，宇文邕亲自率领六万主力部队，直指河阴（孟津西北），实际目标就是中原腹地。

这份名单中，我们很高兴地看到了杨坚的名字，杨坚在幕后已经待了很长时间了，也该出来透透气了。

这几年中，杨坚始终默默无闻，但他却始终密切关注着天下的局势。总之，身为宅男的杨坚，家事国事天下事，他事事关心。

当然，也有一件大喜事，是不得不提的。

就在两年前，即建德二年，杨坚的大女儿杨丽华已经出落成了一个十二岁的小姑娘，这在古代已经是到了婚嫁的年龄，此时，杨丽华的姿色被宇文邕一眼看中了，被宇文邕纳为了太子妃。当时宇文邕已经册立了太子，太子叫作宇文赟，杨坚和宇文邕也因此结成了亲家。

杨坚不会想到，这次联姻，杨坚收获的不只是一个皇亲国戚的名分，也是他一生的转折点。

而这次领兵出征，虽然杨坚只是一个偏师统帅，负责策应，但是这毕竟是他第一次带兵出征，意义非同凡响。

言归正传，胜券在握的宇文邕决意要把战略制高点放在洛阳，由他亲率主力一举把洛阳攻克，如此一来，直捣北齐都城邺城，就如探囊取物一般容易了。

可是，这一战略，当即遭到了宇文弼、赵㷍、鲍宏三位朝臣的反对。这三人都是同一个理由，他们认为，洛阳重兵把守，很难攻下且处于四战之地，即使攻下也很难守得住，而河东之地，城小山平，最容易攻克，如果把河东重镇晋阳当作战略目标，会更容易攻克。

宇文邕对于这一番意见，只是摇摇头，并没有采纳，既然已经决定，就绝不轻易更改。

杨素崛起

当宇文邕所率领的六万主力军队正准备开拔之时，一个21岁的年轻小伙突然站了出来，自称甘愿当先锋去打头阵。

宇文邕看着眼前这个器宇轩昂振振有词的少年，点头笑笑，当即表示同意，宇文邕认识这个人，此人叫作杨素。

杨素，字处道，弘农杨氏，世代为官，属于高干子弟。说到弘农杨氏，我们不得不解释一下。

杨姓，是当今中国最庞大的姓氏之一，人口超过五千万，而杨姓在中国历史上，有一个非常传奇而显赫的家族，这个家族就叫作弘农杨氏。之所以叫弘农杨氏，是因为这个家族的祖先长期居住在弘农华阴，具体就在华山脚下的华阴县，甚至流传有"天下杨氏出华阴"的说法。

这个家族的祖先，最早可以追溯到楚汉时期刘邦的手下杨喜。在垓下之战中，项羽于乌江自刎，杨喜等五人亲手把项羽的尸体分成了五份，因而杨喜便获得了刘邦赐予的赤泉侯的爵位。后来，杨喜的后人中，出了一位西汉王朝的丞相，此人叫作杨敞，杨敞就是华阴人，杨敞也成了弘农杨氏的第一世。

到了东汉时期，这一家族开始迅速发展壮大，壮大到什么程度呢？史称"四世三公"。"四世三公"，很多人并不陌生，看过《三国演义》的人都知道，袁绍的家族就是"四世三公"。所谓四世三公，意思就是这个家族有四代人做高官，且做到了三公的位置。而在东汉时期，可以称得上四世三公的，只有两个家族，一个就是袁绍的"汝南袁氏"，另一个就是"弘农杨氏"。

东汉时期，弘农杨氏，也出了一个非常著名的人物。此人叫作杨震，做官做到了太尉。杨震也是一位名满天下的大儒，桃李遍天下，朝中很多官员全都是他的学生，世称"关西孔子"，而且还留下了"四知"的美名，即天知、地知、你知、我知，人称"四知先生"。

弘农杨氏出了一系列著名的人物，比如东汉大儒杨震、汉末名士杨修、西晋权臣杨骏等，杨骏和他的两个弟弟甚至在西晋时号称"三杨"。

就是因为弘农杨氏的名气太响、太牛，所以有很多人都想巴结杨家，甚至想混入杨家的家谱，杨坚便是其中之一。

《隋书》称杨坚是出自杨震之后，标榜自己是出身名门，可事实上呢？这不过是牵强附会，给自己脸上贴金，杨坚一家和弘农杨氏八竿子打不着。具体原因，现代史学家已经得出了确凿的研究成果，理由也有若干，我们只举两条。

第一，杨坚的父亲叫杨忠，而杨震的曾祖父也叫杨忠。也许你不觉得这有什么不对劲，但是魏晋南北朝是一个门第等级观念非常强烈的士族社会，和自己的祖先取一样的名字，这就犯了祖先的名讳，作为第一等士族的弘农杨氏，尤其看重这个，绝对不会犯这样的错误。解释只有一个，那就是杨坚和杨震根本就不是一家子，杨坚根本不是出自弘农杨氏。

第二，杨坚的母亲叫作吕苦桃，所谓人如其名，苦桃这样的名字一看就不是大户人家的闺女。事实上，吕苦桃起初只是个农村妇女，家里人也都是靠种地为生的庄稼人。由于杨忠早年落难于山东，杨忠和吕苦桃才得以相识，并最终私定终身。在讲究门第观念的魏晋南北朝时期，高门大族是最讲究门当户对的，如果杨坚真的是弘农杨氏之后，他的父亲杨忠怎么可能会娶一个农村妇女为妻呢？毕竟这不是《西厢记》，也不是《牡丹亭》，冲破封建礼教束缚这样的壮举，一般人是绝对做不到的。

而杨素一家，则是正宗的弘农杨氏，名门望族之后。杨坚姓杨，杨素也姓杨，同样是姓杨，但此"杨"非彼"杨"，做人的差距就是这么大。

杨素自幼勤奋好学，不仅写得一手好文章，书法也是一绝，且长得一表人才，史书记载"美须髯"，活脱脱一个关公在世。

杨素的父亲杨敷，曾领兵驻守在汾州，某一天突然遭到北齐五万军队来袭，而当时的杨敷毫无准备，手下的兵力仅仅有两千。杨敷并不是韦孝宽，他创造不了军事奇迹，因而这一场战役的结果，我们可以按照一般逻辑来推测——必败无疑。

杨敷只是一个普普通通的将军而已，虽然没有什么卓越的军事才能，可也是一个铁血的汉子，是一个愿意为国捐躯之人。杨敷并没有轻易投降，而是选择了坚守，并且宣誓，人在城在，誓与敌寇血战到底！

最终，在北齐五万兵力的团团包围和猛烈进攻下，杨敷终于扛不住了。在一片战鼓和冲杀声中，他带领着士兵浴血奋战到了最后一刻，两千人无一人投降，直到全部殉难。

然而，就是这样一种英勇的烈士，死后却得不到朝廷的追封，原因很简单，这是一场败仗。

难道只有成功才算是英雄，失败就不是英雄了吗？杨素想不明白，自己的父亲与敌人奋战到了最后一刻，换来的却是国家如此的报答。

愤愤不平的杨素便上表申诉，请求朝廷给予追封。宇文邕看到杨素的上表，却对此嗤之以鼻，置之不理，一个败军之将，不惩罚你就算不错了，居然还讨要追封。

杨素并不灰心，他誓死也要给父亲正名，为父亲争得应有的荣誉，他不想让自己的父亲含冤而死，就此白白牺牲。杨素接二连三地上表申诉，不遗余力地为自己的父亲奔走呼号，这立刻引起了宇文邕的震怒。愤怒的宇文邕，当即表示要处死杨素。

在这生死关头，杨素大声呼号："侍奉一个昏庸的天子，死就死了吧。"说完便仰天长笑。

这一幕瞬间让宇文邕震惊，并不是因为杨素骂自己是昏君，而是宇文邕被杨素这孤注一掷的勇气威慑到了，在杨素的身上，宇文邕似乎看到了自己的影子，似乎看到了一个和自己一样为坚守信念而执着到底的人。宇文邕当即释放了杨素，并从此对杨素刮目相看，同时，也对壮烈牺牲的杨敷予以追封。

宇文邕从此对杨素礼遇有加，任命杨素为自己起草诏书，杨素起草文章，每每下笔立就，且文采华丽。宇文邕嘉奖道："好好努力吧，以后不愁没有富贵的日子。"杨素却回答说："臣只怕富贵来逼臣，臣却无心谋取富贵。"杨素满满的自信，让宇文邕更加欣赏和赞叹。

也就是575年，宇文邕下诏伐齐的这一时刻，杨素感念于父亲当年的英勇不屈，为了继承父辈的荣光，毅然决然地向周武帝宇文邕主动请缨。

起草诏书，舞文弄墨，玩弄笔杆子，这并非杨素真正的人生理想，真正的人生应该是像父亲一样，上阵杀敌，冲锋陷阵，抛头颅，洒热血，这才是真正的人生夙愿。

世界上的机遇很多，就看你懂不懂得把握，而杨素无疑就是一个懂得把握机遇的人。关键时刻的挺身而出，为他赢取了第一次领兵出征的机遇。

当然，杨素更大的亮相机会还在后面，他领导了对陈朝的统一之战，在隋朝更是做到了位极人臣。这些都是后话，但毋庸置疑的是，这次随军出战，是杨素实现人生抱负的第一步，也是他人生崛起的第一步。

伐齐失利

公元 575 年农历七月三十，以宇文邕为首的六路大军，浩浩荡荡地从长安出发了。

而当北周的军队进入北齐境内之时，宇文邕发布了一条耐人寻味的诏令，"禁伐树践稼，犯者皆斩"。

还没打败北齐，就已经把北齐的国土当作自己的国土，把北齐的一草一木当作自己家的一草一木，可见，宇文邕是充满自信、志在必得的。这也正好映衬了宇文邕给自己所标榜的正义之师，我们是以有道伐无道。

宇文邕的自信是有道理的，就在两军交战的开始阶段，北周军队就占据了上风。宇文邕的六万主力，进入河南战场之后，一鼓作气，就把第一个目标河阴城，轻易拿下。

齐王宇文宪所率的两万兵力，也在此时发挥了巨大的作用。曾经发誓要用实际行动报效宇文邕的宇文宪，挥兵黎阳，又占领孟津和洛口。黄河南岸一线，几乎被宇文宪扫荡一遍，同时又把黄河上的浮桥，一把火彻底烧毁。

宇文宪没有辜负宇文邕当年的知遇之恩，事实也证明，宇文邕不杀宇文宪，是何等的明智之举。

在宇文宪的带头之下，于翼、李穆、杨坚等多支军队，连战连捷，势如破竹，一下子就攻克了北齐三十多座城池。

越战越勇的宇文邕把下一个目标定在了中潬城。

中潬城，其实并不大，它只是河阳三城之一，是河阳城的城中之城，三城中的另外两座也早已被宇文宪所攻下。然而，就是这个小小的中潬城，成了整场战役的转折点。

在一片沦陷的城池中，中潬城就如同一座孤岛，随时都有被洪流淹没的可能。而中潬城的守将，叫作傅伏，一个非常普通的将军，就是他让中潬城这座孤岛坚持到了最后一刻。

连战连捷的宇文邕也根本没想到，自己会绊倒在一座不起眼的中潬城，而且这一绊，就是二十天。北周军二十天的连续进攻，都没能撼动这座中潬城，这是宇文邕此次出兵以来遭遇的第一场失利，这是宇文邕始料不及的。

面对中潬城这块难啃的硬骨头，宇文邕并没有选择坚持，而是拨转马头，把目标对准了中原腹地——洛阳。

而要打洛阳，宇文邕首先瞄准了洛阳城东边的一座小城，此城叫作金墉城。

墉，是城垣的意思，金墉，无疑就是固若金汤的意思。事实上也确实如此，直接攻打重兵把守的洛阳，并不容易，但如果能够占据固若金汤的金墉城，那么，面对近在咫尺的洛阳，攻克起来就会容易很多了。

宇文邕的算盘，打得是不错，也很有道理，但是，战场是千变万化的，就像在中潬城所遇到的抵抗一样，很多事情往往难以预料。

当宇文邕的军队马不停蹄地赶到金墉城下之时，也已经人困马乏，面对黑压压的北周军阵来袭，站在城头的金墉城守将，则非常淡定，此人叫作独孤永业。

独孤永业对着城下北周军队高喊："城下来者何人？你们来这里有何贵干？"

这不是明知故问吗？周人没好气地回复说："我们大周皇帝陛下亲临，你怎么也不出城来迎接？"

独孤永业不紧不慢地说："你们来得太快了，我没准备啊，也不知道，所以就不迎接你们了。"

多说无益，那就打吧。

独孤永业一边指挥着作战，一边命人连夜赶制了两千具马槽，并且把这个消息放风给北周军队。

宇文邕听说独孤永业连夜赶制了两千具马槽，独孤永业肯定没那么好心，这马槽肯定不可能是给自己的，那还能给谁呢？难不成援兵就要到啦？

怪不得白天的时候，独孤永业表现得那么淡定，谈笑风生，还说客套话，原来他早就知道会有援兵啊。

如果等北齐的援兵赶到，恐怕便会全军覆没，宇文邕经过一番思量，迫不得已下令撤兵。

无缘无故就撤兵，肯定会让军心不稳，宇文邕为此找了个借口，借口是自己生病了。

谎称生病的宇文邕，迅速撤兵，原先攻占下来的三十多座城池，也全部返还给了北齐。

宇文邕事后才知道，这不过是独孤永业故弄玄虚的奸计，可是，战场就是如此，兵不厌诈。

兵圣孙子曾经说过：兵者，诡道也。战争除了要在战场上厮杀，还要玩阴谋诡计，谁玩得够阴、够狠，谁就赢。

宇文邕虽然不服气，但是，不管你服不服气，胜败已然注定。

就这样，北周的军队狼狈不堪地一路溃退回了长安，此时已是九月二十六日。至于他们在溃败的路上，是否践踏到路边的花花草草，已经没人在乎了，宇文邕更不会在乎。

自此，第一次东征伐齐，正式结束。

不算失败的失败

一路狂奔回长安城的宇文邕，还没来得及喘口气，就马不停蹄地召开了总结大会。

大会上，宇文邕就此次出征失利，做出了深刻的检讨和反思，失败原因总结如下：

第一，闭目塞听，没有听取宇文弼等人提出的攻略山西的策略。

第二，犯了轻敌冒进的错误。

第三，瘦死的骆驼比马大，北齐依然强大。

宇文邕无疑是一个善于总结错误的人，他不会让自己在同一个地方跌倒两次，他要为接下来的第二次伐齐做好所有准备。

平心而论，此次伐齐的失利，并非一败涂地。

回顾这两个月里宇文邕的行程，几乎横扫了整个中原大地，河阴、孟津、洛口、河阳等三十多座城市任我行，虽然只是观光旅游，但这已经创造了历史最佳战绩，因为宇文泰都没这么猛过。同时，宇文邕也更进一步地摸清了北齐的底细。

对于北周来说，这次的伐齐虽然失利，却并未损伤元气，宇文邕不会气馁，他正在寻找下一次伐齐的机会。

同时，在这一场总结大会上，宇文邕盛情地赞扬了各级将领英勇作战、勇于牺牲的优良品质，其中，就包括第一次登上战场的杨素和杨坚。

杨素成功领取到宇文邕授予的这份来之不易的领兵机会后，便主动担当了开路先锋的重任，杨素一往无前的勇气，让宇文邕很是赞叹，当大军到了河南境内之后，杨素便又追随于宇文宪，在宇文宪的带领下，杨素的部队也是连战连捷、所向披靡。

虽然这次伐齐最后失败了，但是杨素却是成功的，杨素用他的实际行动为自己做了证明，他不光有文才，更有胆识和武略，同时也为九泉之下的父亲杨敷做了证明，证明了什么叫作虎父无犬子。

对于杨素这样的少年英雄，宇文邕当然是要奖赏的，杨素被封为清河县子，并获得了五百户的食邑。

相对于沙场得意的杨素来说，杨坚却并没有那么顺利。

杨坚在此次战役中，率领着三万水军，从渭河顺流而下，进入黄河，负责配合宇文邕主力军队的作战。作为后备力量，杨坚并没有太多值得称道的地方，翻阅史书，我们只找到杨坚在一个叫作河桥的地方战胜过北齐军队，具体怎么打的，我们并不知道。

然而，作为最高主帅的宇文邕却在金墉城下受挫，并随即下令撤军。北周在中原的主力一下子就全都撤空了，作为偏师的杨坚也得撤，不过陆路撤军容易，水路撤军可就没那么容易了。

有人或许不明白了，撤就撤呗，这有什么难的，原路返回不就得了。如果你这么想，只能说明你地理知识实在太欠缺了。

要知道，黄河是自西向东流的，杨坚率领水军出征的时候是从渭河进入黄河，这是顺流而下，但是如果再从黄河进入渭河，那就是逆流而上了。顺流而下，行军速度很快，可逆流而上，这行军速度可就比乌龟还慢了。

而在杨坚的屁股后面，北齐的追兵杀声震天响，以这么慢的速度撤兵，万一被北齐追兵追上，那可就得葬身鱼腹了。杨坚知道，水路撤兵，那就是等死，只能白白给黄河里的鱼虾添加肥料。

杨坚果断下令，登上陆地，从陆路撤军，并且把所乘的舟船付之一炬，看着熊熊燃起的烈火，杨坚和他的军队欢快地踏上了逃跑之旅。

不日，杨坚和他的三万士卒悉数返回到了长安。

杨坚虽然没有直接地在战场上立下战功，但是，他审时度势，果断做出决断，完整地保存了部队，这令宇文邕对自己的这位亲家刮目相看，原先以为杨坚就是个"官二代"，没想到杨坚也有两把刷子。

宇文邕伐齐大业的受挫，无疑是老天对高纬的又一次眷顾。不过，老天的耐性是有限的，眷顾多了，老天爷也会不耐烦。

就在宇文邕处心积虑二度伐齐的时候，高纬也正处心积虑地忙活着自己的事。

概括起来是两件事，一是敛财，二是纵欲。

随着高纬日复一日地纵情声色，北齐的财政也日复一日地拮据起来。高纬深知，钱不是万能的，但没有钱是万万不能的。而事实证明，高纬也是蛮有经济头脑的，至少在搞创收方面，比当今很多贪腐官员要高明得多。

高纬下令收税，什么税？有什么税就收什么税，凡是能想到的税种，都要收。一时间，各种税种遍地开花，市场税、商业税、关卡税、车马税、交通税、盐铁税等，可谓是百花齐放、百卉千葩，甚至你喝口酒都收喝酒税。

俗话说开源节流，一方面搞创收，另一方面还要节流。当然，高纬是不可能从自己身上节流的，高纬的字典里从来没有"勤俭节约"这个词儿，节流的对象是那些穷苦老百姓。高纬的口号是，大家一起来节约，我来主导消费。

公元 576 年，也就是北周伐齐失利的第二年春天，北齐境内发生了大饥荒，一时间，大量的灾民，流离失所，饿殍遍野。

高纬随即下令赈灾，不是国家赈灾，而是佛寺和地主。此前说过，南北朝时期的佛寺盛行，占有大量土地，而且寺院里的人不种地，也不用服役，更不用交税，社会的很多财富都聚集到了寺院之中，可谓富得流油。

不得不佩服高纬的经济学思维，这个点子真是妙，节省了国家的钱不说，还能让那些富得流油的佛寺和地主主动来出钱赈济灾民，高纬的经济头脑杠杠的。

这是敛财，而高纬的第二件事，就是纵欲。

北周伐齐失利的第二年，即公元 576 年，高纬带着冯小怜来到了晋阳（今太原），这里是北齐的陪都，也就是第二首都。高纬和冯小怜，一时间可谓是逍遥快活，显然高纬根本没有意识到宇文邕已然磨刀霍霍。

面对着三千粉黛的后宫佳丽，高纬似乎总是欲壑难填，为了填补自己的后宫，高纬随即下令，号召全国选秀。凡是年满十四岁，二十岁以下的女子，当然，必须是未婚的处女，都要来参加选秀。不去参加可不可以？不可以。凡是抗旨不遵，或者藏匿人口的，都得论罪处死。

看着一个个送入后宫的佳丽，高纬彻底沉沦在了欲海之中，在他的内心里，已经没有了朝堂，没有了国家，高纬所思所念，唯有那床榻间的恣意逍遥和风流快活。

而此时的北齐朝堂，已经彻底沦入"三贵"之手，即穆提婆、高阿那肱、韩长鸾。

这样的朝廷，如果还不灭亡，那真的是没天理了。

就在高纬如火如荼地举行选秀之时，居住在长安的宇文邕却异常冷静，因为他已经做好了二次伐齐的准备。

第九章

一决雌雄——宇文邕 vs 高纬

卷土重来

北周建德五年，即公元 576 年农历九月，此时距离上次伐齐失败刚好一年，宇文邕正式宣布——伐齐。

在战前动员会的现场，宇文邕发表了慷慨激昂的讨伐演说，陈述此前兵败只是因为自己临时生病，并痛斥了北齐的黑暗和罪恶，同时，对生活在水深火热中的北齐百姓，给予了深切的同情，然而这一番激情演讲过后，并没有多少掌声。

原因很简单，去年刚吃了败仗，才消停了一年，又要去打，吃饱了撑的，我们可不想去送死。众将领无不摇头，没人看好宇文邕。

宇文邕看着眼前的这帮文武大臣，一个个饱食终日，吃着国家的俸禄，关键时刻却都做了缩头乌龟。

宇文邕为了诛杀宇文护，可以等十二年，但是此刻，宇文邕连一秒钟都不想等。宇文邕不是等不起，而是因为机不可失，时不再来。

这一年里，宇文邕反复地总结教训，整军备战，厉兵秣马，就只差卧薪尝胆了，只为消灭北齐，一雪前耻。

既然讲不清道理，那就不讲了。

面对这些沉默的大臣，宇文邕突然抽出随身的佩剑，高高举起，大喝一声："机不可失，凡是阻挡我出征的人，一律按军法严惩！"

什么是真理？强权就是真理，强权即政治，铁血即真理，宇文邕第一次如此铁血与霸道，你们不服从那就杀头。

要死还是要活？众将领面面相觑，与其被宇文邕杀头，还不如上战场战死，后者还能得个为国捐躯的美名。

这一回，意见终于一致了，没有人再敢说三道四，没有人再敢对宇文邕提出质疑，他们只能选择出征。

十月初四，宇文邕几乎倾全国之力，动用了十五万兵力，率兵出征。而在领军的主帅之中，再一次出现了杨坚的名字。

此前一战，无疑让宇文邕领略到了杨坚卓越的胆识，而这一次，杨坚从此前的一个偏师将军，正式成了领军主帅。

其实，不光是杨坚一人上了战场，还包括他的二弟杨整，也同样出现在了东征的队伍里，甚至就连杨坚的三弟杨瓒，也被宇文邕委以重任，被任命留守长安。

当时，杨坚一家成年的兄弟，一共有三人，且都是一母同生，杨坚为老大，杨整为老二，杨瓒排第三，一门三兄弟同时参与到这场战争之中，可见宇文邕对杨坚一家的厚爱。

当然，还有此前表现更加惹眼的杨素，同样在此次伐齐之列。

由于吸取上次伐齐失利的教训，这次的战略目标选择在了山西，目标直指平阳（今山西临汾）。

平阳，是晋州的治所，是攻打山西的必经之地，而且也是北齐陪都晋阳的门户，一旦拿下平阳，则晋阳的门户大开。

宇文邕留太子宇文赟留守长安，自己亲率大军，兵锋直指平阳城下，而当时的平阳城，守军只有八千，守城的将领叫作尉相贵。

尉相贵凭着八千兵力，据城力战，同时又连续派出了使者，前往晋阳求援，因为高纬现在正在晋阳。

尉相贵知道，皇帝高纬就在晋阳，晋阳集结有大量兵力，只要高纬看到自己的求援信，肯定会派出援军来支援自己，而自己只要死守就可以。

于是，尉相贵更加坚定了自己的信念，他要用自己的生命捍卫这座城池。

此时的北齐虽然皇帝昏庸、朝政腐败，但是依然有人愿意为它坚守，并甘愿付出一切，尉相贵就是这样的人。但是，像尉相贵这样的人，毕竟是稀有物种，更多的人则是见风使舵。

面对北周潮水般的围攻，尉相贵的两个手下叛变了，一个叫作侯子钦，另一个叫作崔景嵩。二人眼看周军即将攻破城池，而且援兵根本遥遥无期，两人一合计，干脆叛变得了。

于是乎，里应外合，防守北城城门的崔景嵩，直接大开城门，把周军迎入城中。接下来的战况可想而知，北周军兵不血刃地夺下平阳城，活生生俘虏了尉相贵以及他的八千士卒。

尉相贵想不通，为何发出的求援信会石沉大海？为何不见援兵的踪迹？宇文邕也同样纳闷，如此轻易就拿下平阳，高纬为何不派援兵？

此前，宇文邕特意派出了四拨军队，分兵驻守险要关隘，目的就是狙击北齐的援兵，可事实上，别说援兵了，连只乌鸦都没有，北齐的人马都去哪儿啦？皇帝高纬到底又在干什么？

更杀一围

事实上，此时的高纬，正在陪着自己的淑妃娘娘冯小怜，在晋阳城郊的天池（山西武宁县）打猎。

表面上说是在打猎，其实根本就是在猎艳。

高纬自从得到了冯小怜之后，便日日夜夜魂不守舍地陪着冯小怜，二人几乎形影不离，并且山盟海誓地说，要生生世世在一起。高纬虽然女人很多，但是最让高纬钟情的，无疑就是这位冯淑妃冯小怜。

而高纬此时正陶醉在冯小怜的温柔乡中，天池就如同它的名字一样，简直就是天上的瑶池，真是人间仙境。

高纬这是打的哪门子猎？分明就是在猎女人，而这猎物，正是怀中的冯小怜。

而平阳告急的文书，不早不晚，偏偏这个时候到，而且是从早晨到晚上，接连来了三趟。

当使者一路风尘，手捧着平阳告急的文书，准备觐见皇帝高纬之时，却被一个高大的身影挡住了去路。

此人确实高，此人就是丞相高阿那肱，北齐"三贵"之一。

高阿那肱拿过文书看了看，立即对使者厉声呵斥道："你不知道皇帝陛下正在玩乐吗？这种边境上的小事，再寻常不过了，何必要打扰皇上的雅兴呢。"

使者只好灰溜溜地退下了，一直到了晚上，终于传来了平阳陷落的消息。而这时的高阿那肱，也意识到了事态的严重性，赶紧向皇帝高纬报告。

高纬得知这一情报后，也吓了一跳，事不宜迟，应当打道回府。因为北周军队占领平阳城之后，齐军便可以溯汾水直上攻取战略要地晋阳，那时自己的国家可就真的岌岌可危了。

高纬难得有如此高的政治觉悟，真是可喜可贺。

可就在这时，怀里的美人冯小怜突然无比娇媚地撒娇道："这么早就要回啊，我还没玩够呢，再打一围好不好？"

《北史》载：帝将还，淑妃请更杀一围。

酥到骨头里的莺歌软语，这是男人的致命杀手，何况还是出自女神之口。

面对美人娇滴滴的这一要求，高纬的心瞬间融化了："听爱妃的，我们再打一围。"

看着怀中的美人再次绽放出绚烂的笑容，高纬也乐了，他再不敢拒绝自己的美人，管它什么告急的文书，还没打来呢，怕什么，来了再说。

在高纬眼里，冯小怜就是一切，江山社稷什么的，全都被抛到了九霄云外。

事实证明，我们过高地估计了高纬的政治觉悟，在美女面前，尤其是女神面前，男人的智商等于零，而对于高纬，其智商简直就是负的。

多年以后，唐朝大诗人李商隐用一首诗，热情"讴歌"了北齐皇帝高纬爱美人不爱江山的爱情故事，诗曰："晋阳已陷休回顾，更请君王猎一围。"

不过，李商隐明显读书不够仔细，陷落的并不是晋阳，而是平阳。虽然李商隐犯了史实上的错误，但是这首诗的意境却是无比形象而丰满的，可以说，这是一个美丽的错误。

直到冯小怜彻底尽兴之后，高纬才从天池折返回晋阳，并迅速集结起了十几万大军，准备御驾亲征，驰援平阳。

高纬要御驾亲征？没错，你绝对没看错，高纬要带兵出征了，这估计是高纬打从娘胎里出来遇到的头一遭。

这并不是高纬脑袋进水，也不是被驴踢了，而是因为在高纬的观念里，打仗会是一件很好玩的事情。这就是高纬的人生观，他的人生观就是——人生如戏。

对于战场，高纬是兴奋的，是激动的，甚至还有些期待，特别是那个叫作宇文邕的家伙，这家伙败了一次居然还敢来，我要去会一会。

在这种莫名兴奋、莫名激动的情绪的感染下，冯小怜站出来了。

打仗？打仗是什么？好玩吗？一定很刺激吧，我也要玩……

打仗这玩意儿，别说高纬没玩过，冯小怜更没玩过，金戈铁马，刀光剑影，想想就觉得刺激。

于是，人们会看到这样一幕啼笑皆非的场景。

在十多万的精锐士卒簇拥中，有两个对打仗充满无限好奇的青年男女，两人紧紧地拥抱在一起，一同骑在高头大马上，一个笑靥如花，一个嬉皮笑脸，向着目的地平阳进发。

就是在高纬正式御驾亲征之时，宇文邕这边也取得了不小的进展。

齐王宇文宪迅速攻占了洪洞（洪洞大槐树迁移的地方）和永安（今山西霍县），进一步扩大战果。同时，齐王宇文宪又被任命到前线去打前哨战。

不巧的是，当时驻守永安的宇文宪，正好就碰上了高纬以及他的十多万大军。

面对十万北齐大军，宇文宪并没有胆怯，宇文宪带领轻骑，反复与齐军周旋，让齐军疲于奔命。

而就在这时，平阳城中的宇文邕也收到了前方传来的军情，得知十多万北齐大军即将兵临城下，宇文邕立刻宣布——撤军。

没错，就是撤军。

顿时，众将领一片哗然，争论之声四起。之前一意孤行要伐齐的，是你宇文邕，此刻第一个打退堂鼓的，也是你宇文邕，宇文邕，你到底想干吗？

"陛下，北齐现在君昏臣奸，军队毫无斗志，虽然有十多万兵力，可那不过是乌合之众，以您的睿智和圣明，此战必胜，何必要撤军呢？"发出这个声音的人，叫作宇文忻。

宇文忻，虽然也姓宇文，但是和宇文邕毫无血缘关系，他的父亲是宇文贵（西魏十二大将军之一），他从小就善于骑射，武艺高强，而且又非常自负，对历史上的"韩白卫霍"根本不以为然，"韩白卫霍"即韩信、白起、卫青、霍去病。不过，宇文忻并非完全自大，也确实有才，他曾跟随韦孝宽一同镇守玉壁城，也算是一个见过场面的人。

宇文忻的话音刚落，又有一位大臣上前厉声说道："北齐的皇帝历代昏庸，纲纪败坏，此时是天赐良机，北齐主昏于上，民惧于下，取乱侮亡，正在今日。"

说话的人叫作王韶，字子相，也是当时北周众多"官二代"之一。

宇文邕对宇文忻和王韶的这一番发言，当即拍手叫好，你们说得太对了，但我意已决，我还是得避一避，我还是得撤军。

宇文邕又拍了拍宇文忻的肩膀，既然你有必胜的把握，那么你就留下来帮我断后好了。

宇文忻是无奈的，无奈归无奈，他还得领命。

于是，宇文邕整理好行囊，大踏步地出发了，目标直指长安，只留下宇文忻和宇文宪两位将军负责断后，护送北周大军顺利撤退。

不倒的平阳城

平阳，一座刚刚被宇文邕夺取下来的城市，就这样被彻底地抛弃了。而面对即将到来的北齐铁骑，平阳城中却是异乎寻常地安静，连空气都凝滞了，难道这就是传说中暴风雨前的宁静吗？

此时留守在平阳城中的最高将领，叫作梁士彦，他和这座平阳城一样，都是被抛弃的。

梁士彦，字相如，一个普通得不能再普通的武将，此前从未有过任何大战记录。

宇文邕在临撤军之时，也知道就这么撇下梁士彦太不地道，于是，他任命梁士彦为晋州刺史，晋州的治所即平阳。同时，还给了梁士彦一万的兵力。

梁士彦，你以后就是这里的最高指挥官了，至于你能做多久，就看你的造化了。

看着扬尘而去的周武帝宇文邕，梁士彦清楚地知道自己被抛弃了。

当所有人都抛弃你的时候，你自己决不能抛弃自己。

梁士彦暗暗发誓，他要和平阳城共存亡。

很快，北齐的十万铁蹄滚滚而来，大军迅速把平阳城团团包围。

期待已久的皇帝高纬随即下令——攻城，一时间，硝烟弥漫，杀声震天。

黑压压望不到边际的北齐士兵，如同蚂蚁一般，不断拥向平阳城，猛烈的炮火，很快就把平阳城的城楼摧毁掉了，甚至连城墙都矮了半截。

此刻的平阳城，如同风中的浮萍，随时都有可能被敌人的炮火所淹没。

梁士彦率领着手下的将士顶着敌人的炮火，誓死坚守着。

梁士彦慷慨激昂地对将士们说："如果今天我们都要战死的话，我一定是第一个死的。"

《隋书·梁士彦传》记载，士彦谓将士曰："死在今日，吾为尔先！"

说罢，梁士彦身先士卒，拿着砍刀，冲向敌人，在墙头和敌人砍杀起来。

朱德元帅曾说过一句名言："能身先士卒与士卒共甘苦者为名将。"从这一点来看，梁士彦绝对可以跨入名将之列。

什么是身先士卒？梁士彦用他钢铁的意志和血肉之躯完美地诠释了这一点。

在战场上，任何的指挥、任何的命令，都比不上一个将领身先士卒能鼓舞人心。

在梁士彦非凡勇气的激励下，士气大振，原先害怕的士卒，一个个也都变得勇猛起来，全都同仇敌忾，视死如归一般投入战斗之中。

城墙倒塌了，只有六七尺，相当于一米五的样子，连人的身高都不够，梁士彦以及他的手下，只能依靠这断壁残垣，和敌人在城墙上短兵相接。

面对杀红了眼的梁士彦和他的将士，原本占尽优势的北齐士兵反倒惊慌畏缩起来。

只要北齐士兵稍稍后退，就会有一群老弱妇孺冲上来，把倒塌了的城墙重新修砌，接着再战。

北齐军队看这么打下去也不是办法，于是又使出了新的秘密武器——挖地道。

地道战，可绝不是抗日时期才有的，自古就有，尤其是攻城战，高欢对付韦孝宽的时候就用过，现在高纬也继承和发扬了高欢的战法，使用上了这一秘密绝招。

这一秘密武器果真收到了奇效。城墙在炮火的洗礼下，本就变得异常脆弱，突然这么一挖，城墙瞬间倒塌。

倒塌的城墙有十多米长，完全暴露在北齐军队的视野之下。

看着倒塌的城墙，此刻的北齐军瞬间亢奋了，只要直冲进城，平阳城便唾手可得。

而此时的梁士彦也已陷入了绝境，根本无险可守，难道真的要战死了吗？

就在北齐士兵一个个摩拳擦掌，预备冲入城中的时候，后方突然传来一声口令——"停止攻城！"

这个声音不是别人，正是高纬。

北齐的士兵正要狂奔进去，突然来这么一命令，差点把腰闪了。

这是为何？这么好的机会，为何要停止攻城？无数的问号悬在了每个人的心头，估计梁士彦也想不通。

事实上，只要你想一想高纬不同于常人的思维风格，一切疑问就都迎刃而解了。

此刻即将攻破平阳城，这样的场景对于高纬来说，无疑是盛大的、壮观的、恢宏的、千载难逢的、百年难得一遇的，这样的一幕大片场景，怎么能自己一个人欣赏呢？

快！传淑妃娘娘一同来观看，你们全都给我暂停！

冯小怜听到召唤，兴高采烈地开始化妆，涂脂抹粉，化完妆还要梳头，接着穿衣打扮，再前前后后照镜子……

如果你有等待女朋友化妆的经历的话，你肯定晓得，这个过程，是无比煎熬的。

高纬并不煎熬，受煎熬的是那些准备攻城的北齐士兵，因为他们站在平阳城的城墙外面，眼睁睁地看着千辛万苦攻破的城墙，被敌人用木头再一次封堵住了。

冯小怜终于打扮好了，一身华丽地进入人们的视线中。

怎一个千娇百媚？怎一个风情万种？怎一个婀娜多姿？

冯小怜，你出现得太及时了，可惜黄花菜都凉了。

让人遗憾的是，期待中的大片并没有出现，冯小怜和高纬陷入了郁闷之中。

在高纬心中，这次御驾亲征的目的很简单，就是为了玩，为了刺激，为了新鲜，为了能和爱妃冯小怜一起目睹打仗时的精彩和激烈。

可是，打仗不是看电影，这不是暴风影音，也不是直播，更不是快播，不是你想暂停，就可以暂停，你想继续，就可以继续的。

战争是残酷的，不是过家家，是血和肉的拼杀，是你死我活的较量。显然，高纬根本不懂战争，他只生活在童话之中。

平阳城就这样保住了，一方面得益于梁士彦坚韧不拔、不屈不挠的抗战精神，另一方面则得益于高纬的"完美指挥"。

而远在长安的宇文邕很快得知了这一消息。

之所以如此之快，是因为宇文邕此前暗中派了一支队伍驻扎在平阳城不远处的涑水沿岸，秘密监视平阳城的一举一动，而这支队伍的主帅正是宇文宪。

宇文宪此时手握六万兵力，却眼睁睁看着梁士彦据守孤城，在生死线上挣扎和拼命，这不是宇文宪见死不救，而是因为这一切都是宇文邕所安排的。

一切都是一个局，一个宇文邕所布置的局。

当高纬带着十多万的北齐精锐，逼近平阳之时，宇文邕深知，北齐大军士气正盛、锋芒毕露，而自己连日率军攻打平阳，士兵早已疲惫，在这个时候如果硬拼，绝对没有好果子吃。

宇文邕并非害怕，而是不想做无谓的流血牺牲。与其和北齐硬碰硬，倒不如撤军回去，避其锋芒。

而平阳城则被宇文邕设计成了一个诱饵，一个吸引北齐大军的诱饵，一个消磨北齐大军士气的诱饵。

而孤军奋战的梁士彦，必将置之死地而后生，只要梁士彦能坚守一天，便会消耗北齐一分的士气。

宇文邕预想的是，等到北齐把平阳城彻底打下，北齐大军的士气必将大打折扣，所剩无几，到了这个时候，宇文宪的六万主力再突然出击，那么，最后的胜利必然重新回到宇文邕手中。

宇文邕料到了梁士彦会坚守，但并没料到平阳城会支撑这么久。

事实上，平阳城这个诱饵，比想象中要坚强得多。

梁士彦死守住了平阳城，不仅牢牢地吸引了北齐大军十多万主力，而且令北齐大军寸步难进，最终，北齐大军的士气被彻底消耗殆尽。

也许你会问，宇文邕这不是把梁士彦当炮灰使吗？

没错，在宇文邕的眼里，梁士彦只是一个普普通通的将领，他就是一枚棋子，一枚吸引敌人的棋子罢了。至于梁士彦的生死，宇文邕并没有考虑。

这就是古代的帝王，在帝王的眼中，任何人都只是棋子而已。

历经这场战役之后，梁士彦的名字，也将从此为世人所知。

决战平阳

长安城中的宇文邕没有迟疑，大军仅仅休整了几天，就再一次踏上了征途，此时是当年的农历十一月二十二。

这是宇文邕第三次踏上东征之旅了，我相信，宇文邕这一次比任何一次都更加有信心，因为一切全都在他的掌控之中。

同时，宇文邕还下令释放了之前所有俘虏的北齐士兵。

作为俘虏，他们几乎是在鬼门关上走了一遭，所以，俘虏的心里必然是恐慌的。

当这些俘虏一个个回到北齐军营之时，恐慌的心理也开始在北齐军营中蔓延开来。这些俘虏甚至会添油加醋，把北周的士兵描绘成神兵，把周武帝宇文邕描绘成魔王，大战还未开始，北齐军心就已经动摇了。

攻心为上，攻城为下，宇文邕深谙《孙子兵法》之道。

宇文邕很快便和埋伏在前线的宇文宪会合了，兵力合计八万。

八万北周士兵很快开拔到平阳城下，大军铺展开来，东西绵延，足足有二十里，明显一副一字长蛇阵的架势。

一场大战，即将爆发，可是，双方却你看我，我看你，始终按兵不动。这并不是他们不想动，而是没法动。

因为在两军之间，有一条又深又长的鸿沟，鸿沟里全是洪水，双方谁都无法靠近谁。

这是为了防备北周的援军救援平阳，北齐军队事先特意挖的，并且沟通了汾河，使得大量的汾河河水倒灌进来，形成了一条人工运河。

对于北齐军队来说，这无疑是一条非常好的御敌之策，北周军队就这样被阻挡在了鸿沟的南岸，根本无法对北齐形成进攻。

虽然史书上并没有记载说这是谁出的主意，但是，能想出这条计策的，一定是个人才，但绝不是高纬这样的"天才"。

周齐大军就这样对峙在鸿沟两岸，彼此之间只能射几支箭，丢几块石头，或者扯着嗓子，相互对骂，除此之外，无能为力。

正所谓，蒹葭苍苍，白露为霜，所谓伊人，在水一方。

面对在水一方的北齐大军，宇文邕并不着急，他跨上战马，进行大阅兵，甚至还能叫出每个士兵的名字，以此来鼓舞士气。

宇文邕不着急，可是，河对岸的高纬却先着急了。

这仗到底打还是不打？打的话，又该怎么打？是主动出击，还是据河防守？一个个问号，不断地闪现在高纬的脑海中。

事实上，高纬的脑细胞根本回答不了这些疑问，但高纬却是一个善于听取意见的人。

高纬连忙询问身旁的高阿那肱，到底打还是不打，高阿那肱回答说："当年神武皇帝（高欢）在玉壁受阻，寸步难行，我们能比得上神武皇帝吗？显然不能，我们不如利用这条鸿沟，赶紧撤退，据守在高梁桥，这样才有胜的把握。"

听完高阿那肱的这一席话，高纬的脸色有点难看，这个高阿那肱，关键时刻掉链子，居然如此胆小如鼠。

高纬又找来另外一个人征求意见，此人叫作安吐根，是个西域的胡人。安吐根说："一撮小蟊贼而已，要是我的话，我骑上马就把他们一个个捉住，然后丢进汾河里喂鱼。"

安吐根这一番豪迈的回答，令高纬顿时热血沸腾，我来这一趟，不就是想玩个刺激吗？退守高梁桥？这不是犯贱吗？既然要打，那就痛痛快快地打一场。

于是，高纬下令，填平鸿沟。

你没听错，也没看错，就是要填平鸿沟，这样才能真正地决一死战。

宇文邕骑在战马上，看着遥遥相望的北齐大军，他们竟然放下了武器，拿起了扁担箩筐，挑着一担又一担的泥沙土石，一筐一筐地倒入鸿沟之中。

士兵突然变成了民工，而高纬也变成了包工头，他们千辛万苦地挖掘了这条鸿沟，又千辛万苦地把鸿沟填平。

填坑要比挖坑更容易，很快，洪水逐渐消退，沟壑也逐渐接近地面，而此时，北齐的士兵也已经累得人困马乏。

宇文邕和他的将士们，全程欣赏了这一出滑稽的表演，就在这场演出接近尾声的时候，宇文邕下令，全军出击。

还没喘过气来的北齐士兵，再一次丢下了扁担箩筐，重新拿起了手中的武器。

此刻，他们根本不知道自己到底是民工还是士兵，手里拿着的到底是扁担还是砍刀，但他们知道，他们亲手为敌人铺平了进攻自己的道路。

不管他们手里拿着的到底是扁担还是砍刀，他们都得立刻和敌人拼杀，因为这是战场，不是你死就是我活。

一时间，杀声震天，战鼓擂动，刀与剑在此刻摩擦出耀眼的火花，血与肉在此刻交织。

战场的血腥，顿时令高纬神经兴奋起来，高纬赶忙将自己的爱妃冯小怜拉上战马，站在高地之上，欣赏眼前这潮水一般的拼杀。

事实证明，北齐大军不仅能做民工，也能做战士，他们一次次地挡住了宇文邕的数次冲锋。

而宇文邕的军队虽然一直在养精蓄锐，但是到了战场上，还是无法形成明显优势。

毫无疑问，这是一场势均力敌的较量，双方互不相让，你来我往，杀得暗无天日，昏天黑地，战斗的激烈让每一个人血脉偾张，战场的血腥之气弥漫在每一个人的心头，其中就包括我们的主人公杨坚。

此刻的杨坚是强烈激动的，也是异常亢奋的，因为这是杨坚有生以来亲身遭遇到的最激烈的一场战斗，他真正体会到了，什么才叫战争。

一身铠甲的杨坚骑在战马上，他攥紧了拳头，手里紧紧握着武器，浑身的血液都在沸腾，心跳加速。

杨坚身为一名行军主帅，他没有理由旁观，他勒动着马头，已经跃跃欲试。

就在杨坚即将驰马入阵之时，有一个人却一把拉住了杨坚的马笼头，阻止了杨坚的冲锋陷阵。

杨坚低头一看，原来此人是陈茂。

陈茂，出身寒微，此时陈茂的身份，只是杨坚的家臣，换种说法，只是家奴而已。

一个家奴竟敢如此阻拦主人的去路？这也太胆大妄为了吧？

杨坚呵斥陈茂赶紧松手，然而陈茂却是越拉越紧，死活不让杨坚骑马入阵。

看着这个不识好歹的陈茂，杨坚果断怒了，在杨坚的眼里，上战场冲锋杀敌，这是建功立业的绝佳机会，怎可轻易错过，陈茂分明就是与自己作对。

愤怒的杨坚立刻抽出身上的佩刀，一刀劈在了陈茂的脸上，汩汩的鲜血从陈茂的额头涌出，瞬间令陈茂血流满脸，然而，陈茂的眼神却依然坚定，手心依然死死地紧握着马绳。

杨坚虽然愤怒，但是他终究没有办法，面对一个比驴还倔的人，杨坚只能把气憋在肚子里。

就在杨坚和陈茂这对主仆彼此较劲的时候，此时的战场依然处于胶着状态，难分胜负。

如果你爱看球赛的话，肯定有这样的感受，如果比赛是一边倒的情况，那么这样的比赛并不好看，真正精彩的比赛是双方实力相当、势均力敌，最好能打满加时赛，把胜负的悬念一直保留到最后一刻，这才是真正精彩绝伦、让人拍手叫好的比赛。

从此时的战场形势判断，北周与北齐的这场生死大战，无疑正在朝着精彩绝伦的方向发展，他们将创造一场极为精彩而激烈的战争，鹿死谁手，犹未可知。

细节决定成败

然而战争不同于球赛，球赛上只要拼实力就可以，战争上瞬息万变，一个偶然的小小细节，就可以扭转战场局势。

楚汉时期，刘邦占领彭城之后，手握五十六万大军，整日地饮酒高歌，自以为胜券在握，没想到项羽却率领三万骑兵，突然袭击彭城西部还未设防的萧县，结果，刘邦的五十六万大军被瞬间击溃，十万汉军被投入睢水，睢水为之不流。

　　而此时的刘邦，已经被项羽所率的楚军团团包围，刘邦已经插翅难飞，几乎要认命了，在这危难关头，一场沙尘暴突然来袭，而且是冲着楚军刮来的，一时间楚军阵脚大乱，刘邦趁机逃出生天。

　　谁都没有想到，一场突然而至的沙尘暴，竟然挽救了刘邦的卿卿性命，这就是历史的偶然性。

　　而在这场平阳大战之中，历史的偶然性再一次上演。

　　正当周齐大军殊死决战之时，后方的一个女人的声音突然传来——"败了！败了！"

　　毫无疑问，这是冯小怜的声音，因为她是这里唯一的女人。

　　冯小怜之所以如此大喊，是因为她看到了齐军的右翼方阵稍微后退了一下，注意，只是稍微。

　　战场本来就是你来我往，有进有退的，为了避其锋芒，稍微后退一下，是再正常不过的了，一时的后退，只是为了更有力的进攻。

　　冯小怜毕竟只是个妇道人家，她哪里懂得这个道理！她看到自家军队稍微这么一后撤，顿时吓得花容失色，因而连声大叫："败了！败了！"

　　冯小怜这么一叫，旁边的穆提婆也跟着起哄："皇上快跑！皇上快跑！"

　　高纬本就是一个没有主见的人，一听到自己最宠爱的妃子，还有自己最信任的大臣，两人都说败了，高纬还真的以为败了。

　　高纬慌不择路，掉转马头，带着几个亲信，连忙向北逃命而去。

　　北齐的将士们傻眼了，他们看到皇帝如此狼狈地逃跑，一时间军心大乱，自乱阵脚。

　　北齐军心一散，战斗力也随之暴跌。

　　随即，一场势均力敌的决战，瞬间变成了歼灭战。

　　在宇文邕的率领下，北周军如同潮水一般冲击向北齐军，把北齐军冲得七零八落，溃不成军。接着，北周军队如同砍瓜切菜一样，将这里变成了屠宰场。

　　高纬不愧是一位"雄才大略"的皇帝，在他的"英明"领导下，彻底葬送了北齐最为精锐的军事武装。

　　此役，北齐损失了一万多兵力，可谓伤亡惨重，丢弃的辎重器械堆积成好几座小山。

　　而士气正盛的北周军队更加势如破竹，对北齐军队更是穷追猛打。

　　不过，让人可惜的是，由于北周军队冲杀得太猛，北齐军队丢弃的辎重武器并没有落入周军之手，却被藏匿在深山中的稽胡盗走了。

　　而高纬则带着冯小怜，一路狂奔到了洪洞，在洪洞还没缓过气来，却又听闻敌人杀过来了，高纬又一次带着冯小怜失魂落魄地逃窜而去。

北周的军队如同瘟神一般，令北齐所有的士兵无不闻风丧胆，他们只顾四散逃命，毫无纪律可言。

平阳之战，北周取得了完胜。

宇文邕开心地笑了，这是他率兵伐齐以来，取得的最大的一场胜利。

宇文邕望着这座历经战火蹂躏的平阳城，望着那一处处的残垣断壁，他的心头感慨万千。

宇文邕见到了梁士彦，两人执手相看泪眼，竟说不出一句话。

这一个多月里，平阳城经历了怎样的战火，只有他梁士彦心底最清楚，所有人都以为宇文邕抛弃了这里，但是只有梁士彦选择坚守。

在梁士彦的感召之下，全城官兵同仇敌忾，一直坚守到了最后一刻，终于，宇文邕回来了，他知道自己并没有被抛弃。

梁士彦难以掩饰自己激动的泪水，并抚摩着宇文邕的胡须（宇文邕是个大胡子），哭泣着说："臣几乎见不到陛下了！"

宇文邕的心头也是无限慨叹，他从未给过梁士彦任何高官厚禄，甚至把梁士彦作为诱饵抛弃在了战场，而梁士彦却用勇气和信念来报答自己，对于眼前的这位忠臣猛将，宇文邕的内心充满着愧疚，一行热泪夺眶而出。

抱头痛哭之后，梁士彦提出，宜将剩勇追穷寇，趁势一鼓作气，消灭北齐。

宇文邕点点头，握住梁士彦的手说："平阳城是我们伐齐的基础，平阳城就交给你了，你一定要守住这里，等着我凯旋。"

宇文邕再一次跨上战马，直奔下一个目标——晋阳城。

而当这场平阳大战归于平静之后，杨坚也终于从战斗时的亢奋中清醒过来，他看着被自己砍伤的陈茂，很是惭愧。

杨坚不是不明事理之人，也不是性情暴戾之人，之所以在战场上出手伤了自己的部下，只是因为自己一时过于建功心切。

而陈茂虽是一介家奴，却时时刻刻心系杨坚的安危，并在最危急的时刻，做出了最正确的抉择。

当时两军对峙胶着，齐军气势正盛，此时如果一味贪功，很可能就真的牺牲了。

杨坚想起了自己的父亲，父亲杨忠也曾建功赫赫，可最终仍然失败于权力的角逐之中。

杨坚在北周的政坛上，已经见证了无数的血雨腥风，他早已不是那个在寺院的高墙之中怀揣报国志向的少年了，他已成长为一个真正的野心家，他知道只有一直活下去，只有掌握最高权力，才能够让自己真正强大。

对于陈茂的义举，杨坚心怀感激，自此以后，杨坚对陈茂不再像普通家奴一样呼来喝去，而是充满了尊敬。

逃跑，是个问题

此时的高纬，已经一路狂奔到了晋阳，虽然暂时是安全了，但他还是坐卧不宁，忧心忡忡。

这恐怕是高纬有生以来第一次如此担惊受怕，对于战场上的惊魂一刻，他依然记忆犹新。

很快，宇文邕率领的北周军队行进至汾水关，得知这一消息的高纬顿时惊慌失措，眼看着宇文邕的军队就要兵临城下了，这可怎么办？

三十六计，走为上计，高纬决定逃。

往哪儿逃？一路向北。

高纬思来想去，晋阳城肯定是不能待了，他决定先去朔州，到了朔州之后，再观察形势，如果晋阳城不保的话，就继续向北，逃到突厥人那里，突厥人肯定会保护自己的。

这一"高瞻远瞩"的逃跑计划，简直堪称完美，高纬都不由得佩服起自己来了。

路曼曼其修远兮，吾将逃之夭夭矣！

可就在这个时候，一个人突然大哭着一把拉住了高纬，死活不让高纬走。

此人叫作高延宗，是高澄之子，也是高纬的堂兄，相对于高纬的逃跑主义，高延宗则是极力主战。

高延宗一边哭泣一边死死拽着高纬劝谏说："陛下，为了大齐的江山，您不能走，只要陛下把所有的兵力都交托给臣，臣一定誓死效忠，死战到底，定可破敌！"

然而高纬主意已定，就算高延宗哭干了眼泪，也无济于事。

高纬随即任命高延宗为相国、并州刺史，总领山西兵事。

好了，既然高延宗你要死战，你就死战好了，这里就全都交给你，我就不奉陪了，我可不想送死。

高纬专门选择了在夜里出逃，趁着夜黑风高，没人发现，高纬带着一帮亲信，当然还有自己的爱妃冯小怜，突破了晋阳城的城门，向着北方，狂奔而去。

然而，一路向北的高纬还没走多远，手下就有很多人纷纷散去。

原因很简单，突厥是什么地方？虽然说风吹草低见牛羊，也有一番草原风光，可那毕竟是塞北苦寒之地，前不着村后不着店，要吃的没吃的，要喝的没喝的，连个女人都没有。一群过惯了安逸享乐生活的人，谁愿意遭这个罪，去什么突厥，去那儿除了喝西北风还是喝西北风。

眼看着高纬真的要变成孤家寡人了，这时候一位领军牵住了高纬的马，苦苦劝谏，我们还是回去吧，别去突厥了，您要是执意要去，那这帮手下可就全都溜了。

高纬想想也是，突厥那种鸟不拉屎的地儿，确实不是什么好去处，而且自己怀里还有这样一位千娇百媚的美人儿，跟着自己风吹日晒，万一变成黄脸婆怎么办，也罢，那就不去突厥了。

高纬随即掉转马头，向东南而去，这次的目标是邺城。

当高纬一路风尘仆仆地回到邺城之时，他清点了一下随行人数，居然只剩下了几十人，但是，这还不是最让高纬震惊的，真正让高纬震惊的是，穆提婆丢了。

总共就几十人，找来找去，死活看不到穆提婆的人影，难道是在路上被野兽吃了？

事实上，当高纬一路向东逃的时候，穆提婆却是一路向西，穆提婆要去见一个人，此人就是宇文邕。

穆提婆一见到宇文邕，倒头便拜，表示愿意归顺大周。

所谓夫妻本是同林鸟，大难临头各自飞，更何况不是夫妻呢？穆提婆自觉高纬已经大势已去，如果再不改换门庭，那么，自己可就得陪高纬一起送死啊。

对于穆提婆这种唯利是图的骑墙派，宇文邕打心眼儿里是瞧不起的，不过，宇文邕还是欣然接纳了穆提婆，并且出人意料地赏赐给穆提婆高官厚禄。

原因很简单，穆提婆是什么人？北齐"三贵"之一，高纬最宠幸的大臣，连穆提婆这样的人都投降了，其他人还犹豫什么？而且，宇文邕是个爱才之人，只要来投靠，就会有高官厚禄等着你们。跟着宇文邕，那是前途光明，跟着高纬就只能像个丧家之犬一样东躲西藏，你们还等什么？还不快点弃暗投明？

宇文邕这一招，就叫作收买人心。

很快，穆提婆叛变的消息，顿时在整个北齐朝廷里炸了锅，朝臣们无不人心思动，一个个都相继投入北周的大营。

高纬简直要气疯了，好你个穆提婆，我把你当兄弟，你居然背叛我。

怒不可遏的高纬，决心要报复穆提婆，报复穆提婆本人是不可能的了，那就报复他的家人。

高纬下令把穆提婆的家人悉数抓来，毫不留情地全部处死，而穆提婆的老妈，也就是高纬的奶妈陆令萱，也不得不自杀而死。

一代传奇奶妈，就此终结了她的人生之路。

说到陆令萱，就不得不交代一下她的老相好祖珽。

祖珽虽然奸诈贪财，但他绝对是北齐后期智商最高的一个人，俗话说聪明反被聪明误，聪明的祖珽不知是大脑短路还是怎么的，提出要罢黜宦官和内侍。

这一下子就触怒了陆令萱和穆提婆母子，陆令萱和穆提婆便在高纬面前诋毁祖珽，祖珽最终被赶出了朝廷，派到了徐州担任刺史，不久就死在了徐州。

恶人自有恶人磨，这句话放在祖珽身上绝对在理。

高纬杀完穆提婆一家，他残暴的一面淋漓尽致地表现了出来，于是，高纬更加不得人心。

曾经无比效忠的斛律光，被你杀了；誓死效忠的兰陵王，也被你杀了。而你现在却要所有人对你忠心不贰，这真是天底下最可笑的笑话了。

孤城晋阳

然而，还有这样一个人愿意为高纬效忠，为北齐效忠，不是别人，正是据守在晋阳城的高延宗。

高延宗，自小便孔武有力，有大将风范，他从小就被开国皇帝高洋所收养，并被封为安德王。史书记载高洋非常溺爱高延宗，甚至允许高延宗在自己的肚脐里撒尿（口味有点重）。

而高延宗早年也曾骄横不法，后来洗心革面，终于成长为军界新星。就在平阳大战中，整个北齐军队都丢盔弃甲，死伤惨重，唯独高延宗所率领的部队，完好无损地撤退回了晋阳。

高纬把晋阳城的烂摊子，一股脑儿都丢给了高延宗，溜之大吉了，高延宗虽然无奈，但他却不会放弃。

事实证明，高延宗是一位非常有威望和人气的将军，就在高纬离开晋阳不久，众将士纷纷推举高延宗称帝。

称帝？这可是谋逆之罪，高延宗决不敢做这种事。

可是，手下的那些将士却不依不饶，他们对于弃城而逃的高纬，已经彻底绝望了，而他们唯一指望的，就是高延宗。

这些将士，都是高延宗一手提拔的，都是有血性的硬汉子，只有在高延宗的带领下，他们才愿意卖命。

高延宗被逼无奈，他只能顺应民心，接受了大家的这一请愿。

公元 576 年 12 月 14 日，高延宗在晋阳称帝，改元德昌。

高延宗称帝了，没有隆重的登基大典，没有奢华的黄袍冠冕，却有着一番慷慨激昂震慑人心的宣言：

"当今的皇帝，昏庸懦弱，忠臣被杀，宵小横行，如今兵临城下，皇帝竟然连夜逃遁，不知去了何处，承蒙各位将士的抬爱和不弃，现在我只能继承这皇帝大位，希望众将士能与我同仇敌忾，誓死守卫晋阳城。"

高延宗看着眼前的这些将士，从他们的眼神里，他能看到一种视死如归的勇气，一股巨大的悲凉感涌上心头，泪水逐渐湿润了眼眶。

高延宗称帝的消息，很快传播出去，原先不少动摇的人，也都逐渐纷至沓来，聚拢在了高延宗的麾下，规模很快发展到了一万人。

高延宗把府库中的金银以及后宫中的美女，全部分发给了将士们，甚至在检阅部队的时候，高延宗亲自握住他们的手，称呼他们的姓名，这让每一个官兵无不涕泪纵横，就连妇女和儿童，也都争先恐后参与到战斗之中。

这一幕和平阳城的一幕几乎一模一样，他们同样都是被抛弃的，同样也都做好了战死的准备，他们并不是为了昏庸的高纬，也不是为了腐败的朝廷，而是为了自己的国家，为了每个人自己心中的信念。

对于这样一支不知死为何物的部队，那是恐怖的，是难以战胜的，梁士彦就用事实证明了这一点，而现在，高延宗将再一次证明。

十五日，高延宗称帝仅仅一天后，宇文邕便率领着十万大军兵临城下，十六日，宇文邕亲自指挥，将晋阳城团团包围，由于北周士兵所穿的都是黑衣，旗帜也是黑色的，因而晋阳城就如同被乌云笼罩一般。

这不禁让人们联想到唐代大诗人李贺的名句："黑云压城城欲摧，甲光向日金鳞开。"此刻的晋阳城，正是如此。

黑色的阴霾，浸染了每一个将士的心，空气中弥漫着紧张和压抑、绝望和抗争。

北周最英勇的将领之一——宇文宪，率先向晋阳城的北门发动攻击。

高延宗毫不示弱，他任命了几位将领留守在南门和东门，自己则带兵冲向了北门，迎击宇文宪。

史书记载，高延宗身材肥胖，从前面看，他就像是躺着，从后面看，他就像是趴着。总之，浑身肥肉，四四方方的，完全看不出棱角。因而高延宗时常招人嘲笑，经常在背后对他指指点点。

可就是这样的一个重量级选手，却来去如风，身轻如燕，挥舞着长矛，在敌军中来回穿梭，身手敏捷。

无论高延宗想去哪里，都能轻易地跳跃过去，很显然，高延宗不是练过凌波微步，就是练过铁掌水上漂，要不然怎么可能如此敏捷自如。

在高延宗绝妙轻功的指挥下，迅速抵抗住了宇文宪的进攻。

就这样一直从白天大战到了黄昏，而就在这时，晋阳城的东门告急。

原来宇文邕亲率周军到了东门，宇文邕身先士卒，将士们也都拼尽全力，很快，东门攻破了。

天色已晚，周围一片漆黑，而宇文邕顺利攻破东门之后，便挥师直捣入城，一时迷失了方向，并放火焚烧了城中的寺庙（打仗也不忘灭佛）。

此时，高延宗的部队迅速赶到，他和另外一位将领，从两侧夹击宇文邕率领的周军。

由于宇文邕孤军深入，战线又拉得太长，瞬间就被从天而降的高延宗打得七零八落，难以组织起有效的抗击。

周军顿时乱成了一锅粥，根本无法重新组织，狭窄的城门里，挤满了准备逃跑的人，其中就包括宇文邕。

宇文邕也是自身难保，他知道自己太疏忽大意了，而这时为时已晚，手下的士兵完全不听调遣，在夜色之中，只顾逃命。

一时间，所有的人都堵塞在了城门口，而高延宗的部队则高举着火把，挥舞着砍刀，向着周军砍杀过去，又是一场大屠杀。

而此时的周军简直如同地狱一般，而齐军就如同地狱里的恶鬼，在火把的影影绰绰之中，高延宗和他的士兵们面目狰狞，就如同嗜血的魔鬼。

由于城门拥堵了太多人，周军一时根本无法逃脱，因而他们只能沦为齐军的刀下之鬼，即使没有被齐军砍死，也会被拥挤踩踏而死。

此刻拥堵的场面，绝对要比北京地铁早高峰火爆得多。

而此时的宇文邕，只能在人群中被挤来挤去，所有人都顾不得他这个皇帝了，周围的士兵一个个在屠刀下凄惨地哀号，脚下遍布同胞的尸体，宇文邕第一次离死神如此之近。

就在这危急时刻，从黑暗深处突然伸出了一只手，这只手紧紧地拉住了宇文邕，宇文邕还没完全回过神来，就被此人拉上了一匹战马。

接着又是一声马鞭抽打马匹的声音，马突然高声一叫，向着前方，冲了过去，冲开了人群，冲出了包围圈，冲出了这一片人间地狱。

解救宇文邕的，一个叫作张寿，一个叫作贺拔伏恩，都是宇文邕最贴身的将领。

历经惊魂一刻的宇文邕，早已是冷汗涔涔，虽然宇文邕最终安然地回到了周军大营，但是，宇文邕却无法忘却那如同魔鬼一般的高延宗，这个人太可怕了。

此役，宇文邕损失了两千士兵，而自己也差点命丧黄泉。

捡回一条命来的宇文邕，对高延宗产生了深深的恐惧，他终于领教到了高延宗的厉害，他知道高延宗不好惹，于是，他决定暂且撤军，留得青山在，不怕没柴烧。

意外的胜利

关键时刻，又是宇文忻站了出来。

宇文忻，大家应该并不陌生，宇文邕决定此前从平阳撤军的时候，就是他第一个站出来反对的。现在，宇文邕又要撤军，宇文忻又是第一个站出来反对的，很显然，这个人性子很直。

宇文忻的语气明显不太友好，厉声呵斥道："昨日破城，是将士轻敌，才导致的不利，何足顾虑！大丈夫当死中求生，败中取胜。今破竹之势已成，奈何弃之而去！"

宇文邕一下子被镇住了，对啊，破竹之势已成，难道就要这样放弃？

这时候，宇文宪和王谊也跟着站了出来，也表示赞成宇文忻的说法。

伐齐只是宇文邕统一大业的第一步，连一个小小的北齐都平定不了，还谈何统一大业？

如果此时撤军的话，丢掉的可不只是一座晋阳城，整场战役就全都输了，此前的流血牺牲，也将全部付之东流，而一旦北齐缓过气来，那么，北周也不会有好日子过。

事实上，我们恐惧，敌人比我们更恐惧，行百里者半九十，拼的就是毅力和决心。

宇文邕彻底想通了，他只是一时被失败和恐惧蒙蔽了眼睛，但他的心始终是雪亮的。

人人都有胆怯的时候，高纬有，宇文邕也有，但是宇文邕不同于高纬的是，宇文邕的胆怯只是一时的，他可以用坚定的信念来克服恐惧。

宇文邕再一次挥起了长剑，剑锋直指晋阳城。

正如宇文忻所说，大丈夫当死中求生，败中取胜！

挥剑决浮云的时刻到了！

第二天，即十二月十七日，宇文邕以最快的速度重整旗鼓，率领大军，向晋阳城进发。

宇文邕仍然选择了晋阳城的东门作为突破点，然而当军队开拔到东门外之时，却发现连个守城的人影都没有。

这难道是传说中的空城计？

不过，南北朝时期还没有《三国演义》，所以空城计的故事并不为人所知，如此高智商的计谋，显然没人懂。

宇文邕没做过多考虑，手中的令旗一挥，潮水般的大军便向着东门冲了过去。

然而，让所有人奇怪的是，大军冲了好几百米，还是没看到北齐军的影子，只有零星的几个小兵，而且一副烂醉如泥的样子。

原来昨晚那场激战之后，齐军上下都欣喜若狂，所有人都认为宇文邕死在了战场上，而且就死在东门的死人堆里，甚至还黑灯瞎火地找了半天宇文邕的尸体。

宇文邕最大的特点，就是有一把浓密的大胡子，高延宗就抓住了这一特征，在找人的过程中，专找大胡子的。

可是，尸体实在太多，且血肉模糊，加上当时的照明工具实在是简陋，即便知道宇文邕有大胡子的特征，但依然搜索无果。

然而，他们并没有如同搜寻马航一样的决心，因为他们都坚信宇文邕必死无疑。

人都死了，找不找得到宇文邕的尸体，还有什么意义吗？只是时间早晚问题罢了。

于是乎，夜幕下的晋阳城顿时成了不夜城，所有的士兵都集中到了酒馆里，饮酒高歌，纵情狂欢。

这一喝，就喝过了头，连高延宗都管不住，一个个东倒西歪，结果一直到第二天日上三竿，还在呼呼大睡。

当宇文邕看到这群烂醉如泥的士兵时，宇文邕才醒悟过来，如果不是宇文忻、宇文宪、王谊他们三人昨夜的苦苦劝谏，恐怕自己真的就与胜利擦肩而过了。

而昨晚令人充满死亡恐惧的魔鬼，现在却成了一群不省人事的醉鬼，人的堕落真是可怕。

宇文邕并没去打扰这些士兵的好梦，而是让他们继续酣睡，自己则连忙率兵去寻找昨晚那个恶魔的首领——高延宗。

宇文邕很快找到了高延宗，高延宗还清醒着，可他的手下却寥寥无几。

高延宗本想从北门逃出去，可惜此时纵使有再高超的轻功，也无济于事了，毕竟自己只是孤身一人，对方则是千军万马。

很快，高延宗被五花大绑着押解到了宇文邕面前。

宇文邕看到被捆绑着的高延宗，立刻翻身下马，亲手为高延宗松了绑，并且拉住了高延宗的双手。

高延宗连忙辞谢说："我这是死人之手，您是天子，我怎能靠近？"

宇文邕哈哈大笑："你我都是天子，从未有过任何的仇怨，我们的目的都是救老百姓，我何苦要加害于你呢，你不要害怕。"

说完，宇文邕亲自为高延宗整理好了衣帽，用最高的礼节对待高延宗。

昨晚还被高延宗杀得差点性命不保，此刻竟然像兄弟一般攀谈起来，甚至用高规格的礼节来礼遇对方，这需要怎样的胸襟才能做到？

而高纬听说高延宗在晋阳城称帝之后，却显得非常愤怒，并且说："我宁愿让宇文邕得到晋阳，也不愿意让高延宗在晋阳当皇帝。"高纬的胸襟又是何其狭窄！

两相对比，同样是帝王，胸怀却是天壤之别。

高延宗以及北齐的众多将士，就这样在酣醉之中，向宇文邕缴械投降了。

这样的结局，带着些许玩笑，也带着些许无奈，这种无奈不仅仅属于高延宗，也属于整个北齐，一场本可让局势逆转的大战，却以一种略带滑稽的方式收场了。

但是，这场晋阳之战仍然可以说是整个伐齐之役中最为惨烈的一场战斗，在这场战役中战死的北周将领，也是所有战役中最多的。

其中有一个人就和杨坚密切相关，此人就是杨坚的二弟杨整。

从伐齐的一开始，杨坚就是一位历史的亲历者，虽然史书的笔触对杨坚的行迹着墨不多，但他身为一名行军主帅，却真真切切地目睹了战场上所发生的一切，也同样见证了二弟杨整的牺牲。

战死的高级军官中，同样还有韦孝宽的儿子韦总，李弼的儿子李晏，等等。

而对于高延宗的部队而言，他们用事实告诉我们，什么叫作乐极生悲。

最终，齐军上下都成了北周的俘虏，只有一个复姓莫多娄，全名叫作莫多娄敬显的将军，从晋阳逃了出来，并把晋阳陷落的消息带到了邺城，带给了高纬。

当高纬得知晋阳陷落的时候，我不知他是做何感受，但有一点，高纬的愿望确实是实现了，晋阳城没有落到新皇帝高延宗的手里，而是如愿以偿地移交到了宇文邕的手里。

晋阳城，一座千年的古城，在此前的几十年里，这座著名的城市，它的主人一直姓高，而从这一刻开始，晋阳城改姓宇文了。

第十章

北齐灭亡记

大厦将倾

其实，老天一直都非常眷顾高纬，给了高纬无数次翻盘的机会。

在周军围攻平阳城的时候，本来已经冲破城墙，弹指间便可夺取平阳，偏偏高纬要邀请冯小怜来一同观看，于是便按下了攻城的"暂停键"。

平阳决战之前，高纬本可凭借鸿沟，据守平阳，高纬却偏偏主动为敌人铺平了道路。

平阳激战正酣之时，双方本是势均力敌，偏偏冯小怜大喊军败了，使得大军自乱阵脚，战场形势急转直下。

而晋阳城自古便是一座坚城，以易守难攻著称于世，这无疑是一个绝佳的反击机会。

几百年后的宋太宗为了攻下北汉都城晋阳，足足用了四个月的时间，自始至终，都没能撼动固若金汤的晋阳城。

最后，由于北汉内部集团出现了分化，北汉皇帝刘继元才主动出城请降的，宋太宗这才把晋阳城拿下。事后，宋太宗对此非常不满，为了泄愤，竟然把这座晋阳城彻底夷平，把晋阳城从地球上彻底抹掉，又在晋阳以北的阳曲县唐明镇新建了一座新城，这就是今天的太原。然而，新建的太原城已经彻底失去了晋阳城往昔的风采，从此也再没有成为一国之都。

由此可见，晋阳城是何等之坚固！

如果高纬能够拿出宇文邕十分之一的勇气，万众一心，抗击北周，胜利的天平绝对是指向高纬一边的，而高纬偏偏选择弃城而逃。

就在宇文邕攻克晋阳不久，一个名叫独孤须达的人，带着一份降书前来拜见宇文邕。

宇文邕一见来人是独孤须达，顿时眼前一亮，因为，独孤须达的父亲就是独孤永业。

独孤永业，我们并不陌生，宇文邕第一次东征伐齐，就是在独孤永业镇守的金墉城下功败垂成的。当时独孤永业异常淡定，并用计骗得宇文邕狼狈而逃，宇文邕对此肯定记忆犹新。

而在宇文邕第二次东征伐齐中，改变原先的战略，取道山西作战，就是为了避开被独孤永业重兵把守的河南地区。

此时的独孤永业手握三万精兵，且全都是精锐，他听闻平阳陷落的消息后，便连续向高纬上表，主动请缨北伐周军，然而高纬却置若罔闻。这让独孤永业顿感英雄无用武之地，非常愤慨。

而当晋阳陷落的消息传到独孤永业耳朵里的时候，独孤永业已经对高纬失望到了极点，而就在这时，北周的两位使者突然而至，一个叫作于翼，另外一个叫作韩擒虎。

这其实是宇文邕一早安排的，宇文邕深切知道，想和独孤永业直接武力较量，就如同拿鸡蛋碰石头，是绝对不可行的，因而，宇文邕在伐齐之初，就派出了于翼和韩擒虎作为说客，去说服独孤永业归降。

于翼和韩擒虎对独孤永业，动之以情，晓之以理，对独孤永业是软磨硬泡，下足了口舌功夫。

再加上平阳和晋阳的相继陷落，而自己的对战场的诉求却又被高纬置之不理，这已经让独孤永业伤透了心。

最终，独孤永业决定弃暗投明，并派自己的儿子独孤须达向宇文邕递交降书，表示归顺北周。

这不仅仅是一封投降书，同时也代表着独孤永业管辖下的河南九州三十镇，宇文邕没有动用一兵一卒，就将河南之地全部收入囊中。

如此一来，战场的形势瞬间豁然开朗，北齐只剩下了太行山以东的地界，大致相当于今天的河北和山东两省。

而北齐都城邺城，也就是今天的河北省邯郸市的临漳县，从晋阳到邺城，只需翻越一座太行山，便可轻松抵达，可谓近在咫尺。

而直到这个时候，老天依然在眷顾着高纬，摆在高纬面前的至少有三条生路。

这三条生路，是高纬的两个大臣提出来的，一个是广宁王高孝珩，一个叫作斛律孝卿。高孝珩是高澄之子，是高纬的堂兄，而斛律孝卿则是尚书令，负责发布政令。

这第一条生路是，让任城王高湝（高欢第十子，高纬的叔叔）扬言攻打晋阳，且让洛州刺史独孤永业率兵出潼关，攻击长安，同时，高孝珩在邺城以北列阵，防备南下的周军。

这无疑就是三十六计中的围魏救赵，宇文邕几乎倾全国之力发兵晋阳，长安城内必定空虚，而北齐在河南地区仍然布有大量兵力，如果从河南发兵长安，宇文邕肯定会选择撤兵，这样一来，不仅可以解决邺城之围，同时可以两军夹击，与北周军一战，胜算非常之大。

虽然这是一个不错的作战计划，但是这一计划只能停留在理想阶段，因为身在邺城的高湝还不知道，独孤永业早已派自己的儿子向宇文邕递交了投降书。

另外，即使独孤永业还没有投降，高纬也绝对不可能用这条计策。我们只要回想一下高纬在平阳以及晋阳落荒而逃的样子，我们就会知道，此时让高纬主动出击，这完全不符合高纬的性格，高纬天生就是被动的，他也绝对没有那种孤注一掷的勇气和胆识。

同样是三十六计，高纬根本不懂围魏救赵是什么玩意儿，他只会一计，走为上计。

而第二条生路，则是让高纬把宫中的美女以及珍宝，全都拿出来，赏赐给将士们。

这无疑也是一个好办法，高延宗此前就是用这个办法——把金银财宝和美女都分散给将士们，以激励将士们一同守卫晋阳城。

然而，高纬的脸顿时一黑，脸拉得老长，一脸的不乐意，他可是比葛朗台还要吝啬的守财奴，金钱和美女是他一生的挚爱，怎么可能拿出来分享给别人。

而剩下的第三条生路，则是召开一场誓师大会，让高纬做一番慷慨激昂的演讲，最好能声泪俱下，声情并茂，激发将士们的爱国热情，点燃他们奋勇杀敌的斗志。

这个办法不错，不用高纬出钱，也不用出美女，顶多浪费几滴唾沫星子，高纬听了连连点头应允。

这个办法是斛律孝卿出的，为了以防万一，斛律孝卿特地为高纬代笔撰写演讲词，一阵泼墨挥毫，一篇洋洋洒洒的演讲词便出炉了，亲手交给高纬，并且亲自叮嘱，就按这篇稿子上的内容来背，定能激励军心。

誓师的日子到了，锣鼓喧天，鞭炮齐鸣，好不热闹。

斛律孝卿簇拥着高纬，走上了演讲台。高纬的脸上一副嬉皮笑脸，转身面对台下。

斛律孝卿郑重宣布，我们的皇帝陛下有话要对大家讲。

喧闹的人群瞬间安静下来，所有人的目光全都集中到了皇帝身上，一双双眼睛全都目不转睛地盯着台上的高纬。

高纬站在台上，他看着台下那一双双瞪大的眼睛，周围安静得如同一潭死水，空气似乎都凝固了，高纬似乎能听到自己心跳的怦怦声。

站在台上的高纬，大脑一片空白，斛律孝卿叮嘱给他准备的演讲词，他一个字都说不出来。

短暂的寂静之后，台上的高纬爆发出一连串爽朗的笑声，笑声回荡在空气中，回荡在每个人的耳畔。

高纬这是忘词儿了吗？这很好笑吗？竟然哈哈大笑成这样？

将士们那一双双原本充满期待的眼睛，顿时燃起了红色的怒火。

这国家是你高纬的，连你高纬自己都满不在乎，我们还犯得着为你卖命吗？不如趁早解散得了！

高纬显然是忘词儿了，一旁的斛律孝卿也彻底绝望了，誓师大会，瞬间变成了散伙大会，大家一哄而散。

也许你要问了，忘词儿就忘词儿了呗，顶多说不出话来，干吗要哈哈大笑呢？

这问题，不光你好奇，我也好奇，恐怕高纬他自己也在纳闷儿，为什么自己会觉得那么好笑。

不过，按照高纬一贯荒诞的行为处事来看，这完全不需要理由，高纬的人生，就是一场游戏，笑死你不偿命。

誓师大会是演砸了，不过，人家高纬自己有法子弥补，办法很简单，加官晋爵。

从大丞相以下，所有的官职无限地扩大编制，没错，所有官职，包括太宰、三师、大司马、大将军、三公……

一时间，整个部队里，能跑的，会跳的，后勤部的，炊事班的，站岗的，放哨的，大家统统都是太宰、三师之类的大官。

光是担任太宰的，就可以组成一支小分队了。

对此，史书的记载是"或三或四；不可胜数"，北齐整个官僚体制彻底乱套了。

入主邺城

十二月二十九日，也就是这一年的岁末，宇文邕率领北周大军从晋阳出发，兵锋直指邺城，宇文宪为先驱。

在出发之前，宇文邕特意找来高延宗询问破敌之计，高延宗作为北齐的旧臣，本不愿回答，可是抵不过宇文邕的一再追问，高延宗只好老实回答："如果是任城王高湝镇守邺城的话，那么胜负难料；但如果是高纬镇守的话，那么必胜无疑。"

宇文邕听完哈哈大笑，然后扬长而去。

三天后，也就是农历的新春佳节，在这浓烈的节日气氛里，北齐一个新任的皇帝登基了。

新任皇帝名叫高恒，当时年仅八岁，他就是高纬的长子。

那高纬呢？在这新春佳节之际，高纬同样也给自己"升官"了，皇帝也能"升官"？没错，高纬做了太上皇。

高纬之所以这么做，是因为一个懂得看星相的人说，朝廷里将会有变革，通俗点说，就是皇位有变。

高纬一听，既然老天爷有这个意思，那我就听老天爷的。为了顺应"天意"，高纬决定禅位，皇位授予皇太子高恒，自己从此就做太上皇了。

高纬自以为，把皇帝的位子让出去，就可以万事大吉了，这简直就是掩耳盗铃，自欺欺人。

面对高纬这套自欺欺人的把戏，有一个人实在看不下去了，他就是高孝珩。

正月初五日，高孝珩带着一帮亲信，在千秋门设下埋伏，目的是要伏击从此经过的丞相高阿那肱。

可是高孝珩在这里左等右等，等得火烧眉毛了，偏偏就是看不到高阿那肱的影子，难道伏击的消息走漏了？

事实上，消息并没走漏，而是高阿那肱不知道哪根神经搭错了，平时都要从千秋门经过，而这天偏偏走了别的门。

高孝珩简直气炸了，怎么有这么巧的事，这是老天在和他开玩笑吗？

从晋阳到邺城，只需越过太行山，眼看着宇文邕率领的周军就要到了，高孝珩急得像热锅上的蚂蚁。

而此刻的现实是，高孝珩是整个邺城里唯一一个着急的人，高阿那肱、韩长鸾以及我们的新任太上皇高纬，他们都不着急，他们还都在忙着互祝新年快乐呢。

高孝珩向高纬索要兵权，力主率兵抗击宇文邕，然而，高纬摆摆手，没门儿。

高纬心想，如果给你兵权的话，万一你发动叛乱怎么办？

高孝珩简直急得发疯，于是他冲着高阿那肱、韩长鸾等人开始大声咆哮："朝廷不派我去打击敌人，难道怕我高孝珩起来造反吗？我如果打败宇文邕，便到了长安，即便造反也干预不了国家的事情！今日面临的局势如此危急，皇上竟然还如此猜忌！"

高孝珩疯狂咆哮的样子，就如同狮子在怒吼一般，高阿那肱和韩长鸾一合计，这人是不是疯了，为了不出乱子，直接把高孝珩赶出了邺城，让他出任沧州刺史。

其实，高纬心中早就有办法了，这个办法算不上新，但却让高纬屡试不爽，还是三十六计的那一计——走为上计。

正月初九，高纬带着自己的儿子高恒，还有冯小怜，以及高阿那肱等一百人，从邺城的东门，向东逃了出去。

高纬有些天真，他以为带着一百人就可以保护他以及老婆孩子了，但除非这一百人个个都是英雄好汉。

高纬前脚刚跑，宇文邕就到达邺城了，看来高纬是准确计算过宇文邕的行程，掐着点儿逃命的。

宇文邕根本没有遇到任何阻力，与他在平阳以及晋阳所遇到的艰难险阻比起来，此时的邺城简直就是不堪一击。

那些被授予三公、三师的士兵，他们只是象征性地做了一点抵抗，他们对于战争早就厌弃了，他们不是没有为国效忠的决心，只是在高纬精彩宣誓的那一瞬间，早就全部灰飞烟灭了。

只有一个人，誓死战斗到了最后一刻，此人叫作鲜于世荣，复姓鲜于。

正月十九，当宇文邕带领着北周大军浩浩荡荡地进入邺城之时，鲜于世荣却站在一座高台之上，迎着长风，挥动着双臂，拼命擂动着战鼓。

所有的人都投降了，唯独只剩下鲜于世荣一人，他宁死不降。

擂动战鼓的声音，在邺城的高空中回荡着，似乎在宣誓，只要还有一个人，这个人就要继续战斗下去。

即使所有人都投降，他也仍将战斗到底。

当北周的士兵冲上高台、把正在擂鼓的鲜于世荣抓获的时候，人们从他的眼神里看到了一种视死如归的勇气。

所有人都在劝降鲜于世荣，然而他宁死不降。

对于这样的一位军人，所有人都投来尊敬的目光，没有鄙夷，没有嘲讽。

他已决心赴死，那就让他去吧，不用再去劝降了，这或许也是一种表达对英雄崇敬的方式。

当鲜于世荣死在血泊之中的时候，那双死而未瞑的眼睛里，依然投射出一股宁折不弯的英雄之气。

任何一个国家，即使再黑暗，再腐败，即使到了大厦将倾的地步，也依然有人为之坚守，自古至今都是如此。

邺城，对于宇文邕来说，是一座陌生的城市，也是一座令他渴望已久的城市，而此时，这座城市被宇文邕征服了。

邺城，从曹魏时期开始，就被作为国都，先后历经曹魏、后赵、冉魏、前燕、东魏、北齐，一共六代王朝，因而，在魏晋南北朝时期，邺城是当之无愧的"六朝古都"，完全可以和同为"六朝古都"的建康（今南京）相媲美。

而邺城这座古都，在将近半个世纪的时间里，都处于东魏和北齐的统治之下，也亲眼见证了从高欢到高纬，高家三代人的兴衰成败。

高欢耗尽毕生心血，北齐帝国才得以建立，而高纬只用了不到十年的时间，就将高欢积累的家底儿彻底败光。

国都一旦被攻破，也就标志着这个国家的正式灭亡，至此，北齐的历史画上了句号。

一座从高欢时代开始就苦心经营的帝国，如风一般，从此消逝在了历史长河之中。

在劫难逃

此时，坐拥邺城的宇文邕，无疑是最开心的，不过，让宇文邕更为开心的事，还在后头。

很快，有一个人突然千里迢迢来到了邺城，并把一件非常贵重的礼物赠送给了宇文邕。

此人就是为高纬准备演讲稿的斛律孝卿，这件礼物就是传国玉玺。

说起传国玉玺，可以说是无人不知无人不晓，虽说只是块石头，但却是一块疯狂的石头，它象征着至高皇权，拥有它的人便是天下之主。就如同金庸小说《倚天屠龙记》里所描写的屠龙刀一样，号令天下，莫敢不从。

传国玉玺的前身，叫作和氏璧，我们在小学课本里就学过完璧归赵的故事，说的就是和氏璧的故事，可见在先秦时期就是价值连城的无上之宝。

虽然说蔺相如不辱使命完璧归赵了，但是到最后，和氏璧还是到了秦国人的手里，并最终落到了千古一帝秦始皇的手里。

秦始皇命工匠将和氏璧制作成了玉玺，并且还邀请他的丞相，同时也是当时的大书法家李斯，在玉玺上用小篆题写了八个大字——"受命于天，既寿永昌"。

从此它就成了至高无上的皇权的象征，并且被一代又一代的皇帝所传承。

而到了魏晋南北朝时期，国家四分五裂，皇帝扎堆儿出现，而传国玉玺只有一块，根本不够分，所以，传国玉玺更成了人们眼红的宝贝。

而此时，传国玉玺这一稀世珍宝，就摆在宇文邕面前，这怎能不让他激动一把。

帝王的荣耀，就凝聚在这块小小的石头之中。

而这块传国玉玺原先的主人，正是高纬。

难道高纬这么好心，派斛律孝卿把传国玉玺赠送给宇文邕，以示投降？

如果真是如此，高纬干吗不自己专程送来呢，自己送来多有诚意啊？很显然，高纬没这么好心，也没有想向宇文邕投降。

高纬把传国玉玺交给斛律孝卿，目的是想交给任城王高湝，让高湝称帝，而高湝的驻地在瀛州，斛律孝卿拿着传国玉玺，没有前往瀛州，而是直接送到了邺城。

连国都都被敌人攻占了，高纬却还在玩皇位禅让的把戏，高纬玩"行为艺术"真是玩绝了。

而这次禅让，其实已经是高纬第二次禅位了，第一次禅位的时候，高纬做了太上皇，而这第二次禅让，高纬自己不就是太上皇的爹了吗？

太上皇的太上皇，史无前例，闻所未闻，不仅空前，而且绝后，翻遍二十四史，有且只有高纬一人。

为此，高纬还别出心裁地起了个名号，叫作"无上皇"。

李渊、武则天、李隆基、乾隆，这些都是历史上著名的太上皇，是比皇帝身份还高的人。如今，比太上皇地位更高的"无上皇"应运而生了，高纬顿时成了历代帝王中的 No.1。

然而，自诩"无上皇"的高纬还不知道，宇文邕已经派出大将尉迟勤，带领着一支两千人的骑兵队伍，前来捉拿他了。

高纬此刻仍然在一路游山玩水，欣赏着沿途的风景，当然必须带着冯小怜。

高纬此行的目的地已经想好了——陈朝。

高纬此前一直想去突厥来着，不过后来仔细一想，突厥真不是什么好地儿，荒无人烟，鸟不拉屎。听说陈朝那里是江南水乡，都城建康更是号称"江南佳丽地，金陵帝王州"，秦淮河上还有不少的漂亮姑娘，如此美景，随便想一下，都令人神往。

高纬很快便到了青州，过了青州，就属于陈朝的地界儿了。

眼看就要到陈朝了，高纬却把脚步放缓了。

因为高阿那肱对高纬说，他已经烧掉了敌人必经的桥梁，焚烧了道路，敌人肯定不会那么快追来的，陛下只管一路散心就好了。

高纬信以为真，心里有了安慰，反而更不着急了，便在青州多待了几日。

事实上，高阿那肱，这个高纬最信任的人，早已经和北周军队联络好了，高纬的整个出逃计划，全部都告诉了北周军。

可怜的高纬，已经被卖了还浑然不觉。

这一天是正月二十五，高纬来到了一个叫作南邓村的地方，花香草绿，天朗气清，马儿在一旁吃着青草，而高纬正怀抱着冯小怜，彼此甜言蜜语，你侬我侬。

突然，一阵马蹄声，呼啸而来，高纬回来一看，瞬间翻了白眼。

高纬只看见一群身穿黑色铠甲，手拿长刀的人，骑着战马，向自己直冲过来。

高阿那肱不是说路被烧断了吗？北周军是怎么追上来的？

还没等高纬反应过来，自己就已经被敌人团团包围了，高纬只能束手就擒，一并被擒的，还有冯小怜、高恒、胡太后。

高纬，你插翅难逃了，身在邺城的宇文邕已经等候高纬多日了。

二月初四，高纬以及他的一家老小，被带到了邺城，宇文邕非常绅士地以对待宾客的礼节，迎接了高纬。

当然，宇文邕会对高纬这么客气，只是政治作秀罢了，客气完之后，高纬和阶下囚并无两样。

礼贤下士

所谓人逢喜事精神爽，更何况是开疆拓土、问鼎中原这样的帝王功业，宇文邕虽然表面上对高纬玩客套，其实心里早就乐开花儿了。

在巨大的胜利面前，人往往会被胜利冲昏头脑，而乐极生悲这样的事，也往往会在这个时候找上门来。

当年，刘邦率兵西入函谷关，一进入咸阳，看到富丽堂皇的秦宫以及无数的财宝和美女，立刻就动心了，想当晚就要留宿在秦宫里。

而这时，大将樊哙立刻拦住了刘邦，并对刘邦说："你是想富有天下呢，还是只想做一个富家翁？"

这番话犹如醍醐灌顶一般，令刘邦当即醒悟过来，金钱和美女算得了什么，刘邦要的是天下。

随即，刘邦下令把秦宫的府库封存，谁都不能靠近，刘邦自己则带兵还军霸上。

和刘邦相比起来，宇文邕要清醒得多，宇文邕也见识到了北齐宫廷的奢华，以及后宫无数的美女佳丽，可是，宇文邕从未涉足半步。

宇文邕身处邺城的这一时期，是非常忙碌的。

宇文邕首先下诏，对被冤杀的斛律光做了平反，并且指着斛律光的名字说："如果此人还在，朕绝不可能会站在这里！"

高纬听了这番话，不知道他会做何感想，是悔恨，是自责？不过，更大的可能则是没有感想，因为高纬早已麻木冷血惯了。

宇文邕又连续下诏，宣布废除了高纬的一切苛政暴政，并且还把官府占有的田地分发给百姓。

楚汉时期，儒生郦食其就对刘邦说过一句至理名言——"王者以民为天，而民以食为天。"

让每一个老百姓都有地种，让每一个老百姓都能吃上饭，这就是宇文邕为这里的老百姓所做的利民之举。

所谓得民心者得天下，把老百姓的利益放在首位，你不得天下谁得？

宇文邕在百忙之中，还特意拜访了两个特殊的人。

第一个人叫作熊安生，是当时著名的经学家、大儒、文坛巨匠。

什么是经学呢？经学就是专门研究儒家典籍和学说的一门学科，凡是精通这门学问的人，称得上儒学大师了。而熊安生尤其精通三门儒家典籍，分别是《周礼》《礼记》以及《孝经》。

当周武帝宇文邕率军进入邺城之时，熊安生却让他的家人仔细打扫家门，家人大惑不解，问他为什么，他说："大周皇帝重道尊儒，他一定会来找我。"

果不其然，当宇文邕进入邺城不久，便立刻登门拜访。宇文邕对于熊安生的名气早有耳闻，素来敬仰。一见面，熊安生正准备行叩拜大礼，宇文邕却一把拉住熊安生的手臂，不允许他跪拜，而且同榻而坐，畅谈国家大事和治国方针。

两人相见恨晚，一时间，竟有着说不完的话，聊了大半天，宇文邕才从熊安生的家中道别，临走还特意赏赐了熊安生"安车驷马"。而宇文邕也从熊安生的身上，深刻学习到了很多治国之道。

宇文邕第二个拜访的人，叫作李德林。

李德林，字公辅，是当时北齐的大才子，自幼便显示出超乎常人的文采，就连当时朝中的诸多权贵，都成了他的粉丝，其中就包括那位任城王高湝。

宇文邕本以为李德林跟着高纬跑了，没想到李德林还在城中，宇文邕欣喜若狂，宇文邕连忙派人前去安抚并召见了李德林，并让人带话说："我这次平齐最大的收获，就是遇到你。"就这一句话，彻底收服了李德林的心。

李德林随即面见了宇文邕，宇文邕一见到李德林，就问这问那，并且拉着李德林不放他回家，让他在自己身边留宿了三天三夜，这才放李德林回家。

对于李德林来说，这一次与宇文邕的亲密接触，是他人生的一大契机，从此，李德林将不断活跃在历史舞台之上。

宇文邕当时正处于风起云涌的公元六世纪，六世纪什么最贵？人才最贵，宇文邕是真正爱惜和重视人才的人。

宇文邕对于这两位人才的招抚和收纳，也再一次印证了宇文邕的执政理念，表面上看是人才强国，实质上则是以儒治国。

信都平叛

周武帝宇文邕攻克了邺城，也生擒了高纬的一家老小，也收服了他想要的人才，但是，宇文邕还不能松懈，大量的善后工作还在等着宇文邕来处理。

最为首要的，便是清除残余势力。

北齐虽然覆亡了，但是在地方上还有不少手握重兵的武装力量，这些武装力量的能量并不大，而且也非常分散，但是如果彼此联络卷土重来，宇文邕刚刚取得的胜利果实，也极有可能被颠覆，宇文邕绝不能坐视不管。

对宇文邕威胁最大的是两个人，一个是任城王高湝，一个是新上任的沧州刺史高孝珩。

高湝，高欢第十子，也是高欢的众多儿子中唯一一个还健在的，从辈分上来说，他是高纬的叔叔。高纬在潜逃的过程中，派自己的亲信斛律孝卿给高湝递交传国玉玺，最后斛律孝卿把玉玺送给了宇文邕。高湝对此完全不知，可以说，高湝是"被即位"的。

而高孝珩，我们也很熟悉，他是高澄的儿子，高纬的堂兄，就是他在邺城里急得发狂，大吵大闹要带兵和宇文邕作战，最后却被赶出了邺城，前往沧州任职。

高孝珩来到沧州，连口热茶都没喝，就忙着搜罗了五千兵马，虽然人数不多，但是有人总比没人强。

高孝珩带着这五千兵马浩浩荡荡地出发了，目的地是信都（冀州境内）。

与此同时，高湝也带领着自己的人马直奔冀州而去。

很快，高孝珩和高湝在信都会合了，为了彼此共同的信念，为了高家的荣誉，为了他们的骨子里共同流淌着高家的血液，他们将为北齐做出最后一次抗争。

经过一番招兵买马，同时也由于二人巨大的号召力，高孝珩和高湝的队伍迅速扩展到了四万人。

面对这支四万人的武装队伍，宇文邕采取了软硬两手准备。

软的一手是，令高纬写了一封劝降信，高纬是高湝和高孝珩的老领导，由老领导来主动劝降，这比任何人来劝降作用都大。

后世的宋太宗亲征北汉，最后北汉皇帝刘继元只能无奈投降，然而皇帝都投降了，却有一个武将宁死不降，此人就是杨业，戏曲中著名的杨老令公。

面对负隅顽抗的杨业，宋太宗便把刘继元叫了出来，让刘继元亲自去劝降自己的部下杨业。

杨业面对自己的领导刘继元，一句话也说不出来，只能痛哭流涕，对着北面拜了又拜，然后卸去盔甲，主动向宋太宗投降。

可见，由老领导去劝降老部下，这一招非常奏效，但是这也有一个前提，前提就是这个部下要非常忠于自己的老领导。

光看戏曲杨家将就知道，杨业那是忠臣的楷模，历史上也确实是忠肝义胆，因而杨业只能在一番痛哭流涕之后，向宋太宗投降，可是，此时的高孝珩和高湝会对高纬一片忠心吗？

宇文邕把高纬写好的这封劝降信交给了两个人，一个是齐王宇文宪，一个是随国公杨坚。

同时，由这二人统率北周大军前往平叛，如果高孝珩和高湝看到高纬的劝降信投降了，那就啥也不说了，如果不投降，那就领兵一举灭了他们。

这就是宇文邕硬的一手准备。

杨坚，又一次崭露头角的机会到了。

虽然杨坚是以主帅的身份出现在这次东征伐齐的队伍之中，但是，杨坚的戏份儿确实有点打酱油的味道，虽然跟着宇文邕从平阳一路到了晋阳，又从晋阳一路到了邺城，但就是没有太多表现自己的机会。

到了邺城之后，杨坚本以为自己将以零的出镜率，为自己的这次东征之旅画上句号，却没想到，宇文邕突然给了自己这样一个光荣的历史使命。

说起来，这还得要感谢高孝珩和高湝，不是他们举兵反抗，杨坚恐怕真的没机会上镜了。

杨坚和宇文宪领完任务，就率军浩浩荡荡地出发了，很快来到了信都城下。

面对宇文邕派出的大军，高孝珩和高湝并不畏惧，在信都城外摆开阵势，准备迎敌。

看着高孝珩和高湝这严阵以待的阵势，宇文宪和杨坚感觉到，对方看来是做好死战的准备了，不过，宇文邕安排的任务还得照办，劝降信还是得送。

劝降信被递交到了信都城中的高孝珩和高湝手上，两人默契地对视了一眼，然后撕毁了这封劝降信。

很显然，高孝珩和高湝不愿意做杨业，这并不代表他们不忠，而是高纬这样的人根本不配他们去效忠，他们只忠于自己的国家，却不会忠于已经投降敌国的高纬。

虽然没有胜利的把握，但是他们决不放弃，虽然所有的人都归降了，但是他们不能，因为在他们的身体里，流淌着的是高家的血液。

头可断，血可流，投降却是万万不能。

既然软的不行，那就来硬的，打吧。

临时拼凑的部队，有一个致命的弱点，那就是战斗力太差。

双方刚一交锋，高孝珩和高湝这边就兵败如山倒了。

高孝珩和高湝，其实早就预料到了这一点，毕竟是临时拼凑的，既缺乏统一训练，也没有纪律性，战斗力必然也差，不过，高孝珩和高湝并不在乎，因为这是家族荣誉之战，超脱于胜负的荣誉之战。

这场战役一共历时两天，临时拼凑出来的四万兵力，在北周的精锐之师面前不堪一击，最后被斩杀和俘虏了三万，几乎全军覆没，高孝珩和高湝也都被生擒。

宇文宪也很欣赏高湝的血性，看着昔日的任城王此时却被五花大绑，不由得心生惋惜说道："任城王何苦至此？"

高湝义正词严地回道："我乃是神武皇帝高欢的儿子，兄弟十五人，只有我一人独存，如今社稷倾覆、国破家亡，今日我若得死，也就无愧于九泉之下的先人了！"

宇文宪感念于高湝的忠义，但并不想杀他，并把他的家人归还于他，准备将他送到邺城。

宇文宪又看向高孝珩，此时的高孝珩在作战中负了伤，行动不便，宇文宪便亲自上前为他敷药，询问他齐国灭亡的缘由。

高孝珩无奈地仰天长叹道："赵郡有一个术士李穆叔曾经预言，我们齐国只有二十八年，如今果然应验！除了神武皇帝高欢之外，我的父辈和兄弟，无一人活到四十岁，这是天命！皇帝无独见之明，宰相非柱石之寄。遗憾的是我不能掌握兵符，授予我兵权，以施展我的抱负！"

听着高孝珩的这一番肺腑忠言，宇文宪也不禁感怆起来。

所谓英雄相惜，哪怕生死仇敌，自古如此。

这一场烽烟过后，北齐境内恢复了往日的平静，陷入一片安静与祥和之中。

最后的残局

杨坚和宇文宪也满载胜利而归，对于宇文邕来说，最大的威胁，此刻终于被彻底解除了。

然而，平静并没有维持多久，北朔州一带又出问题了。

宇文邕在攻克晋阳之后，将北齐一位降将封为北朔州总管，此人叫作封辅相，由他来掌管山西北部事宜。

可是封辅相走马上任没几天，就被手下的一位长史活捉并杀掉了，这名长史叫作赵穆。

赵穆也是个野心家，想趁乱拥立任城王高湝，然而不幸的是，高湝战败被北周活捉了。于是，赵穆又联络了当时的范阳王高绍义。

高绍义，北齐文宣帝高洋的第三子，从小不学无术，好勇斗狠，后来因为犯了事儿，被叔叔武成帝高湛痛打了三百大板。

由此看来，高绍义可不是个省油的灯，不是什么好主儿，然而，赵穆还是选择了拥立高绍义。

但这也是没办法的事儿，因为高湝已经败了，北齐宗室也基本都被宇文邕活捉了，数来数去只有这么一个姓高的了，别无选择，只能死马当活马医了。

在赵穆的积极运作之下，迅速拉起了"反周复齐"的大旗，一时间，北朔州周围二百八十多座城池全都响应了起来。

这是宇文邕绝不能容忍的，宇文邕派出手下大将宇文神举，率军平叛。

宇文神举不负众望，以摧枯拉朽之势，把高绍义的队伍打得屁滚尿流，落荒而逃。

逃到哪里？突厥。

这是高纬曾经一度梦寐以求逃跑的地方，高纬没跑成，高绍义却成功跑过去了。

当时突厥的可汗，叫作佗钵可汗。此前我们讲过，宇文邕早年曾迎娶了一位突厥可汗的公主为皇后，这位公主的父亲就是木杆可汗，而这位佗钵可汗就是木杆可汗的弟弟，木杆可汗死后，就由他的弟弟佗钵可汗来继承。

而这位佗钵可汗，非常欣赏北齐文宣帝高洋，称赞高洋是英雄天子。

史书记载，高洋有两大身体特征，一是鳞身，二是重踝。

鳞身，顾名思义，就是身体像鱼鳞一样，用现代医学来解释，很可能就是牛皮癣。

重踝，同样顾名思义，就是踝关节内外都有一个大踝骨，用现代医学来解释，就是踝关节畸形，骨质增生，导致看起来踝骨特别大。

可怜高洋一身的牛皮癣，而且踝关节畸形，居然被史书记载成帝王之相，不以为病，反以为荣。

而佗钵可汗突然惊讶地发现，高绍义同样也有一个和高洋一模一样的大脚踝，两侧的踝骨高高凸起。

佗钵可汗认为高绍义就是再世高洋，便对他非常器重，凡是在突厥的北齐人，全都由高绍义统一管理。

高绍义虽然远逃到了突厥，但他并不甘于寂寞，他依然在时时蓄谋颠覆大周王朝，至于如何颠覆，那是以后的故事了。

至少从目前来看，北齐旧境一片风平浪静，连日作战的北周军队也终于可以偃旗息鼓，好好休息休息了。

此刻，我们还需要注意两个特殊人物，这两个人始终没有归顺北周，但是实力弱小，也掀不起大浪，宇文邕并未予以理会。一个人叫作高宝宁，另一个人叫作傅伏。

高宝宁，虽然姓高，有些史书也称高宝宁是北齐高氏的远支，但这只是史官想当然的结果，事实上，此人和北齐宗室根本无关。

高宝宁在北齐担任营州刺史，营州位于今天的辽宁朝阳，唐朝著名的安禄山，就是发迹于此。

所谓天高皇帝远，高宝宁在此地，也是乐得逍遥，算是一个土皇帝，而且和东北的契丹、高句丽、奚族等关系都不错。

由于路途太过遥远，如果宇文邕率兵前往剿灭的话，虽然并不是难事，但未免太过长途跋涉，而且高宝宁此时也并未兴风作浪，索性也就弃之任之，让他自由发展去了。

而对于傅伏这个人，此前已经有过介绍，宇文邕第一次东征伐齐之时，宇文邕就是在中潬城碰壁的，中潬城的守将，就是傅伏。

公元 557 年二月，宇文邕带领着北周大军从邺城返回长安，当宇文邕来到平阳故地，不禁想起了昔日的沙场峥嵘，也想到了这个曾让自己碰壁的傅伏。

于是，宇文邕派高阿那肱率领一百人前去招降傅伏。

当高阿那肱把高纬已经投降的消息告诉傅伏的时候，傅伏的内心支柱瞬间倒塌了，他拼死效力的皇帝都已经投降了，自己还在做这些无谓的抗争干什么。

傅伏突然仰天大哭起来，率领自己的部下进入平阳城中，对着北方哭了很久很久，这才表示归降。

宇文邕亲自接见了傅伏，问他："你为何不早投降？"

傅伏答道："我家三代都是齐国的臣子，都吃着齐国的俸禄，作为臣子，没有能够殉国，愧对祖先。"

傅伏的每一字每一句，都那么掷地有声，饱含着他对国家的一片热忱。

宇文邕上前拉住了傅伏的手说道："为人臣者，理当如此，你没做错。"

不知道当宇文邕说这话的时候，高阿那肱、穆提婆等人是否会脸红呢？

后来，宇文邕又问傅伏："以前保卫河阴时，你得到了朝廷什么赏赐？"

傅伏回答说："授特进、永昌郡公。"

宇文邕又把目光转向了高纬："当初，朕决心攻克河阴，正是由于傅伏的死守，朕才无法前进半步，而你对于傅伏的赏赐，居然如此轻薄！"

这番话明显是宇文邕用来奚落和取笑高纬的，一个人如果做不到赏罚分明的话，又如何能做一国之君呢？高纬，你不配！

到目前为止，关于这次东征灭齐的扫尾工作，也算是画上一个圆满的句号了。

现在，就让我们来观摩一下宇文邕这次东征灭齐的成绩单吧。

成绩单内容如下：

五十五个州。

一百六十二个郡。

三百八十五个县。

三百三十万二千五百二十八户。

二千万六千六百八十六人。

数据来源：《周书·帝纪六·武帝下》

斩草要除根

公元 557 年的四月，宇文邕带着他的胜利之师，凯旋长安。

《左传》里说，国之大事，在祀与戎。意思就是说，国家最重大的事，就是祭祀和打仗，现在仗打完了，是不是就该祭祀啦？

没错，宇文邕回到长安的第一件事，就是举行了隆重的献俘仪式。

所谓献俘，就是把这些俘虏，一个个拉到宗庙里跪下，让已经死在棺材里的列祖列宗都"睁开眼"，好好"看看"这些俘虏，以此来夸耀自己的赫赫战功。

于是，以高纬为首，以及三十多个北齐王公，组成一支庞大的俘虏队伍，一个个全都排好队，依次来到太庙。

当然，俘虏得有俘虏的样子。这些昔日作威作福、高高在上的宗室勋贵，此时无不低着头，夹着腿，承受着众人鄙夷的目光，然后在太庙前顿首叩拜。

同时，献俘仪式还配备了超豪华的仪仗队，太仆驾车，六军排开队列，高奏凯旋的乐曲，而台下的将士和百姓则欢呼雀跃，高呼万岁。

这场面怎一个壮观了得，不知道高纬面对如此场景，是否还会像先前一样，无缘无故地哈哈大笑起来。

不过，我想不会，如果高纬真的哈哈大笑起来的话，那他一定不会再看到明天的日出了，因为他此时的身份不再是皇帝，而是一个被别人掌握命运的俘虏。

宇文邕在太庙之前，告慰着自己的先祖：我宇文邕不负所托，今日齐国已灭！

如果宇文泰在天有灵，他肯定也会感动的，宇文泰和高欢征战了一辈子，都没能决出胜负，如今，宇文泰的儿子宇文邕办到了，高欢你彻底输了！

献俘的同时，宇文邕又对高纬以及北齐的王公进行了封赏，高纬被封为了温国公。

献俘仪式结束之后，宇文邕又大摆宴席，举行庆功宴。

就在宴席之上，宇文邕正喝得酒酣耳热，突然来了兴致，邀请新上任的温国公高纬，上前跳一支舞，为大家助助兴。

高纬耳不红心不跳，治理国家不在行，但是唱歌跳舞这可是高纬的看家本领，于是便在宴席之间开始翩翩起舞。

　　高纬这一舞，瞬间引爆全场，宇文邕看着高纬华丽的舞姿不禁哈哈大笑起来，北周的王公大臣也跟着大笑。

　　这笑声中，带着戏谑，带着嘲弄，但是，高纬却浑然不觉，而且他也只能接受，他此刻已经没有了说"不"的权利，道理很简单，成王败寇。

　　与高纬的淡定形成鲜明对比的是高延宗，高延宗看到自己的君主，受到如此羞辱，他悲恸欲绝，几次想要自杀，都被身旁的侍女拦了下来。

　　历史何其相似，两百多年前，永嘉之乱，刘聪俘虏了晋怀帝之后，大宴群臣，刘聪命令晋怀帝为大家青衣行酒，当时晋朝的一位侍中，名叫庾珉，看到自己的君主被如此羞辱，号啕大哭起来。

　　历史就像车轮，总是在不断地重复着相似的一幕。

　　其实，高纬根本不在乎这种羞辱，他只想保命，同时他还想另外一样东西——冯小怜。

　　高纬曾经对冯小怜有过承诺，"愿得生死一处"，而此时，自己的冯小怜又在哪里？

　　高纬不顾惜任何尊严，对着宇文邕叩拜，用一个乞讨者的语气恳求道："请陛下还我小怜。"

　　宇文邕看着这个臣服在自己脚下的亡国之君，不禁大笑起来，说道："朕视天下如脱屣，一老妪岂与公惜也！"

　　在宇文邕眼里，冯小怜就是一个亡国的妖女，就是一介"老妪"，宇文邕就像是打发要饭的一般，把冯小怜赐予了高纬。

　　高纬终于如愿以偿了，高纬虽然好色，虽然有过很多很多女人，但是唯有冯小怜是他毕生所爱，为了冯小怜，高纬可以不惜一切。

　　而此时的高纬，想必也是幸福的，他没有了帝王的尊贵，他只想像一个普通人一样追求自己的所爱，与自己最心爱的人长相厮守，就这样平静地度过自己的一生。

　　然而高纬想错了，错就错在自己姓高。

　　所谓斩草不除根，春风吹又生，宇文邕可以包容独孤永业，可以包容傅伏，但是他容不下高纬，只要高纬活着一天，就有颠覆大周的危险。

　　即使你高纬心甘情愿做一个普通人，那也不可以，保不准就有些居心叵测之人，会利用高纬的存在大做文章，甚至篡位夺权。

　　这就是帝王的心思，正如后世宋太祖赵匡胤所说——卧榻之侧，岂容他人鼾睡！

　　高纬，你必须死！

高纬的幸福时光仅仅维持了半年左右，一桩谋反案便悄然而至。

告密者称，高纬和穆提婆相互勾结，意图谋反。

事实上，北齐亡国之后，穆提婆一直在宜州任职，而高纬则始终居住在长安，整日宅在家里陪着冯小怜，大门不出二门不迈，说他二人勾结，这怎么可能？

显然，这是栽赃诬陷，而幕后主谋就是宇文邕。

谋反只是一个借口，皇帝让你死，你就必须得死。

高纬大呼冤枉，北齐的宗室也都齐声喊冤，朝堂里一片哭喊之声。

此时，高延宗也不禁流下了眼泪，哭泣着但不说话，然后，"以椒掩口而死"。

这里的椒，很多人以为是辣椒，于是便想当然以为，高延宗是被辣椒辣死的，那只能说你太有想象力了，从来没有人吃辣椒会被辣死的。

事实上，这里的椒，是指蜀椒，又叫川椒，也就是花椒。一般成熟的花椒，都会有一个开口，经常被用作调味品，也被用作中药，这并没有毒性。但是如果是闭口的未成熟的花椒，那么就会有毒，可以让人窒息而死。

《肘后备急方》中记载："蜀椒闭口者有毒，戟人咽，气便欲绝，又令人吐白沫。"

而高延宗所吞服的，正是这种闭口的花椒。

高延宗当场气绝而亡，可是北齐宗室依然在不停地喊冤，他们只希望活命而已。欲加之罪，何患无辞，喊冤？喊破了喉咙都没有用。

最终，穆提婆和高纬被以谋反罪论处，同时被处死的还有高恒、高潜以及众多北齐宗室，处死的方式和高延宗一样，"以椒掩口而死"。

但是，其中并没有高孝珩的身影，因为高孝珩在这之前刚刚病死。病死对于很多人来说，已经成为一种奢望，高孝珩无疑是幸运的。

宇文邕并没有赶尽杀绝，高纬的两个弟弟，一个叫高仁英，是个智障；另一个叫高仁雅，是个哑巴，以及一些血缘比较疏远的高家子弟，宇文邕全都赦免了。

但是，死罪可免，活罪难逃，这些人全部都被流放到了巴蜀。

而此时的杨坚一定见证了这一幕，他目睹了宇文邕是如何清洗以及屠杀这些北齐宗室的，让宇文邕万万没想到的是，杨坚日后也将如此对待北周宗室，甚至更狠。

杀男人，不杀女人

宇文邕虽然把高家的男子几乎杀尽，但是对于高家的女眷，他却一个也没杀。

也许你会想，宇文邕肯定是个好色之徒，想把这些女人都据为己有。

想当年秦始皇灭了六国，就是这么干的，把六国的女人全都搜罗到咸阳宫里。还有晋武帝司马炎也是，收纳了吴国孙皓的后宫美女，美女多到不知道晚上该睡哪儿，于是只好驾着羊车，羊车停到哪儿，他晚上就临幸哪个美人。

如果你这么想，那就太侮辱宇文邕的光辉形象了。宇文邕连冯小怜这样的绝代佳人都不稀罕，甚至称呼冯小怜为"老妪"，他怎么可能是好色之徒？

但如果说宇文邕对高家的女眷一个也没碰，那也不符合事实，按照史书记载，宇文邕起码临幸了一个人，此人就是高绰的王妃郑氏。

高绰，前两章中提到过，就是高绰给高纬出了个好玩的点子，用一个大浴缸装满蝎子，然后把猴子丢进去，看猴子惨叫的样子，高纬突发奇想，进行了升级和改版，把猴子换成真人，看人在蝎子堆儿里惨叫哀号，高绰也从此成为了高纬的铁杆玩伴。

可是后来，高绰得罪了一个人，此人就是韩长鸾，于是韩长鸾乘机诬告高绰谋反，高绰很快被处死，韩长鸾利用高纬之手，除掉了高绰。

高绰死后，他的妃子郑氏便成了寡妇，随着北齐亡国，郑氏也跟随着北齐宗室到了长安。

一次偶然的机会，宇文邕看到了这个风韵犹存的小寡妇，那种成熟少妇的气息顿时让宇文邕为之倾倒，宇文邕当即便临幸了郑氏，而且郑氏此后还颇受宇文邕宠爱。

郑氏还向宇文邕提出了一个请求，将自己的前夫高绰重新安葬，宇文邕非常大度，爽快地就答应了。

也许你觉得宇文邕有点重口味了，不过，只要你想想曹操当年干的那些风流事儿，这也就不足为奇了。

除了这位郑氏被宇文邕宠幸之外，其他的女人，基本都被放任自流了。

而一向以风流而著称的胡太后，也就是高纬他妈，似乎迎来了一个春天，史书记载她"恣行奸秽"。

至于胡太后具体是怎么"恣行奸秽"的，史书并未提及。但是有一些好事者，给胡太后编出了一个很有名的段子，说胡太后和她的儿媳妇穆黄花在长安城中沦为了妓女，且喊出了"为后不如为娼"的口号。

据我考证，正史《北齐书》《北史》等均无此记录，这个故事的始作俑者是蔡东藩的《历代通俗演义》，可能蔡老的影响太大了，这个故事也就随之流传开来了。

当然，这就和冯小怜极富香艳色彩的"玉体横陈"的故事一样，只是好事者所编，一笑置之即可，然而现在很多人信以为真，实在是大谬。

与胡太后的淫荡和风流形成鲜明对比的则是另外一个女人，此人就是高湝的王妃卢氏。

高湝被杀后，卢氏也成了小寡妇，宇文邕又将卢氏赏赐给了斛斯徵。

斛斯徵，也是一位复姓斛斯的鲜卑人，而且当时还是太子宇文赟的老师。

卢氏非常刚烈，在斛斯徵面前始终一副蓬头垢面的样子，不洗脸，不梳头，而且茶饭不思，以绝食相逼，甚至不苟言笑，从未对斛斯徵笑过一下。

斛斯徵很无奈，但也没有为难卢氏，他知道强扭的瓜不甜，索性也就把卢氏放走了。

获得自由的卢氏，从此削发为尼，遁入空门，不再过问人世。

一直到了隋朝建立，卢氏才重新站出来，并且向已经成为隋文帝的杨坚上表，希望能够将高湝及其五个孩子重新予以安葬，杨坚很快便准了卢氏的这一请求。

介绍完这些女人的结局，接着就要说到那位真正的女主角，也是当时的女神级人物——冯小怜。

女神的悲剧

唐朝诗人李商隐有两首著名的咏史诗《北齐》。

其一：
一笑相倾国便亡，何劳荆棘始堪伤。
小怜玉体横陈夜，已报周师入晋阳。
其二：
巧笑知堪敌万几，倾城最在著戎衣。
晋阳已陷休回顾，更请君王猎一围。

这两首诗所描述的就是冯小怜和北齐亡国的故事，也正是这两首诗的流行，让冯小怜成了历史上著名的红颜祸水。

要说冯小怜，当然也要先说到高纬。

很多人谈到高纬，都是用一种不屑和不耻的态度来对待的，他是一个变态，他残暴不仁，他嗜血成性，他荒淫好色，他自私自利……

很多的标签都可以贴在他的身上，这些都没错，但是，很多人忽略了一点，高纬也是一个不折不扣的情种。

当"玉体横陈"的香艳成为一种滥觞之后，我们是否也应该认真审视一下高纬的爱情呢？

冯小怜在她最开始进入历史的那一刻，便是以一种惊艳的姿态出现的。

一个玩尽无数女人的花花公子高纬，竟然会一夜之间被一个还是无名宫女的冯小怜迷得神魂颠倒，并且从此绝爱冯小怜，这是怎样的一种惊艳和妩媚才能做到？

二人如同坠入爱河一般，"坐则同席，出则并马，愿得生死一处"，这又是怎样的一种如胶似漆才能做到？

而在周齐对决中，高纬为了满足冯小怜一个人的要求，竟然连江山社稷都抛诸脑后，一次次错过绝佳的战机，这又是怎样一种倾国倾城才能做到？

而无论高纬一路逃窜至何处，他始终与冯小怜形影不离，这又是怎样的一种生死相依才能做到？

而当高纬和冯小怜作为俘虏被带到长安之时，高纬即便受尽屈辱也在所不惜，而一向胆怯的高纬，竟然以一种极尽卑微的姿态，向宇文邕做出乞求，只为得到自己所爱之人，这又是怎样的一种至死不渝？

这一切只有一个答案——因为爱情。

当高纬被以谋反罪处死的时候，我不知道此时的冯小怜做何感想，史书虽然没有记载，但是我们可以猜测，可能悲恸欲绝，可能自叹薄命，也可能她想追随高纬而去，做一对绝命鸳鸯。

曾经的花前月下，曾经的双宿双栖，一切都成了镜中花、水中月，一切都化为泡影，从此只能沉淀在记忆深处。

而作为一个亡国的"妖女"，宇文邕把冯小怜赏赐给了代王宇文达。

史书记载，宇文达是一个勤俭节约、廉洁自律、不近女色的道德楷模，手下人劝他聚敛财物，他却说："君子忧道不忧贫，何必为钱财这种小事烦心呢。"明显是一个正人君子的典范。

而宇文邕竟然把绝代佳人冯小怜赏赐给道德楷模宇文达，其用意昭然若揭，那就是让大周朝的臣子都看看，冯小怜就是一个红颜祸水，这种货色在我们大周朝，无论扔给哪个男人，都没人要她。

事实上，宇文达一见到冯小怜，便被冯小怜的姿色所迷恋，顷刻之间便拜倒在了冯小怜的石榴裙下。

还道德楷模？狗屁！还正人君子？伪君子还差不多！

此时的宇文邕如同自己给了自己一巴掌，他本想让大臣们都以宇文达为榜样，做到廉洁自律、洁身自好，然而事与愿违，自己最信任的道德君子，此刻竟然如此堕落，这真是大周朝的耻辱。

由于宇文达对冯小怜的过分宠爱，宇文达的正妻李氏开始吃醋了。

李氏愤愤不平，她自诩贤妻良母，丈夫本也是正人君子，而此刻，自己的家庭全都毁在了这个狐狸精冯小怜身上。

李氏悲伤欲绝，一度寻死觅活，一哭二闹三上吊，几乎死于非命。

而冯小怜虽然被宇文达宠爱，但是却念念不忘高纬对自己的恩情。

有一天，冯小怜怀抱琵琶弹奏着，脑海里却是想象着昔日与高纬的点点滴滴，不觉悲从心来，突然琴弦断了，悲伤中的冯小怜提笔作诗。诗曰：

虽蒙今日宠，犹忆昔时怜。

欲知心断绝，应看胶上弦。

岁月带走的是过去的人和事儿，带不走的却是对爱人的深深思念。

没过多久，隋朝建立了，宇文达作为北周宗室，在隋文帝杨坚的政治清洗之中死去了。

冯小怜作为一个可以被人随意送来送去的礼物，又一次被送到了李询的手中，然而命运却再一次捉弄了冯小怜。原来，这个李询，就是宇文达的正妻李氏的哥哥。

李氏就是因为冯小怜这个狐狸精，几次寻死觅活，差点死掉的，作为李氏的哥哥，妹妹的仇，那就是自己的仇。

李询没有像宇文达那般不争气，他没有被冯小怜的姿色所迷惑，对于冯小怜，他要给他的妹妹报仇。

李询让冯小怜穿着破衣破裤舂米，同时还让冯小怜干很多脏活、粗活、重活，百般刁难和凌辱冯小怜。

面对这样的遭遇，冯小怜只能委曲求全，她只是一个被命运所驱使的人，她从来都没有办法去驱使自己的命运，她只能冷笑，冷笑这世态炎凉。

终于有一天，李询的母亲出面了。

李询的母亲无法容忍这样一个狐狸精待在家里，自己的女儿也是被这个狐狸精祸害得家破人亡的，她勒令冯小怜自裁。

三尺白绫之上，一代女神，就此香消玉殒。

当我们从冯小怜的身上卸去女神的光环，我们所看到的冯小怜，只是一个被命运所驱使的女人罢了，正如她的名字一般，她的一生都是可怜可叹的。她原本只是一个不谙世事的女子，只因为天生丽质，从此便卷入政治旋涡之中，也最终成了政治的牺牲品、历史的替罪羊。冯小怜从来没有为自己的命运抗争过，她只是一个被命运驱使的奴隶，她可以迷倒众生，却无法给自己争取一个幸福的人生。

冯小怜是那个时代当之无愧的女神，任何女子都无法比拟。

佛家说，缘定三生，不知高纬和冯小怜是否还有来世的情缘，如果真的有的话，我相信他们一定不会选择生在帝王之家。

而对于冯小怜这样的女人，历史上往往称为红颜祸水，夏朝的妹喜，商朝的妲己，西周的褒姒，以及无数的女人都被贴上了这一标签，然而，一个女人真的有如此能量能够倾国倾城吗？

北宋的王安石曾有一首诗：

谋臣本自系安危，贱妾何能作祸基？
但愿君王诛宰嚭，不愁宫里有西施。

这首诗的意思是，一个国家的安危，真正依靠的是你们这些谋臣，一个小小的贱妾（诗中指西施）怎能成为国家的祸患？要说该杀，最该杀的就是伯嚭这样的奸佞之臣，这样的话又何必担心宫中的西施呢。

在一个男权社会中，王安石能够如此批判"女祸论"，实在是非常有远见性的看法，然而，对于绝大多数的道学家来说，女人永远都是男人的替罪羊。

同样，鲁迅在他的《且介亭杂文》中也有着更为彻底的揭露和批判。鲁迅说：

我从不相信昭君出塞可以安汉，木兰从军就可以保隋，也不相信妲己亡殷，西施亡吴，杨贵妃乱唐那些古老的话。我以为，在男权社会里，女性是绝不会有这么大的力量的，兴亡的责任都应该由男人负，但向来男性作者大抵将败亡的大罪推在女性身上，这真是一钱不值的没有出息的男人。

这段话不言自明，男权社会里，国家的兴亡岂是一个女人所能左右的，让"女祸论"的谬论见鬼去吧！

第十一章

胜败自有评说

江统《徙戎论》的背后

有关北齐的所有内容，到这里就算全部结束了，但是，我们不禁要问，原本是超级大国的北齐因何而亡？

如果这是一道历史问答题考试题目的话，我们可以罗列很多原因：

政治上，主昏臣奸，骄奢淫逸，政治腐败；

经济上，穷奢极欲，大兴土木，横征暴敛；

军事上，战略失误，指挥无方，赏罚不明；

……

这些作为原因并没错，也很正确，但是这些却都是大话、空话，或者说只是表象而已，根本无法说明兴亡的原因所在。

因为绝大多数王朝的衰落都可以套用这些理论，试问，哪一个王朝衰败没有以上这些原因？因而，这些都只是表层次的原因，共性的原因。

那么，除了以上这些表层次的原因，还有什么深层次的原因呢？

前文我们分析过西魏的崛起原因，很重要的一点就在于对民族问题的合理解决，而民族问题其实由来已久，整个魏晋南北朝时代都被这个问题长期困扰。

我们不妨从西晋时代入手来看一下，民族问题是如何影响国家命运和历史走向的。因为，西晋时代是民族关系走向崩溃和走向重建的重要关节点。

公元299年，西晋元康九年，时任太子洗马的江统，就当时的民族问题，向朝廷上表《徙戎论》。江统提出将羌、氐、匈奴等少数民族迁出中原，并"还其本域"，然而朝廷并未重视，也未予采纳。

公元304年，氐族人李特割据成都，自称"成都王"，国号汉，史称"成汉"。同年，匈奴人刘渊割据并州，国号汉，史称"前赵"。十六国的历史，自此拉开序幕。

前后相隔不过五年，很多人认为，《徙戎论》所提出的真知灼见不被朝廷采纳，这才导致了西晋最后的亡国，中原也自此分崩离析。在《徙戎论》提出的十年内，北方和西北的匈奴、鲜卑、羯、氐、羌纷纷南下入侵中原，西晋也因此亡国。

《徙戎论》在当时可谓一篇雄文，唐朝在编写《晋书》的时候，也对《徙戎论》表示了赞许和肯定，柏杨先生也称它是一个"伟大方案"。

那么，《徙戎论》究竟写了什么内容，又有何神奇之处呢？

《徙戎论》主要记述了在西晋之前中国两千年的胡夏关系史，倡导夷夏之别，请求将少数民族内迁回原居地。

从殷商开始，中原国家就遭受到了来自北方草原民族的威胁和入侵。西周灭亡，也和当时的犬戎有着密切关系。汉高祖刘邦遭受了白登之耻，汉文帝刘恒屯兵霸上。

同时，中原国家也在不断抗击周边民族的入侵。管仲保护了中原的文化传统，楚国辟地千里，吞并了南蛮诸部，赵灭匈奴，秦灭义渠，秦始皇更是北却匈奴，南并百越。

但是从西汉末年，尤其是王莽篡汉开始，关中屠戮，百姓流亡，关中空虚，羌人便趁机开始内迁，于是出现了胡汉杂居。

然而，在东汉统治的很长一段时间里，羌人之乱始终难以平息，同时，南匈奴归附汉朝，内迁于河套，后被曹操拆分为五部。

也就在此时，鲜卑、氐族、羯族也在这一时期纷纷内迁，这就是历史上旧称的"五胡"，他们与汉人杂居，生活习惯也发生了巨大的改变。

于是，在整个东汉三国时代，出现了一次大范围的胡人南迁潮，它们分散于陇右、关中、河套、河东等地，当时由于受到中央政府的统一管理，民族问题尚不突出，所以这些胡族并未对国家政权形成重大威胁。

然而，三国时代开始，中国的人口就出现了断崖式的下跌，人口一度只有800万。

800万的人口是个什么概念呢？我们今天的北上广都是2000多万的人口，800万只相当于一个二线城市的总人口。

而西汉后期人口是5700万，东汉中期人口是5600万，仅仅不到一百年时间，人口就只剩下了800万，相当于七分之一。因此，史书上才说"十室九空"，可见并非虚言。

战争年代，人口锐减，经济凋敝，唯一的出路就是最大限度地增加人口。我们回顾历史会发现，孙权派卫温去夷洲，并不是出于发展贸易的目的，而是抢夺人口；诸葛亮南征孟获，根本目的也是人口。而当时身处北方的曹魏，同样也需要大量人口，名将邓艾给出的办法便是屯田，同时让胡人内迁。

最终的后果是什么呢？洛阳、并州两地胡人的人口占比已经接近一半，关中地区的占比更高，占到了一半以上。

就拿匈奴来说，据统计历史从三国进入西晋后，匈奴内迁有20多万，加上原先的南匈奴就有40余万人。当时的西晋人口勉强只恢复到了1600万到2000万，匈奴就占了40多万，相当于40个人里就有一个是匈奴人。

一些有识之士意识到了这个问题，郭钦、傅玄先后上疏晋武帝司马炎，陈述

"胡人"之患，同时也提出了"徙戎"的主张。在这之后，便有了江统更为系统的《徙戎论》。

然而，西晋统治者并没有采纳郭钦、傅玄和江统的建议，也没有意识到问题的严重性。主要原因在于，当时西晋立国不久，统治者非常喜欢这种"四夷宾服"的局面。同时，西晋时期朝野动荡，内斗激烈，也无心于对外患的解决。

就是在这样的历史背景之下，永嘉之乱爆发了。所谓永嘉之乱，就是匈奴攻陷了西晋首都洛阳，并且匈奴汉国皇帝刘聪将晋怀帝司马炽俘虏。刚刚统一的西晋再次四分五裂，历史进入了东晋十六国时代。

这一时期，北方大量少数民族开始大举入华，先后建立了十几个政权，而在南方，晋室南渡，晋元帝司马睿在世家大族的拥护下，建立起了东晋王朝。从此，中国形成了南北对峙的局面。南方是由汉族建立的政权，北方中原地区则是由胡人建立的政权。

事实上，就当时的历史背景来说，《徙戎论》的主张根本难以推行，因为少数民族的内迁不是一朝一夕的事，西汉后期就已经开始了，这是一个长达两百多年的过程。

正所谓请神容易送神难，有些少数民族已经在中原生活了上百年，语言生活习惯和汉人没有两样，已经是完全汉化或者半汉化的民族了，怎么可能再迁出去呢？比如前赵开国皇帝刘渊，他虽然是匈奴人，南单于之后，但是他早就以刘为姓，汉化程度非常高，《史记》《汉书》《左传》无不通晓。

因此，历史学家陈寅恪先生也说："（少数民族内迁）这是一个历史的现象，或者说一种历史的趋势，现在要把戎狄迁出去，反其道而行之，几乎无此可能。"

在当时的历史环境之下，"徙戎"是不可能实现的，唯一的解决办法只有融合。而在接下来的历史中，民族融合便成了历史的主题，正因如此笔者才多次表达，谁能解决民族问题，才能真正实现天下一统。

少数民族内迁，历经两百多年，同样的道理，民族融合或者说汉化，也需要一个对等的时间。而在接下来的历史中，从东晋十六国到南北朝，再从南北朝到隋唐，中国历史最大的任务就是在解决民族融合的问题，当民族问题解决了，也就意味着统一的到来。

事实上，我们今天的汉族，主体真正形成就是在南北朝到隋唐这个时间段内。历史上的这些"胡人"，他们之所以最终在历史上消失得不见踪影，最主要是因为他们成了我们今天汉族的一部分。而中华民族又是在汉族的基础之上逐渐形成的，这是中国历史后一千年的历史任务。

附《徙戎论》原文

夫夷蛮戎狄，谓之四夷，九服之制，地在要荒。《春秋》之义，内诸夏而外夷狄。以其言语不通，贽币不同，法俗诡异，种类乖殊；或居绝域之外，山河之表，崎岖川谷阻险之地，与中国壤断土隔，不相侵涉，赋役不及，正朔不加，故曰"天子有道，守在四夷"。禹平九土，而西戎即叙。其性气贪婪，凶悍不仁，四夷之中，戎狄为甚。弱则畏服，强则侵叛。虽有贤圣之世，大德之君，咸未能以通化率导，而以恩德柔怀也。当其强也，以殷之高宗而愈于鬼方，有周文王而患昆夷、猃狁，高祖困于白登，孝文军于霸上。及其弱也，周公来九译之贡，中宗纳单于之朝，以元成之微，而犹四夷宾服。此其已然之效也。故匈奴求守边塞，而侯应陈其不可，单于屈膝未央，望之议以不臣。是以有道之君牧夷狄也，惟以待之有备，御之有常，虽稽颡执贽，而边城不弛固守；为寇贼强暴，而兵甲不加远征，期令境内获安，疆场不侵而已。

及至周室失统，诸侯专征，以大兼小，转相残灭，封疆不固，而利害异心。戎狄乘间，得入中国。或招诱安抚，以为己用。故申、缯之祸，颠覆宗周；襄公要秦，遽兴姜戎。当春秋时，义渠、大荔居秦、晋之域，陆浑、阴戎处伊、洛之间，郓瞒之属害及济东，侵入齐、宋，陵虐邢、卫，南夷与北狄交侵中国，不绝若线。齐桓攘之，存亡继绝，北伐山戎，以开燕路。故仲尼称管仲之力，嘉左衽之功。逮至春秋之末，战国方盛，楚吞蛮氏，晋翦陆浑，赵武胡服，开榆中之地，秦雄咸阳，灭义渠之等。始皇之并天下也，南兼百越，北走匈奴，五岭长城，戍卒亿计。虽师役烦殷，寇贼横暴，然一世之功，戎虏奔却，当时中国无复四夷也。

汉兴而都长安，关中之郡号曰三辅，《禹贡》雍州，宗周丰、镐之旧也。及至王莽之败，赤眉因之，西都荒毁，百姓流亡。建武中，以马援领陇西太守，讨叛羌，徙其余种于关中，居冯翊、河东空地，而与华人杂处。

数岁之后，族类蕃息，既恃其肥强，且苦汉人侵之。永初之元，骑都尉王弘使西域，发调羌、氐，以为行卫。于是群羌奔骇，互相扇动，二州之戎，一时俱发，覆没将守，屠破城邑。邓骘之征，弃甲委兵，舆尸丧师，前后相继，诸戎遂炽，至于南入蜀汉，东掠赵、魏，唐突轵关，侵及河内。及遣北军中候朱宠将五营士于孟津距羌，十年之中，夷夏俱毙，任尚、马贤仅乃克。此所以为害深重、累年不定者，虽由御者之无方，将非其才，亦岂不以寇发心腹，害起肘腋，疾笃难疗，疮大迟愈之故哉！自此之后，余烬不尽，小有际会，辄复侵叛。马贤怛怚，终于覆败；段颎临冲，自西徂乐。雍州之戎，常为国患，中世之寇，惟此为大。汉末之乱，关中残灭。魏兴之初，与蜀分隔，疆场之戎，一彼一此。魏武皇帝令

190

将军夏侯妙才（夏侯渊）讨叛氐阿贵、千万等，后因拔弃汉中，遂徙武都之种于秦川，欲以弱寇强国，扞御蜀虏。此盖权宜之计，一时之势，非所以为万世之利也。今者当之，已受其弊矣。"

夫关中土沃物丰，厥田上上，加以泾、渭之流溉其舄卤，郑国、白渠灌浸相通，黍稷之饶，亩号一钟，百姓谣咏其殷实，帝王之都每以为居，未闻戎狄宜在此土也。非我族类，其心必异，戎狄志态，不与华同。而因其衰弊，迁之畿服，士庶玩习，侮其轻弱，使其怨恨之气毒于骨髓。至于蕃育众盛，则坐生其心。以贪悍之性，挟愤怒之情，候隙乘便，辄为横逆。而居封域之内，无障塞之隔，掩不备之人，收散野之积，故能为祸滋扰，暴害不测。此必然之势，已验之事也。当今之宜，宜及兵威方盛，众事未罢，徙冯翊、北地、新平、安定界内诸羌，著先零、罕幵、析支之地；徙扶风、始平、京兆之氐，出还陇右，著阴平、武都之界。廪其道路之粮，令足自致，各附本种，反其旧土，使属国、抚夷就安集之。戎晋不杂，并得其所，上合往古即叙之义，下为盛世永久之规。纵有猾夏之心，风尘之警，则绝远中国，隔阂山河，虽为寇暴，所害不广。是以充国、子明能以数万之众制群羌之命，有征无战，全军独克，虽有谋谟深计，庙胜远图，岂不以华夷异处，戎夏区别，要塞易守之故，得成其功也哉！

难者曰：方今关中之祸，暴兵二载，征戍之劳，老师十万，水旱之害，荐饥累荒，疫疠之灾，札瘥天昏。凶逆既戮，悔恶初附，且款且畏，咸怀危惧，百姓愁苦，异人同虑，望宁息之有期，若枯旱之思雨露，诚宜镇之以安豫。而子方欲作役起徒，兴功造事，使疲悴之众，徙自猜之寇，以无谷之人，迁乏食之虏，恐势尽力屈，绪业不卒，羌戎离散，心不可一，前害未及弭，而后变复横出矣。

答曰：羌戎狡猾，擅相号署，攻城野战，伤害牧守，连兵聚众，载离寒暑矣。而今异类瓦解，同种土崩，老幼系房，丁壮降散，禽离兽逆，不能相一。子以此等为尚挟余资，悔恶反善，怀我德惠而来柔附乎？将势穷道尽，智力俱困，惧我兵诛以至于此乎？曰，无有余力，势穷道尽故也。然则我能制其短长之命，而令其进退由己矣。夫乐其业者不易事，安其居者无迁志。方其自疑危惧，畏怖促遽，故可制以兵威，使之左右无违也。迨其死亡散流，离遆未鸠，与关中之人，户皆为仇，故可遒迁远处，令其心不怀土也。夫圣贤之谋事也，为之于未有，理之于未乱，道不著而平，德不显而成。其次则能转祸为福，因败为功，值困必济，遇否能通。今子遭弊事之终而不图更制之始，爱易辙之勤而得覆车之轨，何哉？且关中之人百余万口，率其少多，戎狄居半，处之与迁，必须口实。若有穷乏糁粒不继者，故当倾关中之谷以全其生生之计，必无挤于沟壑而不为侵掠之害也。今我迁之，传食而至，附其种族，自使相赡，而秦地之人得其半谷，此为济行者以廪粮，遗居者以积仓，宽关中之逼，去盗贼之原，除旦夕之损，建终年之益。若惮暂举之小劳，而忘永逸之弘策；惜日月之烦苦，而遗累世之寇敌，非所谓能开物成务，创业垂统，崇其拓迹，谋及子孙者也。

并州之胡，本实匈奴桀恶之寇也。汉宣之世，冻馁残破，国内五裂，后合为二，呼韩邪遂衰弱孤危，不能自存，依阻塞下，委质柔服。建武中，南单于复来降附，遂令入塞，居于漠南，数世之后，亦辄叛戾，故何熙、梁槿戎车屡征。中平中，以黄巾贼起，发调其兵，部众不从，而杀羌渠。由是於弥扶罗求助于汉，以讨其贼。仍值世丧乱，遂乘衅而作，卤掠赵、魏，寇至河南。建安中，又使右贤王去卑诱质呼厨泉，听其部落散居六郡。咸熙之际，以一部太强，分为三率。泰始之初，又增为四。于是刘猛内叛，连结外虏。近者郝散之变，发于谷远。今五部之众，户至数万，人口之盛，过于西戎。然其天性骁勇，弓马便利，倍于氐、羌。若有不虞风尘之虑，则并州之域可为寒心。荥阳句骊本居辽东塞外，正始中，幽州刺史毋丘俭伐其叛者，徙其余种。始徙之时，户落百数，子孙孳息，今以千计，数世之后，必至殷炽。今百姓失职，犹或亡叛，犬马肥充，则有噬啮，况于夷狄，能不为变！但顾其微弱势力不陈耳。

夫为邦者，患不在贫而在不均，忧不在寡而在不安。以四海之广，士庶之富，岂须夷虏在内，然后取足哉！此等皆可申谕发遣，还其本域，慰彼羁旅怀土之思，释我华夏纤介之忧。惠此中国，以绥四方，德施永世，于计为长。

胡化与汉化

接下来，我们继续梳理一下南北朝时代的历史。

结束十六国纷争的是由鲜卑拓跋部所建立的北魏政权，北魏太武帝拓跋焘完成了北方的统一，并且在北魏孝文帝的治理下，北魏政权一度繁荣昌盛。而南方则是上演着宋、齐、梁、陈四个王朝的轮番更迭。

在这种历史大背景下，当时身处北方的汉族群体就和胡人统治者形成了严重的矛盾和冲突，最具代表性的冲突事件，就是北魏太武帝时期所发生的"国史之狱"。

北魏太武帝拓跋焘统一了北方之后，为了夸耀自己的武功，于是便任命司徒崔浩领衔一帮文人学者编纂国史。然而崔浩编纂国史的过程中，却把鲜卑拓跋人很多不堪的丑恶的历史也写进去了，结果太武帝拓跋焘震怒，下令将崔浩灭族。

然而这不是一次简单的灭族事件，崔浩是汉人，是当时北方最大汉族门第中最高的清河崔氏，而他的母亲卢氏则是汉族门第仅次于清河崔氏的范阳卢氏。

"国史之狱"发生后，北方汉族门第最高的两大氏族，清河崔氏和范阳卢氏被全部灭族，同时太原郭氏、河东柳氏也因为和崔浩有姻亲关系，也一样被灭族，前后被杀者甚众，这场历史事件就叫作"国史之狱"。

因为编修国史宣扬国恶而导致"国史之狱"，后世很多史学家对此都表示怀疑，事实上，"国史之狱"爆发的原因是多方面的，编纂国史只是一条导火线。

真正的原因则是，崔浩主张建立一套姓族与人伦、高官与儒学的合二为一的贵族政治，这一施政主张提高了汉族的地位，侵害了拓跋贵族的利益，进而形成了激烈的胡汉矛盾，这一矛盾最终酿成了"国史之狱"的爆发。

"国史之狱"后，胡汉矛盾却并未化解，而这一矛盾也成为当时最主要的社会矛盾，直接影响着国家政治。而由胡汉矛盾，进而可以化成两股历史潮流：一是汉化，代表着文明和先进；二是胡化，代表着野蛮和落后。

到了冯太后执政以及北魏孝文帝在位时期，在这祖孙二人的大力经营改革之下，对北魏实行了全面的汉化，包括三长制、租调制、均田制等，甚至把都城从边塞地区的平城（今山西大同）迁到了中原地区的洛阳，改汉姓，穿汉服，这一时期，北魏也真正达到了繁荣的顶峰。

然而，孝文帝的改革并没有让胡化的逆流退出历史舞台，它只是被暂时掩盖了。迁都洛阳之后，平城则迅速衰落，大量的鲜卑旧贵族，一直驻守在平城以外的六个军镇，分别是沃野镇、怀朔镇、武川镇、抚冥镇、柔玄镇、怀荒镇这六镇，目的是防御北方的少数民族柔然，而宇文泰和杨忠就出自武川镇，高欢则出自怀朔镇。这批鲜卑军人都是鲜卑化的，待遇等各方面都不及洛阳的官员，受到来自中原人士的歧视，最终爆发了六镇起义。

而孝文帝英年早逝之后，朝政迅速腐败，朝中贪腐横行，权臣擅权，苛捐杂税，赋役劳役繁重，各地的起义也是如火如荼，而六镇起义只是社会矛盾的一次集中大爆发。

当六镇弥漫起烽烟之时，居住在洛阳的皇室贵族早已腐化堕落，很快六镇起义迅速波及了整个中原大地，最终，北魏政权被瓦解，形成了东魏和西魏两大政权。

东魏地处华北以及沿海东部地区，经济发达，人口众多，实力最强，其掌门人便是高欢，高欢实际上继承了六镇绝大部分的实力。而西魏地处关中，经济欠发达，人口也不多，其掌门人便是宇文泰。

由于高欢和宇文泰都是出自六镇起义之中，他们都是鲜卑化的，对孝文帝原先的汉化改革也是极力排斥的，因而，东魏和西魏建立之初，胡风盛行。

高欢祖籍渤海，属于渤海高氏，祖上是名副其实的汉人，虽然血缘上是汉人的血统，但高欢以鲜卑人自居，别人也把高欢当作鲜卑人来看待。总而言之，高欢是一个被鲜卑化了的汉人。

然而，这并不仅仅是高欢一个人如此，整个高家都是如此。高洋的妻子叫作李祖娥，出自汉家大族赵郡李氏，当时有很多人反对李祖娥当皇后，他们认为李祖娥身为汉人根本不配母仪天下（"汉妇人不可为天下母"）。而高洋的太子高殷因为有"汉家性质"，高洋一度想废掉高殷。可以说，整个高家是彻底胡化的，对于汉人都是有极深的成见的，矛盾很深。

而东魏北齐的鲜卑大族的势力也都凌驾于汉人之上，而这种不可调和的民族矛盾，实际上一直伴随着东魏北齐的历史，这不仅是民族矛盾，更是社会矛盾，例如当时汉族文官崔季舒等人的被杀，就是这种胡汉矛盾的政治斗争的一大表现。

而我们反观宇文泰，宇文泰同样也是出自六镇军人，也是鲜卑化的军人，西魏建立之初的政策也是兴胡排汉的，这和高欢并无两样。不过，宇文泰虽然表面上反汉化，但他对于汉人并不敌视，而是用一种包容的姿态去吸纳对方。

比如前文中提到的苏绰，他本是汉族知识分子，却受到了宇文泰的格外赏识，而苏绰给宇文泰提出的《六条诏书》，实质上是一种儒家治国思想的体现，宇文泰本人更是对《周礼》推崇备至。如此一来，东魏和西魏、北周和北齐对于汉化的态度就一目了然了。

在宇文泰的改革中，每一项改革其实都是披着鲜卑化的外衣，实质上却是在走孝文帝汉化的老路。事实上，在西魏胡化和汉化其实是并行其道的，换种说法，宇文泰这就相当于对当时胡汉文化进行了一次大整合。

让我们重新审视一下八柱国的人员成分，除了宇文泰本人和皇室元欣之外，宇文泰手下是六个柱国，其中有三人全都是汉人，分别是李虎、李弼、赵贵，汉人竟然占到了一半。

而到了北周武帝宇文邕时代，宇文邕的大力灭佛，实质上是把儒家思想放到了首位，确定以儒家思想为核心的统治思想。同时，宇文邕继承和发扬了宇文泰的改革之策，对于人才也同样是不拘一格的，不分胡汉，比如他最信任的大臣王轨，便是出于汉家大族太原王氏。

而真正导致北齐衰落，北周强大，以致最终北周灭齐的根本原因，正在于对胡汉问题的处理和解决方式上，无疑宇文家族在这一点上要比高家做得高明很多，因而胜败的天平必然是倾向于宇文家族，这就是历史的必然。

当然我们也不能忽视历史的偶然因素，以及一些个人的因素。如果坐在北齐皇帝宝座上的是宇文邕一样的明君，坐在北周皇帝宝座上的是高纬一样的昏君，历史将走向何方，我们根本无法预判。

世界上没有无缘无故的爱，也没有无缘无故的恨，没有无缘无故的成功，也没有无缘无故的失败，一切胜败皆有凭证。

神秘的黑衣人

我们今人是幸运的，因为我们可以站在历史的高度，俯察历史的成败得失。

相比较而言，古人是不幸的，因为古人往往很难解释清楚历史演变的规律，他们会把历史的兴亡归结于君王的德行、臣子的忠奸，以及天命的安排。

而古代人所信奉的莫过于天，他们相信上天在冥冥之中自有安排。于是，谶语、星象、天灾等就成了预示国家兴亡的象征，如果国家五谷丰登，那么就预示着国家兴盛，如果国家天灾不断，那就预示着上天的警告或惩罚，比如斛律光之死，与其说是死在韦孝宽之手，不如说是死于古人的天命观。

在南北朝的后期，就流传有这样一条预言——"亡高者黑衣"，又称"黑衣作天子"。

这条预言是怎么来的，按照《北齐书》里面的记载，是出自一名术士之口，这条预言的意思是，将会有一位黑衣人降临到人世，最终灭亡高家。

当时正是东魏时期，高欢当权，这条预言所针对的无疑就是高欢一家。

高欢本人非常迷信，这条神秘预言就像瘟神一般时时刻刻在高欢的耳边回荡，让高欢坐卧不宁，高欢总是在想，这个黑衣者到底是谁。

南北朝时期，佛教盛行，佛寺林立，大量的人口投身于佛寺之中，因而南北朝时期僧人遍地。按照当时佛家的习俗，僧人所穿衣服的颜色，就是黑色。

因而，"亡高者黑衣"这里的"黑衣"极有可能指的就是寺院里的僧人。从此，高欢对身着黑衣的僧人非常反感，每次出行都不愿和僧人碰面。

不过，这里的黑衣人在当时来看，未必就是指僧人，与东魏遥遥相望的西魏，所崇尚的颜色就是黑色，因为西魏是水德，水德崇尚黑色。

这就涉及中国古代一套非常重要的政治学说——五德始终说。

要解释五德始终说，那就要先了解一下五行，首先我罗列一下五行与颜色和方位的一一对应关系：

木，主青，主东方

火，主赤，主南方

土，主黄，主中央

　　金，主白，主西方

　　水，主黑，主北方

　　五行学说的诞生时间非常古老，五行最早见于文字记载是在《尚书·洪范》，因而，五行的产生时间绝对要比《尚书》更加古老和久远。

　　战国时期，齐国人邹衍最先提出了五德始终说，五德所指的就是木、火、土、金、水五种德性。邹衍将五行的相生相克的关系，应用到了王朝的兴衰更迭上，每一个王朝都代表这一种德性，朝代的更迭，也就意味着五德的一次相生或者相克的过程，这也就成了后世王朝证明自己合法性的一种理论依据。

　　北魏拓跋氏自称黄帝之后，所以北魏建国之时为土德，崇尚黄色。一直到了北魏孝文帝汉化时期，孝文帝开始重新议定德性，认为北魏承袭的是晋朝的历史，晋朝是金德，金生水，因而北魏应该是水德，崇尚黑色。

　　到了北魏末年，六镇起义，天下大乱，北魏分裂为东魏和西魏两个政权。

　　宇文泰认为自己的西魏才是正朔，所以仍然承袭北魏的水德，崇尚黑色。同时，宇文泰小字黑獭，带有黑字，而且史书记载宇文泰"生而有黑气如盖""背有黑子"，种种异象都暗示着宇文泰和黑色有着不解之缘。

　　与宇文泰相对立的高欢，把持东魏政权，他认为东魏才是正朔，所以也承袭北魏的水德。按理说，水德尚黑才对，但是高欢偏偏要崇尚黄色。至于高欢为什么要崇尚黄色，史书没有记载，我们不得而知，不过可以推测，可能是因为高欢反对孝文帝汉化，所以高欢便尊奉北魏初期的尚色黄色。

　　由此看来，"亡高者黑衣"的预言，似乎已经有了答案，那就是预示着宇文家才是灭亡高家的罪魁祸首。

　　但是，历史的答案果真如此吗？

黑衣人的真相

　　事实上，高欢时期根本就没有"亡高者黑衣"的预言，《北齐书》所记载高欢忌讳黑色，以及高欢每次出门都不愿意和僧人碰面，这些记载都不可信。

　　因为一些佛家典籍如《续高僧传》记载，高欢对于僧人的态度是非常友好的，甚至多次接待僧人来邺城问话，并且对僧人盛情招待。

　　从东魏北齐的历史来看，高家对于佛教始终非常推崇，并不存在忌讳之说。

　　"亡高者黑衣"的预言，确切地说，应该是在北齐建立之后才产生的。

　　《北齐书》记载，高洋有一次问左右的人说："什么东西最黑？"左右回答道："最黑的莫过于漆。"

古代的漆，都是天然漆，是从漆树上提取的汁液，这种汁液被涂抹在器具上，这种器物就叫作漆器。

这种汁液经过日晒之后，就会形成黑色的漆膜，不仅可以防止虫蛀，同时它很难褪色，也起到美观的效果。

但是，古代的漆并不像今天的漆一样有五颜六色，古代的漆普遍都是黑色。

高洋听完这番话，若有所思，高洋突然敏锐地意识到，"漆"与"七"同音，进而又联想到了自己的七弟，即同父异母的高涣。

高洋认为，"亡高者黑衣"恐怕指的就是自己的七弟高涣。

高涣自小便孔武有力，并且在战场上立有功勋，而高洋在高欢的众多儿子中并不突出，甚至还被自己的大哥高澄瞧不起，高洋的内心难免不自信，再加上此时"亡高者黑衣"的预言，因而，高洋对自己的七弟高涣起了杀心。

很快，高洋便把高涣抓获，关押在了笼子里，一年后，又将高涣处死，这才作罢。

事实上，因为"漆"与"七"同音，高洋便杀死了自己的七弟高涣，这未免有些猜疑心过重，而高涣却不明不白地做了一个冤死鬼。

根据佛家典籍《续高僧传》和《广弘明集》的记载，向高洋说漆最黑的人，是一个僧人，此人在历史上被称为僧稠。

僧稠，是南北朝后期一个非常著名的大德高僧，就如同唐太宗时期的玄奘。《续高僧传》记载，僧稠曾经应高洋之邀，来到邺城，弘法传教，就连高洋在僧稠面前都自称弟子，可见僧稠在当时地位之高。

正是因为僧稠的德高望重，因为高洋对僧稠的敬重，高洋才把埋藏在心底的疑问和盘托出，而当僧稠对高洋说漆最黑之时，高洋也才会如此深信不疑，并且联想到了"漆"与"七"同音。

如此看来，高涣被杀的悲剧，实际上是僧稠间接造成的。

我们不禁有这样一个疑问，僧稠为何要说漆最黑？

答案是避嫌，推脱，祸水别引。

因为南北朝时期僧人穿黑衣，僧稠为了避嫌，于是故意在高洋面前混淆视听，说漆最黑，进而把高洋的注意力转移到别的地方，然而超出僧稠预料的是，高洋却联想到了自己的七弟高涣。

问题再一次回到了原点，即僧人的问题上，难道这里的黑衣人就是指的僧人？

在《续高僧传》中，其实还有"亡高者黑衣"的另一个版本——"黑沙弥若来，高座逢灾也。"

仔细分析一下这句话，"高座"无疑是指代高家，"逢灾"显然也是暗示高家将会遇到灾祸，"黑沙弥"所指的就是穿黑衣的和尚。

"黑沙弥若来，高座逢灾也"整句话的意思，就是说穿黑衣的僧人将会灭亡高家。

可见，"黑沙弥若来，高座逢灾也"完全是"亡高者黑衣"的 2.0 版本，而且更加直接地指出，黑衣人就是僧人。

从来都没有空穴来风的谣言，一切的谣言，其实都是人为的。

可以看出，制造这两条谶语的人，一定是和僧人有过节，同时也和高家有过节的。

我们把问题再转移到"亡高者黑衣"这条预言最初的起源上。按照《北齐书》的记载，这条预言是出自术士之口，而术士往往是道教徒，或者是信奉道教的人。

在魏晋南北朝时期，道教和佛教都是并行其道的，道教和佛教都曾兴盛一时，而到了南北朝后期的北朝，道教和佛教的发展却遇到了前所未有的挑战。

北魏分裂为东西魏之后，宇文氏和高氏对于道教和佛教的态度却截然不同。

在西魏，宇文泰承袭北魏的传统，非常尊崇道教，对道教的推崇胜过佛教。《隋书·经籍志》记载："后周承魏，崇奉道法，每帝受箓，如魏之旧。"

一直到周武帝宇文邕亲政之后，宇文邕大举灭佛，但是在灭佛的同时，却是存道的。并且，宇文邕在灭佛之后不久，就建立了通道观，组织了大批道士编纂了一部非常宏大的道家典籍《无上秘要》。

而我们反观东魏北齐，高氏对待佛道两家的态度和宇文氏截然相反。

北魏时期，皇帝即位之时，都要去道坛接受符箓。这一制度，宇文氏一直都继承了下来，而在《北齐书》中，却从未有过一次皇帝即位登临道坛，受符箓的记载，并且，道坛最终被废。

公元 555 年，即北齐天保六年，北齐皇帝高洋开始了一场声势浩大的灭道运动。

《资治通鉴》卷一百六十六记载：齐主还邺，以佛、道二教不同，欲去其一，集二家论难于前，遂敕道士皆剃发为沙门；有不从者，杀四人，乃奉命。于是齐境皆无道士。

这场灭道运动，使得北齐境内的道士顿时销声匿迹，所有的道士全部剃了头发，做了和尚。

而在《历代真仙体道通鉴》的卷二九、卷三十中，叙述了从北魏寇谦之以来的二十三位北朝道士，其中西魏北周一共占了十一人，东魏北齐却连一个人也没有。从这一个侧面也可以看出，东魏北齐对道教是非常蔑视的。

就在高洋灭道运动之后，北齐涌现出了更多的谣言谶语，这些谣言谶语全部都是对准高氏家族的。

《北史》卷七记载：初，帝登阼，改年为天保。士有深识者曰："天保之字，为一大人只十，帝其不过十乎。"又先是谣云："马子入石室，三千六百日。"帝以午年生，故曰"马子"。三台，石季龙旧居，故曰"石室"。三千六百日，十年也。又，帝曾问太山道士曰："吾得几年为天子？"答曰："得三十年。"道士出后，帝谓李后曰："十年十月十日，得非三十也？吾甚畏之，过此无虑。人生有死，何得致惜，但怜正道尚幼，人将夺之耳。"帝及期而崩，济南竟不终位，时以为知命。

高洋即位改元天保，有术士把"天保"二字拆分为"一大人只十"，事实上，高洋确实只当了十年皇帝，在天保十年驾崩。

又有谣言说："马子入石室，三千六百日。"高洋属马，石室是后赵皇帝石虎的故居，三千六百日就是十年。"马子入石室，三千六百日"就是指高洋只能做十年皇帝。

后来又有道士说，高洋能得天下三十年，高洋却把"三十年"拆解为"十年十月十日"，果不其然，高洋的死亡日期正是在天保十年的十月十日。

另外，前文中也讲过，北齐灭亡之后，高孝珩和高湝拉起了一支四万人的队伍，据守在信都，宇文邕派出宇文宪和杨坚前去平叛，最终高孝珩和高湝二人被俘虏。当时，高孝珩被俘虏之后，就非常感慨地对宇文宪说，赵郡有一个叫作李穆叔的术士曾经预言北齐国祚只有二十八年，最后果不其然，北齐一共只有二十八年就灭亡了（550—577 年）。

由此可见，当时谣言谶语之多，而这些谶语的始作俑者就是这些被剃了光头，心怀怨恨的道士。他们用这种谶语的方式来诅咒北齐，诅咒高家。

正是因为高氏的灭道政策，进一步激化了国内的宗教矛盾，内心充满怨恨的道士，利用这种谶语的方式来诅咒佛教徒、诅咒北齐、诅咒高家。

事实上，北齐、北周相继建立之后，两国所确定的德性均为木德，因为东西魏都是水德，水生木，因而德性确定为木德。

木德，所对应的颜色是青色，但是北齐和北周却都没有选择崇尚青色，北齐尚赤，北周尚黑。

北齐尚赤的原因，史书没有记载，还有待研究，但是，北周尚黑的原因却并不复杂，这完全是为了对应"亡高者黑衣"的预言。

公元550年北齐建立，到了公元555年，即北齐天保六年，北齐正式宣布灭道，因而，"亡高者黑衣"的谶语应当在555年之后开始流行。

北周建立于557年，此时"亡高者黑衣"的谶语已经天下皆知，北周便充分利用了这一谶语，虽然北周德性是木德，但是在尚色的问题上，却选择了黑色。

而这一谶语也一定程度影响到了周武帝灭佛，北周为了应黑衣的谶语，自然会排除掉其他人应谶的可能，所谓天无二主，肯定会在某种程度上影响到宇文邕灭佛政策的推行。

"亡高者黑衣"的预言，从本质上来说，是因为道教在西魏北周和东魏北齐的发展境遇不同所导致的，直接原因就是公元555年高洋灭道这一事件。

"亡高者黑衣"这一预言的初衷，是为了诋毁佛教僧人，诅咒北齐，但是最终却被北周宇文氏所利用。

这一预言流传到后世，被后世之人理解为北周灭亡北齐是上天注定的，这完全是大错特错。可以说，历史跟我们开了一个不大不小的玩笑。

第十二章

南朝的野心

陈朝开国往事

南北朝后期最强大的北齐政权，就这样被周武帝宇文邕吞并了，一个崭新的北周帝国从此屹立在了中原大地之上。

能够完成统一中原的大业，无论对宇文邕本人，还是对北周的臣民来说，这都是一件值得庆贺的大喜事，也足以令宇文邕彪炳史册。但是，北周的突然强大，对于另外两个国家来说，却是一个致命的威胁。

这两个国家，一个是北方草原上的突厥，另一个是江南水乡的陈朝。一南一北，如同三明治一样把北周夹在了中间。

眼看着宇文邕自己一个人独吞了北齐这块大蛋糕，突厥和陈朝并不甘心，他们无法接受北周一枝独大的事实。

于是，陈朝决定趁着这一时机，对北周趁火打劫一把，做出这一决定的人就是陈宣帝陈顼，而要讲陈宣帝就要先从陈朝的开国皇帝陈霸先讲起。

事情还要回溯到发生在公元554年的那场江陵之战。

西魏权臣宇文泰发动了对梁朝首都江陵的突然袭击，身处江陵城中的梁元帝萧绎过惯了养尊处优的生活，平日里只顾一味地奉承宇文泰，却不想宇文泰会对自己动刀子。

就在宇文泰发兵江陵之时，梁元帝萧绎却浑然不知，只顾在江陵城中讲学《道德经》。

直到西魏军兵临城下之时，梁元帝才体会到什么叫作危急存亡，他赶忙用绢帛写了一封信，信是写给大将王僧辩的，催促王僧辩速速发兵支援，甚至饱含深情地说："吾忍死待公，可以至矣！"——我会一直坚持着等你，直到我死的那一刻。

事实证明，梁元帝根本不是一个有坚定信念的人，就在他刚发出去这封书信不久，他就立刻向西魏投降了，而他直到死也没看到王僧辩的人影。

在江陵这场浩劫之中，梁元帝萧绎死在了自己侄儿萧詧之手，而萧詧则踏着梁元帝的尸体，成了新的历史接班人，做了西梁国的皇帝。然而，萧詧只是个有名无实的傀儡皇帝，西梁国也仅仅只有江陵的三百里地，萧詧和他的西梁只是西魏的附庸而已。

而远在建康，王僧辩和陈霸先经过一番商议之后，共同决定拥立梁元帝的小儿子萧方智称帝。

可就在这个时候，北齐皇帝高洋突然也想来横插一脚，北齐把他们手下的一个俘虏，同时也是梁武帝萧衍的侄子萧渊明，迎送到了建康，提出让萧渊明来做梁朝的皇帝。

王僧辩和陈霸先，对于北齐的这一做法，都表示坚决反对。

面对王僧辩和陈霸先的不合作态度，高洋决定用武力来讲道理，王僧辩见高洋要动武，只好屈服，并应允了高洋的要求，让萧渊明来做皇帝。

这一下惹恼了陈霸先，陈霸先是坚决反对让萧渊明这个俘虏来做皇帝的，而且他更痛恨王僧辩自作主张，连个招呼都不打，就同意了北齐的要求，简直就是不把自己放在眼里。

陈霸先思量一番之后，决定先发制人，一不做，二不休，索性把王僧辩除掉算了。

陈霸先发动了对建康城的突然袭击，而王僧辩毫无防备，所以兵不血刃地就把王僧辩的部队打垮了，王僧辩和他的儿子最后逃到了一座高楼之上，并对着陈霸先连连叩拜，乞求饶命。

陈霸先做事比较绝，见王僧辩不下来，便放火点燃了高楼。看着熊熊燃烧的大火，王僧辩这才慌忙从楼顶跑了下来。

王僧辩跑下来之后，已经无路可去，只求陈霸先能够饶他一命，陈霸先却并未心慈手软，让自己的手下将王僧辩和他的儿子活活勒死。

王僧辩被杀，萧渊明也只好退位，陈霸先重新拥立了萧方智为帝。

萧方智年仅十三岁，根本没有处理政事的能力，因而，朝政完全被陈霸先一人把持。

高洋原本想利用萧渊明来控制南方，结果事与愿违，陈霸先不仅把萧渊明废了，还杀了萧渊明，这让高洋非常气愤。

气急败坏的高洋，决定兴兵讨伐南朝，结果，陈霸先以弱胜强，将北齐打得大败。

陈霸先又接着四处平叛，平定了王僧辩弟弟王僧智的叛乱，平定了梁朝宗室萧勃的叛乱，然后篡位自立，建立了陈朝。

陈朝在中国历史上是一个特殊的存在——它是中国历史上唯一一个国姓和国号相同的朝代，同时，它也是六朝以来唯一一个由下层土著寒族建立的朝代。

前文中我们一直在讨论北方政权汉化的历程，事实上，南方同样也在经历着大规模的汉化。

自西晋永嘉之乱以来，衣冠南渡的中原士族便开始在南方扎下了根，逐渐同化了本土的蛮族势力。其实，这种同化从先秦西周时代就开始了，楚国"筚路蓝缕，以启山林"，吴太伯在吴地教化蛮族，这些都代表着中原文化对南方的同化。

然而，这种同化历经了上千年，南方仍然是中原人眼中的卑湿不毛之地，一直到魏晋时代，南方才迎来了第一次大开发。

永嘉南渡是中国历史上第一次大规模的人口南迁，南迁的中原士族不仅从北方带来了先进的汉文化，也带来了先进的技术，南方的社会经济因此得以被大规模开发。

正如北方的胡人是"征服者"一样，南迁的中原士族也是"征服者"。区别在于，北方的胡人在"武力征服"的过程中，最终被汉文化所征服，而南迁的中原士族则将南方彻底汉化。正如历史学家雷海宗在《国史纲要》中所说，南朝最大的历史贡献，就在于"将长江流域完全汉化"。

因此，我们可以看到，从东晋开始，宋、齐、梁四朝的君主无一例外都是南迁侨居的中原汉族，唯独到了陈朝，陈朝的建立者陈霸先是本土汉化的寒族。这其实也从侧面说明，到了陈朝的时代，南方的汉化已经基本完成。

不过，根据《陈书》记载，陈霸先祖籍颍川（今河南许昌），自认是东汉太丘长陈寔之后，更远可以追溯到西汉丞相陈平。当然，这些都是陈霸先自己追认的祖先，根本没有实据，而且除《陈书》之外，也再无其他史料做旁证，因此不足为信。

历史学家陈寅恪认为，陈霸先出身于岭南两广地区的土蛮集团，是被汉化的蛮族军人。虽然陈霸先的民族身份至今仍有争议，但可以肯定的是，陈霸先是被汉化的本土寒族。

陈霸先这样的出身竟然最后可以称帝，在门阀政治时代堪称一桩奇迹，因此，历史学家吕思勉认为"从来人君得国者，无如陈武帝之正者"。

世人一般提起"得国最正"的帝王，一般都会想到刘邦和朱元璋，历史学家孟森就说"得国最正者，惟汉与明"。其实，正如吕思勉所评价的，陈霸先建国之艰难，绝不比刘邦和朱元璋低。只不过，陈霸先所建立的陈朝实在过于弱小和短暂，完全无法和大一统的汉朝和明朝相比。

陈霸先仅仅在位三年便去世了，由于他膝下无子，仅有的一个儿子被扣留在北周当人质，因此他只能传位给他的侄子陈蒨，历史上称为陈文帝。

而陈文帝能被现代人所熟知，主要应该归功于他的一位臣子，此人名叫韩子高。

史书记载，陈文帝和韩子高关系非常亲密，甚至不离左右。

史书虽然记载得很模糊，但是历朝历代的文人却充分发挥了八卦精神，对于陈文帝和韩子高的暧昧关系，产生了各种各样的八卦猜想，反复演绎出各种耽美剧情，进而产生了一系列与之相关的文学作品。可以说，这是中国历史上最早的耽美文学之一。

比如明朝著名文学家冯梦龙有一部作品叫作《情史》，其中有一篇写的就是陈文帝和他的"男皇后"陈子高的故事，历史原型就是韩子高。

而历史上的陈文帝，则是一位比较有作为的君主，陈霸先建国和在位时期，割据和叛乱始终未能平息，南方社会一直未能稳定下来，而南朝走向稳定正是在陈文帝的手中实现的。

陈文帝死后，继承皇位的是长子陈宗伯，年仅14岁，掌权的是陈文帝陈蒨的弟弟陈顼。

接下来的事情，就算我不说，估计所有人也都猜到了，执掌陈朝大权的陈顼废掉了自己的侄儿陈宗伯，自立为帝，历史上称为陈宣帝，年号太建。

陈宣帝在位十四年里，励精图治，整顿吏治，兴农垦荒，也算得上一位保境安民的好皇帝。然而，保境安民并非陈宣帝陈顼的真正志愿，他和历史上所有的伟大帝王一样，都把开疆拓土作为人生夙愿。

公元573年，即太建五年，陈朝在陈宣帝的励精图治之下，已经度过了五个年头。此时的陈朝国力日渐强盛，而长江以北的北齐则在高纬的"英明"领导之下，日渐衰落，陈宣帝觉得，反扑的时机已经到了。

这一年的三月，陈宣帝正式宣布——北伐。

然而，陈宣帝刚一宣布北伐，朝臣们就普遍持反对意见，毕竟陈朝刚刚建立不久，北齐又如此强大，这如同鸡蛋碰石头，所有人心里都觉得北伐不靠谱。

只有一个人坚定地和陈宣帝站在同一立场，此人力主北伐，并最终担任了这次北伐的总元帅，此人叫作吴明彻。

双子将星

吴明彻，字通昭，祖父做过南谯太守，父亲做过右军将军，家里都是当官儿的，按理说家境应该也很不错，奈何吴明彻打从娘胎里降生的那一刻，就没过过几天好日子。

吴明彻出生没多久，便父母双亡了，父母也没留下什么遗产，家里穷得叮当响，以至连给父母修墓的钱都没有。

一转眼，吴明彻十四岁了，除了穷还是穷，父母修墓的钱自始至终没有着落。

吴明彻是个大孝子，父母给了自己生命，而自己却连给父母修座墓都做不到，人世间最大的痛苦莫过于此。

为了给父母修墓，为了生计，也为了前途，吴明彻决定做一番事业——种地。

人穷志不穷，吴明彻深深地相信，种地是可以发财的，最起码能把修墓的钱赚到。

就这样，吴明彻带着童年的悲苦回忆和对未来的美好憧憬，一头扎进了黄土地之中，他立志做一个修理地球的土财主。

吴明彻站在田埂上，看着土地里的禾苗一天天茁壮成长，他的内心充满了期待，期待着庄稼收获的那一天。

时间就这样一天又一天过去了，吴明彻却始终没有等到收获的那一天，因为这一年天下大旱，地里的庄稼全死了，颗粒无收。

吴明彻勤苦劳作了一年，却没有赚到一分钱，甚至还赔了本，毕竟买种子也是要钱的。

满怀希望的创业之路，就这样以近乎悲惨的结局收场了。

吴明彻坐在田埂上，对着苍天号啕大哭，他想不明白，为什么自己辛苦付出了一年，最后收到的回报却是这样。

这一年里，有多少心酸，有多少辛苦，只有吴明彻自己最清楚，如今，一切全都化为了泡影。

吴明彻的内心深处有着无法倾诉的痛，他只能以一种哭的方式对老天倾诉出来，而且，这一哭就是十天半个月，几乎每天都要来田地里大哭一场。

终于有一天，不可思议的一幕出现了，地里本来已经枯死的庄稼，突然间焕发出了生机，又重新生长起来。

这一切，用古代天人感应的观念来解释就是，吴明彻的哭声感动了上天。

吴明彻的这一"壮举"，和孟姜女的故事极为类似，只不过区别在于，孟姜女哭倒了长城，吴明彻哭活了庄稼。

这一年对于别人来说是灾年，对吴明彻来说却是大丰收的一年，吴明彻家收获的粮食车载斗量。

吴明彻拿着用粮食换来的钱，风风光光地安葬完自己的父母，除去这笔安葬费，吴明彻手里的钱还绰绰有余。

《陈书·吴明彻传》原文如下：

明彻幼孤，性至孝，年十四，感坟茔未备，家贫无以取给，乃勤力耕种。时天下亢旱，苗稼燋枯，明彻哀愤，每之田中，号泣，仰天自诉。居数日，有自田还者，云苗已更生。明彻疑之，谓为绐己，及往田所，竟如其言。秋而大获，足充葬用。

通过这件事，吴明彻明白一个道理，种地是一件靠天吃饭的活儿，今年大丰收了，不等于来年还能大丰收，老天爷不会次次都这么眷顾自己，吴明彻决定离家出走。

吴明彻来到了当时梁朝的首都建康，并且谋了一份不错的差事——东宫直后。

吴明彻刚上岗没几天，一场动乱突然而至，这场动乱我们已经讲过很多次了，它让整个南方的社会经济都遭到了前所未有的严重破坏，这就是侯景之乱。

在侯景之乱的影响之下，天下大乱，百姓流离失所，每天都会有大批的老百姓因为饥饿而死。

吴明彻看在眼里痛在心里，他深切地知道食不果腹是什么感觉，正好这些年家里积攒了不少粮食，有粟麦三千余斛，吴明彻毫不犹豫地全部拿出来救济贫民。

兵荒马乱的年代里，盗贼肯定少不了，然而盗贼却从不光顾吴明彻的家里，道理很简单——盗亦有道。

吴明彻赢得了民心，一时间人气爆棚，吴明彻的善举很快传到了一个人的耳朵里，此人就是陈霸先。

当时侯景之乱刚刚平定，陈霸先镇守在京口（今江苏镇江），听说了吴明彻的大名，便主动邀约吴明彻。

吴明彻应邀来到京口，陈霸先热情地接见了吴明彻，经过一番促膝长谈，吴明彻卓尔不群的才学，瞬间征服了陈霸先的心，两人彼此间相互倾慕，从此结成了深厚的友谊。

在陈朝初年，虽然大大小小的战事吴明彻都有参与，但是军功并不算很突出，也没什么很显著的名气。

真正让吴明彻扬名天下的，正是发生在陈朝太建五年（573），陈宣帝对北齐的这次北伐战争。

这一年，吴明彻61岁，已经到了花甲之年。

就在满朝大臣对北伐顾虑重重之时，吴明彻站了出来，他的眼神中带着常人所没有的坚定，他对着满朝大臣说道："北伐，事不宜迟，就在今日！"

吴明彻说罢，朝堂里再没有一个人表示反对。

陈宣帝看着眼前的这位老将军，如同看到了知音，面对满朝文武的非议之声，正是吴明彻关键时刻的表态，最终促成了这次北伐。

陈宣帝宣布，吴明彻担任此次北伐总元帅，统兵十万，即日出征！

十万陈朝大军雄赳赳气昂昂跨过长江，长江北岸的北齐城镇全都望风归降，陈朝北伐的消息，也迅速传到了北齐都城邺城，传到了高纬的耳中。

此时的北齐，斛律光已被害，兰陵王因为怕被重用，装病不出，国中已无良将，高纬最终派出了一个叫作尉破胡的将军，率领着十万兵力前往拒敌。

两军刚一对阵，吴明彻就看到北齐阵前有一排大力士，身材健壮、体型剽悍，吴明彻知道，这些就是传说中的敢死队。

这批死士不仅人长得猛，名号也非常猛——"苍头""犀角""大力"。

敢死队中主要由胡人组成，胡人本就比中原汉人健壮剽悍，而且其中一个胡人尤其擅长射箭，百发百中，箭无虚发，是一个百步穿杨的神箭手。

吴明彻的部队基本都是南方人，与这些剽悍的猛人相比，简直就是相形见绌，还没开打，气势上占了下风。

不过，吴明彻并不畏惧，因为在他手下也有一个猛人，此人叫作萧摩诃。

如果说吴明彻是陈朝第一名将的话，那么萧摩诃就是陈朝的第一猛将，论勇猛，在陈朝无出其右者。

吴明彻找来了萧摩诃，对他说道："如果能把那个神箭手干掉，就可以灭了齐军的气势，君有关、张之名，可斩颜良矣。"

这无疑是给萧摩诃下了任务，萧摩诃你现在就是关羽、张飞，敌军阵前的那个胡人就是颜良，上吧，斩了他。

萧摩诃自信满满地回答道："只要把此人的身材相貌告诉我，我就能立刻取了此人的性命。"

吴明彻大喜，找来了北齐的降兵，让他把这个胡人的相貌画了出来，再拿给萧摩诃看，又亲自斟酒给萧摩诃壮行。

萧摩诃一饮而尽，转身驰马向齐军冲去，他将上演一幕真实版的"百万军中取上将首级"。

只见齐军中的胡人首领挺身而出，站在阵前十几步路，弯弓搭箭，拉满了弓弩，箭在弦上，箭镞瞄准了陈军阵前的萧摩诃，转瞬就要射出。

所有的北齐士兵都认为，眼前的这个陈朝将军即将命丧黄泉。

就在此时，萧摩诃突然驾马入阵，手里挥舞着铁铣（类似于长矛），如同闪电一般冲向齐军。

萧摩诃冲着胡人首领的脑门直刺过去，对方还没反应过来怎么回事，脑袋就已经开花了。

看着首领倒下，整支敢死队都被镇住了，整个齐军也都被镇住了，这完全超出了所有人的预料，萧摩诃速度之快，力量之惊人，让所有人都瞠目结舌。

对于这个倒霉的胡人，连一丝反抗的机会都没有，就这样无声无息地倒在了血泊之中。

在短暂的震惊之后，十几个胡人一窝蜂似的冲了上去，个个都是肌肉男，一个个摩拳擦掌，向着萧摩诃扑了过去。

十多个壮汉如同铜墙铁壁一般，把萧摩诃围在了中间，萧摩诃却异常地淡定，在他的脸上丝毫看不出胆怯。

萧摩诃再一次挥起了手中的铁铣，他以一当十，只用了片刻的工夫，就把这十多个胡人全部斩杀。

死人的鲜血正在地上流淌，战场的气氛也随之肃杀到了极点。

北齐军最精锐的胡人军团，居然被萧摩诃一个人如此轻松地撂倒了，在场围观的群众全都看呆了。

当所有人发呆完毕之后，陈朝的军队如同潮水一般涌了上来，而尉破胡和他的北齐军却如同溃堤的蚁穴一般，被陈军冲杀得七零八落。

十万对十万的对等兵力，最终却成了一边倒的局势，可以说，一个军队的士气，对于战争的胜负非常重要，而这一战功劳最大者无疑就是萧摩诃。

吴明彻和萧摩诃就如同陈朝的一对双子将星，一个智勇双全，一个勇猛无敌，有此二人统率大军，何愁北伐不胜。

陈军一路乘胜追击，连战连捷，所到之处，周围郡县全都望风归降，战线也一路向前推进，一直推进到了寿春城下。

王琳之死

在今天的安徽省中部，有一座很普通的小县城，它就是寿县，也就是我们所要说到的寿春，当时也叫寿阳。

如今这里只是一座小城，但是在古代，尤其是在南北对峙的时代，这里却是兵家必争之地，是赫赫有名的军事重镇，著名的淝水之战就发生在这里。

此时坐镇寿春的人，叫作王琳，对于吴明彻和萧摩诃来说，这个人已经熟悉得不能再熟悉了。

王琳，字子珩，会稽山阴人，他本是梁朝人，出身于兵家，这样的出身在当时来说是非常卑贱的，因为兵家在当时来说，就是世代都要服兵役的士兵，除了当兵别无选择。

然而，一件小事的发生立刻让王琳的人生发生巨大跨越，这件事就是王琳的两个姐妹成了萧绎的宠妃。

当时的萧绎，还是一位藩王，但这并不妨碍王琳的平步青云，由于和萧绎有了这层裙带关系，王琳还是少年之时便追随于萧绎的左右，且很快成了部队里的一名将军。

如果按照正常的仕途发展的话，王琳只能从底层的士兵做起，但是此刻全然不同了，王琳第一次参军便是以一个将军的身份出现的。

也许你会觉得利用裙带关系上位很丢人，但是，这在当时来说，这是再正常不过了，当时是士族社会，达官显贵之人生来就比常人高人一等，你想靠个人打拼闯出一片天，那是非常困难的。

不过，对于王琳来说，裙带关系只是给他起了一个跳板的作用，王琳却绝非是依靠裙带关系起家的。

在侯景之乱中，他聚拢了一批盗匪，依靠这些盗匪迅速壮大自己，协助王僧辩平叛，立有战功。

而且，王琳此人非常讲哥们儿义气，《北齐书·王琳传》记载："琳果劲绝人，又能倾身下士，所得赏物，不以入家。麾下万人，多是江淮群盗。"

盗匪本就是亡命之徒，但是，王琳却能依靠自己的能力镇住所有人，这不能不说是一种人格魅力。正是由于王琳体恤部下，且又赏罚分明，因而部下对他都忠心不贰。

后来王琳因罪被梁元帝萧绎下狱，王琳的部下群情激奋，甚至用极其血腥的方式，将梁元帝派来的使者折磨致死，最后挫骨扬灰，其目的就是让梁元帝释放王琳。

对于这群穿着军装的土匪来说，他们只认王琳一人，朝廷要杀王琳，他们绝对不干。当时的形势一度剑拔弩张，梁元帝甚至要派王僧辩的部队前去征讨，但却久攻不下，梁元帝不得已，最终还是释放了王琳。

江陵被攻陷，梁元帝萧绎也被杀害，王琳便投靠了北齐，并且在郢州拥立萧庄为帝，因为萧庄是梁元帝的孙子，是梁元帝仅存的骨肉。从此，王琳便利用这弹丸之地，和陈朝进行着殊死抗争。

王琳势单力弱，但是却有很多的百姓和将士死心塌地地追随于他，只因为王琳的非凡的人格。

这种人格，用两个字来概括叫作义气，用四个字来概括叫作义薄云天。

王琳之所以这么做，就是为了"反陈复梁"，虽然梁元帝对自己十分猜忌，但是王琳却对梁元帝死心塌地，他不惜依附北齐。

王琳在和陈霸先反复较量的过程中，陈霸先最终被活活拖死，而王琳却仍然顽强地活着。

不过，最终王琳还是败了，败在了陈文帝手里，他无路可去，最终投降了北齐。

老实说，王琳到了北齐，完全是寄人篱下，但是，他在北齐却依然有众多的兄弟誓死追随于他，北齐朝廷对王琳的待遇也不低。

虽然王琳投靠了北齐，但是他对陈朝的仇恨却从未忘记，他一直在等待反扑的机会。

就在吴明彻北伐进军之时，王琳便追随尉破胡，一同到了前线作战，王琳事先劝说尉破胡要提防吴明彻的军队，不可轻易开战，最好用长远的计策来对付吴明彻。

事实上，尉破胡把王琳的话当成了耳旁风，最终，十万北齐大军溃败，王琳单骑突围，仅以身免。

王琳逃脱之后，便被北齐安排驻守在了寿春，任务就是抵抗陈军，但是，吝啬的高纬没有给王琳一兵一卒。

高纬想，不是听说王琳这个人很有人格魅力吗？那你就自己募兵吧，肯定有人帮你打仗，我就不给你派兵了。

很快，吴明彻的军队打到了寿春，王琳寡不敌众，根本无法正面交战，只能据城而守。

但是，这难不倒吴明彻，吴明彻很快想出一个办法，这个办法虽然老套但却实用——水淹。

一时间，寿春城内的百姓，死了十分之六七，再加上水肿的人，那更是不计其数。

不过，北齐对王琳也没有坐视不管，派出了一位叫作皮景和的将领来支援寿春，士兵人数有几十万。

然而，皮景和却在寿春城三十里外的地方驻足不前，原因很简单，他怕吴明彻。

陈朝军队也慌了，看着皮景和的几十万大军赶到，寿春城却迟迟无法攻克，前有坚城，后有救兵，陈军根本无法应付。

吴明彻却并不紧张，他对手下的人说道："兵贵神速，抓紧攻城吧，皮景和如果要进攻我们，他早就进攻了，也不会一直裹足不前，他肯定是害怕我们，不敢与我们交战，大家专心攻城就是了。"

吴明彻的判断非常准确，陈军围困了寿春城三个月，皮景和也在寿春城外待了三个月，硬是不敢前进一步。

王琳以一人之力据守孤城，没有援兵，没有粮食，整整守了三个月，最终城陷被擒。

吴明彻本想把王琳送到建康，让陈宣帝来发落，但是，王琳刚一被擒，就接二连三有很多将领为王琳求情。

　　吴明彻不得已，只好处死了王琳，只因为王琳这个人实在是声望太高、人气太高，万一在押解途中士兵哗变，那就不好办了。

　　王琳被杀之后，所有的人，无论士兵还是农夫，认识的人还是不认识的人，全都痛哭流涕，哭声如雷。甚至有一个老人自备了酒肉前来祭奠王琳，却只能收敛到王琳的一摊血迹。

　　王琳的故事并没有随着他的死而结束，王琳的头颅被送到了建康，陈宣帝下令将王琳的头颅悬挂在建康城的闹市之中，陈宣帝的这一做法，刺痛了无数人的心。

　　就在这时，一个人突然站了出来，此人是王琳老部下，叫作朱玚。

　　朱玚向朝廷上表，请求朝廷宽恕王琳，将王琳的首级下葬。朱玚的上表言辞恳切，陈宣帝最终应允了这一要求，并将王琳的头颅从闹市中取下，交还给了朱玚。

　　朱玚带着王琳的头颅，来到了寿春的八公山，将王琳的尸首合为一处，风光下葬。参与埋葬王琳的人，除了朱玚之外，还有数千人之多，这些人无一例外都是王琳的旧部。

　　安葬完王琳之后，朱玚并不满足，他不仅要为王琳安葬，还要为王琳争得应有的荣誉，他决定去邺城，他要向北齐的皇帝讨要王琳的追封。

　　最终，北齐追赠王琳为开府仪同三司、录尚书事，谥号忠武王。

　　王琳如果地下有知，我相信他绝对可以瞑目了，他有这样一帮愿意为他出生入死的好兄弟，死也值了。

　　每当读史书看到王琳的故事时，我总是会不经意地想到另外一个英雄人物，他就是楚汉时期的田横。

　　秦末，田儋、田横、田荣兄弟作为齐国后裔揭竿而起，后来刘邦打败项羽，统一了天下，此时的田横手下只有五百人，便一起逃到了海上，居住在一个荒无人烟的小岛上，这个岛屿后世称为田横岛。

　　刘邦听说之后，便派使者前去赦免了田横的罪过，并征召田横入朝。

　　田横因为此前烹杀了郦食其，无颜面对刘邦，同时也不愿寄人篱下对刘邦称臣，在距离洛阳三十里的地方，自刎而死。

　　临死之时，田横托付他身边的两位壮士，让他们把自己的头颅送给刘邦，刘邦看到田横的头颅后不禁潸然泪下。

　　而这两位壮士在安葬完田横之后，又另外在田横墓边挖了两个洞穴，双双自刎，倒在洞穴之中，追随田横而去。

　　田横自杀的消息传来，岛上的五百壮士痛苦欲绝，不约而同地选择了自杀殉葬，一齐追随田横的亡魂而去。

后世的人给这个不知名的荒岛起了一个名字，叫作田横岛，如今它就位于山东即墨的东部海域之上。

看完王琳和田横的故事，我总是会想起一句古语——士为知己者死。

你遇到过这样的人吗？不是爱情，也不是亲情，更没有任何利益关系，而他甘愿为你付出一切，甚至付出自己的生命。

这就是知己，人生得一知己足矣。

瞎子宰相和他的"空城计"

寿春是淮南的第一重镇，攻克寿春也就基本意味着，吴明彻已经将淮南之地收入囊中。

皮景和在寿春城外早就待腻了，他看到寿春城被攻克，王琳被俘，便立刻掉转马头，撤军而去。

颇有讽刺意味的是，皮景和领军回到邺城之后，高纬封赏他为尚书令，又给予了丰厚的赏赐，原因是皮景和没有损伤一兵一卒，全军安全地撤回了邺城。

领军外出野营了三个月，对王琳见死不救，然后安全回家，这也算是功劳？也能受到封赏？这真是一个让人哭笑不得的结果。

不过，对于昏庸的高纬来说，这种事已经见怪不怪了，而且，高纬根本没把淮南当回事儿，反正淮南距离邺城还远得很，能保证全军安然撤退，对于高纬来说，确实算得上是大功一件。

就在吴明彻横扫淮南，攻克寿春之时，淮北之地不少百姓也都纷纷叛逃北齐，离开了故土，加入陈军的行列，可见，此时的北齐早已失去了民心。

如果吴明彻此时继续把战线向北推进的话，我相信胜算依然很大，不过，让人可惜的是，陈宣帝的目标只是攻取淮南，既定目标已经完成，吴明彻也只好收军南撤了。

胜利的消息传到建康城，陈宣帝喜不自胜，还没等吴明彻撤军回来，他就已经把封赏的诏书快马加鞭送到了前线。

陈宣帝的心情是可以理解的，建康城就在长江南边，长江以北就是北齐的边境，陈宣帝相当于在边境线上过日子，每天晚上睡觉都睡不踏实，生怕齐军突然袭击。现在，陈宣帝起码可以睡个安稳觉了，一觉睡到日上三竿，也没问题。

这次北伐到此基本就算是结束了，但是我还是要交代一个人，此人就是坐镇北徐州的刺史，他就是祖珽。

　　吴明彻攻克寿春之后，一小拨陈军瞄准了北徐州，这里的北徐州并非今日的江苏徐州，而是今天的山东临沂，祖珽当时就担任北徐州刺史。

　　前文里交代过祖珽的结局，祖珽因为惹怒了陆令萱和穆提婆母子，最终被发落到了北徐州。

　　而祖珽刚到任没多久，吴明彻的北伐大军就已经如期而至了，很显然，这是陆令萱和穆提婆故意使的坏，故意让祖珽到北徐州这种战地前沿来送死。

　　祖珽遭遇的其实并非陈朝的正规军，而是一拨乘机作乱的流民而已，祖珽临危不乱，学起了《三国演义》里的诸葛亮，大开城门，禁止百姓在街道上行走，城中一片寂静，俨然一副空城的架势。

　　说到"空城计"，这其实根本不是诸葛亮独创的，事实上，诸葛亮根本也没有使用过空城计，完全是罗贯中自我编造的，三国历史上真正使用过空城计的是曹魏大将文聘。空城计的最早案例，我曾考证过，最早出现在春秋的楚国，在《左传》中就有记载，而历史上的"空城计"更是不胜枚举。

　　不过，对这帮没文化的流民来说，"空城计"这么高端的计谋他们根本不懂，这伙流民从没见过这种架势，城里到底是有人还是没人，一个个全都犹豫起来，在城外驻足观望。

　　正当这伙流民举棋不定之时，城楼上突然鼓声震天，明显这是祖珽安排的。死劲儿地擂鼓，擂得震天响，让敌方以为这是埋伏。

　　果不其然，听到这震耳欲聋的鼓声，城下的流民吓得腿都软了，撒丫子转身就跑，生怕比别人跑慢了一步。

　　直到这伙流民跑出十几里地，这才稍微缓过神儿来，不过他们不想这么轻易就放弃，抱着试试看的想法，这伙流民再一次集结起来，朝着北徐州城的方向进发，他们很快就第二次来到了北徐州城下。

　　"空城计"使一次可以，再使第二次就不管用了，祖珽决定亲自披挂上阵。

　　我需要郑重地提醒大家，祖珽是个瞎子，一个双目失明的瞎子，一个瞎子竟然带兵披挂上阵，你见过吗？反正我读史书，只见过这一次。

　　而且，祖珽根本不是做样子，他要动真格的。

　　只见祖珽老当益壮，弯弓搭箭，朝着敌军连连射出，敌军中打头阵的几个小兵，瞬间当场毙命。

　　这伙流民早就知道祖珽是个瞎子，人们都说耳听为虚，眼见为实，可是在他们这伙人面前，祖珽根本就不像是一个瞎子，瞎子居然还是射箭高手？你见过吗？

　　金庸武侠小说里有一个柯镇恶的角色，那就是眼盲心明的武林高手，然而在现实世界中，这样的现实人物也就只有祖珽了。

《北齐书·祖珽传》原文如下：

> 至州，会有陈寇，百姓多反。珽不关城门，守埤者皆令下城静坐，街巷禁断行人，鸡犬不听鸣吠。贼无所闻见，不测所以，疑惑人走城空，不设警备。珽忽然令大叫，鼓噪聒天，贼大惊，登时走散。后复结阵向城，珽乘马自出，令录事参军王君植率兵马，仍亲临战。贼先闻其盲，谓为不能拒抗。忽见亲在戎行，弯弧纵镝，相与惊怪，畏之而罢。时穆提婆憾之不已，欲令城陷没贼，虽知危急，不遣救援。珽且战且守十余日，贼竟奔走，城卒保全。

对于祖珽的超能力发挥，如果非要以科学的角度来解释的话，我想那只能是他超乎寻常人的听力帮助了他，盲人往往比普通人的听力强好几倍。

在祖珽的英勇指挥下，这伙流民最终落荒而逃。

综合来看，祖珽虽然只是个瞎子，但他不愧是文武双全的奇才。如果祖珽当初在狱中没有被熏瞎眼睛的话，那他此时此刻可能还能发挥出更强的作战能力。

随着吴明彻的撤军，祖珽和他的北徐州就算是保住了，而祖珽的生命也即将走到了终点。此次战役后不久，祖珽便在北徐州病逝，也算得上寿终正寝了。

纵观祖珽的一生，他自幼天资过人，才华横溢，在音律、绘画、阴阳、占卜、医药、外语等多个学科，他无所无能、无所不精，同时他文武双全，谋略过人。我们可以这样来形容祖珽——祖珽是一个多学科、跨领域、复合型人才。这样的人才，不仅在北齐堪称第一，就算是放眼整个中国历史，也罕有人匹敌。

但是，祖珽如此全方位的高端人才，在中国历史上却籍籍无名，这是为什么？因为祖珽把他所有的才华，都用在满足自己的私欲之上。为了满足自己的权力欲，他在官场上处处钻营，不惜陷害忠良，为了满足自己的贪欲，他可以肆无忌惮地聚敛财富，搜刮百姓。

试想一下，如果祖珽能够把自己的才华用在安邦定国上，那么，祖珽的名声绝对会是另外一种样子。

欲望人人都有，要善于控制自己的欲望。如果任由个人的私欲泛滥，那么，当基础欲望得到满足之后，你就会渴望更高层次的欲望，欲望会无穷无尽，正所谓"人心不足蛇吞象"，那你会活得很累。但如果能正确对待自己的欲望，保持一颗平常心，懂得知足常乐。这样的话，你会活得很开心。

偏执的陈宣帝

太建北伐在历史上一共有两次。

公元 573 年，即太建五年，陈宣帝任命吴明彻为总元帅，率军北伐，并最终收复淮南之地，这是第一次太建北伐。可以说，这是陈朝前所未有的一次大胜，也是整个陈朝最为辉煌的时刻。

三年之后，也就是公元 576 年，这一年，宇文邕率兵伐齐。但是，这事件并未引起陈宣帝的足够重视。一方面，北齐一直非常强大，陈宣帝不相信宇文邕能有灭齐的能力；另一方面，陈宣帝想坐山观虎斗，等到北周北齐打得两败俱伤之时，自己可以顺势大捞一把也说不定。

基于这样的考虑，陈宣帝选择了按兵不动，因而，在宇文邕伐齐的过程中，自始至终都没有受到陈朝的干预。如果战争的结局真的是两败俱伤的话，那么，陈宣帝的决策也算是明智的。

然而，陈宣帝错误地估计了形势，原本以为无比强大的北齐原来只是一只纸老虎，竟然真的被宇文邕打败了，如此一来，陈宣帝的这一决策就是一条致命性的错误。

因为，三个国家同时存在可以相互制衡，三足鼎立才是对陈朝最为有利的，而如今这一平衡被打破了，北周吞并了北齐，那么，天下的形势就强弱立判了，北周明显对陈朝形成了重压之势。

陈宣帝并不甘心，北齐这块大蛋糕，凭什么宇文邕一人独吞，陈宣帝愤愤不平，他决定趁火打劫。

趁火打劫，关键因素是火，火烧得越猛越容易得手，而陈宣帝偏偏等大火烧完之后，才决定去打劫。

周武帝宇文邕在公元 577 年的正月攻破北齐都城邺城，三月完成对整个北齐境内的平叛工作，而陈宣帝出兵已经是在当年的十月了，期间整整差了半年之久，可见，陈宣帝在时机的选择上，又犯了一条致命性的错误。

一次错误并不重要，错上加错那就不可原谅了。

陈朝的朝廷里也有明眼人，看出了陈宣帝北伐的不合时机，代表人物是尚书毛喜。

在陈宣帝第一次太建北伐的时候，毛喜就给陈宣帝出谋划策过，并且对于战后如何治理淮南之地，也积极建言献策，陈宣帝也非常赏识毛喜，一一采纳了毛喜的意见。

就在陈宣帝准备第二次北伐之时，陈宣帝特意找来了毛喜，向他询问计策，然而，毛喜当即泼了陈宣帝一盆冷水。毛喜指出了三点问题：

第一，淮南之地刚收复不久，人心思动，还不太平；

第二，周武帝宇文邕刚刚灭齐，士气正盛；

第三，陈军擅长水战，不善陆战。

同时，毛喜认为眼下最急迫的任务是保境安民，然后伺机而动。

陈宣帝是一个非常刚愎自用的人，诚如第一次太建北伐一样，一旦下定主意就不会再轻易更改。

这种性格，说好听点，这叫自信；说难听点，就是固执。自信和固执的区别在于，是否经过冷静思考之后，才做出决定。

陈宣帝原本想从毛喜这里听到一点支持的话，没想到毛喜居然是跟自己唱反调，陈宣帝只把毛喜的话当作了耳旁风，他根本听不进去任何人的意见。

假使第一次北伐之时，吴明彻没有站出来支持，我相信，以陈宣帝的性格，他也一样会执意北伐。只不过，第一次北伐时机正合适，也最终胜利了，陈宣帝性格的弱点并没有显现出来。

公元577年的十月，陈宣帝再一次任命吴明彻为北伐军总元帅，北伐的目标是徐州和兖州。

吴明彻得到陈宣帝的北伐诏令，立即率军北上，他决定从泗水北上，因为一来可以充分发挥陈朝水军的优势，二来徐州和兖州都依傍于泗水。

南北朝时期的泗水和今天的完全不同，在12世纪以前，泗水是黄河和淮河之间最大的一条水系，发源于今天山东南部的泗水县，向西南流经曲阜、兖州，然后又折向东南，流经今天的江苏省沛县、铜山县，和汴河交汇于徐州，然后继续向东南流经下邳、下相，最终在淮阴汇入淮河。泗水的水量非常充沛，而且河水非常清澈，因而，泗水也被叫作清河。这一情形一直到12世纪黄河夺淮入海才发生改变，由于黄河夺淮入海，泗水也就从此在历史上消失了。

中国的河流大多是自西向东流的，泗水则是南北走向，当时大运河尚未修建，泗水对于南北交通来说是至关重要的。

而吴明彻选择从淮河北上，无疑是很有先见之明的一个决策。

吴明彻军队的第一战就遭遇到了驻守在吕梁的梁士彦，这里的吕梁和今天的山西吕梁毫无关系，这里的吕梁位于徐州城东南四十里，同样也是在泗水之上。徐州和吕梁唇齿相依，互为险要，吕梁也被称为"彭城之喉襟"，彭城即徐州，吕梁对于徐州的重要性不言而喻。

梁士彦，北周的猛将，我们并不陌生，他就是那位死守平阳城，最终帮助周武帝宇文邕成功保住平阳城的猛将。在周武帝平齐之后，梁士彦被任命为徐州总管，负责统领徐州的军防。

在吕梁的这次遭遇战中，梁士彦这次没能上演平阳城的奇迹，他在与吴明彻的交锋中屡次战败，吕梁城最终失陷，梁士彦带领全军且战且退，最后全军撤退到了徐州城内。

吴明彻一战攻克吕梁的消息很快传到了建康城，陈宣帝喜不自胜，陈宣帝相信，这一次的北伐不过是上一次北伐的延续，最终的胜利必然是属于自己的。

就在陈宣帝自我陶醉于胜利的喜悦之中的时候，一个名叫蔡景历的官员，再一次泼了陈宣帝一盆冷水，这盆水比毛喜的那盆更冷。

蔡景历对陈宣帝说："陈军当前师老将骄，不可以劳师远征，应当见好就收，及早班师。"

陈宣帝听后勃然大怒，明明是胜利在望，却说不可劳师远征，简直就是妖言惑众，动摇军心。

面对意见不同者，陈宣帝选择了一种简单而粗暴的方式。陈宣帝当即下令，将蔡景历贬为豫章内史，从中央贬到了地方。

此时的陈宣帝明显已经听不进任何的反对意见，听一次还可以，听第二次，陈宣帝就不耐烦了。

就在蔡景历收拾行囊，准备前往豫章上任的时候，一封弹劾的奏疏送到了陈宣帝的面前。奏疏的内容是弹劾蔡景历的，奏疏上指控蔡景历贪赃受贿。

陈宣帝看罢，一肚子的火，本来考虑到蔡景历曾经侍奉过先帝，所以给他留了情面，因而没有给蔡景历治罪，只是对他贬官外放，没想到他居然还有贪污受贿的事儿。

陈宣帝立刻派人对蔡景历进行查问，结果，蔡景历对他的罪行供认不讳。

陈宣帝随即罢免了蔡景历的所有职务，蔡景历无奈孤身一人徙居到了会稽。

陈宣帝可以打击不同意见者，但他却无法左右战场的形势，此时的战场却并未像陈宣帝所预料的那样轻松。

萧摩诃和他的十二骑士

战败的梁士彦充分吸取了吕梁战败的教训，梁士彦开始玩起了他的老把戏——守城。

梁士彦紧闭徐州城门，据城而守，任凭吴明彻的大军在城底下如何骂娘，他就是不出战。

梁士彦以守城而闻名天下，虽然在野战上被吴明彻打得丢盔弃甲，但是在守城方面，梁士彦绝对算得上一流名将。

吴明彻一时根本无法攻下徐州，而就在此时，北周的援军赶到了，援军主帅叫作宇文忻。

宇文忻在伐齐之役中，多次在关键时刻发挥了重要作用，表现英勇，深受宇文邕器重。在平阳之战中，宇文邕攻取平阳之后便下令撤军，正是宇文忻第一个站出来反对的，后来在晋阳之战中，宇文邕差点命丧高延宗之手，宇文邕心生退意，也是宇文忻第一个站出来表示反对的，最终促成北周反败为胜，生擒高延宗。可以说，宇文忻是一个不折不扣的主战派。

吕梁丢失之后，宇文邕连忙派出宇文忻驰援徐州。宇文忻所率骑兵长途奔袭而来，虽然只有几千骑兵，但却都是北周精锐。

吴明彻并不畏惧，因为他手下有一张王牌，也是头号猛人，他就是萧摩诃。

萧摩诃虽然生在陈朝的江南水乡，但他却有着比北方人还剽悍的体格，事实上，萧摩诃的老家确实也是在北方，他祖籍北兰陵，也就是在今天的山东省临沂市兰陵县，十足的山东大汉。

说到兰陵，我这里多说两句题外话。现在流传有这样的段子，说枣庄是由兰陵改名而来，好端端的兰陵被改成土里土气的枣庄。这里需要郑重辟谣一下，枣庄和兰陵根本没有直接的沿革关系，历史上的兰陵有两个：一个是北兰陵，今山东省临沂市兰陵县，这是最正宗的兰陵；另一个则是南兰陵，今江苏省常州市孟河镇，不仅是兰陵萧氏兴起之处，更是齐梁两朝龙兴之地。

萧摩诃在第一次太建北伐之中，就令北齐军闻风丧胆，萧摩诃的威名也早已在北方流传，也难怪吴明彻会称赞萧摩诃是当世的关羽、张飞。

宇文忻目标直指吕梁，他要把丢失的吕梁城夺回来，当宇文忻的骑兵行进到一个叫作龙晦的地方的时候，正好遭遇到了迎面而来的萧摩诃。

萧摩诃只带了十二名骑兵，他大喝一声，便跨马向宇文忻冲杀而来。

宇文忻一时蒙了，就十二个骑兵，也敢来进攻？就算是一百个打一个，宇文忻的几千骑兵也都绰绰有余。

萧摩诃所率的十二名骑兵，如同一支长戟，长驱直入，瞬间便把宇文忻的骑兵阵营撕开了一道口子。

我们有理由相信，这是一幕现场版的"十二圆桌骑士"。

萧摩诃单骑直入，挥动着手中的长枪，在宇文忻的阵中左右冲杀，如同一条蛟龙在翻腾舞动，宇文忻的军队人数虽多，却没有一个人可以阻拦萧摩诃进军的号角。

萧摩诃的部队气势如虹，个个都骁勇善战，凶猛的气势几乎压倒了百倍于己的敌人，宇文忻的军队一时间手忙脚乱，被冲杀得四处溃散，就连宇文忻自己也难以抵挡萧摩诃冲锋的步伐。

宇文忻自小就精于骑射，甚至连"韩白卫霍"都不以为然，但是此刻，宇文忻终于领教到了一个可怕的对手，一个真正的猛人，他就是萧摩诃。

在萧摩诃面前，宇文忻引以为豪的武艺完全无法施展，自己的部队就像一群绵羊，在被一匹饿狼凶狠地吞食。

再不逃命，就要全军覆没了，宇文忻勒动马栓，挥动战旗，全军撤退。

这场战役参战人数并不算多，规模也不大，但却是难以置信的，萧摩诃和他的十二骑士，创造了一场不可思议的胜利。

宇文忻溃败了，徐州城也陷入了空前的危机之中，吴明彻又采用了对付王琳时的老办法——水淹。

泗水和徐州距离很近，吴明彻在泗水河上修筑堤堰，截流蓄水，再引水灌向徐州城，徐州城顿时变成了一座"水上威尼斯"。

如此一来，泗水上的船舰便可以直接行驶到徐州城下，船舰环列的徐州城四周，借助船舰的优势，从四面攻打徐州城。

此时的徐州城岌岌可危，宇文邕也深知徐州的重要性，一旦丢失徐州，河南之地就会立刻暴露在敌人面前，宇文邕必须火速援救徐州。

自负的吴明彻

就在这一年的十一月初四，宇文邕再次向徐州派出了另一支援军，这次的主帅换成了另一个猛人——王轨。

王轨，出身于太原王氏，后被赐姓乌丸，他是宇文邕最为倚重和信赖的大臣之一，始终追随在宇文邕左右，宇文邕正是听了王轨的建议，才决意诛杀宇文护的，后来又在宇文邕伐齐的过程中多次出谋划策。

对于王轨来说，担任领军统帅，这还是生平第一次，很多人的心中都不免怀疑，王轨能完成此番重任吗？

但是，宇文邕不会怀疑，王轨是一个什么样的人物，宇文邕最清楚不过了。

据说，王轨的祖上是汉司徒王允，王轨可能正是得到了王允的遗传，因而王轨也以沉稳干练和足智多谋而著称。

宇文邕相信，以王轨的谋略，他绝对可以胜任救援的重任。

另外，不得不提的是，宇文邕还特意给王轨安排了一名副将，此人曾在伐齐之战中追随宇文宪，并有上佳表现，此人就是杨素。

事实证明，王轨这个人，非常诡，行为的诡异程度，完全超出正常人的思维范畴。

按理说，徐州城被陈军包围，应该立刻前往徐州解围才对，但是，王轨偏偏不去，他把目光对准了另外一个地点——淮口。

吴明彻北伐进军，正是沿着泗水一路北上的，辎重后勤也全都是依靠泗水输送的。而淮口就位于泗水河下游，正好就在吴明彻的身后，也就是说，淮口关系到陈朝军队的运输补给，也是他们撤军的唯一退路，如果能够掌控淮口，就相当于掌控了陈朝军队生死的咽喉。

正像官渡之战中，曹操没必要和袁绍硬碰硬，奇袭乌巢就可以一举击溃袁绍，淮口就相当于乌巢的作用。

王轨卸去重甲，轻装上阵，避开与吴明彻的正面冲突，率军迂回到了吴明彻的后方，以最快的速度直奔淮口而去。

有利必有弊，长处往往即是短处的藏伏，吴明彻此次北伐最大的成功因素就是泗水，但同时，由于吴明彻的军队过于依赖泗水，泗水也成了吴明彻最大的弱点。

泗水的河道一旦被切断，也就意味着后勤补给线被切断，辎重粮草根本无法得到补充，同时，吴明彻的军队也将陷入前有坚城、后无退路的危险境地。

王轨的这一招，不可谓不毒辣，不仅起到釜底抽薪的作用，同时也起到了瓮中捉鳖的效果。

果不其然，到了次年的二月，王轨以迅雷不及掩耳之势夺下淮口，并且用铁索将几百个车轮锁在一起，沉入泗水河中，这下子，吴明彻和他的陈军的归路被彻底切断了。

吴明彻完全没有意识到这一点，他下令全军加紧攻城，他相信，只要把徐州城拿下，胜利就是属于自己的。

吴明彻的这一决策，和他第一次北伐时如出一辙，当时陈军围攻寿春的时候，齐将皮景和带着几十万军队赶到支援，吴明彻却丝毫不惧，吴明彻相信兵贵神速，只要以最快的速度攻下眼前的城池，就可以获得最终的胜利。

人越老就越是相信自己的经验，他们认为自己吃过的盐比别人吃过的饭还多，人生的阅历为他们积攒了丰富的经验，因而老人最信奉经验主义。

吴明彻就是这样的一个老人，此时他已是一位六十七岁的老将，吴明彻相信，自己常年的作战经验不会有错。

但是，吴明彻忽视了自己的对手，梁士彦不是王琳，王轨也不是皮景和。

历史的情景会有类似，但绝不会简单重复，历史的魅力正在于它让人不可捉摸，你永远无法预知历史的走向，历史切忌经验之谈。

当年，吴明彻用了三个月的时间攻克了寿春城，俘虏了王琳，而此时，吴明彻在徐州城下已经围攻了整整四个月，徐州城却依然岿然不动。

吴明彻早已心急如焚，但是他却从未表现出来，因为他知道，自己是主帅，如果连主帅都慌了，那整支军队也就完了。

一直追随于吴明彻的萧摩诃，似乎看出了吴明彻内心的焦急和不安，他本着为领导排忧解难的心意，对吴明彻说："在下听说王轨刚开始封锁泗水下游，正在河的两岸修筑堡垒，现在尚未完工。您如果现在派我去进攻，对方一定不敢阻挡。只要我们的水上交通线不断，敌人就无法对我们形成威胁，如果一旦等到敌人把堡垒修筑好，我们可就要成为他们的俘虏了。"

很多人总以为张飞是个大老粗，实际上，张飞是一个胆大心细之人，而绝非莽夫。萧摩诃同样也是如此，他虽然以勇猛著称，但事实证明，萧摩诃不仅勇猛，而且也颇晓谋略，他对吴明彻提出的这一建议是完全正确的。

但是，这个无比正确的建议却惹得吴明彻翘起了胡子，吴明彻打量了一下萧摩诃，满脸怒气地说道："到底你是主帅还是我是主帅？你是一个将军，冲锋陷阵上阵杀敌才是你应该干的事，长谋远略是我这个主帅应该考虑的。"

看着吴明彻大发雷霆的样子，萧摩诃吓得一脸煞白，他只能沉默着退下，他知道，自己只是一个下属，下属就应该服从领导。

而领导最在乎的就是面子，吴明彻也不例外，吴明彻此时已是心急如焚，萧摩诃居然还来指手画脚，对自己的战略战术提出质疑，这怎能不让吴明彻生气。

在吴明彻的眼里，萧摩诃分明就是狗拿耗子多管闲事，该干吗干吗去吧，还轮不到你来指挥我。

英雄的担当

仅仅过了十天，王轨的水上工程就正式宣告竣工了，泗水彻底被切断了，即使这时候吴明彻想退，也没有退路了。

王轨看着自己精心设置的拦河大坝，得意地笑了，他相信，胜败已定，吴明彻，你输了。

王轨的军队源源不断地向徐州城赶来，而此时的吴明彻却没有丝毫进展，他几乎要气炸了，并且气出了病。

具体是什么病，我们不得而知，但根据史书上的说法，发病部位是在背部，极有可能是疮痈之类的外科疾病，而且是急性的。

可以想象，此时的吴明彻一定是身心俱疲的，不仅要和敌人作战，还要与病魔做斗争。

吴明彻已经无法伪装镇定了，他知道真正的危机已经到了，他立即召来所有的将领，召开紧急军事会议。

有人建议，将泗水上修筑的堤堰摧毁掉，人和马都乘上船，从水路撤退。

这个建议刚一提出，就被马军主将裴子烈反驳了，他说："毁掉堤堰之后，水流湍急，船只一定会被掀翻，不如先让骑兵从陆上突围。"

这时，萧摩诃也站了出来，虽然他被吴明彻甩了臭脸，但是萧摩诃不是那种记仇的人，现在所有的人全都是拴在一根绳子上的蚂蚱，萧摩诃也不例外。

萧摩诃说道："如今求战不能，进退无路，如此危急时刻，我们趁夜突围，也没什么丢人的。您可以率领步兵撤退，我亲自带领骑兵保护您撤退，一定能将您护送回建康城。"

吴明彻看着眼前的萧摩诃，这个曾被自己呵斥过的武将，不仅不计前嫌，竟然还如此忠肝义胆，要护送自己撤退，吴明彻的内心充满了愧疚。

或许，吴明彻直到此时，才真正认识到自己的错误。

吴明彻看着萧摩诃，看着手下的众将士，几个月以来，所有的人都跟着自己吃尽了苦头，不仅没有取得胜利，甚至最后落入敌人的前后夹击之中，令自己的军队陷入前所未有的危险境地，这一切都是自己的错。

错在太自以为是，错在闭目塞听，错在自以为身经百战，错在自以为胜券在握，而对别人的劝谏不听不信，甚至冷言冷语奚落部下的忠言劝告，最终却是自食恶果。

吴明彻深悔不已，他的心头如同波涛在翻滚，他在这极短的时间内，思考着他这六十七年来的人生，他决定，他要做一个勇于担当的男人。

吴明彻对着众人说道："萧将军所言，是个好计策，然而我们步兵很多，我是一个主帅，我担负着北伐的重任，我不能临阵脱逃，我应该和众将士站在一起，率领大家一起突围才对，萧将军的骑兵部队应该迅速出发，走在步兵之前，不得迟缓。"

当吴明彻话音落下之时，在场所有的人都注视着吴明彻，人们似乎能从吴明彻的眼神里，感受到一种无形的力量，这是一个男人的担当，也是一个军人应有的担当。

萧摩诃的内心，瞬间被这段英雄式的告白镇住了，看着吴明彻坚定的表情，他说不出一个字。

萧摩诃明白，吴明彻的意思就是让自己先突围，现在突围希望最大的就是自

己的骑兵部队了，吴明彻不希望让所有人都做俘虏，他要为陈朝留下最后一位
名将。

就在这天晚上，萧摩诃带着自己的骑兵部队出发了，他最后看了一眼吴明彻，
虽然无法割舍，但他必须听命。

吴明彻目送着萧摩诃的骑兵向着南方扬尘而去，当飞尘落下，当马蹄声逝去，
当萧摩诃的骑兵消失在夜幕之中，吴明彻的内心产生前所未有的悲凉。

结束在泗水河上

萧摩诃头也不回地向南一路疾驰，他不敢停留，也许停歇一步就会落入敌人
的重重包围，那样的话主帅吴明彻的心血也就白费了。

经过一夜的长途奔袭，一直到第二天早上，萧摩诃所率领的骑兵终于行进到
了淮南，这也就意味着他们已经脱离了险境，也终于可以长舒一口气了。

萧摩诃极目北望，他的内心无比沉重，他知道吴明彻把生的机会留给了自己
的骑兵部队，而吴明彻自己则选择了与众将士共赴生死。

萧摩诃无法预知吴明彻的遭遇，但他知道，吴明彻此时的境地必然是危机
重重。

二月的徐州，春寒料峭，冰冷的泗水河上寒风瑟瑟，吴明彻站在泗水的堤堰
上，诚如他当年站在麦田的田埂上号啕大哭一样。

这一刻，吴明彻再一次哭了，一行老泪湿润了他的双颊，然而这一次，他的
哭泣没有再赢得上天的眷顾，因为战争不相信眼泪。

就在萧摩诃顺利到达淮南的同时，吴明彻已经列阵于泗水河上，他下令全军
将士乘上战船，并掘开河上的堤堰。只见上游所蓄的洪水顷刻间冲向下游，一条
条战船顺着水势一路向南行驶而去。

吴明彻心里非常清楚，陈军主要是步兵，不善陆战，如果从陆路撤退，很难
抵挡北周的骑兵，而且水路行军最快，虽然王轨已经在下游设伏，但是，水路仍
然是最有可能突围的一条通道。

吴明彻别无选择，他不是不知道王轨已经在下游封锁了河道，但是，这是目
前唯一的一条生路，吴明彻决定搏上一把。

吴明彻的这一决策只能用一句话来形容——明知山有虎，偏向虎山行。

当吴明彻带领着陈军一路前进之时，河道却越来越宽，水位越来越低，水势
也渐渐弱了下来。

此时的王轨则以逸待劳，他已经在淮口恭候吴明彻多时了，看着宽阔的水面

下用铁索连接的车轮，王轨得意地笑了。

只见陈军所乘的船只刚一来到淮口，就纷纷搁浅了，河面下巨大的车轮将陈军所有的船只阻拦，行动不得。

守株待兔的周军顷刻间冲了上来，将吴明彻和他的三万陈军团团包围，陈军瞬间溃败。

自知插翅难飞的吴明彻，此时只能仰天长叹，他知道就算做再多挣扎也无济于事，吴明彻只能选择投降。

吴明彻连同他的三万将士，成了北周的俘虏，大量的辎重器械也都并入了周军。

自此，第二次太建北伐正式结束。

陈宣帝自以为聪明，原本想趁火打劫，结果却是偷鸡不成蚀把米，聪明反被聪明误。

而陈朝为此付出的代价却是极其巨大的，不仅失去了一位主帅级的名将，而且丧失了三万的精锐部队。

对于陈朝这样一个偏居江南、地狭人稀的王朝来说，三万的精锐兵力，几乎是它的全部家当，代价之巨可想而知。

陈宣帝对自己的刚愎自用懊悔至极，悔不听毛喜和蔡景历之言，如今真是自食恶果。而此时的周陈格局，恰如三百年前的西晋和东吴，陈朝难道要步东吴的后尘？

陈宣帝的内心惶恐不安，他不想成为亡国之君，他立即将被贬的蔡景历从会稽接到建康，询问治国之策，并委以重任，他希望蔡景历能帮他复兴陈朝。

然而，蔡景历刚到建康没多久，就一命呜呼了，陈宣帝对蔡景历的离去充满了愧疚，也充满了悔恨。

陈宣帝又找来了毛喜，一见到毛喜就感叹地说："爱卿当初所言，如今全都应验了。"（卿之所言，验于今矣。）

不听老人言，吃亏在眼前。在毛喜面前，陈宣帝就像个犯错的孩子，陈宣帝不知道该怎样表达他此刻的悔恨。

面对陈宣帝表现出的悔恨之心，毛喜鼓励着陈宣帝，不要灰心，我们还可以东山再起。

从此，毛喜在陈宣帝面前，知无不言言无不尽，倾尽心血来辅佐陈宣帝，而陈宣帝也给予了毛喜百分之百的信任。

而在另外一边的长安城，吴明彻被周武帝宇文邕封为怀德公，晋位大将军。

面对宇文邕给予的高官厚禄，吴明彻的脸上却没有流露出一丝的喜悦，在长安的日日夜夜里，他都深切思念着故国，他希望有一天能够重返陈朝。

由于过度的抑郁和忧思，再加上吴明彻本就患有的疾病（背疮），吴明彻一病不起，就在徐州之战结束的当年，吴明彻病逝在了长安，享年六十七岁。

太建北伐结束了，我们也有必要来谈一下天下大势，什么是天下大势？罗贯中有一句非常经典的概括，那就是分久必合，合久必分。此时的天下大势，就正处在分久必合的节骨眼儿上。

太建北伐，在南北朝历史上，并不算很著名的战役，也常常被人所忽视，但是，这场战役的意义却是重大的。

吴明彻被擒后，翌年，即公元579年九月，以韦孝宽为首的北周大军再次征讨淮南，并顺利攻克淮南重镇寿春（寿阳），江北之地也纷纷纳入北周版图，一直到了年底的十二月，江北之地悉数成了北周的领地。

对于北周这样一个庞大的国家，陈朝再也没有实力与之争锋，统一已经成了大势所趋，而此时，距离隋朝建立，只差一年零两个月。

如果说，侯景之乱奠定了南北朝北强南弱的格局的话，那么，太建北伐的意义就在于，促成了统一之势。

也许你会问，曾经的前秦以及北魏，都曾统一北方，强盛一时，为何他们没能统一天下？

我的答案只有两个字：矛盾。无论前秦，还是北魏，他们虽然表面强盛，但国家内部却是危机重重，矛盾激化，尤其民族矛盾，这是贯穿魏晋南北朝几百年的大问题，攘外必先安内，不是没有道理。

而北周的强盛，已经不再是表面化的，它有稠密的人口，有繁荣的经济，有先进的政治、军事制度，民族矛盾也已缓和，因而，北周的强盛是内外兼备的。

而反观南方的陈朝，此时的陈朝，在南朝的历代国家之中，是最弱小的一个，经过太建北伐的惨败，更是经济凋敝、兵疲民弱，陈宣帝本人更是志大才疏。

由此可见，统一已经成为天下大势，已经成为历史的主流。

从14世纪中叶以来，欧洲出现了一场声势浩大的思想解放运动，这就是文艺复兴运动。对此，恩格斯在他的《自然辩证法》中指出，这是一个需要巨人，并且产生巨人的时代。

此时的中国已经接近南北朝的尾声阶段，这也是一个需要巨人并且产生巨人的时代，从当时的形势来看，这个巨人就是宇文邕，因为只有宇文邕才有能力一统天下，但是，熟知中国历史的人都知道，宇文邕并没有成为这个巨人，真正成为巨人的是杨坚。

那么，杨坚又是如何在这短暂的时间里迅速崛起的呢？

第十三章

埋头做一只鸵鸟
——杨坚的蛰伏人生

杨家恩怨

就在周武帝宇文邕接连取得对北齐和陈朝的重大胜利之时，我们也把目光重新转移到杨坚身上。

自从杨坚的大女儿杨丽华嫁给了太子宇文赟之后，杨坚就好运不断，不仅和皇帝宇文邕攀上了亲家，而且被宇文邕看中，入选为伐齐的统帅，最最重要的是，杨坚还在伐齐之战中立下了大功。

这件大功就是，和宇文宪搭档，一同平定了高湝和高孝珩在信都的反叛势力。

当然，这次伐齐之役，立功的人很多，比起宇文宪，比起梁士彦，杨坚的那点功劳根本算不了什么，但是对于一个此前从未在战场立功的人来说，这已经足够让人欢欣鼓舞的了。

实际上，杨坚之所以能有这样的功勋，也和他的家族有或多或少的关系。

杨坚一母同生的兄弟一共有两人，一个是二弟杨整，另一个是三弟杨瓒，如果要问，杨家兄弟三人中，何人最受宇文邕的赏识？可能很多人都会以为是杨坚，因为杨坚在伐齐之战中展现出了作为一个优秀将领应有的气魄和胆识，不是杨坚还会是谁。

而真正的答案，其实是杨瓒，即杨坚的三弟。

杨坚虽然继承了父亲杨忠随国公的爵位，但是论起当时的人气指数，杨坚根本不如自己的三弟杨瓒。杨瓒比杨坚帅，也比杨坚学习成绩好，更比杨坚会交朋友，最重要的是，杨瓒跟宇文邕是铁哥们儿，宇文邕亲自将自己的妹妹顺阳公主，许配给了杨瓒。杨瓒可谓人气爆棚，因而当时人们称呼杨瓒为"杨三郎"。

宇文邕第二次伐齐临行前，甚至对杨瓒说："朕此次东征，把留守长安的重任交付于你，只要有你在，朕便没有后顾之忧了。"（朕将遂事东方，无西顾之忧矣。）

此前，宇文泰也曾在东征之时对留守长安的周惠达说过同样的话："西顾无忧，唯公是属。"周惠达后来把苏绰推荐给了宇文泰，有举荐之功。

后来，唐太宗李世民在出征辽东之时，也曾对留守长安的房玄龄说了一句极其相似的话："公当萧何之任，朕无西顾之忧矣！"

对比一下这几句话，几乎是一模一样，杨瓒在宇文邕心目中的地位，就如同周惠达之于宇文泰、房玄龄之于唐太宗的重要地位。

由于这层关系，宇文邕对杨家也是充满信任，因而，宇文邕在随后的东征伐齐中，将杨坚和他的二弟杨整全部带上了战场的第一线，不能不说，这也是杨坚的一大机遇。

而在伐齐之战中，杨家一门三兄弟齐上阵，老三杨瓒留守长安，老大杨坚和老二杨整都跟随宇文邕一路东征。但是，在晋阳之战中，二弟杨整却不幸战死了，这一事件可能也让宇文邕感到非常痛心，为了慰劳烈士的家属，索性把信都平叛的重任交给了杨坚。这虽然是笔者个人推测，但这是符合人之常情的。

虽然从表面上看，杨家一门荣宠，但事实上，杨家三兄弟的关系并不融洽，杨坚的两个弟弟和自己并不是一条心，甚至有时候他们会站在杨坚的敌对面。

还是在宇文护当权的时候，由于独孤伽罗娘家失势，杨坚在两个弟弟面前总是抬不起头，而杨坚的两个弟弟的媳妇，都是出自当时的高门大族，因而，杨整和杨瓒就处处针对和挤对杨坚。

由于当时杨坚的父母尚在，所以，兄弟间虽然有矛盾，但勉强还能相处。一直等到杨忠夫妇去世，兄弟间的矛盾便迅速激化，甚至二弟杨整在宇文护面前告杨坚的罪状，企图陷害杨坚。而杨坚为了保全自己，只能一再隐忍，一再忍气吞声，杨坚也曾感慨，每当回到家里面对自己两个兄弟的时候，就如同进了地狱之门。

对此，杨坚也曾放下狠话，杨坚说："如果有朝一日，我拥有了天下，一定要让你们两个人改姓，你们不配姓杨，不去亲近自己的家人，反而向着外人，来对付自己人，这简直就是天理不容，是悖德，就应让你俩人姓悖。"由此可见，杨坚对他的两个弟弟，也是充满了憎恨。

有些历史研究者甚至怀疑，在晋阳之战中，杨整之死就是杨坚伺机报复的结果，杨整极有可能是被杨坚趁乱所杀。但这仅仅是一种猜测，没有任何依据，我对此也并不认同。因为当时周军大乱，就连宇文邕都身陷险境，所有的人只顾逃命，而且当时天色已晚，伸手不见五指，杨坚怎么可能在这种情况下杀人呢？

杨坚并不是不爱自己的弟弟，对于同父异母的小弟弟杨爽，杨坚却是格外疼爱。虽然杨坚曾发誓，一旦得到天下，便会让自己的弟弟改姓悖，事实上，这不过一时气愤之言。即使最终杨坚登基称帝，他也没有去报复自己的三弟杨瓒，杨瓒最终也是寿终正寝。

可以说，杨坚的一生，几乎没有品尝到多少天伦之乐，早年兄弟阋墙，到了晚年，诸子相残，唯一可以享受到一点家庭幸福的，唯有和自己的妻子独孤伽罗。

虽然杨坚的人生之路非常孤独，但杨坚始终有一个忠诚的战友，这就是独孤伽罗。杨坚并不泄气，因为此刻的杨坚，已经算是一个成功人士，他也是一个有远大理想的人，他不会再斤斤计较于这种家庭的纷争。

出镇定州

历经伐齐之战后，杨坚的人生迎来了一个新的台阶。此刻的杨坚，就如同一颗新星，迅速蹿红于北周政坛之上。杨坚从来都没有这样扬眉吐气过，鲜花和掌声接踵而至，功名利禄也随之而来。

很快，一封任命书如期而至，杨坚被任命为定州总管，进位柱国。

定州，今河北省定州市，此处西傍太行山，东临华北平原，在当时经济繁荣，人口稠密，也是军事物资基地，可以说，这里是不折不扣的河北第一军事重镇。

而定州总管的职务，也就相当于定州军区总司令，这无疑是一个封疆大吏的差事，而且是大大的肥差。

宇文邕竟然会把如此重要的职务交托给杨坚，这无疑就是将安抚北齐旧境的重任交给了杨坚。

北齐刚刚平定，虽然各方残余势力已经被基本扫清，但是对于这里的普通民众而言，他们对于北周这个新政府却是无比陌生的。

这就如同大姑娘出嫁，婆家到底如何，媳妇儿终究心里没底。

这就需要安抚人心，需要把北周王朝的方针政策传达到这里的每一个州县，并将这里隐藏的一切不安定因素扼杀在摇篮里，杨坚所做的工作正是这些。

同时，柱国的爵位也是异常惹人注目，虽然八柱国的时代已经过去，柱国的地位已然没有宇文泰时代显赫，但是，柱国的殊荣依然尚存。

事实上，宇文邕通过改革府兵制，掌控了最高指挥权，柱国的地位已经大不如前，而且，宇文邕此前又在柱国之上，新设立了一个更高的爵位——上柱国，由此可见，柱国的实际权力并不高，柱国更多的是一种荣誉。

杨坚接到任命之后，便马不停蹄地走马上任去了，而当杨坚坐镇定州不久，一个多年未见的老朋友突然登门而至。

此人就是庞晃，他此刻的职务是常山太守。常山（今河北石家庄正定县）距离定州很近，而且还是三国名将赵子龙的故乡。

作别多年的故友初一相见，不觉便勾起了曾经的记忆，对于当年随州的那段日子，杨坚和庞晃都不会忘记。

杨坚不会忘记，庞晃曾经预言自己将来夺取天下，庞晃也不会忘记，杨坚许诺得天下之后厚待自己的承诺。

时隔多年，曾经的豪言壮语，言犹在耳。

故友相见，且见且珍惜，嘘寒问暖、觥筹交错，自然都少不了。当然，他们不会只是简单地叙旧，自然也会谈论起天下大事。

经过多年的历练，杨坚早已被磨炼成了一个野心家，而庞晃更是一个野心家，不然当初也不会预言杨坚会有天命了。

两个野心家聚在一起，聊天内容绝对不会那么"干净"，最起码肯定少不了一些关于当朝政治的敏感性话题，诸如什么时候天下有变，什么时候谋朝夺位。

当然，这种话题是绝对见不得光的，只能私底下悄悄说，而且必须是与绝对信任的人说才可以，不然，万一走漏了风声，那可是谋逆之罪，杀头是小，诛九族是大。

当年，赵贵和独孤信密谋诛杀宇文护，结果消息走漏，赵贵一族被诛杀，独孤信也被赐死，独孤信的子女被接连流放到蜀地，前车之鉴，历历在目，杨坚不可能不小心。

事实证明，杨坚的保密工作做得还是非常好的，因为史书记载二人是"屡相往来"，意思就是杨坚和庞晃之间经常来回串门儿唠嗑儿拉家常。如此频繁的来往却没有发生任何意外，只能说明，杨坚确实很注重安保工作。

自此，杨坚也逐渐意识到，要想让自己更有前途，让自己真正成就帝王伟业，单枪匹马是不行的，必须组建一个自己的势力集团，说白了，就是要拉帮结派。

从来都没有成功的个人，只有成功的团体，众人拾柴火焰高，人多力量大，这就是团队协作的力量。只靠个人能力，就想单枪匹马挑战天下群雄，那你只能活在《堂吉诃德》的世界里。

很快，杨坚又结识了另外三个人，并且这三人迅速地加入杨坚的联盟之中。

第一个人叫作尉迟崇。他是鲜卑人，北周的仪同大将军，当时被任命率军镇守在常山，可能就是在庞晃引荐下，尉迟崇认识了杨坚，并投入杨坚麾下。

第二个人叫作李谔。他出身赵郡李氏，也算是当时的高门大族，他原本是北齐的臣子，在周武帝伐齐之役中，李谔归顺了北周，并被宇文邕任命为天官都上士。李谔见杨坚有奇表，日后定会飞黄腾达，于是便主动结交杨坚。

而第三个人则是杨坚的一个远房亲戚，从辈分上来说，应该算是杨坚的族弟，此人叫作杨弘。杨弘此前一直流落在北齐，为了掩人耳目，甚至还改了姓，一直过着穷困潦倒的生活。此时，杨坚坐镇定州，杨弘自然也找上门来，当然，杨弘并非只是来投靠亲戚混饭吃，杨弘从小也读过书，练过武，头脑干练，杨坚对于杨弘的投奔也是欣然接纳。

对于新入伙的尉迟崇、李谔、杨弘，杨坚打心眼儿里高兴，对于任何一个盟友，杨坚都拿出了兄弟一般的情谊来对待。

杨坚向每一个自己的盟友都许下了"苟富贵勿相忘"的承诺，虽然他未必读过《史记》，但是这句话的道理他是深刻明白的。

千里寻夫

自从杨坚踏上征程的那一天起，就注定了有一个人将会为他一路牵肠挂肚。
这个人不是别人，正是陪伴终生的妻子——独孤伽罗。

此时的杨坚已经坐上了定州总管的位子，而独孤伽罗也已经在长安整整思念
了杨坚几近半年。

独孤伽罗不会忘记，去年十月初四的那一天，她亲自为丈夫杨坚披上戎装，
准备好了行囊，目送着丈夫骑上战马，一直到东征的大军消失在自己的视线之中。

在丈夫杨坚离去的日子里，音信皆无，可是，丈夫杨坚的身影却在独孤伽罗
的梦中时时萦绕。

白日里，独孤伽罗茶饭不思，而当夜幕降临，思念便会像毒药一样，不断地
侵蚀到独孤伽罗的梦中，并深入骨髓。

思念是什么？思念是一种会呼吸的痛，它会活在你身上的每一个角落，它会
流在血液中来回滚动。

一日不见兮，思之如狂。此时的独孤伽罗，真的是度日如年。

但是，独孤伽罗不会因此而消沉，因为她知道，她除了是一个妻子，还有一
个更重要的身份——十个孩子的母亲。

短短几年时间就有十个孩子了？没错，不信我们就来翻一翻杨坚一家的户
口簿。

长女杨丽华：561 年出生

二女儿襄国公主：约 562—566 年出生

三女儿：约 562—566 年出生

长子杨勇：约 566—567 年出生

四女儿广平公主：约 567—568 年出生

二子杨广：569 年出生

三子杨骏：571 年出生

四子杨秀：573 年出生

五女兰陵公主杨阿五：574 年出生

五子杨谅：575 年以后（生年不可考，但笔者揣测，应为第二次伐齐之前所生）

（杨坚子女的生年数据均为笔者根据《隋书》考证得出，信息真实可靠）

从 561 年第一个孩子杨丽华出生，到 575 年幼子杨谅出生，中间一共十四年，
共生育十个孩子，如此强大的生育能力，不管你信不信，反正我是信了。

因此，我们可以给独孤伽罗冠以一个时髦的称号——"英雄母亲"。

此时，身为英雄母亲的独孤伽罗，照料孩子肯定是她的首要任务。身为官宦之家的杨家，肯定少不了奴仆，也少不了奶妈，但是，独孤伽罗依然会尽一个母亲的职责。

孩子吃得好不好，穿得暖不暖，一日三餐，饮食起居，身为人母的独孤伽罗都要对这些亲自过问，不会放过任何一个细节。

此时的独孤伽罗已不再年轻，十月怀胎、一朝分娩的痛苦，她已经前后经历了十次，她也真正体会到了什么叫作母爱，母亲就是把对孩子的珍爱高于自己的生命。

在这群孩子里，独孤伽罗尤其疼爱最幼小的孩子——五子杨谅，因为他是在杨坚临出征前刚刚生育的，独孤伽罗对杨谅倾注了满满的母爱。

虽然独孤伽罗对杨坚充满着思念，但她依然坚守在母亲的岗位上，她期待着大军凯旋的日子，她相信，战争很快就将结束，而自己的丈夫杨坚也将很快回到自己身边。

然而，没过多久，一个噩耗突然从前线传来，这个消息令独孤伽罗的生活从此不再平静。

这件事前文中已叙，我们并不陌生，那就是和杨坚一起上战场的二弟杨整在晋阳之战中牺牲的消息。

当独孤伽罗听到这件消息的时候，她再也坐不住了，她开始为丈夫杨坚的安危担心起来，并很快萌生了一个想法——去寻找自己的丈夫。

烽烟滚滚的战场，凶险万分，这岂是一个妇道人家可以去的地方？独孤伽罗根本不管那么多，也没时间考虑那么多，因为在她的信念里，没有什么比自己的丈夫更重要。

对于古代的女子来说，失去了丈夫，也就意味着失去了一切，这是中国两千年封建社会里颠扑不破的真理。

就这样，独孤伽罗义无反顾地上路了，带着对丈夫的思念，也带着她最疼爱的几个孩子。

史书里并未记载独孤伽罗具体带走了哪几个孩子，唯一可以获知的是，她带上了杨广，当时的杨广年仅9岁。

但我相信，独孤伽罗不会只带一个杨广，极有可能还有小儿子杨谅，因为这是她最疼爱的孩子。

当然，具体带了哪几个孩子，这并不重要，我们也不必细究，最重要的是，独孤伽罗踏上了千里寻夫的漫漫长路，这千里迢迢的路程对于一介弱女子而言，是不可想象的。

没过多久，伐齐的号角终于归于平静，杨坚也被任命为定州总管，而独孤伽罗的目的地就是杨坚所处的定州。

翻开中国地图，从今天的西安到定州，相距有八百多公里，如果坐火车的话，需要至少 10 个小时以上的车程，坐高铁也得 4 个小时，今天坐车尚且不易，何况一千多年前呢？

而当独孤伽罗一路行进到今天的山西境内之时，独孤伽罗也受到了一个人的"特殊照顾"。

这个人叫作周摇，不过当时他并不姓周，而是被赐姓车非，并随同周武帝参加了伐齐之役，战后被任命为晋州总管，处理山西事务，在后来的历史中，他恢复了本姓，所以，姑且还是称呼他为周摇吧。

杨坚当时已经晋位柱国，杨坚绝对可以算得上周摇的上级领导，这也就意味着，独孤伽罗是周摇上级领导的家眷，更重要的是，独孤伽罗还是太子妃的母亲。

接待领导的家眷，接待皇亲国戚，这不仅是一个光荣的任务，更是一个艰巨的任务，如果招待好了，可能随之而来的就是升官发财，如果招待不周，丢官儿都是有可能的。

按道理来说，周摇肯定得热情招待才是，但事实并非如此，周摇对独孤伽罗的招待非常刻薄，用史书的原话形容就是"主礼甚薄"。

周摇是头顶的乌纱帽不想要了吗？更何况，这是太子妃的母亲，也就是未来的皇后的母亲，周摇，这你也敢得罪？难道你连这点官场潜规则都不懂吗？

周摇对此只留下了一句话："府库的财物虽然丰盈，但这是国家的财产，不可以随意浪费，更不能假公济私。"

周摇在说这番话的时候，甚至是白着眼看独孤伽罗的，这种眼神无非就是暗示说，您赶紧走吧，我们这小庙供不起您这尊大佛，别浪费国家财产了。

面对周摇这副牛哄哄的样子，一般人早就撂挑子甩胳膊了，而独孤伽罗的态度却是出人意料的平静。

面对周摇的恶劣态度，独孤伽罗没多说什么，既然这里的主人已经下逐客令了，独孤伽罗也只好收拾行囊继续出发了。

独孤伽罗记住了这个当时还叫作车非摇的人，在独孤伽罗的心中，没有委屈，没有怨恨，而是带着一种深深的敬意。

这件事过后不久，也就是独孤伽罗来到定州，和丈夫杨坚相会之后，独孤伽罗便向丈夫杨坚提起了周摇这个人，独孤伽罗没有说一句周摇薄待自己的话，而是对杨坚说，周摇此人品性高洁，刚正不阿，执法严明，是个称职的好官。

　　当我读史至此，总会被独孤伽罗的豁达和大度所折服，她是如此明白事理、如此贤惠的一个女人，也是一个真正可以堪称国母的人（隋朝建国后成为皇后），而她在历史上却留下了为人刻薄善妒的恶名，历史有时候真的很不公平。

　　当独孤伽罗告别晋州之后，距离目的地定州其实已经不算太远了，不知不觉，独孤伽罗加快了脚步，因为她马上就可以见到自己日思夜想的丈夫了。

　　很快，独孤伽罗带着孩子，终于抵达了目的地定州，时隔半年未曾相见的一对爱人，终于团聚了。

　　半年的时间，说长不长，说短不短，但这却是杨坚和独孤伽罗自结婚以来，分别时间最长的一次了。

　　看到自己最心爱的女人，带着孩子，千里迢迢寻找自己，杨坚此刻是世界上最幸福的男人，有妻如此，夫复何求。

　　看到自己的丈夫安然无恙，独孤伽罗此前一直悬着的心，也终于可以放下了，任何的艰难险阻都值了，只为能和自己的丈夫团聚。

　　支撑独孤伽罗不辞辛劳来到定州的，除了对丈夫的思念，其实还有一个很重要的原因，那就是为了寻找她失散多年的大哥。

　　那还是北魏末年的时候，独孤信在战乱中，为了追随北魏皇帝元脩西行，情急之下撇下了自己的父母和妻子，然而，这一次的分别却成了永别，因为独孤信的父母和妻子就此落入了高欢之手。其中，就包括了独孤信的长子，也是独孤伽罗的哥哥——独孤罗。

　　对此，独孤信完全束手无策，虽然自己在西魏荣宠备至，但他却无法拯救自己的家人，只能眼睁睁地看着自己的家人沦落为敌人的阶下囚，并饱受敌人蹂躏和折辱。

　　一直到北周建立，荣宠一时的独孤家族在宇文护的屠刀下，顿时家道败落，独孤信的子弟一个个都被发配巴蜀，而独孤信本人也获罪被诛。

　　而这些年在炼狱般的煎熬中，独孤信的家人也相继死去，只有独孤罗活了下来。此时的独孤信家族已然败落，独孤罗自然也失去了利用价值，随即被北齐释放。

　　但是，重获自由的独孤罗却无家可归，因为独孤信已经是北周的罪臣，自己也就成了罪臣的家属，回到北周即使不被诛杀，也会被发配，刚刚从北齐的虎口脱逃，难道还要再入另一个虎口？

　　既然无家可归，那就四海为家好了，因为生活还得继续，路还得走。

　　在颠沛流离中，独孤罗在一个叫作中山（今河北保定）的地方安顿了下来，但他的日子并不好过，身无分文的他，只能过着沿街乞讨、食不果腹的生活。

就在绝望之际，独孤罗遇到了一个给他生活希望的人，这个人也姓独孤，此人就是独孤永业。

中山，本就是独孤永业的老家，看在同姓独孤的分儿上，独孤永业给了独孤罗一些田产，虽然不多，但足以温饱。

一直到北齐灭亡，独孤伽罗奔赴定州与丈夫杨坚相会之后，独孤伽罗立即遣人在齐境搜寻自己的大哥独孤罗，这也是独孤伽罗来定州此行的另一个重要目的。

事实上，独孤信当年进入关中之后，就又娶了两位太太，并且又生育了五个儿子以及独孤伽罗，所以，独孤伽罗根本没有见过自己的大哥独孤罗。

但是，血浓于水的亲情是永远抹不掉的，当独孤罗出现在独孤伽罗面前之时，两人相拥而泣，悲不自胜，就连围观的人也不自觉地掉下了眼泪。《隋书》对此记载："相见悲不自胜，侍御者皆泣。"

独孤伽罗此行，看来是真的来对了，不仅见到了半年未见的丈夫，也寻找到了落难多年的大哥。

也许，独孤伽罗的内心已经忘记了这一路的艰辛，也忘记了是怎样的勇气促使她义无反顾地奔赴这里，此刻，她的内心满满的都是幸福后的甜蜜。

"门事件"

当杨坚正准备在定州总管的位子上大展宏图之时，一条神秘的传言却在定州城传开了，而这条传言，直接导致杨坚陷入一场危机之中。

这条神秘的传言和一扇门有关，我们姑且称之为"门事件"。

这扇门所指的是定州城的西城门，据这里的老百姓回忆说，定州城的西门从来都是关闭着的，至于这扇门是从什么时候开始关闭，又是为何关闭的，没有人说得上来，人们只是口耳相传着一句话——"当有圣人来启之"。

说这句话的人，就是北齐的开国皇帝高洋。

传说是这样的。据说有一天，有个人向皇帝高洋建议把定州城西门打开，以方便路人通行。这无疑是一条非常好的便民举措，然而，高洋却驳回了这条建议，并且说了这句神秘的话："当有圣人来启之。"

而此时，北齐已亡，一直尘封紧闭的定州城西门突然之间被打开了，开门之人，正是杨坚。

这一下，定州城的老百姓都联想到了高洋的这句话，难道杨坚就是高洋口中所说的"圣人"？

一时间，杨坚就是圣人的传言，闹得满城皆知，杨坚也成为街头巷尾热议的八卦人物，人们不禁猜测，杨坚绝对不是凡人，那是什么？

——皇帝！

在那个时代，圣人可不是随便叫的，圣人在某种意义上就是指至高无上的皇帝！

成为热点话题人物的杨坚，此时浑然不觉，他甚至在想，我不就打开一扇门吗？你们至于这么八卦吗？

杨坚虽然被蒙在鼓里，但是有一个人的神经却迅速敏感了起来，此人就是北周武帝宇文邕。

杨坚是圣人？竟然有这种事！

当宇文邕听到这则消息的时候，他的脑海里迅速检索着过往的回忆，他突然想起了两个大臣曾经对自己说过的话。

这两个人，一个是宇文宪，另一个人则是王轨。

建德二年（573），宇文邕将杨坚的长女杨丽华纳为太子妃，自此之后，宇文邕对杨坚"益加礼重"。

由于杨坚地位的陡然上升，作为北周皇族的宇文宪，开始对杨坚产生了戒心，在一次谈话中，宇文宪对宇文邕说："普六茹坚相貌非常，臣每见之，不觉自失。恐非人下，请早除之。"

而宇文邕对杨坚的印象还是不错的，而且在这段时间，宇文邕一直忙于国家政务，主持新政，筹谋伐齐，所以，宇文邕并不以为然，反倒觉得宇文宪太过疑神疑鬼了，他对宇文宪说："此止可为将耳。"杨坚他顶多不过是个将军，你太多虑了。

很快到了建德四年（575），也就是周武帝正式伐齐之前，有一次宇文邕正居住在云阳里，身边正好陪侍着一个在当时非常著名的术士，此人叫作来和。

宇文邕联想到了之前宇文宪说杨坚相貌非常的话，便心血来潮询问来和："来术士，朝中诸王公你都认识，你看随国公（杨坚）的相禄如何啊？"

我们此前就曾介绍过来和，还是在宇文护当政时期，来和就给杨坚算过命，称杨坚将来会夺取天下，并从此和杨坚结为了同盟。而此时，面对宇文邕的这番话，来和心知肚明，宇文邕这是开始怀疑杨坚了，来和也非常聪明，非常机敏地回答道："随国公只是一个守节之臣，他可以镇守一方，如果让他担任领军将领的话，会战无不胜。"

这话说得非常高明，既化解了宇文邕心头的疑虑，也在宇文邕面前把杨坚推荐了一把。此刻，北周正是用人之际，伐齐之役即将打响，既然说杨坚战无不胜，索性宇文邕就派上了杨坚，虽然第一次伐齐之战没啥战功，但是杨坚的表现也是可圈可点，丝毫不逊色于其他将领。

第二年，也就是建德五年（576），此时宇文邕刚刚遭遇了第一次伐齐失败的重创，也正在谋划第二次伐齐，这时候王轨找上门来了。王轨对宇文邕说："皇太子非社稷之主，普六茹坚貌有反相。"

王轨的这句话，内涵可太丰富了，我们需要仔细解剖一下。这句话提到了两个人，一个是皇太子宇文赟，另一个就是杨坚，当时还叫普六茹坚，此时这两人是什么关系？翁婿关系。而宇文赟将来是要做皇帝的，杨坚未来也将成为国丈，宇文赟不是社稷之主，而杨坚却貌有反相，将来必定谋反，最终的结果，势必王朝倾覆，皇位易主。

对于外戚之祸，历史的教训是深刻的，也是惨痛的。西汉有霍光，东汉有梁冀，西晋有杨骏，汉赵有靳准。这些历史典故，对于王轨和宇文邕来说，并不陌生。

王轨这句话，明显要比宇文宪的话，说得更加精练，也更精辟，杀伤力也更强，但是效果却并不好，因为周武帝宇文邕对此有点不大乐意了。

宇文邕为啥不高兴呢？笔者认为有三点。

第一，宇文邕对自己的儿女教育非常自信，这么多年来，他除了紧抓国家建设，同时也在紧抓皇子教育，宇文邕自认为自己是一个称职的父亲，尽到了教育的责任，王轨你说太子非社稷之主，这不等于是在否定我多年的教育成果吗？

第二，王轨你说皇太子非社稷之主，言外之意，就是要求重新确立太子。废立太子，乃是皇帝家事，一般情况下，朝臣只得遵从皇帝诏令，不得有异议。况且，宇文邕根本没有重立太子之意，也没有询问过朝臣们意见，而王轨竟然说皇太子非社稷之主，这明显触犯了大忌。

第三，宇文邕此时年仅34岁，正当壮年，春秋鼎盛，而你王轨所担忧的这些，全都是宇文邕的身后之事，难道王轨你是咒皇帝早死不成？宇文邕此时正准备大举伐齐，也是宇文邕真正建立功业的时刻，王轨你说的这些未免太早了吧？

基于以上三点分析，宇文邕真的生气了，但后果并不严重，因为，宇文邕并非心胸狭隘之人，他是一个真正有胸襟、有气量的皇帝。

王轨的话虽然听着让人很反感，但这不等于犯了错，其用心是好的，只是不太会说话，说话太直接罢了。同时，宇文邕也明白，王轨是自己的心腹之臣，曾经共患难，也是自己身边的第一谋臣，伐齐之战即将打响，王轨还有大用处，怎可轻易加罪？

对此，宇文邕只是淡淡地说了一句："如果他（杨坚）真的有天命之相，我们又能有什么办法呢？"

这话说得不温不火、不冷不热、不软不硬，从这样的语气中，王轨也知道自己确实是失言了，也不敢再继续说下去，只好退了下去。

王轨是一个正直的人，也是一个敢于直言进谏的人，这虽然是人臣应有的品格，但是这也隐藏着某种隐患，甚至是杀身之祸，不久的将来，王轨将为此付出巨大的代价。

虽然口头上宇文邕并不相信王轨的话，但是这并不代表宇文邕没有疑心，因为，皇帝这个职业，是世界上疑心病最重的群体，只要有一丝风吹草动，他们都会疑心重重。

为此，宇文邕再一次叫来了术士来和，因为来和是当时的顶级算命专家，宇文邕相信权威的判断。

来和早就已经和杨坚打成了一片，就算宇文邕问十次、二十次、一百次，来和依然是同样的答案："随国公只是一个守节之臣，并无异相。"

事实上，来和也没办法改口了，如果来和此时突然改口，称杨坚的确是有不臣之心，那自己称杨坚是"守节之臣"的话，不就成了欺君之罪吗？何况，一旦宇文邕要彻查此事，来和给杨坚算命的事儿，也会随之被抖落出来，这不是给自己招来杀身之祸吗？因而，此时的来和只能这么说。

对于权威专家的答案，宇文邕不能不信，宇文邕心头的那一丝顾虑，也再一次打消了。

也许你会说，宇文邕实在是太迷信了，一个术士的话，他居然就深信不疑了。

如果你这么想，只能说明你对古人的了解还不够透彻，因为在古人的观念里，求神占卜，这才是真正的科学。

科学是随着人们的认识而逐渐改变的，最初的科学就是迷信，古人相信，天道就是真理。

虽然宇文宪和王轨的进言让宇文邕对杨坚产生了一丝的疑虑，但是宇文邕打心底里并不相信，同时，还有权威相面专家来和担当学术顾问，所以，宇文宪和王轨的进言，犹如平静的湖面上泛起的一丝波澜，对当时的政局以及杨坚的前途丝毫没有产生影响。

然而今时不同往日，此时的杨坚再一次身处舆论的旋涡，已经不是一两个朝臣说杨坚有异相了，而是一方百姓都在这么说，整个定州城，都在传言杨坚是圣人。

宇文邕将这一事件，与此前宇文宪和王轨的进言联系起来，宇文邕似乎真的意识到了某种潜在的危险。

这回，恐怕十个来和，也帮不了杨坚了，因为，这是明摆着的事实，宇文邕可以不相信宇文宪，可以不相信王轨，但他必须相信群众。

转镇南兖州

接下来，摆在宇文邕面前的难题就是，该怎么处理杨坚？

置之不理？这是不可能的，因为皇帝是不可能接受一个对自己有潜在威胁的人存在的。

那么，杀了杨坚？这也行不通，因为此时的杨坚是伐齐之役的功臣，是皇帝的亲家公，还是被皇帝委派的封疆大吏，是一个有功在身的功臣。现在伐齐刚刚结束，就把功臣杀掉，这不等于卸磨杀驴吗？天下人会怎么看宇文邕？以后的史书不就会留下宇文邕杀害功臣的记录了吗？

另外，杨坚在定州总管的任上，兢兢业业，任劳任怨，根本挑不出什么毛病，也没有留下任何把柄，所以根本没有理由给杨坚治罪。

宇文邕想了一个折中的办法——给杨坚调换工作。

杨坚此时的职务是定州总管，而定州是河北一带的经济、文化、军事中心，这个位置太重要了，如果让杨坚继续担当这个职务的话，恐怕会让杨坚在此形成自己的势力集团，如果一旦定州有变，那么势必牵一发而动全身，北齐旧境都可能不保，如此一来，就真正威胁到国家安全了。

宇文邕思考再三，最终决定给杨坚安排新的工作岗位——南兖州总管。

南兖州，今安徽亳州，一代奸雄曹操就生在此地，此处相比于定州，地理位置的重要性，要差很多。

而且，此时的陈朝蠢蠢欲动，陈宣帝已于当年的十月正式宣布北伐，老将吴明彻的先头部队已经直逼徐州城下，亳州就属于战争前沿，是急需用人之地。于是，宇文邕想到了杨坚，正好以此为借口给杨坚调任工作。这虽然属于平级调动，但是，南兖州无论在各方面，都比定州的条件要差很多，想在这里有所发展，更是难上加难。

建德六年（577）十二月，已经在定州总管的任上工作了十个月的杨坚，开始收拾行囊，前往新的工作地南兖州。

此时的杨坚，真的是比窦娥还冤，他不过是开了一扇门罢了，竟然使得自己调离了工作岗位，而且还是去偏远的南兖州，这让胸怀抱负的杨坚如何接受得了？

事实上，我们仔细考究一下杨坚所遭遇的这场"门事件"的话，真相就会水落石出，杨坚还真是受了天大的冤枉。

定州的地理位置，我们早就说过了，这里是河北军事物资基地，而在高洋时期，北周和北齐两个国家是处于军事敌对状态的，其军事地位更为重要。

如果两国发生交战，北周军队肯定是从西边攻打过来，首当其冲的，就是西门。

于是，我们就找到答案了，定州城西门之所以被长期关闭，是一种防御政策，用于防御北周的突然来袭。

也许你会说，定州地处河北，根本不是边境之地，有必要这样防御吗？原因并不复杂，因为定州是军事要害，所以，定州必然会引起敌人的重视，其他的城市可以不采取这种防御手段，但是，对于定州来说，这种防御就是必需的。

我们举两个例子。明朝末年，皇太极曾率领八旗兵绕道宁锦防线，借道蒙古，直驱北京城下，北京保卫战也随即打响，此次战役也给袁崇焕带来杀身之祸。同样，在明朝嘉靖年间，也有一百余人的倭寇，从浙江上虞登陆，长驱直入，一路袭掠到长江流域，江宁、南京、苏州、无锡全部遭了殃。由此可见，军事防御绝不可固守于边境线上，防御要注重整体性。

而高洋所说的那句"当有圣人来启之"，意思也不难理解。高洋希望，高家的后代中能出现一位英主，带领北齐消灭北周。那么，定州城的西门也就没有继续关着的必要了，就可以打开西城门了，而这里的圣人所指的就是他期望中的那位英主。

没想到，高洋所期待中的圣人并没有出现，北齐最终被北周所吞并，更让人没有想到的是，高洋的这句无心之语，竟然阴差阳错，成了导致杨坚被调职的导火线。

但不管怎样，杨坚都得接受现实，杨坚必须走，必须去南兖州上任。

正当杨坚准备离开定州之时，他的老友庞晃来了。

杨坚一脸怅然若失的表情，庞晃看在眼里，也是愁在心上，庞晃知道，杨坚这是不甘心哪。

庞晃又何曾甘心呢？他把自己下半辈子的幸福，都寄托在了杨坚的身上，杨坚成事与否，直接关系到自己的下半生能否飞黄腾达。

在定州的日日夜夜里，杨坚和庞晃无数次地谋划过自己的未来，他们都坚信，定州将会是他们日后的龙兴之地，然而此刻，一切全都回到了起点，归为了零。

这时，庞晃突然拉住了杨坚，并对杨坚说："燕、代乃是精兵会集之处，我们不如现在就起兵吧，肯定能夺取天下。"

当庞晃说完这番话之时，庞晃目不转睛地盯着杨坚，他渴望从杨坚脸上的表情得到一丝赞同或肯定的答案。

　　然而，杨坚微微翕动着嘴唇，只是说了句："时未可也。"我不是不想，只是，时机未到。

　　从这一句话，我们绝对可以肯定，此时的杨坚已经成长为一个成熟而稳健的政治家。

　　起兵不是不可以，只是一旦起兵，便将不可挽回，此时天下安定，百姓富足，我们凭什么和宇文邕对抗？

　　从这一句话，我们同样也可以看出，杨坚并没有选择放弃，他仍然怀揣希望。

　　当高潮即将到来之时，一个巴掌突然拍在了杨坚的脸上，让杨坚顿时清醒过来，梦想是美好的，现实是残酷的。

　　但是，现实虽然残酷，但只要你愿意，路就在脚下，大不了从头再来，杨坚绝不放弃。

　　南兖州，杨坚我来了！

第十四章

出师未捷身先死
——周武帝的人生落幕

宇文宪的名将之路

杨坚其实应该庆幸，他应该感谢宇文邕的不杀之恩，如果是像高纬那样的君主的话，杨坚早就死了不止一次了。

宇文邕之所以没有重处杨坚，还有一个原因，那就是宇文邕相信自己的实力，相信自己完全有能力掌控杨坚。

杨坚顶多就是一只孙猴子，而宇文邕则是如来佛，杨坚你就算真想造反，也绝对逃不出我的五指山。

宇文邕如此自信，是有道理的，因为建德六年（577）这一年，宇文邕年仅35岁，而杨坚37岁，宇文邕在年龄上绝对比杨坚有优势，只要我宇文邕在一天，杨坚你就掀不起什么大浪。

后来的事实证明，宇文邕实在是太高估自己的生命期限了，当然，这是后话，暂且不表。

杨坚被打发到南兖州之后，史书上就再无杨坚的任何记录了，这只能说明一点，杨坚做起了鸵鸟，一头扎在了沙子里，不问世事，生怕再惹出祸端。

解除完杨坚这一大隐患，按理说，宇文邕应该算是安心了，但实际上，宇文邕一直都没有把悬着的心放下过。

在宇文邕的内心深处，他最不放心的其实是另外一个人，此人就是他的亲弟弟，伐齐之役最大的功臣——齐王宇文宪。

按照史书记载，在宇文泰的众多儿子之中，宇文邕排行第四，宇文宪排行第五，哥俩儿只相差一岁。

当宇文邕和宇文宪还处在襁褓之中的时候，就被宇文泰送出了皇宫，寄养在了一位大臣的家中，这位大臣叫作李贤。

前文中写到李植因为参与到宇文觉密谋之中，最终被宇文护诛杀，其父亲李远也被宇文护逼迫自杀，而李贤正是李远的亲哥哥。

宇文泰把宇文邕和宇文宪两个襁褓中的婴儿寄养到李贤家中，其目的是什么？史书的记载非常含糊，只记录了一句话"以避忌，不利居宫中"（《周书·李贤传》）。

这里所避的"忌讳"究竟是什么，史书没有记载，但是，我们可以通过一份墓志铭找出答案。

据一份出土的独孤藏（独孤信第四子）的墓志铭的碑文记载，称宇文邕排行第五，宇文宪排行第七。这和《周书》中的记载有着明显的出入。对此最合理的一种解释是，在宇文宪之前，宇文泰肯定还有两个儿子，但是却不幸早夭了，所以，这两个早夭的儿子并未被史书记载，但在考古出土的墓志铭中却被计入了。

两个男婴，都连续早夭，这让宇文泰非常难过，按照古人传统的观念，肯定是自家沾了晦气，索性寄养到别的人家好了。

宇文泰对李贤、李远兄弟是非常器重的，因而也就选择将自己的孩子托付给了李贤。

李贤的妻子吴氏对这一对孩子视若己出，疼爱有加，两个孩子自然也是茁壮成长，可以这么说，宇文邕和宇文宪是一起穿开裆裤长大的好兄弟。

宇文邕和宇文宪在李贤的家中，一待就是六年的时光。六年之后，宇文邕和宇文宪回到了父母身边，由于二人自小一起长大，关系亲密，宇文泰索性就让宇文邕和宇文宪一起读书，一起学习，从此，他们二人不仅是好兄弟，也是好同窗。

西魏帝国在宇文泰带领下，一举侵占了南朝的巴蜀和江陵之地，对于地形险峻的巴蜀之地，宇文泰需要派一个得力的干将前去镇守，但是如此险峻之地又不放心交给老将，所以，宇文泰想在自己的儿子之中物色人选。

宇文泰把他所有的孩子召了过来，问道："现在国家正是用人之际，我想派出你们之中的一个人去巴蜀担任刺史，你们谁愿意去啊？"

宇文泰话音落下，诸子却无不面面相觑，沉默不语。

这时，年仅十岁的宇文宪突然向前跨步而出，拱手说道："儿臣愿意领命。"

宇文泰看了看眼前这个稚气未脱的孩子，宇文泰只是笑了笑，摆摆手说道："这任务，不是你个小孩子能干的，还是交给你其他的哥哥吧。"

宇文宪回答道："虽然人和人的能力是有不同的，但和年龄大小无关，如果我没有取得成效，甘愿受您责骂。"

宇文宪这番话说得非常漂亮，也非常有一个将帅的气魄，一个年仅十岁的孩子，能有如此的担当，这是非常了不起的，宇文泰听完这番话，也不由得连连称赞。

宇文泰很高兴自己能有这么有出息的好儿子，但是宇文泰终究没有把这项任务交给宇文宪，宇文泰希望等宇文宪再长大一点，再把这项任务交给他。

不久之后，宇文泰逝世，北周建立，政权被宇文护牢牢把持，在宇文毓的强大压力之下，宇文护不得已让出了权力，当然，只是部分权力，最关键的军权依然在宇文护的手中。

宇文毓在得到部分权力之后，想起了自己这位年轻而有才干的好弟弟宇文宪，便把宇文宪委派到了巴蜀，镇守蜀地，这一年，宇文宪十六岁。

这是宇文宪第一次走出家门，当宇文宪挺起胸脯，向着朝阳踏上这条陌生的路途之时，他不知道，他的人生将从此变得非同寻常。

在镇守巴蜀的日子里，宇文宪真正得到了锻炼，相比于那些在深宫中养尊处优的皇子皇孙来说，宇文宪真正地成熟起来了。

仅仅几年之后，一封诏令再一次将宇文宪调回了京城，而当宇文宪重新回到京城之时，他才发现，短短几年的时间，北周的宫廷已经发生了翻天覆地的变化。

至于宇文宪在巴蜀具体任职几年，史书记载并不明确，但据笔者考证，应为两年至四年。

就是在这三四年的时间里，宇文宪在巴蜀治理有方，深得百姓爱戴，而对于朝中的局势，宇文宪却并不十分清楚。

直到此刻宇文宪才发现，坐上皇帝宝座上的，早已不是几年前的宇文毓，已经换成了自己最好的兄弟宇文邕，而此时的朝政，已经完全掌控在宇文护的手中，满朝皆为宇文护的党羽。

在宇文护集团的强大压力之下，宇文宪不得不屈服，而他也被宇文护授予了一项极为重要的任务——伐齐。

对于宇文护的这次伐齐，前文已有叙述，北周兵败如山倒，但是，宇文宪却是个例外，宇文宪表现出了他非凡的将帅之才，在最危急时刻，正是宇文宪挺身而出，稳定住了溃散的军心。

自此之后，宇文护对宇文宪给予了充分的信任，凡是有什么难以决断的问题，都会找宇文宪来商量对策，赏罚大臣，都会听取宇文宪的意见。

宇文护之所以如此信任宇文宪，一个重要原因，就是同姓宇文，同是宇文家族，是血浓于水的堂兄弟关系。

宇文家族不是没有名将，比如宇文护的大哥宇文导，就是名列十二大将军的英雄人物，然而此刻，宇文家族可堪大任的恐怕只有宇文宪了，而且宇文宪还如此年轻，只是二十出头，假以时日，必成大器。

宇文护对异姓的老臣，都不信任，甚至举起了屠刀，但他必须信任自己家族的人，宇文宪就是这样的人。

虽然这次伐齐失利，但是宇文宪却真正开启了他的军事生涯，在此后的时间里，宇文宪长期领军与北齐对峙，和北齐名将斛律光、兰陵王均有交手，战绩不俗，真正成为一颗军界的新星。

兄弟猜忌

虽然宇文宪已逐渐成长为一颗军界新星，但是这一切却把宇文宪和宇文邕的兄弟关系拉远了，因为宇文宪的所作所为，完全是服务和效力于权臣宇文护，没有宇文护的大力提拔，宇文宪绝对走不到这一天。

宇文宪，难道你真的忘记自己的好兄弟宇文邕了吗？难道你真的忍心看着自己的好兄弟被这个权臣欺凌吗？你为何无动于衷？

对于这些问题，宇文宪说不出答案，他只是不停地在战场上杀敌建功。

或许，宇文宪的行动已经向我们揭示了答案，他只是一个将军，他只专心于报效国家，对于政治斗争，他毫无兴趣，也不想参与。

而此时的宇文邕，在亲弟弟宇文宪面前，连袒露心扉的机会也没有，因为宇文宪是宇文护的人，宇文邕必须时刻保持警惕。

宇文邕知道，要扳倒宇文护，不仅要在宇文护面前装孙子，而且还要对满朝所有的人装，包括自己的好兄弟宇文宪。

从此，宇文宪和宇文邕，成了这个世界上最熟悉的陌生人。

一直到公元 572 年，宇文邕一举铲除了权臣宇文护，终于结束了他长达 12 年的傀儡生涯。

宇文护倒台之后，树倒猢狲散，宇文护的党羽也接连被宇文邕清除。

此时的宇文宪自知难逃罪责，当他领到宇文邕召见的命令之时，他并不慌张，他已经做好了接受审判的准备。

宇文宪一见到宇文邕，便跪地叩拜，他自知无颜面对当年的好兄弟，他没有给自己解释一句多余的话，只是请求治罪。

然而，等待宇文宪的却是一双温暖的手掌，宇文邕将拜倒在地的宇文宪缓缓扶起，说道："汝亲则同气，休戚共之，事不相涉，何烦致谢。"

这句话的意思不言自明，我们是同气连枝的好兄弟，宇文护的事和你无关，你又何必请罪呢？

这句话如同冬日里的阳光，瞬间温暖了宇文宪的心灵，宇文宪发誓，将尽全力报效宇文邕。

然而，宇文邕真的如此信任宇文宪吗？我们不妨看一下宇文邕对宇文宪的属下裴文举的一段话。

宇文邕对裴文举说道："你是齐国公（宇文宪）的属下，应该时常提醒他，劝导他，这样才能让我们君臣和睦，兄弟同心，不至于相互猜忌。"

裴文举回去之后，将宇文邕的这番话转述给了宇文宪，宇文宪听后，悲愤地伏在案几之上，指着自己的心口叹息道："我一向的心思，您还不了解吗？我除了尽心效力，还能多说什么呢？"（《周书·宇文宪传》："吾之夙心，公宁不悉，但当尽忠竭节耳，知复何言。"）

在宇文护当政时期，宇文宪的官衔是大司马，是掌管兵权的，而此刻，宇文邕将宇文宪封为了大冢宰。

从表面上看，大冢宰是统领六官的，要比大司马的地位高，但实际上，则是宇文邕剥夺了宇文宪的兵权，表面上是升职，实则夺权。

难怪宇文宪要悲愤了，从小一起长大的好兄弟宇文邕，对自己表面上玩客套，实际上却对自己满腹疑心，这怎能不悲愤？

不过，这一切，宇文宪也是自找的，谁让你之前跟宇文护那么亲密呢？

而宇文邕的内心虽然充满疑心，但宇文邕还是要重用宇文宪，因为宇文邕的终极目标是要一统天下，而宇文宪则是不可多得的将才。

很快，伐齐的工作被提上了日程，宇文宪也被任命为了先锋。

宇文宪知道，自己只有誓死效忠，才有可能化解宇文邕对自己的疑心，因而，宇文宪在战场不可谓不卖力，几乎拼尽全力。

无论第一次伐齐，还是第二次伐齐，宇文宪都是先锋主力，而宇文宪所建下的功勋也是无人能比的。

伐齐之前的宇文宪，或许功劳并不是那么突出，他可以算得上宇文家族的第一名将，而此刻，宇文宪绝对可以称得上北周的第二大名将，仅次于韦孝宽。

宇文宪本以为在战场上拼尽全力就可以化解兄弟间的猜疑，但事实上，宇文宪拼尽全力的结果却是让宇文邕更加疑心，只因为功高震主。

功高震主，这个词语放在历史上的任何一段时期，都是一个极其危险的信号，所带来的结果，往往是兔死狗烹的历史悲剧。

其实，还有一个人和宇文宪一样建功赫赫，此人就是王轨。

王轨在伐齐之役中，多次出谋划策，虽然没有直接上战场拼杀，但是很多决策都是出自王轨之手，并且在宇文邕胆怯意欲撤军之时，王轨拼力劝阻，将宇文邕重新拉回战场，这种功劳也是无人企及的。

伐齐之后，王轨又受命前往徐州，迎击陈朝军队，并最终生擒陈朝名将吴明彻，这更是奇功一件。

将宇文宪和王轨两人的战功相对比的话，可以说是不相伯仲的，他们都是一等一的功臣。

但是，宇文邕却并不怀疑王轨，因为王轨姓王（赐姓乌丸），不姓宇文。

宇文邕在宇文护的阴影下，足足生活了十二年，他最担心害怕的就是宇文护这样的角色——皇族功臣。

而王轨呢？功劳虽大，却只是个异姓的大臣，不是皇族。宇文宪就不一样了，宇文宪是自己最亲近的弟弟，是宇文家族最优秀的人，这才是最让宇文邕感到恐惧的。

对于宇文宪的个人能力，宇文邕非常清楚，宇文邕曾说过"诸弟才略，无出宪右"。

宇文邕每次面对宇文宪，都隐约看到了另外一个宇文护，这样一个厉害的角色，宇文邕怎能安心？

而此刻，宇文邕又将一项新的任务摆在了宇文宪的面前，已经是功高震主的宇文宪不得不接受，这个新任务就是讨平稽胡。

山谷"游击战"

稽胡，在历史上别称非常之多，诸如山胡、步落坚、步落稽等，又由于其活动范围主要在山西地区，所以又被称为并州胡、汾川胡、离石胡等。

稽胡的族源，古今说法不一，大多数观点认为，是匈奴后裔，另外也有说法称是赤狄后裔或白狄后裔。但是有一点是肯定的，它的民族成分非常复杂，属于杂胡。

另外，稽胡的语言和汉语相差非常大，一般人是听不懂稽胡语，稽胡语绝对比得上今天的温州话。如果你想和稽胡人交流，那么你必须有一个高级翻译，否则，你就等同于在听天书。

稽胡正式形成于十六国时期，是当时民族交融的产物，最早受制于汉赵国的统治，后来又先后被前秦后秦所统治。

到了北魏时期，北魏的政治中心在平城，与稽胡毗邻，因而在这一时期，对于稽胡的记载逐渐多了起来，稽胡也先后发动叛乱，但最终都被北魏所镇压。在镇压的同时，北魏还对稽胡采取了怀柔政策，并设置郡县，对稽胡不断加强控制，北魏中期以来，稽胡处于相对和平的时期。

北魏末年，爆发了六镇起义，稽胡也趁势而起，加入叛乱之中。也就是在这个时期，稽胡开始建立了自己的政权，稽胡部族一同推举冯宜都即皇帝位。有趣的是，冯宜都并非稽胡人，而是介休的一个汉族大户，他利用弥勒大乘教聚拢了大量的稽胡部族，自称会某种巫术，最终，冯宜都成了稽胡的第一个皇帝。这一点非常像东汉末年的张角起义，张角就是利用太平道发起的黄巾起义。

稽胡在同北魏作战的过程中，由于稽胡的部分部族出现倒戈，皇帝冯宜都最终被杀，稽胡又拥立了另外一位会巫术的人为皇帝，此人叫作刘蠡升。

刘蠡升利用自己的巫术，以及崇高的个人威望，很快将混乱的稽胡团结起来，并最终被拥立称帝。

北魏末年，有很多草头王，很多起义者都自立为帝，但是这些人都属于过把瘾就死的类型，没多久就都死于非命，而刘蠡升称帝，却长达十二年，这在当时是绝无仅有的。

刘蠡升之所以可以做这么久的皇帝，主要是因为稽胡大多藏匿在深山密林之中，有点类似于印第安土著，北魏朝廷很难将其剿灭。而稽胡为了生存，频繁地下山劫掠，百姓深受其害，当时人称之为"胡荒"。

一直到了北魏分裂为东西魏之后，稽胡紧邻东魏，高欢决定率军讨伐稽胡，一战就大破稽胡。但是这一战役，高欢并未彻底消灭刘蠡升，高欢自己也损耗不小。

高欢又想出了假和亲的办法，许诺要将自己的女儿许配给刘蠡升的儿子，并且附赠大量的礼品，将刘蠡升的儿子诱骗到了邺城，高欢伺机而动，趁着刘蠡升未做防备，突然袭击稽胡。这次突袭，一举粉碎了稽胡的核心力量，在动乱之中，刘蠡升也被自己的部下杀害。

高欢不仅俘虏了刘蠡升的几个儿子以及皇后公卿百官，同时还收获了稽胡五万户的人口，稽胡在高欢的强大攻势之下，终于消停了。

事实上，稽胡的部落是非常之多的，被高欢所镇压的这支部族只是力量最强劲的一支，而稽胡的小部族，可谓多如牛毛。

在北周王朝统治时期，在其境内的绥州、银州、云阳谷等地，先后有稽胡作乱，虽然都是小规模游击战，威胁不了国家统治，但是这些稽胡人来去无踪，往往深居大山，无法从根本上予以剿灭，这也让北周统治者异常头疼。

一直到了公元 577 年，周武帝宇文邕率兵伐齐，在平阳之战中，宇文邕大败高纬，北齐大军瞬间溃散而逃，却把大量的兵器和辎重散落在了战场。然而，这些兵器和辎重并没有流落到宇文邕的北周军队手中，却便宜了藏匿在山中的稽胡人，被稽胡人全部抢了去，很显然，这些稽胡人是早有预谋，早就埋伏好了的，就等着鹬蚌相争渔翁得利。

此时的宇文邕，就感觉如同有一只苍蝇在他耳边飞一样，听着讨厌，却打不着，宇文邕也只能叹气了。宇文邕的主要任务是讨伐北齐，至于这些深林里的土著，宇文邕暂时也没工夫收拾，可这恰恰给了稽胡人一个绝佳的复起的机会。

北齐在宇文邕的强大攻势之下，最终土崩瓦解，原本驻守在河东地区的北齐官员，也纷纷逃散，北朔州的高绍义，也带领着手下人马逃到了突厥，而宇文邕还来不及对占领的地区进行官员任命，此时的河东地区瞬间出现了权力的真空。

在这种混乱的局面下，稽胡人开始蠢蠢欲动了，他们原本是被高欢所镇压的，不得不屈服于高氏政权，此时高家已经彻底败了，压在肩上的大山也倒塌了，他们终于可以东山再起了。

很快，一个叫作刘没铎的人，被推上了皇帝之位，而之所以选择这个人作为领袖，是因为他是前任皇帝刘蠡升的孙子。而且，稽胡人还搞得有模有样的，尊称刘没铎为圣武皇帝，年号石平。这好像是明摆着和高欢对着干，高欢的谥号是神武皇帝，而稽胡人也尊称刘没铎是圣武皇帝，似乎是比高欢还要高一个等级。

而当伐齐之役彻底结束之后，稽胡这个心腹之患便成了宇文邕首先要打击的目标，宇文邕将这项任务交给了宇文宪，宇文宪被任命为行军元帅，同时赵王宇文招、谯王宇文俭、滕王宇文逌三人被任命为行军总管，全部听候宇文宪的调遣。

也许你会觉得，一个小小的土著，也需要如此兴师动众？这不是杀鸡用牛刀吗？竟然还派上了宇文宪！

事实上，稽胡虽然实力不强，对北周的威胁也很有限，但是真正剿灭起来，却是异常困难的，因为他们居住在深山密林，居无定所，首先，你根本就不知道去哪儿找他们，更别提打了，要不然高欢当年也不必如此大费周章了。

宇文邕虽然内心不希望让宇文宪建立太多功劳，但是他还是得派出宇文宪，因为只有宇文宪才是最有力的军事保障。

宇文宪刚从讨伐北齐的战场上下来，就不得不再次披挂上阵，对于稽胡这样一个难缠的对手，宇文宪采取的方针政策是"剪其魁首，余加慰抚"，具体的出兵方式是分兵出击。

这是因为，稽胡的部族虽然散落，但是却有两大军事支柱，一个驻守在河西的离石，叫作"穆友"；另一个驻守在河东，叫作"天柱"，而这里的河西河东，所指的是汾河以西和汾河以东。

宇文宪的部署是这样的：

第一路军，滕王宇文逌统领，同时配有豆卢勣和侯莫陈颖两位大将，兵力也最强，主攻驻守在汾河以西的稽胡"穆友"势力。

第二路军，谯王宇文俭统领，兵力稍弱，主攻汾河以东的"天柱"势力。

而宇文宪则亲自率领第三路军，和宇文招携手，目标直接对准了刘没铎本部，并进行进攻。

在宇文宪的统领之下，三路大军分兵出击，第一路军的宇文逌，军力最强，杀敌八千；第二路军的宇文俭，杀敌三千；而宇文宪和宇文招率领的第三路军，一举擒获了刘没铎本人，"斩之，余众尽降"。

稽胡最终溃败，而宇文宪是最大的功臣，但是这位最大的功臣却立刻消失在了人们的视线之中，因为宇文宪"生病"了。

宇文宪之所以得这场病，并非由于外界因素，而是宇文宪不得不"生病"，因为此时的宇文宪已经明显预感到，自己在战场上的军功实在太高，已经陷入功高震主的尴尬处境，为了消除哥哥宇文邕对自己的疑虑，即使宇文宪自己身体没病，也得想办法装出病来。

这也算是一条中国式的生存智慧法则了，凡是被主公猜忌，或遇到这种功高震主的境地，就得装病、装傻、装孙子。前文中提到的兰陵王高长恭正是如此，然而兰陵王装病装得太晚了，最终还是惹来了杀身之祸，被高纬毒杀。而历史上这样的例子，也不胜枚举，最著名的恐怕还是要数司马懿了，司马懿是史上第一装病达人，先后骗过了曹操，骗过了曹爽，最后还为自己的家族"骗"得了曹魏的江山。

宇文宪讨平稽胡是在建德六年（577）十一月，而到了十二月，有一则消息突然从北方草原上传来：有一个人造反了，这个人不是别人，正是营州刺史高宝宁。

突厥之患

宇文邕在完成伐齐大业之后，虽然统一了北齐绝大部分地区，但也留下了两个小尾巴，一个是北逃突厥的高绍义，另一个则是割据在东北的北齐营州刺史高宝宁。宇文邕并未对高宝宁势力予以剿灭，这是有诸多原因的。

第一，高宝宁驻守在辽东营州，距离太远；

第二，周军连日作战，已经疲惫，不适合再长途奔袭；

第三，高宝宁与契丹、奚族、靺鞨等关系密切，实力强大，征讨不易。

既然征讨不易，宇文邕便采取了安抚政策，宇文邕派了一位使臣，特地前往营州，对高宝宁进行招抚。

高宝宁自认为天高皇帝远，宇文邕根本奈何不了自己，索性端起了架子，对于宇文邕的招抚，拒不接受。

而在另一头，高绍义北逃至突厥之后，受到了突厥佗钵可汗的另眼相看，突厥境内的北齐子民也全部归高绍义管理，这让高绍义再一次燃起了建国称帝的野心。

高宝宁和高绍义虽然未曾相见，却犹如心有灵犀一般，高宝宁派使者前往突厥，拿着一封劝进表进献给了高绍义，高绍义打开一看，顿时乐开了花儿，因为这封表书是劝高绍义称帝的。

高宝宁这封劝进表可以说是正中高绍义的下怀，对于称帝这样的美梦，高绍义早就急不可待地想付诸实践了。

高绍义有突厥人做靠山，还得到了高宝宁的大力支持，称帝的大旗瞬间拉了起来。

公元 577 年十二月，高绍义正式宣布称帝，年号武平，同时他也不忘高宝宁的大力支持，任命高宝宁为丞相。

而武平这一年号，实际上是高纬在位时期的年号，高绍义继续沿用这一年号，意图也是十分明显，那就是要打回中原，重建北齐。

在高绍义的统一号令之下，所有的人都开始摩拳擦掌，整顿武备，积极备战，虽然此时是寒冬腊月，但是却抵挡不住高绍义那颗火热而躁动的野心。

此时的北国，千里冰封，万里雪飘，而长安城中的宇文邕也从空气中感受到了某种不安。

对高绍义和高宝宁这种称帝的把戏，宇文邕根本不屑一顾，但他还是得提前做好防范，不怕一万，就怕万一，防患于未然。

其实，宇文邕本不想急于对突厥出兵，因为突厥和宇文邕之间是有一层姻亲关系的。

还是在宇文护执政的时候，宇文邕便迎娶了突厥可汗的女儿——阿史那氏为皇后，只不过当时的可汗还是木杆可汗。

虽然宇文邕和阿史那皇后一直相敬如宾，但是这只是一桩政治婚姻，如果谈起二人的夫妻感情生活，或许真的是平淡如水。

我们从一个侧面就可以看出宇文邕和阿史那皇后之间的夫妻感情是怎样的。

宇文邕的后宫并不多，不过寥寥几人，他的一生一共生育有七个儿子和两个女儿，但这些儿女中却没有一个是阿史那皇后所生，除去阿史那皇后可能患有不孕症的可能之外，最大的可能则是，宇文邕和阿史那皇后的夫妻感情并不和睦。

而如今，突厥的可汗已经换成了佗钵可汗，并且收纳了高绍义，帮助高绍义称帝，这一系列举动已经表明了突厥人的立场。

什么立场？站在北齐的立场。

而佗钵可汗之所以如此支持高绍义，其实是有深层次原因的。

在世界近代史上，英国一直奉行一种大陆均势政策，这种政策就是要让欧洲各国彼此牵制，防止在欧洲大陆上出现霸权国家，这样一来，英国便可以长期维持自己在欧洲的利益及其海上霸权。

突厥一直以来所奉行的正是类似于英国的这种"均势"政策。

佗钵可汗曾说一句名言："我在南方有两个儿子孝顺我，我还需要担心没有财物吗？"（《周书·突厥传》："但使我在南两个儿孝顺，何忧无物邪。"）

佗钵可汗所称的两个"儿子"，说的就是北周和北齐。由于北周和北齐长期对峙，而突厥又实力强大，因而，无论北周还是北齐，都对突厥极尽奉承，这样一来，突厥就成了最大的受益者。

因而，我们从历史中可以看到，突厥一会儿帮助北齐，一会儿又帮助北周，几乎没有立场可言，而这恰恰是突厥人聪明的地方，只要两个"儿子"不停地争斗，突厥人就有享用不尽的财物。

而宇文邕诛杀权臣宇文护之后，励精图治，图谋伐齐，北齐皇帝高纬却昏庸无能，残害忠良，最终北齐被北周所灭，原先双方对峙的局面瞬间被打破了，最大的受害人就是突厥。

宇文邕吞并北齐之后，无论版图，还是兵力，都迅速扩充，迅速强大起来，这对突厥也是一种潜在的危险。

原先"两个儿子孝顺自己"的局面荡然无存了，却换来了一个充满威胁的对手，突厥怎能甘心。因而，面对高绍义的投奔，佗钵可汗热情地张开了双臂，迎接高绍义的到来，并协助高绍义称帝。

转过年来，即建德七年（578）二月，北周在徐州取得了对陈朝军队的全面胜利，并生擒了陈朝大将吴明彻，王轨带着北周精锐之师凯旋。

而到了三月二十五日，宇文邕突然宣布，改元宣政。然而，宇文邕刚刚改完年号，幽州（今北京）就出事儿了。

四月，突厥突然发动了对幽州的侵袭，杀掠百姓，掳掠财物，当时驻守在幽州的幽州总管刘雄，率兵迎击，与突厥人发生了激烈的战斗。

然而，幽州总管刘雄兵力有限，最终寡不敌众，牺牲殉国。

这一事件彻底惹怒了宇文邕，宇文邕已经忍了很久，此时他已经忍无可忍。

此时南方的陈朝，已经被北周挫败，根本无力再战，所以，陈朝对北周来说，根本没有威胁。

既然没有了后顾之患，宇文邕完全可以集中兵力，迎击突厥，但是宇文邕还是要找一个人，此人是最大的军事保障，此人就是宇文宪。

然而，让宇文邕失望的是，曾经战功赫赫的一代名将宇文宪，此时竟然卧病在床，爬不起来，名将居然变成了病猫。

宇文邕生气了，这是真正的关键时刻，宇文宪你怎么可以在这个时候掉链子！

宇文邕怒道："你若不去领兵北伐，你让我派谁出征？"

宇文宪却不为所动，依旧一副病恹恹的模样，有气无力地说道："臣侍奉陛下，实在是尽心竭力，只是我现在实在是重病在身，无法领兵啊。"

看着一脸病态的宇文宪，宇文邕不知道他是真病还是假病，但是透过宇文宪的眼神，宇文邕似乎真的看到了一种疲惫感觉。

从征讨北齐，到讨伐稽胡，宇文宪一刻都没有休息过，也许他真的累了，宇文邕没有再勉强，也没有多说一句话，转身便离开了。

此时的宇文宪并不知道，宇文邕这次转身离去，将成为永别。

武帝病危

自从伐齐胜利之后，宇文邕就已经确定了自己下一步的奋斗目标，对此，《周书·武帝纪》是这样记载的："平突厥，定江南，一二年间，必使天下一统，此其志也。"

如此豪言壮语，纵览几百年间的历史，没有一个皇帝敢说这样的话，即使是曹操，即使是苻坚，即使是刘裕，即使是拓跋焘，都不曾有这般气魄。

而宇文邕不仅敢说，他更敢做，他要让这破碎的世界重新整合，让分崩离析的天下寰宇一统。

宣政元年（578）五月二十三日，宇文邕将北周大军分划五路，浩浩荡荡地从长安出发了。

带着对梦想的憧憬和渴望，宇文邕再一次跨上战马，再一次走向他熟悉的沙场，这一年，宇文邕36岁。

为了后勤保障不出问题，宇文邕下令将关中的驴马全部征用，不论公私。

宇文邕似乎是铆足了劲儿，一切蓄势待发，瞄准了目标，就只差最后扣动扳机的那一刻。

就在所有人都拭目以待的时候，北周大军却在长安城北三百里的地方突然停下了脚步，因为宇文邕病了，此时距离出征仅仅过了四天。

此处正好是云阳宫的所在地，宇文邕对这里再熟悉不过了，每到夏日炎炎，宇文邕都会来到这里避暑，而如今，宇文邕却是以一副病态的样子进入云阳宫中。

宇文邕的这场病，来得异常突然，几乎没有任何前兆，四天前宇文邕还意气风发，统率大军御驾亲征，而四天后，宇文邕竟然倒在云阳宫的病榻之上，这是所有人都未曾预料到的。

宇文邕以为自己可以扛过去，他以为自己还可以继续出征，他以为自己将很快完成心中的梦想，但是，三天之后，即五月三十日，宇文邕终于意识到了病情的危急，病情的迅速恶化，让他不得不下诏——全军停止行动。

这是一个痛心疾首的决定，因为，颁布这项诏令，也就意味着放弃了北伐突厥。

然而，更加痛心疾首的还在后面，因为从此刻开始，宇文邕进入了生命的倒计时。

此时，云阳宫的医官们，已经束手无策，病榻上的宇文邕，一日比一日病情加重。

宇文邕的病情虽然危急，但他的意识却依然清晰，宇文邕似乎真的意识到了一种叫作死亡的东西，正在不断地逼近自己。

宇文邕突然想到了自己的父亲宇文泰，父亲当年就是在云阳宫病逝的，难道我也要在这里终结自己的生命？这是宿命吗？

气息奄奄的宇文邕，发布了他这一生最后一条诏令，立即派人急速前往长安，召宇文孝伯火速觐见。

一代雄主

宇文孝伯，这可以说得上是宇文邕最信任的人了，两人是同年同月同日出生，从小一起读书，一起学习，一起玩耍，寝则同床、食则同桌，即使是宇文宪，也比不上宇文邕和宇文孝伯的关系。

宇文邕登上皇帝之位后，被权臣宇文护所操纵，宇文邕为此隐忍了足足十二年。而宇文孝伯作为宇文邕最信任的人，和宇文邕一同参与了诛杀宇文护的谋划之中，最终大功告成。

宇文邕曾经拉着宇文孝伯的手这样说道："你知道我们哥俩儿是什么关系吗？不亚于当年的刘邦和卢绾。"

那还是几百年以前，在沛县封邑中阳里的乡下，刘邦和卢绾同年同月同日出生，他俩从小一起长大，一起读书，一起参与到了反秦的起义浪潮之中，最终建立了大汉王朝，可以说，卢绾是刘邦最信任的人。然而，卢绾最终叛变了，逃至匈奴，这也成为刘邦晚年最为痛心之事。

当然，宇文邕只是用刘邦和卢绾的典故，来形容他和宇文孝伯之间亲如兄弟的情谊，在宇文邕心里，宇文孝伯绝不会是卢绾那种会背叛兄弟的人。

正因为宇文邕和宇文孝伯之间如此特殊的关系，在宇文邕生命的最后一刻，他所能想到的唯一可以托付遗嘱的人，只有宇文孝伯。

身在长安的宇文孝伯，收到宇文邕的急召后，快马加鞭赶到了云阳宫。

当宇文孝伯见到躺在病榻上的宇文邕时，他简直不敢相信自己的眼睛，仅仅是几日未见，宇文邕竟然变得如此衰老、如此憔悴。

看到宇文孝伯的到来，宇文邕欣慰地笑了，无力的手掌缓缓伸出，一点点握住宇文孝伯的手，叹息道："我知道自己时日无多了，我的全部后事，就托付给你了。"

宇文孝伯跪在宇文邕的病榻前，听着宇文邕的嘱咐，每一字每一句听在耳中，都让他痛彻心扉，对于宇文邕的嘱托，他只能遵照而行。

同年同月同日生，却不能同年同月同日而死，这是宇文孝伯心中最深的悲痛。

当天夜晚，宇文孝伯被授予司卫上大夫，总宿卫兵马事，紧接着，宇文孝伯又被宇文邕催促着赶回长安，以防备京城发生不测之变。

宇文邕之所以让宇文孝伯统领宿卫军，立刻回到京城，就是给自己回宫提供军事防备，宇文邕怕自己万一死在宫外，京城里会有居心叵测之人趁机作乱。

另外，宇文邕还特意安排尉迟运将军，一旦自己死去，一定要秘不发丧！不为别的，为了不发生动乱，为了国家的安定！

在生命的最后时刻，宇文邕的头脑依然如此清晰，如此沉稳，如此深思熟虑，古今能有几人做到！

可就在宇文邕安排好了一切之后，他的生命迹象瞬间消失了，四肢失去了热度，眼神变得黯淡，没有了呼吸，也没有了心跳。

出师未捷身先死，一代英主北周武帝就此结束了自己短暂而又辉煌的一生！

按照宇文邕临终前的安排，尉迟运全面封锁了宇文邕病逝的消息，秘不发丧，然后用车驾承载着宇文邕急速赶回长安。

六月一日，车驾终于回到了长安城，当天夜晚，尉迟运正式对外宣布——大周皇帝宇文邕驾崩。

虽然《周书·武帝纪》以及《资治通鉴》都记载宇文邕是在六月一日的夜晚病逝的，但这只是北周的官方对外宣称的，是为了掩人耳目，实际上，我们根据《周书·尉迟运传》的记载就可以知道，这不过是宇文邕临终前安排的一场秘不发丧的把戏而已。

临终前的宇文邕是如此思虑周全，其实，在宇文邕的一生中，他的每一个决策都是经过这样深思熟虑的，因为他知道，人生没有彩排，生活也不会给你重来的机会，宇文邕把他的每一天都精打细算，他用自己的行动，为自己谱写着人生的剧本。

让我们来总结和评价一下宇文邕的人生吧，虽然很多人都对宇文邕做过评价，但我希望我的总结和评价能够与众不同。

我打算用四个数字来概括以及评价宇文邕的一生——36、18、12、6。

36——代表宇文邕短暂而不平凡的一生，他终年三十六岁。

18——代表宇文邕十八载的帝王生涯。

12——代表宇文邕登上皇位之后十二年的隐忍和蛰伏，最终消灭权臣宇文护。

6——代表宇文邕亲政之后，先后推行新政、改革兵制、废佛尊儒、攻灭北齐、收复淮南这一系列的丰功伟绩，他怀揣梦想、励精图治，然而天妒英才，历史只给了宇文邕六年的时间，而这六年的时间，却缔造了魏晋南北朝历史上从未有过的丰功伟业，也为隋唐盛世的到来打下了基石，这是在中国历史上举足轻重的六年，这也是中国历史上浓墨重彩的六年，这更是彻底改变中国历史走向的六年。

而此刻，这出人生的剧本，就这样以一种让人无限惋惜的方式草草结束了，在即将迎来高潮的一刹那，一切都戛然而止。

这出生命的挽歌虽然凄凉，却并不苍白，因为宇文邕将他的理想，一直保留到了生命的最后一刻，这座空前恢宏的北周帝国就是一切的明证。

以时光为笔，岁月为笺，生命的笔触从未停歇，却勾勒出一个个动人的音符，而这些音符最终汇聚成人生的悲喜剧，也最终成为一曲绝响。

如果不能增加生命的长度，那就努力增加生命的密度吧，请让我们珍惜和善待自己的每一天！

这或许是宇文邕所给予我们最深刻的人生启示！

最后，让我们来看一下宇文邕的遗诏吧，这份遗诏诠释了宇文邕对生命的全部寄托。我不翻译，也不再做任何解释和评价，我只充当搬运工，把史书上的文字复制下来。

遗诏曰：

朕君临宇县，十有九年，未能使百姓安乐，刑措罔用，所以昧旦求衣，分宵忘寝。昔魏室将季，海内分崩，太祖扶危翼倾，肇开王业。燕赵榛芜，久窃名号。朕上述先志，下顺民心，遂与王公将帅，共平东夏。虽复妖氛荡定，而民劳未康。每一念此，如临冰谷。将欲包举六合，混同文轨。今遘疾大渐，气力稍微，有志不申，以此叹息。天下事重，万机不易。王公以下，爰及庶僚，宜辅导太子，副朕遗意。令上不负太祖，下无失为臣。朕虽瞑目九泉，无所复恨。朕平生居处，每存菲薄，非直以训子孙，亦乃本心所好。丧事资用，须使俭而合礼，墓而不坟，自古通典。随吉即葬，葬讫公除。四方士庶，各三日哭。妃嫔以下无子者，悉放还家。

——《周书·武帝纪》

两位周天子的历史宿命

如果要问历史上有没有两个命运几乎相同的皇帝，那么非此二人莫属，这两个人就是周武帝宇文邕和周世宗柴荣。

在这两个人身上，实在是有太多不可思议的巧合，每当我从史书上看到这两人的故事的时候，我都会有种历史的宿命之感，似乎在历史的某个角落里，也存在着一个自己的前世真身，和自己有着一样的人生命运。

可以说，周武帝宇文邕和周世宗柴荣的命运相似度高达99%，我们不妨对这两位周天子做个比较，他们的究竟都有哪些相似之处。

一、国号都是"周"。

其实，无论宇文邕的北周还是柴荣的后周，都是周朝，只不过后世为了便于区分，才有了北周和后周的叫法。

二、他们的王朝都是短命王朝。

北周是南北朝后期的王朝，历时24年，后周处在五代十国时期，是五代的最后一"代"，历时10年。

三、他们都是王朝开创者的第二代。

北周的实际开创者是宇文泰，宇文泰是西魏丞相，严格来说他并非真正意义上北周的开国之君，但实际上与开国之君无异。宇文邕是宇文泰第四子，北周王朝的第三任皇帝，前两任皇帝都是他的哥哥。

后周的开国之君是郭威，郭威无子（被前朝皇帝所杀），只有养子柴荣，虽是养子，却与亲生无异。郭威病逝之后，柴荣即位，是后周王朝的第二任皇帝。

四、他们都志向远大。

周武帝宇文邕和周世宗都立下非常宏远的志向，且都以统一天下为人生之志。周武帝宇文邕的志向是"平突厥，定江南，一二年间，必使天下一统"，周世宗柴荣的志向是"十年开拓天下，十年养百姓，十年致太平"。

五、都雄才大略，都锐意改革。

宇文邕隐忍十二载，消灭权臣宇文护，掌权之后对北周进行了一系列军政改革，尤其是对府兵制的完善影响深远，加强中央集权，增强了北周的国力。

柴荣即位之后，锐意改革，整顿军队，垦荒种田，发展农业，成为五代时期最强盛的国家。

六、都进行过灭佛运动。

南北朝是一个佛教鼎盛的时期，寺院经济严重影响了国家建设，灭佛是当务之急，故而宇文邕掀起了以裁汰僧尼为主的灭佛运动。

对周世宗柴荣来说，自唐朝以来，佛教就非常盛行，晚唐五代时期，寺院经济更是把大量的国家钱币消融铸佛，柴荣解散寺院三万余所，禁止剃度，收缴佛器，重铸钱币，大力发展了经济。

七、都开疆拓土，为历史走向统一做出重大贡献。

周武帝宇文邕东灭北齐，南败陈朝，西讨巴蜀和吐谷浑，不仅完成了对北方的统一，同时也把巴蜀长江上游纳入版图。

后周世宗柴荣，西讨后蜀，得四州，三征南唐，尽得江北十四州，夺回燕云十六州中的三州，为后来北宋建国打下根基。

八、都英年早逝，三十多岁壮年而逝。

周武帝宇文邕病逝时三十六岁，周世宗柴荣病逝时三十九岁，都天不假年，天妒英才。

九、都是在北伐的过程中染病并随之去世的。

周武帝宇文邕在三十六岁壮年时，决定北伐突厥，但大军仅开拔300里，宇文邕便身患重病，不久去世。

周世宗柴荣北伐辽国，连收三关三州，共十七县，在筹谋幽州之时，突然身患恶疾，大军折返汴京，随即驾崩。

十、他们都后继无人，为下一个王朝做了嫁衣。

周武帝宇文邕死后，周宣帝宇文赟即位，宇文赟骄奢淫逸，最终葬送了自己的性命，也葬送了国家，外戚杨坚继承了宇文邕的全部遗产，杨坚篡位称帝，建立隋朝，最终一统天下。

周世宗柴荣病逝后，年仅七岁的柴宗训即位，年轻的符太后垂帘听政，可谓是孤儿寡母，殿前都点检赵匡胤在陈桥发动兵变，黄袍加身，受禅称帝，建立宋朝，宋朝最终结束了五代十国的乱世。

十一、他们都对最危险的人充满了信任。

很多人都曾在周武帝宇文邕面前说杨坚有谋反之相，但宇文邕最终都选择了信任和姑息，并将杨坚之女纳为太子妃，让杨坚随军伐齐。

周世宗柴荣带领赵匡胤南征北战，大力提拔赵匡胤，南唐对赵匡胤使用离间计，柴荣也不为所动，视他为心腹，将赵匡胤任命为托孤之臣，将大好江山和孤儿寡母一并托付与赵匡胤。

看完这些对比，你是不是也有点相信历史的宿命论了？到底是历史的绝妙巧合，还是真有历史宿命的轮回，且留给诸君评说吧。

第十五章

过把瘾就死的皇帝

虎父也有犬子

周武帝宇文邕病逝了！

对于北周王朝而言，宇文邕是个当之无愧的好皇帝，但是在家庭教育上，他却是个失败的父亲。

在北周举国哀悼的日子里，所有的臣民都在缅怀他们的君主，所有的人都陷入一片沉痛之中，然而唯独有一个人面无哀容。

此人站在宇文邕的灵堂之上，一边抚摩着身体上陈旧的伤痕，一边望着宇文邕的棺木，突然他破口大骂："老东西，你死得太晚了！"

胆敢在宇文邕灵堂上说如此不敬之语，他不是别人，此人就是北周王朝的新任皇帝宇文赟，史称周宣帝。

宇文邕病逝的消息正式对外宣布，是在六月初一的夜晚。第二天，即六月初二，皇太子宇文赟正式登基称帝。

父皇刚去世，按照古人的传统观念，起码得守丧三年，即三十六个月，但作为皇帝，因为要主持国家大事，所以通常用一日的时间代替一个月的丧期，也得守丧三十六日之久。而且，在服丧期间，不得奏乐，不得歌舞，不得进行任何娱乐项目，甚至连表情都得保持一副愁眉不展的样子。

然而，宇文赟根本无视这些礼法规矩，他不仅以最快的速度登上皇帝的宝座，而且对死者破口大骂，活脱脱一副不孝之子的模样。

骂完之后，宇文赟以最快的速度跑向一个地方——后宫。

去后宫干吗？我不说你也明白，无非就是那些少儿不宜的内容。

儒家礼法要求，服丧期间不得进行娱乐活动，而宇文赟的这一荒唐行为，已经不是简单的娱乐行为了，这是赤裸裸的乱伦，因为后宫中的那些妃嫔，无一例外都是宇文赟的后妈。

很显然，这是一个极端悖逆而又荒唐的少年，甚至还有些色情狂。

看到这里，我们不禁会想起另一个人，他就是高纬，从他二人的行事风格来看，相似度极高，难道宇文赟要做高纬第二，步高纬的后尘吗？

不管怎样，宇文赟带着一种放荡不羁，带着一种傲慢张狂，正式开始了他的帝王之路，而这一年，宇文赟年仅二十岁。

我们不禁疑惑，在宇文赟这20年的人生路程中，是什么让宇文赟如此叛逆？

关于宇文赟，我们要从一场战争讲起。

西魏恭帝元年（554）十月，西魏大军攻陷梁朝都城江陵，梁元帝以及众多萧氏子孙死于非命，此事前文已多次叙述。

这场江陵之战刚一结束，西魏大军便对繁华的江陵城进行了野蛮的劫掠，掠夺珍宝，掠夺女人，凡是有价值的东西，全不放过。

我们不能不说这是一种野蛮的暴行，犹如日寇占领下的南京，不过，西魏士兵并没有像日军那样丧失人性，因为他们并没有屠城。

无论是朝廷官员，还是普通百姓，也无论男女老少，共计十万人，全部被押解往长安，男人做了奴仆，女人做了奴婢。

这就是被征服者的命运，而且是被他族征服，可想而知，这批人必定饱受奴役和折磨。

这其中，也会挑选一些手脚利落、做事勤快，且五官端正、相貌姣好的人，送到宫里或者王府中做事。

其中，就有一个女子，被送到宇文泰身边，此人名叫李娥姿。

李娥姿，人如其名，婀娜多姿，是个十足的美人坯子，这立刻引起了宇文泰的兴趣。

当然，宇文泰看上的并不只是李娥姿的容貌，也看上了她的做事干练。于是，宇文泰将李娥姿送给了自己的儿子宇文邕，目的就是让李娥姿照顾和服侍宇文邕。

此时的宇文邕只是一个十二三岁的未成年人，而李娥姿已经年过二十岁，且出落得花枝招展、妩媚动人，虽然两人有一定的年龄差距，但这不妨碍他们之间发生感情。

很快，爱情的种子在他们彼此之间生根发芽了，一夕欢娱之后，李娥姿怀上了宇文邕的孩子。

没错，这个孩子就是宇文赟。

狼爸的教育

接下来看一下宇文赟二十岁之前的履历表：

武成元年（559）宇文赟生于同州。

保定元年（561）五月时年三岁，封鲁国公。

建德元年（572）四月时年十四岁，被周武帝宇文邕立为皇太子。

建德二年（573）时年十五岁，迎娶杨坚长女杨丽华为太子妃。

建德五年（576）二月时年十八岁，讨伐吐谷浑，失败而归。

从宇文赟的这张履历表上，我们看不出宇文赟有何过人之处，也看不出丝毫端倪，但是，这其中有一年却是具有转折性意义的一年，这一年就是建德元年（572）。

建德元年（572）三月，宇文邕绝地反击，一举铲除权臣宇文护，同时改元建德，并册立宇文赟为皇太子。

在此前的日子里，宇文邕一直在蛰伏隐忍，对于长子宇文赟也疏于教育，然而，从这一天开始，宇文邕正式掌权了，他不仅要厉行新政、深化改革，同时也开始了对皇太子宇文赟的严格教育工作。

对外，宇文邕是一个励精图治的好皇帝；对内，他也是一个极其严厉的父亲。对内和对外，宇文邕都有着同等苛刻的要求。宇文邕把他治理国家的手段，也同样用在了对儿子宇文赟的教育上。

宇文邕为此制订了周密的"皇太子养成计划"。计划如下：

第一，参与朝议，每日必须早起上朝，与朝臣无异，即使是寒冬腊月，也得严格遵守。

第二，禁酒，任何人都不准把酒带入太子所居东宫。

第三，派东宫官员对太子的日常起居严格记录，一言一行、一举一动都不得放过，每月按时上交汇报。

第四，好好学习，严格完成每日的学习任务。

第五，配备超强教师团队，以宇文孝伯、尉迟运和斛斯徵为太子专用教师。

第六，棍棒教育，一旦犯有丝毫错误，棍棒施加。

第七，培养忧患意识。宇文邕时常对宇文赟这样说："你知道古往今来有多少太子是被废的吗？别以为你的太子之位是一劳永逸的，你要是不上进，你的几个弟弟不是不可以做太子。"

从这份计划，我们可以看到一个望子成龙的父亲形象，也看到了一个只会像机器一样服从命令的学生。

放眼今天，这样的养成计划比比皆是。孩子还没出生，就开始胎教，出生之后，参加各种早教班，学英语、学音乐、学美术，甚至现在还流行什么国学班，学《三字经》《弟子规》，总之一句话，不能让孩子输在起跑线上，要赢在起点。

然而，这样的教育真的能让孩子成龙成凤吗？答案是：不能。

这样的教育，可以在短时期之内取得立竿见影的效果，但是它的后遗症却是深远的，根本不利于孩子的长期发展。童年原本是充满童趣的，然而却被过早灌输和教育，被各种辅导班和作业所包围，这种填鸭式的教育到最后只能是适得其反，更何况，家长只注重应试教育，对于孩子心理成长却极少关注，这也是中国式教育普遍存在的问题。

此时，宇文邕的教育模式就是如此，宇文邕甚至对自己的教育方式十分自信，他相信，他将培养出一个最为理想的接班人，一个可以继承自己帝业的好皇帝。

事实上，这样的教育不仅不会成功，而且很失败。

面对宇文邕这样强势的"狼爸"，以及如此简单粗暴式的教育，孩子最容易产生两种极端心理。一种是像许三多一样，软弱没自信，另一种则是像同治皇帝一样，叛逆而不听劝导。而宇文赟就属于后者。

喝点小酒，睡会儿懒觉，花前月下，斗鸡走马，这对平常人来说，都是再正常不过的爱好和需求，但是对于宇文赟这样一个在"狼爸"教育下成长的皇太子而言，这一切全都成了遥不可及的奢望。

对于父亲日复一日的严苛教育，宇文赟不理解，他也不明白，这一切究竟是为什么，最终，这些疑问全部化为了仇恨。

在宇文赟的心中，他早已恨透了自己的父亲，每当自己犯了一点小错，便会招致父亲的一顿毒打，被打得皮开肉绽，然而，这只会让仇恨在宇文赟的内心深处不断积攒，最终扭曲了宇文赟幼小的心灵。

一些别有用心之人，开始聚集在宇文赟的身边，最具代表性的就是郑译和刘昉，他们在宇文赟面前煽风点火，这更进一步激化了他们父子之间的仇恨。

平日里，宇文赟严格遵守宇文邕布置的一切任务，背地里，却和郑译、刘昉厮混在一起，斗鸡走马，玩得逍遥。

如此一来，必然耽误了功课，荒废了学业，但是，作为太子的老师，宇文孝伯也是无可奈何。

这一切，父亲宇文邕根本不知道，而宇文孝伯却是一清二楚，因为他是太子的老师。

不过，宇文孝伯面对的不是普通的家长，而是高高在上的皇帝，必须给皇帝面子，他不好说实情，所以只好把太子一些不堪的劣迹隐瞒下来。

宇文孝伯也曾对宇文邕委婉地说："皇太子为四海所仰慕，但至今都没有人传扬太子的美德，微臣作为太子的老师，实在是难辞其咎。太子年纪尚轻，思想还不够成熟，应该挑选更好的老师来教导太子，这样才能让太子学业精进。"

实际上，太子是什么货色，宇文孝伯完全知道，一个纨绔少年罢了，但是宇文孝伯实在说不出口，他只能把话说得非常隐晦，希望宇文邕能听懂他话里面的意思，然而，宇文邕压根儿没听懂，宇文邕只听懂了后半句，宇文孝伯这是要辞职啊！

宇文邕的回复也非常含蓄，说道："爱卿一家世代耿直，你刚才的一席话，真是深得家风啊。"

宇文孝伯见宇文邕转移话题，只好下拜再次说道："说这话并不难，难的是受命啊，我实在担当不起，请陛下三思。"

宇文邕严肃地说："还有比你更正直的人吗？你就别推辞了。"

就这样，宇文邕拒绝了宇文孝伯的辞职请求，并且又任命了尉迟运为东宫右宫正，协助宇文孝伯一同教导太子。

至此，宇文孝伯也再不敢多说什么了，面对如此不讲道理的"狼爸"，他除了无奈，只有更无奈。

很快，一件事的发生，让宇文邕和宇文赟父子之间的矛盾迅速升级。

皇太子西游记

建德五年（576）二月，距离宇文邕第一次伐齐失败，仅仅过去5个月，宇文邕突然诏令皇太子宇文赟率领大军征讨吐谷浑。

经历过伐齐惨败的宇文邕，决心让太子宇文赟也上战场体验一次，宇文邕要用战争来磨砺和锻炼太子宇文赟。

同时，宇文邕还授予太子宇文赟"戎事节度，并宜随机专决"的生杀大权，这无疑就是想培养宇文赟决断和领导的才能。

宇文邕又特别给太子宇文赟配备了两员得力干将，一个是王轨，一个是宇文孝伯。他们都是宇文邕最信任的人，表面上说是配备助手，实际上，他们两人更重要的任务则是监督和汇报宇文赟的出征全过程。

老实说，宇文邕真是用心良苦，想得实在太周到了，然而，好心未必有好报，宇文赟把父亲的一片好心当成了驴肝肺。

说时迟，那时快，宇文赟迫不及待地踏上了西征的漫漫长路，宇文赟心想，这次我要玩个痛快。

宇文邕给宇文赟配备了两个助手，目的是协助宇文赟指挥作战，宇文赟也给自己配备了两个"助手"，来陪自己一起玩儿。

这两个玩伴，一个是郑译，另一个是王端。

郑译，出身于汉家大族荥阳郑氏，这在当时是响当当的一等一的豪门。史书还特别记载，郑译的堂祖父郑文宽和宇文泰是连襟关系，郑文宽膝下无子，宇文泰便让郑译来继承郑文宽的香火，认郑文宽为父。因为有了这层特殊关系，宇文泰从小就对郑译另眼相看，让郑译和自己的几个儿子一起上学读书，并且还在太学里结识了杨坚。后来没承想，郑文宽老来得子，而且一生就是一对男娃，郑译又重新归于本族。但是，郑译依然是不折不扣的"官二代"，且自小多才多艺，艺术细胞发达，非常擅长音律。

也正因为郑译会音律，吹拉弹唱，样样精通，进而他和宇文赟一拍即合，成为至交密友。实际上，郑译的年纪是宇文赟的两倍，等同于宇文赟的父辈，但是宇文赟的口味儿就是这么重，两人的关系异常亲密，史书对此用了一个极其暧昧的形容词来形容——"褻狎"。当年，高湛与和士开的亲密关系，史书也是这么来描述的。

宇文赟把出征看成旅游，把打仗看成玩乐，在这一点上，宇文赟充分发扬了高纬的"优良"品质，但是，宇文赟还没有达到高纬的境界，因为高纬好歹敢领兵作战，宇文赟却没这个胆量。

此前的宇文赟，犹如一只温室里的小鸟，只能被困在皇宫这座大鸟笼里，而如今，机会来了，他终于可以飞出皇宫这座鸟笼，可以飞入山林，可以自由地翱翔在蓝天白云之间。

对于吐谷浑这个对手，宇文赟压根儿没兴趣，但是我们还是有必要稍微介绍一下。

吐谷浑，是一个国家的名字，也是一个人的名字，但这并不冲突，因为就是这个名叫吐谷浑的人建立了吐谷浑这个国家。

吐谷浑这个人，他的全名应该是慕容吐谷浑，出自鲜卑慕容，他还有一个非常著名的弟弟，名叫慕容廆。

可能很多人会觉得从来没听说过慕容廆这个人，但是如果放在十六国时期，慕容廆绝对是一个叱咤风云的人物，因为慕容廆和他的子孙在中原大地之上，建立了前燕、后燕、西燕、南燕、北燕五个少数民族政权。

金庸武侠名著《天龙八部》中大反派慕容复一心图谋恢复大燕，慕容复所要重建的大燕，就是十六国时期的慕容燕国，就可以追溯到慕容廆这里。

而慕容吐谷浑则是慕容廆的长兄，他们的父亲叫作慕容涉归，慕容涉归临死之前，对这两个儿子进行了分家。

有一天，慕容廆和慕容吐谷浑两人的马不知道为什么打起了架，慕容廆觉得自己的马被哥哥的马欺负了，非常生气地说："我们不是早就分家了吗？你的马为什么不离我远点儿，害得我们的马相互打架？"

慕容吐谷浑一听，更加来气，说道："马在一起打架，这是难免的事儿，你却因为这个迁怒于我，既然你叫我离远点，那我就走！"

说罢，慕容吐谷浑带着他的族人和部落，一起离家出走了，一路向西，迁徙到了今天的青海、甘肃一带，并建立了自己的国家。

慕容吐谷浑的后人干脆也不姓慕容了，以吐谷浑的名字为姓，这个国家也就被称作吐谷浑。

因为两匹马的斗殴，直接导致了一对兄弟的决裂，同时也造就了一个古老而神奇的少数民族国家——吐谷浑。

当慕容鲜卑政权在十六国的战乱纷争之中，悉数凋零灭亡之时，吐谷浑却依然坚挺，虽然实力并不强大，但是吐谷浑却独霸西域。

一直到北周时期，吐谷浑依然存在，此时吐谷浑的首领叫作吐谷浑夸吕（后文简称"夸吕"）。夸吕也是吐谷浑第一个自称可汗的首领，世代居住在伏俟城，"伏俟"二字在鲜卑语中，就是"王者之城"的意思。

夸吕在位时期，虽然表面上对西魏北周臣服，但却小动作不断，很不安分，也让宇文泰非常头疼。

到了建德五年（576），史书记载吐谷浑"其国家大乱"，至于出了什么乱子，史书记载不详，我们也不清楚。也就是在这个时候，宇文邕决定趁机讨伐吐谷浑，于是便有了宇文赟的这次出征之旅。

话题再重新转回到宇文赟这里，宇文赟率领的军队走得很慢，这并不是因为路途崎岖，而是因为宇文赟和郑译等人玩得实在太开心了，平日里凡是在皇宫里想干却干不了的事，现在都可以做，没有任何人可以管得了他。

西部的崇山峻岭，本是一条荆棘坎坷之路，而宇文赟硬是走成了一条康庄大道，迎来日出、送走晚霞，游山玩水，一路优哉，真是不亦乐乎。

王轨是个心直口快之人，他看到太子如此不成体统，非常生气，非常愤怒，但是他再愤怒也没有用，因为这里只有宇文赟一个人说了算，王轨你算什么啊！

就这样，宇文赟的西征大军，以龟速行进着，过了好几个月，这才终于抵达了吐谷浑的都城伏俟城。

对付吐谷浑这种国家，其实并不需要太多技术含量，何况吐谷浑此时国内大乱，宇文赟身边又有王轨和宇文孝伯两大人才，不轻松搞定吐谷浑才怪。

夸吕看到北周的军队到来，立刻卷起铺盖走人，溜之大吉。

虽然宇文赟没有捉到夸吕本人，但他却俘虏了大量吐谷浑的国民，这也算得上是一场胜仗了。

看看这群跪倒在地的俘虏，宇文赟真是心志得意满，并奏起了凯歌，正式班师回朝。

宇文赟其实是想在西征的路上多游玩一段日子再回去的，但是郑译的一句话提醒了自己，郑译说："您的弟弟秦王宇文贽向来被皇上所宠爱，王轨又是皇上最信任的大臣，我们此次出行，不会重蹈扶苏的覆辙吧？"

郑译这段话提到了一则典故，秦始皇病死沙丘后，赵高和李斯篡改遗诏，秘不发丧，然后派人将负责修筑长城的蒙恬和长子扶苏，一并下令处死。郑译的意思无非就是说，宇文赟现在的情形如同当年的扶苏，一旦宫中生变，自己的皇太子之位可就不保了。

这番话说得宇文赟不寒而栗，虽然宇文赟对此次西征流连忘返，但是他不得不考虑自己的太子之位，只要保住太子之位，以后就能当皇帝，到时候想怎么玩就怎么玩，何必要贪恋这一时一刻的欢乐呢？

宇文赟是当年的二月出征的，而当宇文赟回到长安，已经是当年的八月了，可见，宇文赟这一路上耽搁了有多久，如果不是郑译的提醒，可能宇文赟还要继续玩耍也说不准。

不过，宇文赟忽视了一个人，此人就是王轨。宇文赟没有注意到，王轨此行就是来监督自己的，而自己这一路的行迹早已被王轨记录了下来。

继承人的危机

迎着飒爽的秋风，皇太子宇文赟的西征部队终于回到了长安，宇文赟的西游之旅也终于画上了句号，但是，这个句号并不圆满。

因为，西征大军一回到长安，有一个人便以最快的速度找到了宇文邕，并把这几个月以来西征的情况事无巨细地汇报给了宇文邕。

只见宇文邕的表情前所未有的愤怒，紧锁的眉头上阴云密布，两眼中似乎燃烧起了红色火焰，很明显，宇文邕非常生气。

向宇文邕汇报工作的，就是宇文邕最信任的大臣王轨。王轨此行的目的，一来是协助宇文赟打仗，二来就是监视宇文赟的一举一动。

宇文赟一路游玩，一路和郑译等人卿卿我我，以及更多荒诞不羁、胡作非为的事情，无一例外地都被王轨汇报到了宇文邕的耳朵里。

王轨带回来的这些消息，明显激怒了宇文邕，宇文邕怒不可遏，急召宇文赟前来觐见，顺便还有那个郑译。

宇文邕一见到宇文赟，便命人将太子按倒在地，挥起棍棒，冲着屁股，一顿猛揍。宇文赟甚至都没缓过神儿来，屁股就已经被打开了花。

此时的情形，令一旁的郑译也傻了眼，他看了看站在宇文邕身边的王轨，似乎明白了一切。

当然，宇文邕也不会放过郑译，连同郑译一起，一顿狠揍。凡是跟太子宇文赟一起胡闹的人，统统棍棒伺候。

在一顿闷棍之下，宇文赟早已神志不清，他此时的感觉除了痛还是痛。

此时的宇文赟，真的是打在身上，痛在心底，在宇文赟的内心深处，对父亲的仇恨已经彻底侵蚀了他的心，他已经不再把宇文邕当父亲来对待，他已经把宇文邕视为了仇敌。

一心望子成龙的宇文邕根本不会想到，自己一贯秉承的"狼爸"教育，最终把自己的儿子打成了敌人，让自己的儿子站在了自己的对立面。

宇文邕不会想到这些，他只是恨铁不成钢，宇文赟之所以干出这些失德之事，一定是太子身边的郑译挑唆的，宇文邕一声令下免去了郑译的官职，将郑译贬为庶民，从此不得再接近太子。

宇文邕依然心存侥幸，他相信自己完全可以把太子教导好。事实上，宇文邕对自己的儿子一点儿也不了解，他甚至比不上身边的王轨更了解太子。

王轨看人很毒，也很准，王轨一早就看出了太子宇文赟是什么货色，根本不是当皇帝的材料，同样是在建德五年（576），王轨对宇文邕说："皇太子非社稷之主，普六茹坚貌有反相。"

这番话在前文中已有分析，宇文邕非常不满，其实，这番话之所以触怒宇文邕，根本原因还是因为王轨说话太直截了当了，完全没有考虑宇文邕的心理感受，太子之位岂是你一个大臣可以非议的？我还活得好好的，谁敢造我的反、夺我的权？

由于王轨在言语上冒犯了宇文邕，所以宇文邕只顾着生气了，他根本没有体会这句话深层次的含义。

王轨并不甘心，他只要找准机会，就要继续劝谏。在一次宴会之上，王轨借着酒劲儿，抚摩着宇文邕的胡须说道："好可爱的老头，只可惜继承人太弱了。"

正所谓酒后吐真言，宇文邕虽然并不知道王轨是真醉还是假醉，但是王轨的这番话还是触动了宇文邕的心弦。

宴席过后，宇文邕把宇文孝伯留下，因为宇文孝伯是太子的老师，太子的情况作为老师肯定再清楚不过了，宇文邕责问道："你平常都说太子无过，而今天，王轨却这样对我说，可见你一直在欺骗朕。"

龙颜大怒之下，宇文孝伯连忙叩拜，诚惶诚恐地说道："父子之间的事情，旁人是很难说得上话的，太子的确是有一些过失，但即使微臣说了，恐怕陛下也不会忍痛割爱，所以微臣也不敢多说什么。"

听完这番话，宇文邕陷入了沉思，他知道自己确实无法忍痛割爱，太子即使再不肖，那也终究是太子，没有人可以替代，其他的皇子都还年幼，即使要废立太子，也得等到皇子成年之后再做考量啊。

宇文邕扶起了拜倒在地的宇文孝伯："朕既然已经把太子委托给你了，那你就要好好尽心辅佐太子。"

从这件事可以看出，宇文邕也是无奈的，谁让自己生出来的是这样一个不肖子呢，要怪只能怪自己吧。

王轨是一个认死理儿的人，满脑子都是国家社稷，他认为皇太子非社稷之主，那就得换人，为此，王轨特意找来了一个助手——贺若弼。

王轨对贺若弼说："你觉得太子此人如何？我觉得他根本胜任不了太子之位。"贺若弼一边听一边连连点头称是，并且劝王轨立即向皇上表明情况。

王轨感觉找到了知音，很是高兴，王轨决定立刻和皇帝摊牌，揭发太子的劣迹，重新确立太子人选。

就在朝堂之上，当着众多大臣的面，王轨上奏道："天下人从未听闻过太子的仁孝，恐怕他根本不能胜任太子之位，愚臣见识浅薄，臣一个人的话不足为信，贺若弼文武双全，陛下可以问问他，他也正在为太子之事而担忧。"

紧接着，所有人的目光都转移到了贺若弼的身上，贺若弼不紧不慢地说道："太子不是一直深居东宫修身养性吗？微臣可从未听说太子有什么过失啊。"

王轨原本期待贺若弼给自己做证人，而此时，贺若弼居然矢口否认，王轨差点儿没背过气去，王轨顿时哑在当场，场景极其尴尬。

散朝之后，王轨责问贺若弼："平日里你都无话不说，怎么今天到了皇上面前，却反复无常了啦？"

贺若弼没好气地说："你问我，我还要问你呢，我原本以为你只是私底下上奏，谁知你竟然在朝堂上说起此事，你知不知道，非议太子是何等大罪，稍有差池便会灭族，我凭什么要给你做垫背？"

王轨再次哑口无言，沉默良久才说了句："罢了，我只是一心为国，却从未考虑过个人的利害，今天当众提起此事，的确是我考虑不周。"

如果你仔细阅读本书的话，肯定还记得贺若弼的父亲贺若敦当年是怎么死的，就是因为说了不该说的话，被宇文护逼迫而死的。贺若敦临死前，甚至不惜用锥子扎在贺若弼舌头上，目的就是告诫贺若弼小心祸从口出。

王轨虽然心直口快，但是在心计上明显不如贺若弼，也没有贺若弼虑事周详。事实上，王轨是一个智商很高，情商却很低的人，这样的人可以在战场上建功立业，但是却无法混迹官场，最终也将被官场政治所淘汰，而这一天离王轨并不遥远。

对于这样一位不怎么合格的太子，宇文邕心底总是摸不清楚，为此他还特意找来了万年县丞乐运，宇文邕希望乐运能从一个旁观者的角度来评价一下自己悉心培养的太子。

宇文邕问道："太子是一个什么样的人？"

乐运回答道："中人。"

宇文邕问话之时，现场还有很多大臣，包括齐王宇文宪在内，宇文邕叹息道："百官都诳骗我，都说太子聪明睿智，唯独乐运一人敢说实话，说太子乃是一个中人，乐运真是忠心可嘉啊。"

宇文邕的这番感慨，表面上是在夸奖乐运直言敢谏，同时也是对太子教育成果的无奈，教育了这么多年的太子，竟然只是一介中人。

宇文邕继续问道："何谓中人？"

乐运答道："如齐桓公这样的人就是中人，关键是看有什么样的人辅佐，管仲相之则霸，竖貂辅之则乱，可以为善，也可以为恶。"

我们都知道齐桓公是春秋五霸中的第一霸，而在乐运的眼中，齐桓公这样的霸主不过是一介中人。

齐桓公得以称霸中原，正是依靠管仲的悉心辅佐，是管仲成就了齐桓公的霸业。而竖貂则是阉人，由于长期侍奉在齐桓公左右，而备受宠幸。管仲临终之时，曾语重心长地对齐桓公说："竖貂这样的人，连自己的身体都不爱惜，怎么可能忠君爱国呢？日后必定要成为祸患，宜早除之。"然而，齐桓公却没有听从管仲的遗言，对竖貂宠幸依旧，同时又重用了易牙、开方。晚年的齐桓公，早已没有了早年的进取之心，昏庸而怠惰，国家政权也被竖貂、易牙、开方三人所把持。最终，齐桓公在病榻之上被活活饿死，而齐国也被这三人整得乌烟瘴气，整个国家也陷入一片混乱之中。

可以说，因为有了管仲，从而成就了齐桓公的霸业，同时，也因为有了竖貂，而让齐国陷入动荡与混乱之中，关键就是看什么样的人来辅佐齐桓公。

宇文邕沉思片刻，意味深长地说了一句："朕知道该怎么做了。"

宇文邕提拔乐运为京兆郡丞，以示嘉奖。然后，宇文邕又选拔了更多的优秀人才，加派到了东宫，辅佐和教导太子，宇文邕希望太子能在这些贤良之人的辅佐下成为一代圣君，就像齐桓公那样的霸主。

宇文邕加紧了对太子的教导工作，宇文邕相信，玉不琢，不成器，美玉都是要经过十锤百炼才能绽放出光彩的，只要假以时日，太子定能成才。

事实上，宇文赟根本不是玉，而是一块朽木，再多的锤炼，再多的打磨，也依然是块朽木。朽木不可雕也！

在没有郑译陪伴的日子里，宇文赟是孤独的，是寂寞的，对于父亲宇文邕派过来的那些贤良之人，宇文赟感觉他们一个个都是榆木脑袋，除了之乎者也，这些人什么都不懂，毫无情趣可言。

就在宇文邕第二次伐齐之时，宇文赟趁机将郑译再次召入宫中，二人相见，如隔三秋，激动之情溢于言表。

郑译对宇文赟说："太子殿下，您什么时候才能做天子啊，那样我们就不用再受这样的气了。"

听到郑译如此说话，宇文赟心头瞬间变得宽慰起来，这世间恐怕只有郑译是最懂自己心思的人了。宇文赟现在能做的就是忍气吞声，谨遵父命，一旦有朝一日继承大统，成为九五之尊的皇帝，到时候就没人能管得了自己了。

宇文赟日思夜想的这一天并不遥远，甚至可以说，近在咫尺。

大周朝的天变了

宇文邕忙于政务，忙于朝政，忙于他的伟大抱负，但他却忘记了两句话，一句话叫作天有不测风云，人有旦夕祸福，另一句话叫作阎王要你三更死，谁敢留你到五更。

生和死有时候真的不是人能决定的，即使你是高高在上的天子，你也得认命，这就是命数。

在北征突厥的征途上仅仅迈出第一步，宇文邕的生命就在此刻戛然而止了。

随着宇文邕的突然离世，一个人口数千万、幅员万里的庞大帝国，转瞬间落在了年仅二十岁的太子宇文赟的肩上。

这艘帝国的航船将在宇文赟的驾驭下驶向何方？没有人知道，所有人都在拭目以待。

然而，宇文赟的行径却令人无比咂舌，先是以最快的速度登基称帝，紧接着又在后宫中恣意淫乱，而且淫乱的对象都是自己的后妈。

宇文赟心中压抑已久的欲望，此刻如同火山爆发一般喷涌而出，又如同洪水决堤一般，肆意宣泄。

宇文邕尸骨未寒，而他悉心培养的儿子此刻却在纵欲逍遥、风流快活，如果宇文邕泉下有知，不知他是否能瞑目！

上天并不眷顾宇文邕，却成全了宇文赟这样一个悖逆之子，宇文邕的黯然离世，让宇文赟从此走上前台。

虽然父亲宇文邕已经病逝了，但是宇文赟的心底还是充满仇恨，宇文赟不想再看到宇文邕留在人世间的任何一丁点影子，于是，他用最快的速度将宇文邕下葬。

从宇文邕病逝到下葬，前后仅仅 23 天，可见，宇文赟是多么迫不及待！

下葬完宇文邕之后，身为人子的宇文赟，本应继续披麻戴孝，为父守丧，然而，他却在众目睽睽之下毅然脱下了丧服，换上了一身常服，紧接着，他大声命令道："所有人都给我把衣服换掉！"

宇文赟话刚说完，就下令全国百姓都改穿常服，一切礼仪照旧，恢复吉礼。

这一举动无非就是向世人宣告：大家该干吗干吗，老皇帝宇文邕已经死了，宇文邕已经不存在了，现在，我才是你们的皇帝，你们全都得听我的！

同时，宇文赟迅速提拔了自己的好伙伴儿郑译，这些年来，郑译一直是自己最贴心的人，也跟着自己受了不少的委屈，现在一定要好好地犒劳和重赏他。于是，宇文赟拜郑译为开府、内史下大夫，邑千户，占据朝廷要职。

正所谓一人得道，鸡犬升天，跟着宇文赟享福的不仅仅是郑译，同样还有刘昉，刘昉可以随意出入宫廷，他所受到的宠幸，冠绝当时。

走上历史制高点的宇文赟，就这样开始挥舞起自己手中的权杖，疯狂地挥霍着皇帝所享有的至高权力。

宇文赟第一次品尝到了权力的滋味，也第一次享受到了帝王的至尊荣耀！

面对后宫中的几个后妈，宇文赟很快玩腻了，宇文赟开始大范围扩充自己的后宫，宇文赟派遣自己的爪牙四处遍寻美色，凡是有姿色的女子，一律被掠入后宫。

面对源源不断搜掠来的美女，宇文赟的欲望彻底失控了，开始整日沉溺于酒色之中，一连十天半个月都不踏出后宫半步，更别提上朝会见大臣了。

事实上，宇文赟也并非宅男，他还经常出巡游乐。长安城附近的天兴宫，就是他的最佳游玩胜地，每次出巡，都会大摆仪仗，声势浩大，随行人员无数，就连陪侍的侍从都来回奔波，疲于奔命。

以郑译为首的宠臣们，开始在宇文赟面前不断邀请，什么鱼龙百戏，杂耍歌伎，每天都是变着法儿的玩。

京城中一些年轻男子，穿上妇人的衣服，涂脂抹粉，然后入宫，为宇文赟表演歌舞。

在这一片歌舞升平之中，也许你会问，宇文赟就不管理朝政了吗？宇文赟自有办法。

宇文赟首先严刑峻法。

还是在宇文邕在位时期，北周就制定了一部法律典籍，叫作《刑书要制》，这部法律相对来说，比较严苛，然而，宇文赟开始变本加厉，在《刑书要制》的基础上，制定了更加严苛的法律条文，史称《刑经圣制》。

光有严苛的律法还远远不够，宇文赟开始培植特务势力。

宇文赟将自己的亲信，广泛地安插在朝中，以窥伺群臣，一旦发现谁犯有丝毫错误，就会将其肆意杀害，如此一来，百官无不唯唯诺诺、噤若寒蝉。

而宇文赟一旦有任何政令要发布，都是通过身边的宦官和亲信向外传递，自己很少抛头露面。

宇文赟的目的很简单，他要用这种恐怖政治，特务政治，来驾驭群臣，来维持自己作为皇帝的无上荣耀！

面对这样的皇帝和这样的朝堂，所有的人都在感慨：大周朝的天变了！

事实上，宇文赟并不是不会治理国家，就在刚刚即位两个月的时候，他还接连发布了九条诏令。

第一，依法治国，一切都要按照法律条文办事。

第二，凡是已经出五服的，都可以缔结婚姻。

第三，施行杖责之时，必须严格按照法律条文处理。

第四，各郡县凡是出现盗窃，而没能擒获的，都必须向朝廷上报。

第五，凡有孝子、顺孙、义夫、节妇这样的道德楷模。国家都会给予表彰，并且挑选贤能者，赐予朝廷官职。

第六，地方基层如果有官职不高，却有文武才能之人，一律向朝廷举荐，朝廷会予以重用。

第七，原先在北齐担任七品以上官职，全部予以录用，品级在八品以及以下的，自认为有才能者，都可以参与官员预选，降两级授予官职。

第八，各州要积极推荐博学高才之人为秀才，各郡要积极推荐饱读诗书品格高尚之人为孝廉，上州、上郡每年举荐一人，下州、下郡每三年举荐一人。

第九，尊老爱幼，七十岁以上的年长者，都可以依据制度授予职衔，鳏寡孤独生活不能自理者，朝廷都会救济和扶持。

这九条诏令，刚一公布，就赢得了朝廷上下，以及基层百姓的满堂喝彩。宇文赟不孝归不孝，这也情有可原，如果他能做一个好皇帝，百姓照样会拥戴他。

如果我们只看这些诏令，而不去考虑诏令的发布者是宇文赟的话，这些政策无一例外都是仁政、惠政，完全可以和一代圣主唐太宗一较高低，甚至比他做得更好。

事实上，在宇文邕多年来的悉心培育之下，宇文赟对于儒家治国的那一套大道理，对于孔孟之说，他一定是很清楚的，所以，宇文赟绝对知道应该怎么去做一个好皇帝。

但是，知道归知道，是否能把已学的知识，深刻理解，并学以致用，这就另当别论了。

我们从后来的历史中，只看到宇文赟荒唐的一面，却从未看到宇文赟也曾经发布过这样利国利民的九条诏令，这是为什么？

原因并不复杂，因为，我们透过宇文赟的实际行动可以知道，宇文赟只是说一套做一套，做做样子罢了。

其实，在中国古代历代帝王之中，像这样说一套做一套，几乎成了皇帝的通病。口头上说好话，实际操作却要大打折扣，甚至是背道而驰，这样的皇帝比比皆是。

宇文赟此前做样子，已经做了足足二十年，他已经做了二十年的乖孩子，再多表演这一次，其实并不算难。

曾经，我是被迫表演的木偶；而此刻，我是大权独揽的皇帝！

北周版"海瑞"

可就在这个时候，有一个人偏偏不识趣，一头撞上了宇文赟的枪口，此人就是京兆郡丞乐运。

乐运上疏道："按照礼制，天子要七个月才能下葬，而如今，不仅把先皇的葬礼安排得如此匆忙，还这么快就换掉丧服。如果有使节前来吊唁，我们却用这身打扮来接见，这算什么礼节？愚臣以为，万万不可啊！"

宇文邕还健在的时候，乐运就曾直言太子只是一介中人，由于当时现场人员众多，宇文邕和乐运的这番对话就被传到了宇文赟的耳中，宇文赟心中早就记恨上了乐运。

而此刻，乐运的这番上疏，无疑又一次触怒了宇文赟。

面对乐运的这番说教，宇文邕的回复异常地简洁而明快——滚！

说教的东西，老子早就受够了，你还来念叨，真是个不识抬举的老东西！

宇文赟心头最反感的就是这种东西，当然，此刻他刚刚登基，还不好大发雷霆，只是把乐运打发掉了！

乐运生性耿直，一向以直言讲谏而闻名，为此曾深得宇文邕的赏识，这种性格，其实和王轨比较相似，都属于愣头青的类型，大胆敢言，却从不考虑自己处境。历史上，这样的人绝不在少数，比如魏徵，比如海瑞。

而此刻，乐运上疏被拒，却并没有让乐运知难而退。乐运再一次充分发扬了他直言敢谏的优良品质，他决定再一次上疏。

这一次，乐运旁征博引、引经据典，直指宇文赟大肆提拔亲信宠臣，并且直言这些人都是奸佞之徒。

在宇文赟看来，乐运纯粹就是个书呆子，读书读傻了，宇文赟还是没有理会。也许，宇文赟根本就没工夫去看乐运的奏疏，因为宇文赟整日忙于玩乐，哪有工夫去看什么奏疏？

然而，乐运并不甘于放弃，他决定第三次上疏，而这一次，乐运进一步增加了奏疏的篇幅，洋洋洒洒近千言，同时，乐运还特意准备了一样特殊的东西——棺材。

这一天清晨，乐运把事先准备好的棺材架在车上，然后驾着马车，一直运到了朝堂之上。

当朝臣们看到一具棺材摆在朝堂之上时，顿时全部傻眼了，岂止是大臣们傻眼，当宇文赟从后宫走入朝堂之时，更是目瞪口呆。

乐运！你这是要干吗？大清早的，放一口棺材在这儿，你晦不晦气？

很显然，乐运早已做好了充足的心理准备，面对同僚以及皇帝的诘问，他却气定神闲，缓缓掏出了早已拟好的奏疏，抑扬顿挫地读了起来。

这个场景，你是否似曾相识？你是否联想到了另外一个历史人物？

没错，他就是明朝第一清官——海瑞，人称"海青天"。

嘉靖在位后期，崇信道教，深居西苑，只知一味炼丹修道，却不思朝政。对此，当时身为户部主事的海瑞，看在眼里，急在心头，于是写就了千古名篇——《治安疏》。

当然，这篇奏疏还有一个更为响亮的别称——《直言天下第一事疏》。

之所以称其为千古名篇，是因为这篇文章通篇都在大骂嘉靖，成了骂文中的经典，甚至连嘉靖的家庭私生活都要骂，并且喊出了"嘉靖嘉靖，家家干净"的响亮口号，不仅在当时引起轩然大波，同时也震古烁今，激励了无数直言敢谏的言官志士。

海瑞拿着这篇写好的《治安疏》，又在街头的棺材铺里购置了一口棺材，然后遣散了家里的童仆，最后诀别妻子和孩子，带着必死的决心，抬着棺材步入了朝堂。

虽然，海瑞和乐运之间相隔了一千年，但是"抬棺死谏"这样的伟大创意，却绝非海瑞首创，只不过是海瑞最具名气和影响力罢了。

那么，乐运的这篇奏疏，是否也像海瑞的《治安疏》一样犀利呢？

乐运的这篇奏疏，共分八大要点，分别指出了周宣帝宇文赟八大过失，我们来看一下。

第一，近来，无论大小事务，皇上您全都是独自裁决，古往今来的圣君，无一例外都是依靠朝臣的辅佐，才能定夺事务的，何况您现在还没成为圣君呢，岂可朝纲独断？您一定要多听取大臣的意见，凡事都应该和诸位大臣商议。

第二，听说皇上您最近沉迷后宫、耽于女色，您这才刚刚登位，还没施行惠政，怎可如此败坏道德？甚至还大肆搜罗天下美女，不允许年轻少女出嫁，您就不怕惹得官民怨声四起吗？还望您不要继续沉迷女色，并把搜罗来的少女全都释放回家。

第三，当天子的都是天不亮就起床，日落了都顾不上吃饭，就这样还处理不完政务，皇上您倒好，每次一进后宫，就没了人影，连日不上朝，每次都是由宦官来向外传话，您不知道任用宦官这可是亡国的征兆啊？希望您能以高祖皇帝（宇文邕）为榜样，不要迷恋后宫，应该多多听取政事。

第四，皇上您即位以来，严刑峻法，这可不是治理国家的办法，一味地推行酷刑，只会让天下之人感到恐惧，让人心愈加散乱。您不知道秦朝是怎么灭亡的吗？就是因为刑罚苛刻，而汉朝的国运之所以如此长久，也正是因为推行了宽松的法令。希望您能减轻刑罚，制定国家大法，不要朝令夕改。

第五，高祖皇帝一向崇尚俭朴，并以此时常告诫我们，现在先皇刚刚驾崩不到一年，您就大造宫室，追求浮华，我们要继承先皇的遗志，所有铺张浪费，都应该停止。

第六，京师百姓的徭役赋税都很繁重，而皇上您却不断加派徭役，大摆鱼龙百戏，如此无休止的劳役，只会不断消耗国家的人力财力，会让百姓苦不堪言，这种对国家无益的征派劳役，全都应该禁止。

第七，近来，皇上您突然下诏，凡是在公文之中写有错字，都会被严加惩处甚至处死，这样只会让忠心耿直之人无法上奏，从而断绝了言路，让所有人都不敢上书言事。请停止这道诏令，天下之人都会倍感幸运。

第八，从前有桑谷在朝堂上生长而出，从而给商朝的国君带来福瑞，而如今的天象也在告诫我们，大周将要勃兴。希望陛下您能听取朝臣进言，施行德政，化解与百姓的怨恨，承认自己所犯的罪过，那么，就可以避免天象的变异，让大周朝的基业更加稳固。

以上就是微臣所要上奏的八件事，希望陛下您能听取接纳，不然的话，微臣将会目睹大周朝社稷倾覆的那一天！

当宇文赟听完这篇奏疏之后，心中的怒火已经让他无法再保持冷静。

愤怒的宇文赟当即下令，立刻给朕把这个不识好歹的书呆子，拖出去砍了！

宇文赟的愤怒是有道理的，自己身为天子，身为一国之君，此前已经饶恕了乐运两次，作为一个臣子，乐运你理应感恩戴德才对，岂料乐运竟然变本加厉，一个小小的郡丞竟然几次三番地不把皇帝放在眼里，皇帝的威严何在？

乐运的这种行为，显然已经触碰到了皇权的底线，他身上所展现出来的胆识和气魄，比之于千年之后的海瑞，完全不落下风。

嘉靖皇帝在看完海瑞的这篇《治安疏》之后，同样也是勃然大怒，并将手中的奏疏重重地扔在地上，恨不得再踩上去踩几脚。

嘉靖大声地怒喝道："趣执之，无使得逃！"意思就是，赶紧给我把海瑞抓起来，别让这家伙给跑了！

事实上，海瑞"胆大包天"，既然来了就没打算要跑，如果真跑了，那他也就不是海瑞了。

此时，司礼监大太监黄锦连忙上前对嘉靖说道："回皇上，海瑞这个人，精神有点不正常。臣听说海瑞上书的时候，特意买好了棺材，就等皇上您去抓他呢，您放心，他肯定不会跑的。"

听完这话，嘉靖皇帝陷入了沉默，黄锦的话确实有理，海瑞素来注重名声，如果杀了海瑞，岂不是帮海瑞赢得了名声，这种赔本买卖，绝不能做。

于是，嘉靖假装着拿起扔在地上的奏疏，装模作样地又连续看了三遍，突然说道："海瑞此人可比忠臣比干，但我绝不是商纣王那样的昏君！"

比干是中国历史上著名的忠臣，被孔子称为"殷商三贤"之一，比干因为上谏而触怒了商纣王，最后被商纣王杀害，比干正是因此成了忠臣的楷模。

如今，海瑞这样做，就是想效仿比干，赢得贤臣的美名，如果自己真把海瑞杀了，自己不就被世人视为商纣王一样的昏君了。

当时另外一名著名的大臣徐阶也对嘉靖说道："海瑞不过就是个山野书生，他就是想沽名钓誉，如果真把海瑞杀了，那就是成全了海瑞，皇上还不如就宽赦他，这样海瑞沽名钓誉的目的也就达不到了，而且反过来，全天下的人也会称颂皇上您的宽宏大度，为皇上您赢得美名。"

海瑞因为直言上奏，早已经被关押进了锦衣卫所属的诏狱之中，刑部也以大不敬之罪，对海瑞审定了死刑的报告，海瑞距离死亡只差一步之遥。

正是徐阶的这番话，让嘉靖放过了海瑞，嘉靖对刑部的报告迟迟没有批复，海瑞的性命也因此得以保全。

一年之后，嘉靖病逝，海瑞也就此出狱。

也许你不会想到，乐运的遭遇和海瑞竟然也是如出一辙，虽然过程惊险万分，但最后都化险为夷。

海瑞有徐阶这样的贵人相助，乐运同样也遇到了这样一位贵人，此人名叫元岩。

元岩，字君山，自幼爱好诗书，秉性刚直，以名节自许，这样品性的人自然也看不惯宇文赟的胡作非为。

乐运的奏疏，使得宇文赟龙颜大怒，群臣都噤若寒蝉，不敢上前为乐运说话，生怕惹祸上身，此时唯独元岩一人挺身而出。

旁人都在不停地劝阻元岩，元岩说道："当年，臧洪死的时候，尚且有众人一同赴死，何况现在是像比干一样的忠臣呢？如果乐运得不到宽恕，我就陪他一起去死。"

这里提到了三国时期一位著名的人物——臧洪。

臧洪曾投靠于袁绍手下，尽心辅佐袁绍，臧洪也得到了袁绍的器重和赏识。

当臧洪的故友张超被曹操围困，危在旦夕之时，臧洪几次三番地向袁绍请求拨给人马，救援张超。然而，袁绍不想和曹操决裂，于是拒绝了臧洪的这一请求，张超最终也身死族灭。

张超不仅是臧洪的好友，更是故主，对臧洪有知遇之恩，而袁绍却对张超之死视而不见，这直接导致了臧洪和袁绍的决裂。

臧洪所辖的地区是东郡，臧洪便在此地独自拉起了大旗，彻底脱离了袁绍的管制，这一下彻底惹怒了袁绍，袁绍发兵来讨，但却一连几个月都无法攻下。

臧洪誓死不降，他的手下也都誓死跟随，城中粮尽，他们便抓老鼠、煮皮筋来充饥，后来连老鼠都没了，臧洪又将自己爱妾杀掉，把肉分给将士们来食用。

满城官兵无不涕泪横流，众志成城，奋力抵御着袁绍潮水般的猛烈进攻。

袁绍不断加派兵力，臧洪最终失败被擒，并被袁绍杀害，而城中的男女老少七八千人，没有一个人逃跑，全都相枕着随臧洪一同赴死。

一个叫作陈容的人突然赶来，他是臧洪的同乡，并且在臧洪手下担任东郡郡丞，在城池未破之时，陈容被臧洪派出了城外，而此刻，城池已破，陈容却义无反顾地回到了城中。

眼看着臧洪即将被处死，陈容激昂地说道："今日宁与臧洪同日而死，不与将军同日而生。"

看着这个不知趣的陈容，袁绍也懒得说什么了，既然你们想同日而死，那就送你们一起去见阎王吧。

于是，臧洪被杀之后，陈容也跟着被杀害。袁绍手下的门客，也都叹息不已，纷纷说道："一日之内，怎可连续杀掉两位有志之士！"

全城的官兵百姓，跟着臧洪同日赴死，同乡之人陈容，也跟着同日赴死，死有什么可怕的？士为知己者死！

元岩的这番话，无非就是想说明，乐运就是当年的臧洪，而我愿意做陈容，死有什么好怕的，我今天就要陪乐运一起去死。

大义凛然的元岩，直接向宇文赟上奏道："乐运知道自己上疏必死，所以他才买了这样一口棺材，他这样不顾自己的身家性命，就是想流芳百世，青史留名啊。您如果执意要杀掉乐运，那就相当于是成全了他的美名，落入了他的圈套啊。"

元岩这番话，也是相当有智慧和技巧的，和徐阶之言，也是如出一辙。

宇文赟也是蒙在鼓里，觉得元岩所言不虚，如果真的这么做，虽然能解一时之气，但也助长了乐运的美名，不如就把乐运放了吧。

乐运上疏后的第二天，宇文赟召见了乐运，冠冕堂皇地说道："朕昨晚仔细翻阅了你的奏疏，你真不愧是忠臣啊，先帝还在的时候，你就多次上奏，我如此昏庸无知，你还能如此帮助我，实在是忠臣之举，这样，朕今天请你吃饭，希望你不要放在心上啊。"

宇文赟说完，便命人摆上了酒席，好好宴请了一番乐运，此次事件也就此了结。

虎口脱险的乐运，如同是在鬼门关上走了一遭，群臣也都为他捏了一把虚汗。

虽然有乐运这样的直臣以死上谏，但是依然难以改变宇文赟的本性。"江山易改，本性难移"，用这句话来形容宇文赟，再合适不过了。

宇文赟打小就不爱听话，现在是皇帝了，想让他听一个大臣的话，这比登天还难。

此时，任何的教育方式都已经无法改变宇文赟，这也是宇文邕多年"狼爸"教育所结出的恶果。

总的来说，乐运事件虽然在当时闹得沸沸扬扬，但是却并未改变当时的政治走势，也没能改变北周王朝最终倾覆的命运。

宇文赟虽然放过了乐运，这并不表明宇文赟是一个不记仇的人，相反，他是一个睚眦必报的人。

一场复仇的杀戮，即将揭幕！

复仇大计

宇文赟仅有的一次大度，只是体现在对乐运这一事件的处置上，而且还是一次无奈的政治作秀，在对于其他事情的处理上，我们却再也看不到宇文赟丝毫大度的影子。

都说宰相肚里能撑船，可身为皇帝的宇文赟，别说容一条大船了，一只虾米都容不下！

宇文赟首先容不下的，就是自己的五叔——齐王宇文宪。

宇文宪在当时，绝对是明星级的光环人物，而笼罩在宇文宪身上的光环起码有三层：

第一，他是皇族，而且是皇族中最年长最富资历的；

第二，他文武双全，有胆有识，尤其是建功无数；

第三，他威望极高，功封齐王，位列柱国。

正是这三道光环，深深地刺痛了宇文赟。

对于宇文赟来说，没有什么人是可以凌驾于自己之上的，所以，自打宇文赟登基的那一刻起，他就惦记上了宇文宪，而且，必欲除之而后快。

事实上，这样的光环人物，对于任何一个专制帝王来说，都是一种潜在的威胁。

而且，对于当时的宇文赟而言，历史的教训可谓近在眼前。宇文护不就是靠着宗室的身份把持朝政的吗？北齐孝昭帝高演和南陈陈宣帝陈顼不都是踏着侄子的尸体登上皇位的吗？宇文赟决不允许这一幕再次发生。

宇文宪也知道自己功高震主，为此，就在宇文邕北伐突厥的前夕，宇文宪选择装病，让自己成了一只病猫。

对于一只病猫来说，即使他光环再多，也是不存在威胁的，宇文宪这么想着，也在这么照做着。

虽然宇文宪成了病猫，无欲无求，也不问世事，但是，他依然被皇帝惦记上了，只不过，惦记他的人从宇文邕变成了宇文赟。

毫不夸张地讲，宇文宪真是倒霉。

然而，宇文赟想要收拾掉宇文宪，并不仅仅是因为宇文宪身上的光环太过夺目，还有一个非常重要的原因，是深埋在宇文赟心底的。

这个原因并不复杂，因为宇文宪曾经是宇文邕大力提拔和重用的人。

很显然，宇文宪之所以能走到今天，能有如此之高的成绩和地位，一方面是自己才华出众，另一方面则是多亏了宇文邕的赏识和器重。

总而言之，没有宇文邕，就没有宇文宪的今天。

宇文赟厌恶自己的父亲，他厌恶宇文邕，所以，宇文赟早早地就把宇文邕的尸体打发到了黄土堆下，不想再多看见一眼。

情绪是会蔓延的，仇恨一个人，就会仇恨他身边的一群人。

毫无疑问，宇文宪就是宇文邕身边这一群人中的一个，而且还是首当其冲的佼佼者。

除此之外，宇文邕信任并且重用的人还有谁？

王轨、宇文孝伯、宇文神举……

于是乎，一张复仇的名单就列好了，分别是宇文宪、王轨、宇文孝伯、宇文神举……

他们无一例外都曾是宇文邕最器重的大臣，也是宇文邕的心腹，而如今，他们都将成为政治的牺牲品，也将成为宇文赟复仇的对象。

对于这样一批人，想一锅儿端掉，肯定是不可能的，宇文赟决定，先抓重点，然而挨个儿宰掉。

排在宇文赟复仇名单第一位的，就是宇文宪！

宇文赟找来了自己的老师宇文孝伯，对他说："给你个任务，帮我杀掉齐王宇文宪，他的位置就归你，你看如何？"

宇文孝伯吓出了一身冷汗，这种事他哪儿敢答应，连忙说："齐王是陛下的叔父，又是社稷之臣，国家栋梁，如果我真的这么做了，我就是不忠之臣，陛下就是不孝之子。"

宇文孝伯说得恳切，但宇文赟却嗤之以鼻。其实，宇文赟是想试探一下宇文孝伯，宇文孝伯如果答应，那就表示他愿意归顺自己，可以不计前嫌既往不咎，如果不答应，那宇文孝伯和宇文宪就是穿一条裤子的人，你们都是我要报复的对象。

宇文孝伯拒绝合作，宇文赟便找了另外一个帮手——开府于智（于谨之子）。于是，在一个月黑风高之夜，宇文赟和于智谋划出了陷害宇文宪的毒计。

宇文赟让于智前往宇文宪家中问安，同时借这次拜访之机罗织罪名，状告宇文宪谋逆。

随后，宇文赟派遣宇文孝伯到宇文宪府上传话说："现在，我打算晋升叔父您为太师，你看如何？"

宇文宪一边谦让，一边称病，回绝了宇文赟。宇文孝伯回来复命后，宇文赟再次让宇文孝伯来到宇文宪的府邸，对宇文宪传话说："请五叔晚上与诸王一起到宫里吃饭。"

宇文宪心想，如果是诸王都到场的话，那应该不会出什么乱子，而且连番拒绝皇帝美意，也确实不妥。于是，宇文宪便应允了此事。

当天晚上，宇文宪穿着官服来到大殿上，他果然看到了诸王的身影。但是大家都在殿外守着，却无一人进殿，只有当宇文宪到场之后，殿门才打开，而且只召宇文宪一人进殿。

在政坛闯荡多年的宇文宪当然知道，千算万算，还是中计了，看来这一天终究还是逃不过。

宇文宪不再以病色示人，也没有惊慌失措，而是昂首挺胸，不卑不亢地朝着殿内走了进去。

宇文赟早已在殿内恭候多时，当宇文宪走到大殿中央时，突然几个武士从角落里冒了出来，一下就把宇文宪扣在了地上。

宇文宪毫不屈服，他抬头看着高坐在龙椅上的宇文赟，说道："臣有何罪？"

宇文赟笑笑，并没有说话，而是把于智叫了出来。

于智开始在大殿上陈述宇文宪的罪状，一条条都是谋逆大罪。宇文宪目光如炬，看着于智，不断为自己辩驳着。

欲加之罪，何患无辞！于智不过是宇文赟的口舌和爪牙，和他辩驳又有什么意义？宇文宪绝望地看着宇文赟，悲怆地说道："死生有命，一死何惧，只可怜我那年迈的老母亲啊！"

说罢，宇文宪狠狠地把笏板扔到地上，遂被勒死，时年三十五岁。

宇文宪毕竟是齐王，是先帝的肱股之臣，宇文赟必须做好善后工作。宇文赟召集了宇文宪的下属和家人，强迫他们证明宇文宪的谋逆大罪。

参军李纲深受宇文宪知遇之恩，誓死不从，坚持声称宇文宪无罪，是被无辜冤杀。当宇文宪的尸首被抬出宫门的时候，门生故吏全部一哄而散，唯独李纲不肯离去，他摸着宇文宪还未冷却的尸首，失声痛哭，然后又亲自安葬。

值得一提的是，这个参军李纲后来也是位传奇人物，他先后辅佐过隋唐两朝三位太子——杨勇、李建成、李承乾，而这三位太子先后都被废黜，可谓是不折不扣的"太子杀手"。

随后，宇文赟又把上大将军王兴、上开府仪同三司独孤熊、开府仪同大将军豆卢绍三位宇文宪的心腹大将，以同谋罪全部论罪处死。

自此，北周一代名将宇文宪殒命。

老实说，宇文邕和宇文宪其实并没有深仇大恨，宇文赟无非只是忌惮于宇文宪的身份和威望，这才对宇文宪心怀杀念。而另外几个曾经和宇文赟有过过节的人，此刻无不胆战心惊，因为就连和宇文赟没有私仇的宇文宪都被杀了，那些曾经得罪过宇文赟的人，又怎能逃脱呢？

接下来，宇文赟要报仇的目标就是王轨、宇文孝伯、宇文神举三人了。这些人此前没少在宇文邕面前告过宇文赟的黑状，而且还商议改立太子，疾恶如仇的宇文赟断然不会放过他们。

这其中，最有气节的是王轨。

自从宇文赟登上皇位的那一刻，王轨就知道自己在劫难逃了，他说过："今日之事，断可知矣。"

当时，王轨身任徐州总管，掌控整个淮南，他完全可以拥兵自立，又或者投靠陈朝。然而，王轨没有这么做，一旦这样做，就是辜负了九泉之下的宇文邕，他不能对不起宇文邕、对不起北周。

当周宣帝宇文赟的杀手来到徐州的时候，王轨没有一丝反抗，也没有多说半句，就这样平静地死在了徐州总管的任上。王轨用他的死，表达了对先帝宇文邕的忠诚，表达了对北周王朝的忠诚。

王轨死后，宇文孝伯被赐死于家中，宇文赟又派人前往并州，将宇文神举毒杀，另外一个和宇文孝伯交好的尉迟运，惶惶不可终日，最终忧惧而死。

就这样，周宣帝宇文赟把父亲宇文邕留下来了元老重臣全部杀戮殆尽。

在宇文赟的世界里，他终于除掉了位高权重的心头大患，终于可以高枕无忧地为所欲为了。然而，宇文赟没有想过，他杀掉的那些所谓的"乱臣贼子"，却也是最忠心于北周的臣子。

自此之后，北周的朝堂上只剩下了如郑译、刘昉这样的势利之徒，以及一众野心家、阴谋家。

没有了忠臣的北周，还能走多远呢？

天元皇帝

一切障碍扫除之后，宇文赟真正开始了他的"游戏人生"。

宇文赟一口气立了五个皇后，一举打破了前赵皇帝刘聪"三后并立"的历史纪录，同时成为古代皇帝里立皇后最多的一个。

这五位皇后，我们分别来说一下。

第一位是杨丽华。杨皇后算得上周宣帝宇文赟的原配，她是杨坚的长女，被宇文邕指定为太子妃。可能正是由于这桩婚姻是宇文邕指定的，宇文赟对这个皇后其实并不太喜欢。

第二位是朱满月。她出生吴地，出身寒微，后被充入东宫，负责给太子宇文赟洗衣，一次偶然的机会被宇文赟临幸，生下一个儿子，这便是宇文赟的长子宇文衍（后改名阐），也就是后来的周静帝。

第三位是陈月仪。她是大将军陈山提第八女，于579年六月被选入后宫，初封德妃，后晋位皇后。

第四位是元乐尚。她是翼国公元晟之女，前朝宗室之后，她和陈月仪同日入宫同日受宠，被册封为贵妃，后晋位皇后。后来北周灭亡，她和陈月仪一同出家为尼，一直活到了唐朝。

第五位是尉迟炽繁。她是蜀国公尉迟迥的孙女，本来已经许配给了西阳公宇文温（宇文赟族侄），结果偶然一次入宫，被好色成性的宇文赟看上了，宇文赟就当场强暴了尉迟炽繁。为了得到尉迟炽繁，宇文赟强占了宇文温的妻子，纳入后宫，册封为长贵妃，后进位为皇后。

值得一提的是，宇文赟为了得到尉迟炽繁，还引发了一场叛乱。尉迟炽繁的丈夫是宇文温，公公是宇文亮，就在宇文赟强暴尉迟炽繁的时候，宇文亮和宇文温正在讨伐陈国，手中握有重兵。当宇文亮父子在前线听说了尉迟炽繁被宇文赟强暴的事情后，对宇文赟的兽性极为愤慨，遂举兵反叛。怎奈消息走漏，宇文亮的叛军随即被韦孝宽所平定，可谓有惊无险。

通过这件事，我们可以看到，宇文赟好色起来，几乎不考虑事情的后果。尉迟炽繁的背后，是两大家族，一个是宇文亮，一个是占据巴蜀的尉迟迥，都是手握重兵的重要人物。然而，宇文赟丝毫没有考虑这些，还是强占了尉迟炽繁，虽然最后这场叛乱有惊无险，但宇文赟的荒唐程度实在可见一斑。

除了立五位皇后之外，宇文赟又在全国征选美女，充入后宫，终日宴饮无度经常十天半个月不出宫，政事全由宦官传达。

宇文赟对宫室大加装饰，镶嵌着各式金银珠宝，殿上每天都有各色杂耍游戏，过着终日骄奢淫逸的日子。

宇文赟突然觉得，这个皇帝他当腻了，公元579年二月，宇文赟传位于长子宇文阐，自己当起了太上皇。可能宇文赟也羡慕高湛和高纬吧，当皇帝还不够，也想过把太上皇的瘾。

皇帝是天子，太上皇可不就是天吗？于是，宇文赟从此就以"天"自称，自号"天元皇帝"，改元大成。

既然是"天"，那"天"的母亲和老婆也得改名。

先是给两位太后改名。皇太后阿史那氏成为天元皇太后，亲生母亲帝太后李娥姿成为天元帝太后。

然后给另外五个皇后改名。杨丽华为天元大皇后，朱满月为天大皇后，陈月仪为天中大皇后，元乐尚为天右大皇后，尉迟炽繁为天左大皇后。

成了"天"，那就相当于仙人，居住的地位就该叫天台，大臣们想见仙人，就得沐浴更衣斋戒三天。

宇文赟成了"天"后，诸如"天""高""上""大"之类的词就都变成了违禁词，民间不得使用，如果有人姓名里用了这些字，都必须更改。比如，姓高的人改姓姜，高祖改称为长祖。

民间的女子不得涂脂抹粉，只有"天"的女人才有化妆的权利，因此，那个时代的长安城里，女子无不都是"素颜"。

除了女人，男人也要管，少年男子换女人衣服，入宫歌舞。

一时间，整个长安都被这位"老天爷"搞得鸡犬不宁，民怨沸腾。

有一些正直的大臣开始劝谏宇文赟，但是，宇文赟根本不想听这些人废话，有人反对是吧？反对就打板子。然后，他又在全城各处安插自己的特务，实时监控百官行踪举动，搞得人人自危。但后来，劝谏的人真就没了，大家每天噤若寒蝉，连话都不敢说。

宇文赟对自己的五个叔叔非常猜忌，同年五月，他下令解除了他们的权力，再把他们分封到各地。

来啊，快活吧，反正有大把时光。

此刻宇文赟的心情大概就如这首歌词，做"天"的感觉真爽啊！

第十六章

杨坚的夺权之路

战战兢兢的国丈

自从周武帝时代以来，杨坚的日子就如履薄冰，尤其是宇文宪和王轨先后在周武帝宇文邕面前说杨坚"有反相"之后，杨坚就在亳州总管的位置上当着鸵鸟的角色。

《隋书·高祖纪》记载："高祖（杨坚）甚惧，深自晦匿。"

然而，随着周武帝的突然驾崩，杨坚的人生迎来了转机。

杨坚的长女杨丽华是太子妃，如今周武帝驾崩，周宣帝继位，太子妃也就成为正宫皇后，自己也就顺理成章地成为当朝的国丈。

被称为"三朝国丈"的独孤信活了一辈子，都没有享受一天国丈的待遇。相比于独孤信这个华而不实的国丈身份，杨坚的国丈身份要实际得多，而且立刻得到了"变现"。

周宣帝即位后，杨坚立马被重新调回了中央，封上柱国、大司马，掌管军政大权，一时间风光无二。

然而，杨坚却发现，他这个女婿是个十足的昏君，不仅一改宇文邕之前所有国策，而且严刑峻法，杀害忠良。

宇文宪、宇文孝伯、宇文神举一个个倒在了宇文赟的屠刀之下。这一幕幕，让杨坚看得是胆战心惊，该不会哪天也对自己挥起屠刀吧？

第二年，宇文赟设置四辅官，相当于四个丞相，直属于皇帝，总理政务大权。非常幸运，杨坚再一次入选了，他被封为大后丞。

另外"三辅"分别是大前疑越王宇文盛、大右弼蜀国公尉迟迥、大左辅申国公李穆。

在这四人组中，杨坚虽然品位相对较低，只是大后丞，但是相比于另外三人，杨坚不仅年轻有才干，而且有外戚的身份，可谓是最有前途的一位。

不久之后，杨坚再次升任为大前疑，取代了宇文盛，司马消难替补了大后丞之职。

而且宇文赟每次外出巡幸，杨坚都是留守后方，这种信任程度是其他三个辅官不能比拟的。

也可能，杨坚确实有点飘飘然了，他突然做了一件"蠢事"，让他从此在宇文赟面前失去信任。

前文提到过，宇文赟即位之后推行了用法更为严酷的《刑经圣制》，杨坚觉得用刑实在太重，反而更容易滋生犯罪，不易教化百姓，所以建议减轻用刑。

宇文赟非常不喜欢这种给自己乱提意见的人。宇文赟虽然喜欢杀人，但目标很明确，从不殃及无辜，像尉迟迥、李穆这种不太爱发表意见的人，他是从来不会疑心的，而且还会加官晋爵。

杨坚此时已经是四辅官之首，位高权重，可谓一人之下，万人之上。宇文赟不禁心想，我对你已经这么好了，你还给我提意见，杨坚你到底有何居心？是我当皇帝，还是你来当？

也就是这个时候，皇后杨丽华也触怒了宇文赟。

杨丽华性格宽厚，有容人之度，从不参与后宫争宠，用今天的话来说，是个"佛系"皇后。然而，宇文赟的性格却越发暴戾，常常喜怒无常。

一次，宇文赟突然对杨丽华大发雷霆，无端给她强加罪名。然而，杨丽华却面不改色，既不求饶，也不辩解，总之就是要淡定到底。这更加激怒了宇文赟，宇文赟逼令其自尽。

这一消息传到杨家，杨家十分惊恐，当然，后宫之地不是杨坚能去的地方，于是，独孤伽罗便火急火燎地进宫了。当独孤伽罗见到宇文赟时，开始极力求饶，请求饶恕女儿一命。独孤伽罗在地上磕头如捣蒜，立时血流满面，宇文赟这才作罢。

但是，宇文赟并未就此消气，他对杨家开始处处提防，对杨丽华更是冷淡，甚至时不时就指着杨丽华的鼻子声色俱厉地说："迟早要杀了你们全家。"

宇文赟每次召见杨坚，都会观察杨坚的神色，而且吩咐左右，如果杨坚神色异样，即刻诛杀。

国丈的好日子还没过多久，杨坚就再一次走到了悬崖的边缘，正所谓伴君如伴虎，杨坚已经对乌烟瘴气的朝堂深恶痛绝了。他多么希望能重新回到地方，继续做回他的鸵鸟，虽然没有京师待遇这么高，但是好歹不用这样提心吊胆地过日子。

这时，老同学郑译看出了杨坚的难处，于是便决定帮杨坚一把。郑译上奏宇文赟说："如果想平定江南陈朝，不是贵戚大臣很难镇守得住。不如让随国公杨坚去，暂且让他当寿阳总管，以监督军事。"

宇文赟本来就想继续对陈朝用兵，而且对杨坚也颇有猜忌，碍于他国丈的身份又不能随便一杀了之，郑译的主意无疑是个一石二鸟之计。宇文赟心想着，就照郑译说的办，打发杨坚去寿阳，以后就不会在自己眼皮子底下瞎晃悠了。

公元580年五月初五，周宣帝宇文赟下旨，任命杨坚为扬州总管，郑译调遣军队与杨坚到寿阳会合。

然而，杨坚却突然病了，什么病呢？足疾，也就是脚病。这么一来，就耽误了一些时日，偏偏就是这个足疾，把杨坚推向了历史的前台，杨坚多年以后回想，肯定也会庆幸自己当时所患的这个足疾。

就在杨坚接到任命书的五天后，也就是五月初十深夜，宇文赟在侍臣的簇拥下来到了天兴宫，也不知道是夜深露重受了凉，还是淫乐过度，当夜就病倒了，随行人员不敢怠慢，便又匆匆忙忙赶回了长安。一来一回这么一折腾，到了第二天，宇文赟的病情迅速恶化，一病不起，而且还失了声，说不出半句话。

宇文赟在病榻之上，气若游丝，御医们束手无策，如此紧急情况之下，宇文赟的两个亲信开始蠢蠢欲动，一个叫刘昉，一个叫颜之仪（颜之推的哥哥）。他们都是御正大臣，相当于皇帝的秘书班，负责给皇帝起草诏书的。

当然，由谁来做继承人，这并不是问题的重点，因为宇文阐已经登基称帝，宇文阐是当之无愧的接班人，问题真正的关键点在于，宇文阐只有八岁，由谁来担任辅政大臣。

因此这也成为起草遗诏的困难所在，以后的朝政大事该由谁来做决断。

刘昉和颜之仪看着倒在病榻上的宇文赟，连说话都困难，还怎么给自己托付后事呢？索性我们哥俩代劳算了。

不过，颜之仪毕竟是颜之推的哥哥，秉持着颜氏家风，他不愿意擅作主张草拟遗诏。这样一来，刘昉就觉得有机可乘了，他偷偷溜了出去，找到了自己的好伙伴，也是宇文赟的好伙伴——郑译。

刘昉和郑译一商量，想到了他们的共同好友——杨坚。杨坚不仅是国丈，而且是"有重名于天下"，这样的人做辅政大臣是再合适不过的了。

历史真是无巧不成书，前一刻还想调离中央做一只鸵鸟的杨坚，他怎会想到历史在冥冥之中已经选定了他。杨坚这个国丈的日子算是做到头了，从此刻开始，他将真正成为历史的主角，开启属于杨坚的时代。

掌控京师

当杨坚以"侍疾"的名义进入皇宫时，他看到了等候已久的刘昉和郑译。

刘昉和郑译把他们的想法和盘托出，杨坚一时间有点蒙了，他没有参与过任何的权力斗争，难道权力就这样轻而易举地到手了吗？

幸福来得太容易，仿佛置身于童话之中，杨坚甚至怀疑自己是白日做梦，恨不得抽自己两嘴巴，把自己抽醒。

然而，时间不等人，现在根本没有时间让杨坚发蒙。刘昉迫不及待地说："主公如果想做，就赶快上任；如果不想做，那我刘昉就自己干了。"

当然，刘昉说这番话只是个激将法，刘昉只是个秘书班出身，政治出身太低，根本不可能真的自己去出任辅政之职。

老天送了这么一份大礼，难道还有不要的道理吗？正所谓天予不取，反受其咎，一旦错过那可就是一生的遗憾。

这时候，杨丽华皇太后也出场了，她力主杨坚就任大丞相。杨丽华不仅是杨坚的女儿，她所代表的更是后宫之主，而且宇文赟现在已经说不出来话了，最能代表宇文赟意见的可不就是杨丽华杨太后吗？

在老友和女儿的撺掇之下，杨坚也顾不得这到底是不是在白日做梦了，赶紧应承了下来。

当天晚上，周宣帝宇文赟就驾崩了，年仅二十二岁。

杨坚下令，封锁消息，秘不发丧，矫诏写下了任命杨坚为辅政大臣的诏书，并且总领中外兵马事。

按照规定，遗诏必须由御正大臣亲笔签署，才能对外发布。这个时候，关键人物颜之仪拒绝签字，并且说道："主上刚刚升天，嗣子年幼，辅政大臣的位子，理应由诸王之中年岁最长的赵王宇文招担任，而且他德高望重，是辅政的最佳人选。你们都深受皇恩，应当尽忠报国，怎么把国家权柄转送给外人呢？我颜之仪誓死不违背先帝遗愿。"

然而，此时的颜之仪只是孤军奋战，他所面对的不只是杨坚、刘昉和郑译，还有柳裘、卢贲、皇甫绩、杨惠等一众大臣。颜之仪最后绝望了，他声嘶力竭地声讨着刘昉、郑译辜负皇恩，声讨着杨坚擅权谋逆，然而，他的声音最终淹没在了众人的喧闹声中。

在场的所有人，无一人理会颜之仪，也无一人替宇文家族说话。因为，这些人都是政治投机者，有奶就是娘，他们只管自己的前途，从来没有为宇文家真正考虑过。真正忠于北周，忠于宇文家族的臣子，此刻要么已经死去，要么被赶出了中央，他们已经无法在朝堂上多说一句话，而这一切都是周宣帝宇文赟一意孤行自作孽的恶果。

既然颜之仪不同意，索性众人便代劳签署了，因为没有人会深究这是不是颜之仪的笔迹，因为朝中已经遍布杨坚的亲信。

清朝史学家赵翼曾经说过一句话："古来得天下之易，未有如隋文帝者。"意思是说，杨坚是靠着欺负孤儿寡母登上的皇位，不费一兵一卒，就夺取了宇文氏的江山，因此说杨坚是古今夺取天下最容易的。

其实，在杨坚执掌北周朝政的背后，我们可以看到，杨坚无时无刻不在钻营，他平时为人低调、不显山露水，但是却极好结交朋友，他在朝中已经结成了一张巨大的关系网，正是这张关系网最终把杨坚推上了历史的前台。

这就有点像司马懿，表面上看是个老好人，对朝堂之事漠不关心，平时也极少参与，但是他的门生旧友遍布朝野，因此，最终上台之后，并没有出现特别强烈的反抗势力。

这个时候，我们也能看到，颜之仪的力量是多么微弱，他明明掌有签署诏书的最高权力，在这个时候却派不上任何的用场，因为所有的人都站在了杨坚这一边。

就这样，杨坚在刘昉和郑译这对左膀右臂的辅佐下，成了大丞相，用史书上的话来形容就是"刘昉牵前，郑译推后"。

关于杨坚就任大丞相，这里还需要再提另外一个人，此人就是李德林。

当时杨坚所面临的一个关键问题就是，他该以什么样的身份和官职来担当北周的辅政之位。

刘昉和郑译给出的主意是：杨坚做大冢宰（相当于国家总理），刘昉任小冢宰（相当于国家副总理），郑译为大司马（相当于国防部长，掌握最高兵权）。

杨坚能同意吗？当然不能了，刘昉和郑译的居心显而易见，他们觉得自己协助杨坚矫诏辅政，算得上居功至伟，迫不及待就想得到杨坚的政治回报，一个想做小冢宰，另一个想做大司马。

杨坚私下里找到了李德林，向他询问对策，李德林说道："您不能做大冢宰，您应该做大丞相，假黄钺，都督内外诸军事。不这样做，不足以压服众人之心。"

前面介绍过李德林，他本是北齐的大才子，周武帝平齐之后，十分看重李德林，引为左右。然而，周武帝宇文邕英年早逝，周宣帝即位之后，李德林便遭受到了极大的冷落，也正是在这个时候，李德林被杨坚收入麾下，从此成为杨坚的智囊和心腹。

那么，李德林的这个建议有道理吗？非常有道理。

因为自从宇文护专权以后，大冢宰虽然还是名义上的百官之首，但实际权力已经被大大削弱了。杨坚此时如果继续担当大冢宰一职的话，完全显示不出他的威严和权力，索性不如跳出北周六官制体系，担任大丞相，同时把军事权力（都督内外诸军事）也牢牢握在手中。

就这样，杨坚正式成为北周大丞相，刘昉和郑译则成了相府司马，这也让刘昉和郑译大失所望。实际上，刘昉和郑译所提出的政治诉求（小冢宰和大司马），已经完全超出了他们的实际能力，即便他们是元从功臣，杨坚也绝不可能同意。

而且，刘昉和郑译的政治野心表现得过于露骨了，要知道杨坚自己还没有坐稳辅政大臣之位呢，他俩就如此迫不及待地讨要功名，这让杨坚非常不满。事实上，从此时此刻开始，杨坚就已经认清了刘昉和郑译的小人嘴脸，他们是那种只付出二十分功劳，就想得到二百分回报的投机取利之徒，靠这样的人是绝对办不成大事的。

解决完职务问题之后，杨坚还必须及时处理朝野内外的异己势力。

此时的杨坚不是没有反对势力，忠于北周的人还是大有人在的，而且也有大把持中立态度的大臣，这些人既不和杨坚唱反调，但也不和杨坚合作。怎么解决呢？杨坚只说了一句话："想要富贵者，跟我走！"

于是，大量中间派人士便纷纷倒戈向了杨坚，毕竟谁不想要富贵呢？就这样，杨坚牢牢地控制了国家中枢。

不过，杨坚最担心的并不是在京师之内，而是在京师之外。因为在宇文赟生前，所有对皇位有威胁的王公宗亲都被调往地方了，这些人在地方上手握重兵，实力不可小觑。

京外的反对势力大致有两派，一派是宗室王公，另一派是老臣勋贵。不过，好在他们都不在朝中，力量相对分散，杨坚有时间也有办法把他们逐一解决。

就在给周宣帝宇文赟下葬的当天，杨坚宣布将周静帝宇文阐移居天台，而把周静帝所居的正阳宫设置为丞相公署。

杨坚想要改朝换代的信号已经释放得十分明显了，一些王公宗室开始看不下去了，为首的就是在京外就藩的"五王"，分别是赵王宇文招、陈王宇文纯、越王宇文盛、代王宇文达、滕王宇文逌。这其中又以赵王最为年长威望最高，颜之仪所主张的辅政人选就是这个赵王。

杨坚早就想好了办法，在还没对外公布宇文赟驾崩之前，他就以天元皇帝的名义下诏，召"五王"入京，理由是赵王的女儿千金公主出嫁突厥，回京观礼。

"五王"在藩地都有军权，相当于各个地方的军政长官，把"五王"请到中央，安置在自己眼皮子底下，他们不就成光杆司令了吗？不就没办法起兵造反了吗？

杨坚这一招请君入瓮，可以说玩得非常漂亮！

"五王"由于远在京外，朝中的信息传达比较滞后，他们收到诏令的时候，尚不清楚朝中的局势，也不知道宇文赟已经死了，因此，他们没有丝毫顾虑就起行进京了。

然而，当"五王"进京之后才发现，这哪儿是宇文家的朝堂啊，分明就是杨坚的朝堂，宇文赟也早就驾崩了。

杨坚对"五王"十分恭敬，对他们加殊礼，也就是我们常说的，剑履上殿，赞拜不名。杨坚表面上装老好人，表现出一副赤胆忠心的样子，暗地里却派人时刻监视"五王"的举动。

有人可能会问，杨坚犯得着这么麻烦吗？直接把"五王"杀掉不就好了吗？事实上，杨坚不是没这么想，但是在地方上还有其他异姓藩王拥兵自重，"五王"

毕竟是宇文家族的领袖，掌控了"五王"，也就掌控了国家的咽喉，其他藩王就不敢轻举妄动，也就师出无名。而且，把"五王"杀掉的话，全天下都有了起兵的借口，反倒是对自己不利。

不过，"五王"也不是傻子，他们都是宇文泰的儿子，他们完全看得出，杨坚就是想改朝换代，就是想篡位当皇帝。正所谓"司马昭之心，路人皆知"，眼下杨坚就是曾经的司马昭。

这时候，身居京师多年的毕王宇文贤（宇文毓之子），把杨坚这一年来的所作所为都一股脑儿地告诉了"五王"。如此一来，"五王"也就不可能再容得下杨坚了，五个人一合计，索性来场鸿门宴吧，让赵王宇文招出面邀请，在宴席上杀掉杨坚。

鸿门宴

杨坚收到宇文招宴请的帖子，微微一笑，其实他心里完全知道"五王"心里打的什么鬼主意，因为他刚刚收到亲信李安和李悊的密报，宇文招要密谋杀掉杨坚。

杨坚这些年经营的关系网可不是白搞的，而且杨坚一上位就采取了笼络人心的手段，跟随杨坚的人无不加官晋爵。

八柱国中，李虎是最先病逝的，因此李虎家族在宇文护的专权统治下得以幸免。到了杨坚辅政时期，李虎家族依然是关陇集团的大家族，杨坚为了笼络李家子弟，将襄武县公李蔚（李虎第七子）的儿子李安引为左右，又拜李安的弟弟李悊为仪同。

然而当时的梁州刺史李璋（李虎第四子）和赵王宇文招交往甚密，被宇文招引为亲信，李璋又想拉拢自己的两个侄儿李安和李悊。这样一来，宇文招一些密谋之事就传到了李安和李悊耳中。

李悊问李安："赵王谋反的事，如果我们不说，那就是对丞相不忠，如果我们告发的话，那就是对叔父的不义，忠义两难全，我们该怎么办？"

结果，李安说："丞相父也，其可背乎？"

丞相对我们犹如父亲一般，效忠丞相也就意味着忠义兼顾，我们怎能背弃丞相呢？

就这样，两人将宇文招和李璋的来往密谋的事报告给了杨坚。

通过这件事，我们可以看出，李虎家族，乃至整个关陇集团内部，政治立场已经出现了严重的分化，一派是倾向于北周王公宗室，另一派是倾向于大丞相杨坚。

杨坚执政后所采取的笼络人心的手段，主要笼络到的还是以刘昉、郑译为首的政治新人，以及以李安、李悊为首的关陇新锐，这些人政治根基浅，更渴望在政治上得到提升，因此，他们非常拥护杨坚的上台。但是对于一些既得利益的旧派贵族势力，比如李璋，主要还是站在了赵王宇文招这一边，杨坚所面对的政治敌对势力还是比较强大的。

也正因如此，杨坚的对手绝不仅仅是"五王"本身，而是站在"五王"背后的更多的关陇旧势力。换句话说，杨坚此时所面临的处境，和当年宇文护执政伊始的处境十分相似。

杨坚通过政治上的许诺，赢得了一众政治新人的拥护，他的眼线也得以遍布京师，像李悊和李安这样眼线在朝中比比皆是。因此，在这场"情报战"中，杨坚赢得了更高的主动性和先机，"五王"想搞任何阴谋小动作，都逃不过杨坚的眼睛。

杨坚本想温水煮青蛙，将来再慢慢处理，但是"五王"却迫不及待地想要自己的命，既然如此，杨坚索性顺坡下驴，就去会一会这场"鸿门宴"。

不就是鸿门宴吗？如果赵王真的有歹意，自己也绝不会善罢甘休，于是便欣然赴约。

杨坚一到场，赵王立马就惊了，第一是没想到杨坚竟有如此胆魄，第二是没想到杨坚竟然自己带了酒菜。

既然是我请你吃饭，你却自带酒菜，这也太不给人面子了吧，这是什么意思，是怕我饭菜里下毒不成吗？

而且，杨坚还带了几个随从，有元胄、杨弘、元威、陶彻等，可谓是有备而来。

宇文招生气归生气，但鸿门宴还是要照常进行。

宇文招客客气气地把杨坚引入自己的卧室，又让元胄、杨弘在外等候，宇文招的佩刀就藏在床下，武士都在后院待命。

一番酒酣耳热之后，宇文招开始奉上瓜果，拿着明晃晃的佩刀，一块一块递到杨坚嘴边，杨坚也没胆怯，就这么一口一口地吃着。

守护在门外的元胄开始急了，只要宇文招的刀剑一个拿不稳，向前多递上那么几寸，大丞相可就没命了。元胄迅速冲了进去，对杨坚大声道："相府有事，不可久留，请丞相即刻启程回府。"

宇文招怒目而视，怒喝道："本王在和丞相说话，你是个什么东西！"

元胄也不是吃素的，毫不畏惧，和宇文招怒目对视，宇文招一惊，反倒输了气场。宇文招问："你是何人？"

元胄回答："在下大将军元胄。"

宇文招一惊："你就是过去在齐王（宇文宪）麾下的元胄啊，果然是壮士，来来来，给大将军赐酒。"

宇文招突然和颜悦色起来，说道："我只是和大丞相叙叙旧，纯属善意，将军不要如此紧张嘛。"

宇文招见无法下手，于是借机想溜，佯装醉酒，起身就想往后院走。

元胄知道绝不能让宇文招这么走掉，说不好他还有什么后手呢，于是，他大步上前，一把拉住了宇文招，一边劝酒，一边把宇文招拉回了座位，宇文招连续起身三次都没能脱身。

宇文招又心生一计，说道："本王口渴得厉害，麻烦元将军到厨房取点水过来。"

元胄知道这是想调虎离山，就假装没听见，继续拉着宇文招推杯换盏。

就在此时，侍从报告，滕王宇文逌赶来赴宴。

杨坚立马起身迎接宇文逌，宇文招趁此机会，立马溜到了后院。

元胄见状不妙，力劝杨坚即刻撤离，杨坚本想着宇文招没什么兵马，不足为虑，但是随即就听到了后院传来的甲胄刀剑的声音，元胄拉起杨坚往外跑，其余人护送着杨坚扬长而去。

宇文招从后院出来，却发现杨坚已经消失得无影无踪，宇文招慌了神，立马派人出门追拿杨坚。这时候，人高马大的元胄顶在了门前，像一座泰山一样堵住了通道，宇文招的人马左冲右撞都出不去，宇文招气得"弹指出血"。

经过这场惊心动魄的鸿门宴之后，杨坚知道，"五王"绝不可留，而且这场鸿门宴就是诛杀他们的最好借口——谋害丞相，罪无可恕！

不久之后，杨坚以周静帝宇文阐的名义发布诏令，赵王宇文招和越王宇文盛谋反，连同其家人一并处死。赵王和越王被杀之后，其余三王也相继灭门，宇文家族的势力自此再无力抗衡于杨坚。

事实上，杨坚对北周宗室的杀戮还有另一个重要原因，这就是当时发生在山东的以尉迟迥为首的三总管叛乱，一旦里应外合，后果不堪设想，这是杨坚最为担心的。

蜀国公的野心

公元 580 年六月，即北周大象二年，就在"五王"进京后的当月，相州总管尉迟迥自称大总管，设置百官，对外声称奉赵王宇文招小儿子的命令举兵讨逆。

这里需要说一下北周的总管府制度。总管府制度其实是来源魏晋以来的都督府制度，是西魏军政改革的延续，最初推行于周明帝武成元年（559），既是地方州县的上级，而且也掌握着地方军政任免大权，有些特殊的总管还被授予"便宜行事"的大权。这和唐朝的藩镇非常相似，有些势力强大的总管府相当于一个小王国，对中央来说是非常强大的威胁。

相州总管，是北周平定北齐之后新设置的，相州的治所就在北齐故都邺城，也是当时北周境内势力最大的总管府，辖区大致包括今天的河北、山东以及河南、江苏、安徽的一部分。

最早担任相州总管的是越王宇文盛，周宣帝即位之后，相州总管才改由尉迟迥担任。

在当时，尉迟迥算得上是北周的元老重臣了，由于平蜀有功，被封为蜀国公，食邑万户，功勋卓著。

同时，尉迟迥和宇文家族有着极深的渊源。尉迟迥之于宇文氏其实有两重身份，首先他是宇文泰的外甥，其次他是周宣帝的尉迟皇后的祖父。

杨坚是国丈，但是跟尉迟迥比起来，那就差得太多了。论军功，杨坚肯定比不上尉迟迥，论和宇文家的关系，杨坚也差一点，两相比较，杨坚明显不如尉迟迥有威望。

因此，当尉迟迥得知杨坚当上辅政大臣之后，他是打心眼儿里看不起杨坚，杨坚你不过是运气好，周宣帝去世的时候，你刚好在京师，朝政才被你掌控，论起实力来，你能和我比吗？丞相之位由我来做才更合适。

对于尉迟迥这样的老油条，杨坚心里十分清楚，他也早就料到了尉迟迥不会安分。

其实早在周宣帝宇文赟驾崩消息对外宣布之时，杨坚就已经派尉迟迥的儿子尉迟惇拿着诏书去邺城了，征召相州总管尉迟迥入京会葬。

杨坚知道，这道诏书如果尉迟迥接了，那就等于束手就擒，乖乖进京我也不会亏待你，但如果尉迟迥不接诏书，拒绝皇帝征召的话，那他就是有不臣之心，我派兵出征也师出有名。

杨坚这一计策，非常高明，后来发生的事情表明，尉迟惇果然一去不回，跟着老爹尉迟迥一起举兵反叛了，这一下直接坐实了尉迟迥的谋反大罪，也让杨坚出兵讨伐有了借口。

当然，此时的杨坚还并不能确定尉迟迥一定会拒绝征召，如果尉迟迥真的愿意回京会葬，那相州北齐故地必须得由一位德高望重的老将出马，才能镇得住。于是，就在尉迟惇前脚刚一出发，韦孝宽就被任命为了新任的相州总管，前往相州邺城接替尉迟迥。

此时的韦孝宽已经是 72 岁的老将了，他知道此去凶多吉少，尉迟迥绝不是善茬儿，绝不会轻易交出相州总管之权，于是他就一边慢慢走，一边让小司徒叱列长釜（《北史》作叱列长叉，复姓叱列）先行打探。

从长安到邺城，韦孝宽就这样一边看风景，一边游玩，一路上优哉游哉、走走停停，时不时考察一下沿途的风俗民情。而且，越是临近邺城，他就越是放慢脚步，简直比乌龟爬还要慢。

当韦孝宽行进至朝歌（今河南淇县）的时候，他遇到了从邺城前来迎接的都督贺兰贵。贺兰贵还带了尉迟迥的书信，信上说尉迟迥已经等候多时，请韦孝宽尽快前往邺城完成交接手续。贺兰贵也在韦孝宽面前反复打着马虎眼，说尉迟迥如何尽忠职守，如何报效朝廷，在邺城早就备好了佳肴美酒，就等着韦将军过去叙旧呢。

常言道，无事献殷勤，非奸即盗，韦孝宽又怎么会看不出来尉迟迥这是在给自己灌迷魂汤。就在和贺兰贵交谈的过程中，韦孝宽也早就发现，贺兰贵对邺城的事总是支支吾吾，说得含混不清，颇有欲盖弥彰之意。他知道，邺城的尉迟迥绝对没安好心，如果真的去了，恐怕就有去无回了。

韦孝宽灵机一动，谎称自己是得了病，年纪又大，一路风尘，实在是走不快，还请尉迟将军多担待。然后，贺兰贵就回去复命了。同时，韦孝宽为了进一步侦察邺城的动向，于是又派了一个探子，以寻医问药为名义，先行进入邺城城中打探虚实。

贺兰贵回到邺城后，把韦孝宽的情况一五一十地汇报给了尉迟迥。尉迟迥听完，就知道韦孝宽这是对自己有所怀疑，才故意拖延行程，果然是个老狐狸。既然一次请不成，那就请第二次，这次就派韦艺去吧。

韦艺时任魏郡太守，是尉迟迥的死党，他又是韦孝宽的亲侄子，韦艺无疑是上佳人选，老狐狸这次总该放下戒心了吧。

这个时候，韦孝宽已经到达汤阴，之前派出的第一个探子叱列长釜也回来复命了，汇报了邺城城中已经是磨刀霍霍，就等着我们落入虎口呢。

叱列长釜前脚刚到，韦艺也马上到了。韦艺哪晓得韦孝宽已经得到了邺城的情报，他还是像贺兰贵一样极力劝说韦孝宽尽快前往邺城。韦孝宽见这小子嘴里没一句实话，索性将他直接五花大绑起来，命令左右拉出去斩首。

韦艺立马慌了神，眼见着叔父就要把自己砍头，他这才跪地求饶，把尉迟迥的所有阴谋和盘托出。听完侄子的哭诉，韦孝宽知道邺城肯定是不能去了，即刻下令，折返长安。

　　韦艺是韦家的人，韦孝宽也不能看他为虎作伥，甚至有可能还会祸及韦氏子孙，于是就绑着韦艺一起向西而去。而且，他还把沿途的桥梁驿道全部损毁，每经过一个驿站，都以朝廷的指令把驿站的马匹全部征用带走，一匹不留。最后，韦孝宽还嘱咐驿站的驿丞："蜀国公（尉迟迥）的人马很快就到了，一定要准备好酒菜佳肴款待。"这些全都安排妥当之后，韦孝宽才带着人马扬长西去。

　　不久，尉迟迥就派仪同三司大将军梁子康前去追人。梁子康带着人马到了才发现，一匹能换的马都没有，每到一处驿站，都有上好的酒肉饭菜备着，一番车马劳顿之后，谁能抵挡得了美食的诱惑呢，于是大伙儿都大快朵颐起来。吃饱喝足之后，追人的劲头也没了，而且道路毁的毁、坏的坏，根本没法儿追，梁子康的人马这才悻悻然撤了回去。

　　韦孝宽就这样一路西行到了洛阳，然后又派人前往长安，把邺城的情况全都汇报给了大丞相杨坚。

　　与此同时，另外一个人也看出了尉迟迥的心思，并且从邺城带回了尉迟迥谋反的消息，汇报给杨坚，这个人叫作杨尚希。

　　杨尚希出身于弘农杨氏，和杨坚家族一样，他也被宇文泰赐姓为普六茹氏，但是和杨坚这个冒牌的弘农杨氏不同，他是根正苗红的弘农杨氏，东汉太尉杨震之后。

　　当时的杨尚希，负责抚慰山东、河北，碰巧走到邺城，听说了周宣帝暴崩的消息，于是便和相州总管尉迟迥一起发丧。

　　杨尚希比较会察言观色，他发现尉迟迥的神情不对劲，虽然他也表现得很痛苦，虽然他的眼睛里也满含泪水，但是哭声一点也不悲切、不动情，而且若有所思，用一句俗语来概括就是——猫哭耗子假慈悲。

　　尉迟迥对周宣帝宇文赟其实没什么感情可言，一方面是宇文赟在位很短，另一方面是宇文赟强奸了尉迟迥的孙女尉迟炽繁，害得自己孙女婿一家家破人亡，他对宇文赟没有仇就算不错了，不太可能对宇文赟有多大忠心。

　　加之杨坚坐上了辅政大臣之位，这就更让尉迟迥看不下去了，尉迟迥能在宇文赟灵前哭出来已经算"演技"很到位了，还要求他声情并茂，这也太难为这位六十多岁的老人了。

　　于是，杨尚希担心继续待在邺城恐有不测，便连夜带着随从抄小路跑了。尉迟迥第二天发现后，派骑兵追拿杨尚希，然而为时已晚。就这样，杨尚希一路跑回了长安，把他在邺城看到的情况一五一十地汇报给了杨坚。

　　有了韦孝宽和杨尚希的情报，杨坚也算基本掌握了尉迟迥的动向和野心。但是，尉迟迥毕竟还没有公开抗旨，杨坚也不好率先发难，他决定再派人到邺城去试探一波。

　　一开始，杨坚就派了尉迟惇前往邺城宣旨，命尉迟迥回京会葬，结果尉迟惇一去不回。这次，杨坚又派了候正（侦察官职）破六汗衰前往邺城，表面上是宣旨慰问尉迟老将军，实际上则是暗中联络长史晋昶，让晋昶做朝廷的内应。然而，隔墙有耳，这件事儿立刻就传到了尉迟迥的耳朵里，尉迟迥立刻抓捕并诛杀了破六汗衰和晋昶等涉事人员。

三总管叛乱

　　自此，尉迟迥的谋反之意已然是昭然若揭，于是他便登上邺城北门城楼，昭告天下，说杨坚是"挟幼主而令天下"，有"不臣之迹"，先帝让我镇守于此，就是让我来安定国家的，事到如今，我想与诸位一同"纠合义勇，匡国庇人"，大家说怎么样？

　　众将士在城下深受鼓舞，齐声高呼，纷纷响应。事实上，尉迟迥手下的这些士兵绝大多数收编自北齐的降兵，他们本就对北周朝廷没什么忠诚度，听到尉迟迥这样振臂高呼，自然也就从者如流了。

　　就这样，相州总管尉迟迥正式起兵发难，讨伐杨坚。

　　尉迟迥起兵之后，时任青州总管的尉迟迥的侄子尉迟勤，也随即响应，一同举起了反叛的大旗。

　　尉迟迥和尉迟勤合力之后，实力大增。他们有多大的实力呢？我们不妨来看一下尉迟迥和尉迟勤这两位总管所统辖的区域，看完便一目了然了。

　　尉迟迥辖下有相州（今河北临漳）、卫州（今河南淇县）、黎州（今河南浚县）、洺州（今河北永年）、贝州（今河北清河）、赵州（今河北隆尧）、冀州（今河北冀州）、瀛州（今河北河间）、沧州（今河北盐山）。

　　尉迟勤辖下有青州（今山东青州）、齐州（今山东济南）、胶州（今山东诸城）、光州（今山东莱州）、莒州（今山东沂水）。

　　光是尉迟迥和尉迟勤的统辖范围，就包括了今天的山东、河北以及河南的一部分，拥兵数十万。

　　此外，荥州（今河南荥阳）刺史邵公胄、申州（今河南信阳）刺史李惠、东楚州（今江苏宿迁）刺史费也利进、东潼州（今安徽泗县）刺史曹孝远，也纷纷响应尉迟迥。

　　与此同时，尉迟迥派人北上，与营州（今辽宁朝阳）高宝宁联络，并通过高宝宁联系突厥，希望获得突厥方面的支持；南下陈朝，向陈朝许诺割让江淮之地，以求获得陈宣帝的支持。而在豫州（今河南驻马店）、荆州（今河南邓州）、襄州（今湖北襄阳）也爆发了山蛮之乱，攻破了周围的郡县。

尉迟迥起兵之后，郧州（今湖北安陆）总管司马消难、益州（今四川成都）总管王谦也随之起兵响应，这就是发生在北周末年著名的"三总管之难"。

先说司马消难。司马消难出身于河内司马氏，是司马懿四弟司马馗之后，父亲是北齐名将司马子如，女儿司马令姬是当朝皇帝周静帝宇文阐的皇后。可见，他在北周也是个很有身份和影响力的政治人物。

说来也巧，杨坚、尉迟迥和司马消难都和北周皇室缔结了姻亲，其中杨坚和司马消难都算得上当朝国丈，而尉迟迥则辈分更高，是国丈的父亲，也就是尉迟皇后的爷爷，周宣帝宇文赟的妻祖父。事实上，这绝非历史的偶然，这一现象的背后，其实正体现了关陇集团内部强大的婚姻关系网。

再来说王谦。王谦出身于太原王氏，父亲王雄是西魏十二大将军之一，王雄在随宇文护东征北齐的过程中被北齐名将斛律光射杀，因此，王谦不仅是"军二代"，而且是烈士英雄之后。后来，他追随周武帝宇文邕伐齐，立有战功，因而被封为益州总管。

当时三总管的统辖区域占到了北周领土一半以上，他们共同对身居长安的杨坚集团形成了一股合围之势，再加上其余各方势力的蠢蠢欲动，北周王朝顿时处于四分五裂的危机之中。

可以说，这或许是杨坚一生所遇到的最为严重的一次危机。一旦三总管的叛军攻入长安，西晋末年的惨剧将再次上演，历史极有可能再次陷入十六国的动荡之中。

不过，三总管叛乱看似来势汹汹，但也绝非无懈可击，他们最大的弱点就在于，他们并非铁板一块，而是各自为阵，无法真正形成合力。因此，最好的应战办法就是各个击破。

于是，杨坚任命韦孝宽为行军元帅，负责征讨相州总管尉迟迥；任命梁睿为行军元帅，负责征讨郧州总管司马消难；任命王谊为行军元帅，负责征讨益州总管王谦。

李穆的支持

这个时候，有一个人的作用就显得至关重要起来，这就是镇守在晋阳的并州总管李穆。

为什么说李穆的作用至关重要呢？原因有两点。

第一点，李穆是北周的元老重臣。

李穆有两个哥哥，大哥是李贤，二哥是李远，李氏一门三兄弟早年都是追随宇文泰一起打天下的。北周风风雨雨几十年过去了，宇文泰死了，李贤和李远也死了，宇文泰手下的很多大将也都凋零了，而李穆还活在世上，在当时他堪称国宝级的元老重臣。

而且，宇文泰一直把李穆当作救命恩人，这是怎么回事儿呢？这还得从一桩陈年旧事谈起。

在邙山之战的时候，宇文泰的军队被东魏打散了，宇文泰的战马也被流矢射中，宇文泰落马倒地。这时候，几个东魏士兵眼看着就要追上来了，在这危急时刻，李穆突然奔了出来，拿起马鞭就抽向了宇文泰，大声叱骂宇文泰，然后把战马给了宇文泰，宇文泰骑上战马就扬长而去。东魏士兵见李穆如此轻侮眼前这个人，就没太当回事儿，以为不过是个小喽啰，就没放马去追，宇文泰这才得以在乱兵之中捡回一条性命。

宇文泰事后感激涕零，赏赐李穆丹书铁券，可免十次死罪。此后，李氏家族和宇文泰就不单单是政治同盟的关系了，而是过命之交，关系十分亲密，宇文泰甚至把两个刚出生的儿子宇文宪和宇文邕寄养在了原州李贤家中。

前面我们着重讲过李穆的哥哥李远，他是西魏十二大将军之一，宇文护执政上台之后，儿子李植参与了诛杀宇文护的密谋，最终事泄被杀，李远也未能幸免于难。李穆和李贤也受到了一定程度的牵连，暂时性被免掉了官职，不过很快就都官复原职了。

再说第二点，李穆所担任的并州总管战略意义重大。

周武帝宇文邕在位时期，李贤病逝，伐齐之役后，李穆因功坐上了并州总管的位子。

并州，是原北齐陪都所在地，尤其是对北方草原民族，军事战略意义重大，因此，并州常年配备有精兵良将，武器辎重无数。

尉迟迥发起反叛之后，并州正好处于尉迟迥集团和北周长安杨坚集团的中间地带，并州的地位可谓举足轻重。如果李穆站到了杨坚这一边，关陇长安就有了屏障，而如果李穆站到了尉迟迥一边，尉迟迥集团便如虎添翼，长安也就岌岌可危了。

基于以上这两点，李穆当时的站队就显得极为重要，可以说关乎天下大势的走向。一边是杨坚，站队杨坚，天下可能就是杨坚的；另外一边是尉迟迥，站队尉迟迥，天下可能就是尉迟迥的了。

尉迟迥和杨坚都知道李穆的重要性，战争还没开始，就纷纷派使臣去游说李穆，向李穆伸出橄榄枝，许以高官厚禄，请求得到李穆方面的支援。

那么，李穆的态度是怎样的呢？《隋书》记载，李穆是"颇怀犹豫"，他自己也不是很清楚该站在哪一边。

两边的使臣都到了并州，都开始了对李穆的游说，具体是怎么游说的，史书没有记载，我们也不得而知，但结果是，李穆最终选择站到了杨坚这一边。同时，他把尉迟迥的使臣扣押，又把尉迟迥的书信原封不动转交给了长安的杨坚。

李穆的儿子李荣（《隋书》作李士荣，有误）觉得，父亲所统辖的地盘地势险要，兵精粮足，就劝说父亲投靠尉迟迥，联合尉迟迥一同进攻长安的话，胜算实在太大了，跟着杨坚反而要冒风险。李穆不为所动，还是坚定地站在了杨坚这一边。

杨坚为了表达自己的诚意，又把李穆的儿子李浑派到了李穆身边。李浑当时在京任职，大战在即，杨坚完全可以把李浑当作要挟李穆的工具，但是杨坚并没有这么做。

杨坚这一举动让李穆深受感动，他没想到大丞相杨坚竟然会如此赤诚以待。既然大丞相如此赤诚以待，李穆也不能太小气，他没有让儿子李浑多做停留，就让李浑立刻赶回长安去了。同时，他还让李浑捎了两样东西和一句话给杨坚。

哪两样东西呢？一把熨斗和一条十三环的金腰带。

另外捎带的一句话是——"愿执威柄以熨安天下也"。

熨斗的含义是，李穆会坚定地拥护杨坚，并且希望杨坚"熨安天下"；而金腰带的含义就更深了，十三环的金腰带是天子御用之物，把它送给杨坚也就意味着支持杨坚称帝。

当然，这十三环的金腰带怎么会在李穆手里，这也颇为蹊跷。史书没有记载，但是可以猜测，有两种可能，一种是当年宇文泰赏赐的，另一种是李穆自己用的，李穆也有称帝的野心。

我认为，第二种并不太可能，虽然南北朝乱世中有很多人都怀揣着皇帝梦，但是李穆不太可能。从后来的历史来看，李穆一族在隋朝享尽恩宠，李穆位列太师，享受赞拜不名的礼遇，最终寿终正寝。如果李穆真有皇帝梦的话，我觉得杨坚是绝对不会如此尊崇李穆一族的。因此，李穆的十三环金腰带很可能是因为救驾有功，宇文泰早年封赏的。

看到这里，我们不禁想问，李穆为何会如此坚定地投靠杨坚呢？

史书记载，杨坚派出游说李穆的使臣叫作柳裘，柳裘对李穆"盛陈利害"，李穆才"归心于高祖（杨坚）"。在我看来，李穆是七十岁的老政治家了，他吃过的盐比别人吃过的米都多，他不可能会因为某个人的游说还拿定主意下定决心，真正能让他下定决心追随杨坚的原因，应该还是在他自己的内心。

李穆内心究竟是如何考虑的呢？我认为有四点。

第一，李穆和宇文家族有仇。李穆虽然是北周奠基人宇文泰的救命恩人，但是他的哥哥李贤一家却惨死于宇文护之手，这毕竟是丧兄之痛，很难说他对宇文家没有仇恨。

第二，杨坚挟天子以令诸侯，代表着正统的力量。杨坚掌控着京师，也就意味着他掌握了国家的话语权，而尉迟迥所拥立的是赵王宇文招的小儿子，没有一点正统性可言，这在政治上是非常吃亏的。

第三，杨坚表示出了足够的赤诚。杨坚把在京师任职的李浑派到李穆身边，这一招可谓棋高一着，极具政治智慧，这一点把尉迟迥远远地比了下去。

第四，杨坚更具"投资"潜力。尉迟迥既是外戚，又是功勋卓著的老将，他本来就有很高的威望，相比较而言，杨坚的资历就浅多了，实力也不如尉迟迥。如果李穆追随尉迟迥的话，事成之后最先赏赐的一定是他的亲信，不太会记得李穆的功劳，但如果扶持杨坚上位的话，自己就是以后的开国第一功臣。

其实，这和当年祖珽"投资"高纬是一个意思，高纬爸爸不疼妈妈不爱，太子之位一点也不稳当，只有辅佐高纬上位最终才能获取最大的政治回报。此刻的李穆打的算盘也是如此，追随尉迟迥能有什么将来，可能到头来人家也不会记自己的功劳，但是"投资"杨坚的话，一旦事成自己就是开国功臣。

后来的历史确实也证明了这一点。我们只要看一下《隋书》的目录就会发现，《李穆传》是排在《隋书》所有列传的第二篇，仅次于第一篇的《后妃传》，其他所有的文武宗室大臣都在他之后。而且，《隋书·李穆传》说："穆之贵盛，当时无比。"李穆在隋朝享有的尊崇程度，是满朝无人可比的。

可见，李穆最后不但是隋朝的开国功臣，而且绝对算得上是第一功臣。可以说，李穆决定站队杨坚，无疑是最正确的政治投资。

李穆归附杨坚之后，随即发兵北上，抓获了尉迟迥的长子朔州（今山西朔州）总管尉迟谊，移交长安。然后，李穆又进攻潞州（今山西长治）刺史郭子胜，一举将其擒获。

可以说，只要有李穆的存在，山西这块土地便稳如泰山，尉迟迥就无法放手西进长安。因为一旦尉迟迥举兵西进，那邺城就会直接暴露在李穆面前，即便到了函谷关，他的老巢也就丢了。因此，李穆对杨坚的支持，直接影响了当时战争的整体格局，也让杨坚不再处于被动地位，更有信心来取得这场战争的胜利。

稳定军心

除了李穆之外，幽州（今北京）总管于翼也拒绝了尉迟迥的招募，将尉迟迥的书信和使臣一并扣押，交送到了长安。

事实上，李穆和于翼对尉迟迥形成了非常强大的掣肘。尉迟迥虽有数十万兵力，却难以施展，必须时时刻刻防备着李穆和于翼。就如同一个大汉，空有一身肌肉，却被困在泥潭中，一身武艺无法施展。

当然，也幸好反叛的三总管是各自为阵，彼此间互不牵连，假设一开始举兵叛乱的三位总管是以上这三人的话，那将会结成一个非常强大的同盟，彼此间可以协同作战，那样一来，杨坚就必败无疑了，恐怕连一点回旋的余地都没有。

这时候，身处洛阳的韦孝宽也没闲着。他知道洛阳等中原腹地，绝不可留给尉迟迥，他把河阳（今河南孟州）的兵力全部收整到了洛阳，在洛阳加强防卫，训练士卒，随时待命进攻尉迟迥。

与此同时，尉迟迥派出大将檀让、宇文威在中原四处攻城略地，河南各地无不望风归附，只有徐州总管源雄和东郡（今河南濮阳）太守于仲文坚决抵抗。

宇文威进攻东郡，于仲文大破宇文威，杀敌五百余人。

尉迟迥见一个小小的东郡竟然攻不下来，于是又增派一路大军，由宇文胄率领，和宇文威两路兵力夹击东郡。于仲文最终寡不敌众，只能弃城而逃，匆忙间连自己的妻儿都没能带走，只能带领六十余骑兵从西门突围而逃。

于仲文是逃出来了，但他的妻子以及三儿一女全部被尉迟迥的叛军杀害。在尉迟迥的穷追之下，于仲文一路上只顾狼狈西逃，跟随的六十多骑兵死的死、伤的伤，最后只剩于仲文一人逃到了长安。

杨坚对于仲文的忠心十分感动，拉着于仲文的手半天说不出话来，只是一个劲儿掉眼泪，于仲文也内心激动，两人顿时都哭成了泪人。

第二天，杨坚以朝廷的名义下旨，赐于仲文彩缎五百段，黄金二百两，晋位大将军，拜河南道行军总管，立即发兵洛阳，和韦孝宽将军一起平定叛乱。

此时的韦孝宽已经率领军队推进至永桥城（今河南武陟），和尉迟迥的大军对峙于沁水两岸。这个时候，于仲文来到军中，韦孝宽盛情招待了于仲文。

韦孝宽早就听说了于仲文在东郡的英勇事迹，也知道他此次前来是受杨坚委任的，当即就把仲文引入帐中，简单地寒暄之后，就开始商议起了军中大事。

什么军中大事呢？首要的大事就是军心不稳。

韦孝宽有一个手下叫李崇，原先是怀州（今河南沁阳）刺史，而且是并州总管李穆的亲侄子。李崇原先是想投靠尉迟迥的，怎奈叔父李穆和哥哥李询已经坚定地站在了杨坚这一边，为了顾全李氏家族的利益，他也只好跟随了杨坚。

但是，李崇心里终究是不情不愿的，私底下甚至说："我们李家富贵者数十人，如今国家有难，却不能扶大厦于将倾，还有何面目存于天地之间？"

李崇说出这种话是十分危险的，韦孝宽为了安抚李崇，打消他的疑虑，在军中对他十分关照，常常一同出入，一同吃饭睡觉。再加上他的哥哥李询当时也在军中，李询对李崇做了大量的心理疏导工作，李崇这才逐渐释怀，坚定地站在了杨坚这一边。

除了李崇之外，还有一个人似乎也心事重重，这个人就是宇文忻，当时也是随军总管之一。

宇文忻，是我们的老熟人了，他是周武帝平齐之役的功臣，也是杨坚的至交好友，早年还跟韦孝宽一起镇守过玉壁，也算是一位功勋赫赫的老将了。可能是因为杨坚上位丞相之后没有大力提拔自己，宇文忻的情绪显得十分落寞。

于仲文和韦孝宽商议过大事之后就明白了，大战在即，任何一个小细节都可能酿成不可挽回的结果，绝不能让这种不好的情绪在军队中蔓延。

于仲文看出了宇文忻的神色有异，就找机会和他谈心拉家常，一番寒暄之后，宇文忻终于说出了他心中的忧虑。

宇文忻说道："将军刚从京师长安而来，你看主公（杨坚）如今是何用意啊？小小的尉迟迥根本不足为虑，我只是担心平定尉迟迥之后，我们兄弟几个恐怕会被鸟尽弓藏啊！"

于仲文心中不免一惊，他没想到宇文忻平日里和丞相关系那么好，竟然会担心事成之后被鸟尽弓藏！不过，宇文忻的担心确实也有道理，尉迟迥平定之后，杨坚就再没有拦路虎，那他们这些功臣还有何用武之地呢？

当初，侯景作乱，高澄派慕容绍宗追杀侯景，侯景在绝境之下，对慕容绍宗说了八个字："景若就擒，公复何用！"慕容绍宗听完，心中一震，最终放过了侯景一命。可以说，鸟尽弓藏或许是古往今来所有文臣武将心中最大的忧虑。

于仲文很清楚，大战在即，宇文忻这种暧昧不明的心思，轻则主将叛逃，重则全军士兵临阵倒戈。平日里你有这种心思那不碍事，你知我知天知地知就行，现在这个节骨眼儿，你跟我说这些，你是什么意思？难道是想投靠尉迟迥不成？是想做尉迟迥的大功臣吗？

这是一个非常危险的信号，于仲文也不能把宇文忻杀掉，只能顺坡下驴宽慰道："兄弟你想错了，丞相宽容大度，赏罚分明，我们应该竭诚相报，绝不能有二心啊。"

紧接着，于仲文开始摆事实："我在京城三日，就看到有三项善举，丞相绝非寻常人等。"

宇文忻来了兴趣，忙问："是哪三项善举？"

于仲文继续说道："贼人中有个叫陈万敌的，刚刚归顺朝廷，丞相马上就叫他的弟弟陈难敌召集人马，随官军讨伐贼人，不计前嫌，宽容大度，此一善也；上士宋谦，奉丞相之命调查官员，宋谦调查出大罪之外别的小罪过，丞相却责备他：'已经立案的自然要调查，何必去调查一些小的过失，有失大礼'，丞相不过问人的隐私，此二善也；我的妻子儿女在东郡城中沦陷被杀，丞相一提及此事，总是落下同情的泪水，足见他心地仁慈，此为三善也。"

杨坚的实际为人是否如于仲文所说，这样宽厚和仁慈，这不太好说，不过，宇文忻经过于仲文如此一番苦口婆心的劝慰之后，心中的那块疙瘩才慢慢解开，心中的郁闷也得以纾解，并决定诚心实意去为杨坚效忠。

患难见人心

安抚完李崇和宇文忻之后，杨坚从长安派来的一个监军也到了，此人叫作高颎。

高颎所为何来呢？其实，高颎此行的目的就是来安定军心的，此刻军中人心不安，尤其是一些高级将领，战前摇摆不定，只恐贻误战机。

在此之前，身为元帅长史的李询（李穆的侄子）就发现了军中诸位将帅人心不安，而且有人收受了尉迟迥方面送来的贿赂。据说收受贿赂的有梁士彦、宇文忻、崔弘度，这些都是军中的高级将帅。

大战在即，军中将领私下收受敌方贿赂，这可绝非小事，说不好仗还没打军队就得哗变。李询知道事态紧急，立马就写好了密奏，举报梁士彦、宇文忻、崔弘度收受贿赂，请求长安立刻派监军查办此事，然后把信件连夜送往长安给杨坚。

杨坚看到李询的密报后，内心也十分惊慌，连忙找来刘昉、郑译等人商议对策。郑译提出，必须重新物色人选，替换掉这三个收受贿赂的将领，押回京师按律处置。

杨坚点点头，觉得确实得尽快替换掉这三人，拖延下去军中恐生变故。

这时候，李德林站了出来，提出了他的反对意见，理由有三点：

第一，诸将内心不安实属正常现象。因为无论杨坚，还是尉迟迥，都只是北周的臣子，只不过杨坚是靠着天子的名义，才能对众将领发号施令，他们实际上并不是杨坚的臣子，而是北周的臣子，他们没有理由非得效忠于杨坚，为自己寻找退路也是人之常情。

第二，替换将领并不能解决问题。这不是一两个将军收受贿赂的事儿，而是整个军队都存在军心不稳的问题，更换完将领，就能保证后面派去的人绝对效忠于杨坚吗？并不能，甚至可能搞得人人自危，大军不战而溃。

第三，临阵换将乃是兵家大忌。李德林说，燕国名将乐毅之所以投奔赵国，赵括之所以令赵国在长平之战惨败，都是因为临阵换将所导致的。

杨坚听罢，觉得李德林所言极是，但是，如果不换将又该如何应对呢？难道就对军中将领收受贿赂的事儿置之不问了吗？

李德林摆摆手，又提出了解决问题的办法，只需要派一个得力的心腹到军中担任监军，而且此人必须智谋过人，让他来调查事情的原委，一方面可以安抚军心，另一方面也可以威慑诸将，即便他们有异心，也绝不敢轻举妄动。

杨坚顿悟，说道："若公不发此言，几败大事。"（《隋书·李德林传》）

那么，谁又符合李德林所说的这些条件呢？当时，在场的人除了杨坚和李德林之外，就只有崔仲方、刘昉、郑译、高颎四人，他们都算得上是杨坚的心腹之臣。

杨坚首先把目光投向了内史崔仲方。

崔仲方，出身于当时著名的门阀大族博陵崔氏，而且，他和郑译一样，也都是杨坚的旧时同学。

然而，就算是老同学关键时刻也掉链子，崔仲方推辞说，自己的父亲在山东，也就是在尉迟迥的地界。

崔仲方的意思是，老爹还在山东叛军地界，如果自己前往军中监军，难保尉迟迥不会拿自己的父亲做要挟，到时候恐怕自己的老爹会有性命之危。

崔仲方的理由合情合理，杨坚也不好勉为其难，只好作罢。

于是，杨坚又把目光投向了刘昉和郑译，说道："公等两人，谁当行者？"（你们两位，谁愿意去啊？）

刘昉和郑译你看看我，我看看你，对视一番，却谁都没有上前领命的意思，好半天才各自憋出一句话。

刘昉说："我从没上过战场。"

郑译说："我母亲年事已高。"

杨坚顿时无语。

如果说崔仲方的确情有可原的话，那刘昉和郑译就是摆明了在故意推托。平时投机倒把搞阴谋诡计，从来缺不了这两个人，关键时刻上战场，就都贪生怕死了，这让杨坚感到既郁闷又愤怒。

平心而论，杨坚对待刘昉和郑译并不错，虽然没有给他们小冢宰和大司马的职务，但是其他方面一点都没有亏待过他们两人。然而，杨坚的一颗真心最后换来的却是寒心，正所谓患难时刻见人心，他对刘昉和郑译彻底失望了。

就在这个关键时刻，有一个人主动请缨，请求到前线去当监军，这个人不是别人，就是当时在场的最后一个人——相府录事高颎。

刘昉和郑译担任是相府司马，高颎是相府录事，可以说，这三人都是杨坚丞相府的人。但是，同样是自己的僚属，做人的差别怎么就那么大呢？高颎的挺身而出，让杨坚既惊喜又感动。

没上过战场？高颎一介书生，也没上过战场。

老母年迈？高颎家中也有高堂老母。

刘昉和郑译选择了逃避和苟安，而高颎却选择了投笔从戎。就在高颎临别之时，他都没来得及和家中老母道别，只是让人向家中捎了一句话——"忠孝不可两兼"，然后头也不回便上路了。

高颎难道不知道前途凶险吗？他知道，他也完全有拒绝的理由，但是他没有这么做，他选择了士为知己者死。

可以说，从这一刻开始，杨坚从内心深处已经彻底抛弃了刘昉和郑译，取而代之的是，高颎从此成为杨坚毕生信任的心腹谋臣。换句话说，高颎之于杨坚，就如同诸葛亮之于刘备，张良之于刘邦。

常言道，疾风知劲草，板荡识诚臣。通过此次监军事件，杨坚已经有了一个清醒的认识，他知道只有像李德林、高颎这样的人才是未来的社稷之臣，而像刘昉、郑译这样的人虽然可以帮助自己一时，却绝非是能够委以重任的良臣。

高颎来到军中，一切按照李德林所交代的照办，不仅不再追查军将贪污受贿的事情，而且积极笼络将帅，士气为之一振。

比如，上文说过的宇文忻，他不仅在于仲文面前表现出鸟尽弓藏之忧，而且他涉嫌收受敌方贿赂。

高颎从李询那里已经听说了军中发生的所有事情，他其实什么都知道，也知道宇文忻有劣迹，但他还是对宇文忻毫无芥蒂，还经常拉着他一起推心置腹，商讨对敌之策，一点都没有把宇文忻当作外人。

《隋书·宇文忻传》记载：与颎密谋进取者，唯忻而已。

与高颎一起战前谋划最多的，就数宇文忻了，高颎作为丞相府的机要人员，却和自己搞成了铁哥们儿，宇文忻难道还有理由阵前叛变吗？显然不能。

要知道，高颎不仅是监军，他所代表的更是朝廷和杨坚的态度。本来大家因为受贿的事儿，已经闹得人心惶惶彼此猜忌了。等到高颎一到，所有人都以为朝廷派人来清算了，结果过了好些日子，高颎不仅从不追究过往，而且对众将士嘘寒问暖，关怀备至，和大家打成了一片。

高颎用这种春风化雨送温暖的方式，不仅抚慰了宇文忻心中的忐忑，而且也打消了众将领心中的疑虑和不安。从此，大家开始上下一心，众志成城，为即将到来的大战摩拳擦掌起来，士气空前高涨。

这一幕也让尉迟迥傻了眼，他本想用离间计从内部瓦解韦孝宽的军队，结果韦孝宽这边反倒是更加团结了，等于说尉迟迥是搬起石头砸了自己的脚。

既然反间计不成，那就在战场上见分晓吧。尉迟迥相信，凭他多年来的军事经验，就算是真刀真枪干仗，他也绝不落下风。

尘埃落定

此刻的战场上，两军对峙于沁水两岸，西边是由韦孝宽和高颎统率的中央军，东边则是由尉迟迥的儿子尉迟惇所统率的关东军。

在高颎来到军中之前，韦孝宽并不敢贸然发动进攻，而是和沁水对岸的尉迟惇的大军相持不下。一是因为军中流言四起，将领收受贿赂的事情搞得人心不安；二是因为沁水对面的永桥城城池虽小，但十分坚固，一旦无法攻克，必然有损士气，只会雪上加霜，最终酿成不可挽回的下场。

韦孝宽的决策无疑是正确的，因为没有胜算的进攻，不如不进攻，这就是一代名将韦孝宽的军事智慧。

随着高颎的到来，大军士气空前高涨，可以说，此时是一鼓作气发起进攻的绝佳时机。于是，以防守著称于世的韦孝宽，此刻率先发起了进攻，因为只有进攻才是最好的防守。

在高颎的筹谋之下，大军开始在沁水河上架起浮桥。

什么是浮桥呢？就是用绳索把船和木板连接在一起，以此替代桥墩，形成一座浮在水面上的桥梁。

这无疑是渡河的最好办法，但是它也有致命的缺点，那就是怕冲毁、怕火烧。

尉迟惇也算有智谋，他在沁水上游扎起了木筏子，然后用火点燃木筏，燃烧的木筏顺流而下，自然就能冲毁和烧尽浮桥。

这个办法可以说非常绝妙，但是更加绝妙的还要数高颎。高颎早就料到了这一点，他事先就在河流水中构筑了一个个"土狗"，用来阻挡上游漂流而下的木筏。

什么是"土狗"呢？"土狗"不是狗，而是用泥土堆积而成的一种形状类似于狗的土堆。这些土堆并排垒在河流中间，前低后高，前窄后宽，不仅能抵挡水的冲击，而且不怕火烧，可以有效拦截燃烧的木筏。

就这样，浮桥很快就搭建了起来，韦孝宽也随即下令——开拔渡河。

尉迟惇一计不成，又生一计，他命令手下军队向后稍稍撤退，摆出了二十多里的长阵，打算趁韦孝宽的军队渡河到一半的时候，就发起冲锋。浮桥毕竟只是浮桥，不是真正的桥梁，又窄又晃，人走在上面一点都不稳当，尉迟惇正好来一个杀一个，来一双杀一双，把韦孝宽的军队堵死在浮桥上。

然而，韦孝宽十分眼尖，他随时都在观察着战场上的瞬息变化，他看到尉迟惇的军队后撤，就猜到尉迟惇这小子打的什么主意了，他即刻下令，擂起战鼓。

就这样，在雨点般密集的擂鼓声中，韦孝宽的大军以最快的速度渡过了浮桥。渡河之后，高颎又下令，烧毁浮桥。

高颎显然是在效仿韩信背水一战的做法，我们已无退路，唯一的生路只有向前、向前、再向前，要么获得胜利，要么战死，谁也做不了逃兵。

高颎这种孤注一掷的做法，让士气达到了最高潮。而尉迟惇这边彻底蒙了，他完全没有时间组织抵抗，排成二十多里的关东军被韦孝宽的大军冲得七零八落，溃不成军。

乱军之中，尉迟惇骑上快马，抛下大军，狼狈而逃，一路上头也不敢回，一直逃到了邺城。

尉迟迥看着尉迟惇狼狈的样子，他心里真是恨铁不成钢，自己一世枭雄，怎么就生了这么个不成器的蠢材呢！

不过，尉迟迥根本来不及斥责自己的儿子，韦孝宽这边就已经率军杀到了邺城城外。

尉迟迥知道，光靠后辈小生打仗是不行的，关键时刻还是得自己出马。

年近七十岁的尉迟迥亲自披挂上阵，带领自己的两个儿子尉迟惇、尉迟祐，率领十三万大军在城南摆下阵仗，和韦孝宽的大军展开了厮杀。

其中，尉迟迥亲率的一万精兵最为勇猛，在乱军之中所向披靡，将韦孝宽的大军打得落花流水。

要知道，姜还是老的辣，尉迟迥的一万精兵真不是吃素的，他们都是关中子弟，是尉迟迥的多年旧部，对尉迟迥保持着绝对忠诚，平时精于训练，是尉迟迥最信任的亲兵部队，时称"黄龙兵"。只见他们头裹绿头巾、身穿锦袄、杀声震天，犹如一条绿色的巨蟒在两军之间徜徉，所到之处都是尸横遍野，无人能挡。

也正是在尉迟迥的统率之下，尉迟迥的大军开始逐渐占据了上风，战场的形势越来越朝着有利于尉迟迥的方向发展。

韦孝宽知道自己遇到了真正的对手，但是，他不能后撤，一旦退缩就将全军覆没。

就在这千钧一发之际，沉默已久的宇文忻出场了。

宇文忻敏锐地发现，就在两军交战正酣之时，旁边的山坡上已经挤满了从邺城赶来观战的老百姓，人数有数万之多。

这些老百姓也真是看热闹不嫌事儿大，一听说两军交战，就纷纷出城，在山坡上找好了最佳的观战角度。看着战场上两军你来我往，大家看得是乐不可支，时不时还拍手叫好，就跟看好莱坞大片似的。

宇文忻悄悄地对韦孝宽说："事态紧急，当以诡道破之。"说罢，宇文忻就命令弓箭手朝着山坡上观战的老百姓射箭。

这一射，可把老百姓们吓坏了，不少老百姓伤的伤、死的死，更重要的是，整个群众观战团都乱成了一锅粥。大家都纷纷朝着邺城奔逃，乱作一团，踩伤踏死者无数，呼喊声震天。

百姓朝着邺城跑，而尉迟迥的大军则是背城而战，二者就冲在了一起，已经分不清谁是谁，尉迟迥的军阵也跟着有些乱了。

关键时刻，宇文忻开始大喊："贼败矣！贼败矣！"

当年周武帝伐齐的时候，在平阳城下和齐军展开殊死决战，也正是在关键时刻，冯小怜在军中大喊"败了！败了"，战场上你来我往本就是很正常的事，北齐军队其实根本没有败，但是冯小怜这么一喊，所有人都自乱阵脚，军心大乱，最后也就真的败了。

宇文忻亲身经历过平齐战争，也不知道他是不是受到冯小怜的启发来了灵感，他也用上了这一招。其实尉迟迥这边根本没有败，只是受到老百姓的冲击，一时间军阵被打乱了，但是宇文忻这么一喊，不明真相的士兵们可就有想法了。

韦孝宽的大军看到敌军确实乱了，而且主帅也跟着喊"贼败矣"，士气一下子就上来了，一个个跟打了兴奋剂似的猛冲，无不渴望着杀敌建功。而在尉迟迥这边，士兵突然被老百姓的观战团冲得七零八落，他们还处在蒙圈状态呢，突然就听到不知道哪个人在喊"我们败了"，一些胆小又不明真相的士兵就真的以为败了，开始自顾性命，跟着老百姓往城里逃跑，一时间阵形大乱。

宇文忻这招，可以说既阴损又狡诈，实在是太不人道，但是效果却是立竿见影的。在他这"一射"和"一喊"之下，战场形势再次扭转，韦孝宽的大军重新占据了上风，赢得了战争的主动权。

在这种情况下，尉迟迥的特种部队"黄龙兵"也失去了应有的战斗力，尉迟迥只能带着大军退守回到邺城。韦孝宽的大军迅速围了上来，架起云梯，对邺城发起了最后的总攻。

尉迟迥虽然打仗厉害，但是在守城方面显然就差得多了。周军的两员大将李询和贺娄子干率先登上了城楼，更多的士兵也爬了上来，城门随之被打开，邺城迅速被攻破。

邺城城破之后，崔弘度和贺娄子干一起追杀尉迟迥，已是孤家寡人的尉迟迥最后逃到了碉楼之上。

说起来，崔弘度和尉迟迥还是亲家关系，因为崔弘度的妹妹嫁给了尉迟迥的儿子为妻，从亲戚关系上讲，崔弘度得管尉迟迥叫一声叔。

崔弘度追上尉迟迥之后，看到尉迟迥弯弓搭箭，正要射自己，他便摘下了头盔说道："尉迟公，您还认识我吗？"

尉迟迥看着崔弘度，半天说不出话来。崔弘度继续说道："今日我们各自都是为了国事，无法顾及私情，念我们有亲戚之情，我不会让乱兵欺侮您，您自行了断吧。"

是啊，如今大势已去，负隅顽抗不过是自取其辱，尉迟迥难掩心中的激愤，顿时老泪纵横，一把将手中的弓箭丢在地上，对杨坚一番破口大骂之后，拔刀自刎。

尉迟迥自杀之后，"黄龙兵"也随即缴械投降，尉迟迥的三个儿子尉迟惇、尉迟勤、尉迟祐也被截杀在了逃亡的路上。为了以绝后患，韦孝宽还做了一件在今天看来极不人道的事，他下令将叛军士卒全部活埋。这其实也是没有办法的事，因为在乱世之中，斩草除根是最为简单粗暴但又行之有效的统治办法。

在当时，无论杨坚还是韦孝宽，他们所奉行的都是关中本位政策，山东地区虽然已经是北周的国土，但是山东士族势力十分强大，他们从骨子里其实根本看不起关陇人，而且他们对北周王朝并不够忠诚，极易被煽动。尉迟迥发动叛乱，其实就是利用了山东士族势力极易煽动的这一特点。事实上，在后来的隋朝和唐初历史上，关陇集团势力和山东势力一直是王朝政治斗争的焦点，山东势力也一直不太安定。

相较于平定尉迟迥叛乱的一波三折，杨坚对于另外两位总管叛乱的平定过程就相对容易得多了。

郧州总管司马消难起兵后不久，就以自己的儿子为人质，投靠了江南的陈朝。当他听说尉迟迥已经战败，王谊的大军日渐逼近时，司马消难的心理防线瞬间崩溃，全然没有了应战的信心。三十六计，走为上计，司马消难带着兵马朝着建康城奔逃而去，顺带着把鲁山（今湖北汉阳）、甑山（今湖北汉川）二镇进献给了陈朝。

就这样，王谊大军顺利占领了郧州全境，司马消难从此委身于陈朝，郧州叛乱自此平定。

再来说西南战场。

益州总管王谦毕竟是烈士之后，他可没有司马消难那么尿包，自始至终他都坚决抗议杨坚专擅朝纲，始终在厉兵秣马，等着和杨坚派来的梁睿决一死战。

然而，非常可笑的是，当王谦率军出城迎击周军的时候，他的两个属下达奚惎、乙弗虔却暗地里联络好了梁睿，直接把益州献给了梁睿。自家老巢都丢了，这仗还怎么打呢？益州军士纷纷叛变倒戈，王谦顿时变成了光杆司令。

最终，王谦在逃亡的路上被杀，首级传送至长安，梁睿顺利接管了益州全境，益州叛乱自此平定。

历经四个月的三总管之乱，也就此尘埃落定。

第十七章

三分归隋，拉开盛世大幕

历史性的一页

为何来势汹汹的三总管之乱，前后不过四个月，就被杨坚平定了呢？

很重要的一个原因，我们前面其实已经提到了，三总管虽然表面上实力强大，但实际上只是各自为阵。

由于地域的阻隔，在整个反叛的过程中，三总管彼此之间根本无法互通往来，也无法形成合力，因此他们只能各自为战。

我们常说团结就是力量，但是如果不团结的话，任何力量都是弱小的，道理其实就在这里。

当然，这只是从战略的角度做出的分析，杨坚最终能取得平叛的胜利，这和他本人强大的领导能力有着密切关系。

第一，杨坚用人得当。

尉迟迥是资历深厚的老将，杨坚非常清楚，要对付这样的人，就必须派出能够与之匹敌的老将军，才能够战胜对方。杨坚最终派出了韦孝宽，这无疑是杨坚在用人决策上的第一大成功之处。

而面对王谦和司马消难，杨坚同样派出了素有威望的将领，最终兵不血刃，剿灭了王谦和司马消难的叛乱。

第二，杨坚处置得当。

杨坚提前预判到了可能发生的叛乱，及时把五王召到京城，从而杜绝了尉迟迥和五王的联合，这无疑是非常高明的政治决策。

在大战之前，杨坚积极拉拢李穆，并成功劝说李穆归顺自己，不仅壮大了自身的实力，而且更是让尉迟迥不敢贸然发兵西进，为之后和尉迟迥的决战赢得了主动权。

而就在大战前夕，面对军中将领收受贿赂的传言，杨坚虚心听取了李德林的建议，真正做到了用人不疑、疑人不用，从而稳定了大局。

可以说，除了战略上的优势之外，杨坚取得胜利的最大秘诀就在于他本人的领导力。

也正是在杨坚超群的领导力之下，李德林、高颎等人得以登上历史的前台，无数人才都为杨坚所用，这为之后隋朝的开皇盛世奠定了人才基础。

反观尉迟迥，我们可以看到，尉迟迥本人已经垂垂老矣，他除了任用自己的几个儿子之外，再没有其他什么像样的人才，王谦和司马消难更是没有。

人才是什么？人才在任何时代都是最稀缺的资源。可以看出，双方在人才上的实力悬殊极为明显，这也正是体现杨坚超群领导力的一个重要方面。

三总管叛乱平定之后，杨坚的心中其实还有一个非常大的顾虑，这就是韦孝宽。

如果论资历，韦孝宽已入古稀之年，从宇文泰时代开始，他就在为宇文家族效力，朝中没有任何一个人能比得过韦孝宽。

如果论功劳，韦孝宽一生战功赫赫，此次平定尉迟迥叛乱，更是帮助杨坚扫除了辅政的最大障碍，他的功劳更是无人可比。

然而，韦孝宽这样的资历和功勋，却让杨坚感到害怕和恐惧，他不知道应该再给予怎样的奖赏才能配得上韦孝宽的功劳，他更不知道这位老将军心中是否能接受自己改朝换代的野心。

杨坚不敢问，也不敢迈出那一步。

终于，在公元580年十一月，也就是三总管叛乱平定后的一个月之后，杨坚纠结的内心终于释然了。因为，一代名将韦孝宽，这个让杨坚既尊敬又害怕的老英雄，走完了人生的最后一段时光，病逝于家中，享年七十二岁。

所有人都看得出来，随着叛乱的平定，杨坚距离象征最高权力的龙椅，只有一步之遥了，只是时间早晚的问题。对于这一点，目光深远的韦孝宽一定也非常清楚。

韦孝宽是否支持杨坚称帝？我们翻遍所有的史料，并没有直接的证据能够说明这一点，因此，我们很难判断韦孝宽的内心世界的真实想法。

但我认为，韦孝宽内心应该是更倾向于杨坚的。我的理由并不是韦孝宽帮助杨坚平定了尉迟迥之乱，而是在叛乱之初，杨坚选择委任韦孝宽负责平叛一事上。

从韦孝宽当时的角度来说，宇文家族已经式微，杨坚和尉迟迥都是想趁机上位的野心家，他们之间并不存在绝对的正义。因此，韦孝宽其实完全可以站队到尉迟迥一边，而且跟着尉迟迥很可能北周王朝的寿命会更长久一些。

这其实就存在一个非常大的风险，如果韦孝宽在一开始前往邺城的路上，直接投靠了尉迟迥，韦孝宽和尉迟迥两大绝世名将强强联手，那么杨坚恐怕就回天无力了。

我相信，杨坚一定会意识到这一点，但是，杨坚并没有弃用韦孝宽，而是坚定地选择相信他。

这说明，杨坚和韦孝宽之间一定达成了某种默契，这种默契可能是史书缺载了，也可能是两人之间的一种心照不宣。杨坚的一纸委任状，代表了他对韦孝宽的信任，而韦孝宽也用实际行动回报了杨坚的信任。

但是，具体到改朝换代一事上，我们仍然无法确定韦孝宽是否支持杨坚。因为，翻遍所有史料，没有任何证据能够表明韦孝宽倾心于杨坚，哪怕是一点密切的交往都没有。

不管怎么说，韦孝宽的突然病逝，是一个历史的绝妙巧合，让我们对韦孝宽和杨坚之间的关系充满了遐想。

韦孝宽走了，杨坚的心结也解开了，从此刻开始，杨坚可以大步跨入属于他的新时代了。

公元 580 年年底，也就是在临近年关的时候，周静帝宇文阐下诏，任命杨坚为相国，统百官，总理国家事务，同时晋爵为王，以安陆等十郡为随国，随王可剑履上殿，入朝不趋，赞拜不名，加九锡之礼。

从大丞相到相国，从随国公到随王，这一切都预示着一个崭新的时代即将来临。

公元 581 年，北周改元大定。

大定，代表着天下大定，更代表着新时代的来临。

以李穆为首的一众朝臣，开始了对随王杨坚的轮番劝进。当然，按照历史的惯例，杨坚也得进行一番"作秀"，得推让一番大臣们的劝进。

与此同时，杨坚宣布，所有在西魏时期改鲜卑姓的汉人，从今以后恢复汉姓。这意味着，属于鲜卑人的时代即将过去，属于汉人和汉制的时代即将到来。

二月十三，杨坚正式接受了周静帝宇文阐的禅让，登基称帝，建国号为隋，年号开皇。宇文阐退位，被封为介国公。

终于，历史翻开了属于隋朝的第一页。

不过，这里又涉及一个非常有趣的问题。或许细心的读者也发现了，杨坚原来的爵位是随国公、封王之后是随王，怎么改朝换代之后就成了隋朝呢？其中的"辶"怎么丢了呢？

一种流传很广的说法是，杨坚觉得"辶"不太吉利，而且晦气，所以就去掉了"辶"。毕竟隋朝是一个崭新的王朝，怎么可以说走就走呢？这多晦气啊！

这种说法最早源自唐末李涪《刊误》卷下《洛随》，五代时期南唐徐锴在《说文系传》中也复述了这一观点，到了宋朝以后，郭忠恕、罗泌、郑樵、胡三省等学者相继沿用了这一说法，从而使得这一说法广为流传。

当然，这些都只是后人文字层面的猜想，历史的真相究竟如何，由于正史对此完全没有记载，恐怕已经很难说清了。

不过，后世人对"隋"这个国号却充满了嘲讽，有人甚至认为"隋"的国号预言了隋朝的短命。

《说文解字》记载："隋，裂肉也。"什么是裂肉呢？就是祭祀之后所留下的剩肉。

很显然，杨坚并不知道"隋"的国号还有"裂肉"的义项。如果杨坚改"随"为"隋"的初衷，真的是为了讨个吉利的话，那杨坚真的是弄巧成拙了，而且闹出了一桩历史的大笑话。

事实上，在隋朝以前的历史上，以及后来的唐朝，"随"和"隋"其实是经常被混用的，二者可以相互并用，并不存在谁优谁劣之分。这一点从2013年出土的《随故炀帝墓志》中就可以看出，其中所用的正是"随"字。

因此，杨坚其实大可不必非要把改"随"为"隋"，反倒给后世文人留下了没文化的把柄。

有一个很有趣的现象可以说明这一点。历史上的国号往往会被后人重复使用，但是杨坚建国所使用的"隋"的国号在历史上却只此一例。

历史上很多开国者所选用的国号，往往会选用和自己同姓的大一统王朝的国号。比如后世刘姓建国者（刘渊、刘知远等），基本都会选用"汉"做国号，李姓建国者（李存勖、李昪等），基本也都会用"唐"做国号。

但是，在隋朝之后，杨姓建国者有五代十国时期的杨行密，他所用的国号是"吴"，距离隋朝也不过三百年时间，却没有用"隋"当作国号。

可见，"隋"的国号在后人心目中是个不太吉祥的国号，一来是隋朝短命，二来就是"隋"在字面上有不好的义项。

不管"隋"的国号到底如何，杨坚就这样坐上了皇帝的宝座，这就是历史上大名鼎鼎的隋文帝。

不过，和此前南北朝时代所有的改朝换代一样，杨坚也开始了对前朝宗室的血洗。

宇文氏的灾难就此降临。宇文泰的子孙被全部处死，周静帝宇文阐也在当年的六月被秘密谋害。

但是，中国历史有一个不成文的传统，叫作"灭人之国，不绝其祀"。北周王朝灭亡了，但是皇室子嗣不能断绝，于是，杨坚让宇文洛承袭了介国公的封号，来为宇文阐续嗣。

宇文洛虽然也是宇文家族的一员，但其实他和北周皇族宗室的关系已经非常疏远了，宇文洛也并非宇文泰的后代，他只是宇文泰父亲的堂兄弟的后代。因此，宇文阐和宇文洛早就出了五服，他们除了都姓宇文之外，已经没有多少血缘之亲了。

杨坚知道，有些人还对北周王朝心存怀念，因此他必须用这种残忍的手段来杜绝北周复辟的可能，从而维护自己的统治。当然，杨坚的这一做法，也招致了后世人的口诛笔伐。其中，对杨坚骂得最狠的就要数清朝学者赵翼了。

赵翼在《廿二史劄记》中说："（隋文帝）窃人之国，而戕其子孙至无遗类，此其残忍惨毒，岂复稍有人心。"

客观来说，杨坚其实并没有必要对北周宗室大开杀戒。

在周宣帝的暴政之下，真正忠心于北周的人其实已经不多了。在周宣帝暴毙之后，朝中有权势的朝臣只有五王、韦孝宽、尉迟迥和李穆这八个人了。这八人中，五王被杀，尉迟迥兵败自杀，韦孝宽病逝，唯一健在的只有李穆，而李穆在尉迟迥叛乱之初就已经明确表态愿意支持杨坚。

在杨坚代周建隋之时，北周的朝堂上已经无一人能够对杨坚形成威胁。因此，我们不禁要问，杨坚你到底害怕什么？为何非得大开杀戒呢？

答案其实并不复杂，从周宣帝暴崩（580年五月），到杨坚称帝（581年二月），其间只有短短的九个月的时间。换句话说，从国丈到权臣再到皇帝，杨坚完成这华丽的"三级跳"仅仅用了九个月，任何人看在眼里都会眼馋和不屑。

胜利来得太快，这让杨坚内心十分不安，他既兴奋又心虚，他害怕这来之不易的胜利果实哪一天被人窃取。正是这种来自内心深处的虚弱和自卑，让杨坚挥起了手中的屠刀，对北周宗室进行了血腥的残杀。

从政治的角度来说，杨坚没有做错，这一切都是为了稳固统治，但是从人心向背和道德的角度来说，杨坚输了。

因此，唐朝史官在编写《隋书》的时候，评价隋文帝杨坚"无宽仁之度，有刻薄之资"。

纵然隋文帝一生文治武功卓著，开创了开皇盛世，但是他欺侮孤儿寡母滥杀无辜的骂名将永远伴随他的身后。

西梁残梦

"平突厥，定江南，一二年间，必使天下一统。"这曾经是周武帝宇文邕毕生的梦想，然而随着周武帝的英年早逝，这一伟大的历史使命将注定落在了隋文帝杨坚的肩上。

随着杨坚建立隋朝，天下统一之势渐已形成，中华大地南北对峙近三百年的历史也即将画上句号。

此时，摆在杨坚面前唯一的对手就剩下了江南的陈朝。

隋文帝杨坚不敢掉以轻心，从建国伊始，他就开始了灭陈的准备工作。

一方面，杨坚对北方的突厥开始了反击战争。

在隋朝之前，突厥人只要日子不太好过，就要来中原打家劫舍，掠夺中原的财富和人口。突厥强势，北周和北齐都不敢和突厥发生正面冲突，只能任凭其劫掠，还要和亲和朝贡，这样才能换来中原的太平日子。

隋朝建立之后，突厥内部发生内讧，突厥对中原的掠夺和索取更加贪婪，这让隋文帝实在忍不下去了。于是，隋文帝杨坚采纳了长孙晟"远交近攻、离强合弱"的战略建议，开始了对突厥的讨伐，最终使得突厥分化瓦解，同时也解决了杨坚灭陈的后顾之忧。

另一方面，杨坚积极建设内政。

隋文帝杨坚继续推行均田制和租调制，在中央建立三省六部制，选拔人才，在地方推行州、县两级制，改革府兵制，精兵简政，制定开皇律，发展社会生产。经过隋文帝几年的励精图治，隋朝的国力得到了显著提升，为平定陈朝提供了坚实的后盾。

与此同时，隋文帝杨坚也不忘踢掉脚下的一块绊脚石，这就是隋朝的附属国，也是曾经西魏、北周的附属国——西梁，历史上也称作后梁。

我们前面做过详细介绍，宇文泰发动江陵之战，梁元帝萧绎兵败被杀，萧詧被扶持为帝，而萧詧所统领的江陵城这一州之地，就是西梁。

在此之后，西梁就一直依附西魏、北周，并且在三国的夹缝之中一直存活到了最后。这和春秋战国时代的卫国十分相似，同样都是在夹缝中求生存，也同样生存到了最后，一直到秦二世的时候，卫国才被秦朝真正消灭。

萧詧很无奈，因为他这个皇帝当得连傀偁都不如，除了有皇帝的名号之外，其他一无所有。

江陵之战中，西魏军大肆劫掠，将城中数万百姓俘虏而去，对江陵城又进行了大肆破坏，江陵已是满目疮痍、残破不堪。而这却是萧詧唯一所拥有的财产，萧詧能不郁闷吗？

萧氏家族本就是文学世家，萧詧看着自己狭小的疆土，不禁黯然神伤，有一次他触景生情，写下了一篇《愍时赋》，以抒发心中的苦闷之情。

还有一次，萧詧读曹操的诗，读到了《龟虽寿》，一边反复吟诵着"老骥伏枥，志在千里，烈士暮年，壮心不已"，一边扬眉举目，扼腕叹息。

事实上，萧詧绝非平庸之辈，他在位期间勤于政事、知人善任，然而可惜的是，巧妇难为无米之炊。他手中只有江陵这一块弹丸之地，自己的国家不过是西魏王朝的一个附庸，即便心怀抱负，又有何用呢？

公元562年，萧詧由于常年忧郁，最终走到了人生的尽头，时年四十四岁。

这个时候，西魏已经变成了北周，北周主政的正是周武帝宇文邕。宇文邕任命萧詧的第三子萧岿继位为帝，次年改元天保。

天保这个年号，其实非常值得玩味。

天保原先是北齐文宣帝高洋在位时期的年号，但是这个年号十分不吉利。当时就有传言说，"天保"拆分开就是"一大人只十"，也就是暗示高洋在位超不过十年。后来，高洋果然在他在位的第十年（天保十年）暴病而亡，"天保"也成了不祥的代名词。

然而，周武帝却把这样的一个不祥的年号"赏赐"给了西梁，其用意不言自明，就是在羞辱西梁君臣。萧岿只是一个傀儡皇帝，他没有选择的权力，他只能一边赔着笑脸，一边默默接纳来自北周的"封赐"。萧岿真的是被打脸，还得笑脸相赔，他只能把所有的委屈和羞辱咽进肚里，这就是弱肉强食的丛林法则。

有人或许会问，为何西魏、北周要一直扶持西梁这样一个傀儡政权呢？西梁这样一个只有寸土之地的国家究竟有何存在的意义？

其实，我们只要看一下南北朝后期的历史地图就知道了。在当时三分天下的割据形势之下，西梁所处的位置正好在北周和陈朝之间，西梁处在一个绝佳的缓冲地带。

江陵自古是天下必争之地，陈朝想要北伐北周，江陵就是一块绕不过去的军事要地，因此，占据江陵的西梁就成了北周的一个挡箭牌。如若西梁抵挡不住陈朝的进攻，成了炮灰，北周也没什么好心疼的。

相反，北周想要染指江南，西梁就是一块最好的跳板，北周可以躲在幕后暗中操控西梁，行"借刀杀人"之能事。西梁如果有意想壮大力量，它无法朝自己的宗主国方向发展，唯独只能朝陈朝方面动手。

因此，西梁虽然看起来完全没有存在的意义，但是西梁这块苍蝇肉，却可以吊足陈朝的胃口，北周可以通过西梁一探陈朝的虚实，更可以借助西梁之手蚕食陈朝的领土。

西梁对于北周的作用，真可谓是一箭双雕。而且，在任何时刻，西梁都是一颗可以随时丢弃的棋子，北周根本无须心疼。

后来发生的历史也印证了这一点，西梁和陈朝的军事冲突始终未曾断绝，而且西梁为了对付陈朝，还向北周提出请求，将江陵附近的基州（今湖北荆门）、平州（今湖北当阳）、郢州（今湖北钟祥）三州赏赐给自己。

一个附庸国向宗主国请求赏赐土地，这种要求放在平时，简直就是天方夜谭。但是，由于西梁是为了对付陈朝，而北周正忙于和北齐开战，根本无暇南顾，这个请求最终被周武帝欣然同意。

事实上，对于北周来说，西梁要三个州根本掀不起什么大浪，但是却可以蚕食和消耗陈朝的军事力量。这才是北周真正想要达到的战略目的。

萧岿其实也非常清楚，北周只是拿自己当枪使，并不是真的想帮助自己。但是，萧岿并不介意这些，他只期望能让梁朝的国祚更加长久，至少不应该断送在自己手中。

公元 577 年，北周消灭北齐，统一了整个北方。萧岿亲自前往邺城为周武帝庆贺，周武帝宇文邕打心眼儿里就从没看得起萧岿，只是表面上尽一下礼数，并没有看重此事。

受到冷落的萧岿没有灰心，他又在宴席之上和宇文邕套近乎，说自己和父亲能苟活于世全仰仗太祖皇帝（宇文泰），今天的西梁和北周是"唇齿掎角"的关系，以后我们要共赴时艰。

后来，宇文邕又同萧岿饮宴，当时北齐旧臣叱列长釜也在座。宇文邕指着叱列长釜对萧岿说："这个人在城头上骂过我。"萧岿奉承道："叱列长釜未能辅佐桀，却胆敢反过来向尧吠叫。"看到萧岿给自己拍马屁，把自己比作圣人尧，宇文邕不禁在宴席上大笑起来。

萧岿看到总算把宇文邕哄高兴了，于是立即起身，请求为宇文邕起舞。宇文邕喜出望外，说道："梁主真的愿意为朕跳舞吗？"萧岿答道："陛下已经亲自弹奏，臣为什么不敢像百兽一样起舞呢？"

萧岿把自己比作兽类，可以说是极尽卑微了，这也让宇文邕十分欣慰，当场便赏赐了杂缯万段、良马数十匹，又把齐后主高纬的姬妾和自己经常骑乘的骏马一同赏赐给了萧岿。

萧岿成功地赢得了宇文邕的欢心，他知道，西梁暂时没有亡国之忧了。不过，好景不长，宇文邕英年早逝，北周朝堂更是风云变幻。

当尉迟迥起兵于山东，三总管纷纷发难的时候，萧岿手下的将士也萌生了起兵的心思，对萧岿说道："我们不如趁势而起，可以和尉迟迥形成连横之势，进可以尽节于周朝，退可以席卷山南。"萧岿犹豫半晌，最终还是拒绝了手下的建议，萧岿无疑是明智的。

后来杨坚登上帝位，对萧岿进行嘉奖，赏赐金银无数，布帛万段，马五百匹。同时，杨坚还做了一个重要决定，就是把萧岿的女儿纳为晋王杨广的妃子，这就是后来著名的隋炀帝萧皇后。

开皇四年（584）正月，萧岿入朝长安，杨坚对他礼遇有加。临别之际，杨坚牵住萧岿的手说道："梁主久滞荆楚，应该很久没有回到旧都（建康南京）了，肯定十分怀念故乡。朕很快就会发兵长江，送你返回家乡。"

杨坚的这番话，表明了自己消灭南陈的决心。然而，萧岿终归没有等到这一天，就在第二年病逝了，享年四十四岁。隋开皇五年（585），其子萧琮继位。

公元587年即隋开皇七年，伐陈准备工作基本就绪。八月，杨坚突然做出决定，征召后梁皇帝萧琮入朝。萧琮只好带文武百官200余人，自江陵抵达长安大兴城。

其实，所有人都看得出来，西梁的国运已经到头了。与此同时，杨坚派大将崔弘度率隋军进驻江陵，西梁政权就此瓦解。

不过，由于萧氏三代人都忠心于北周、隋朝，萧琮并没有像宇文氏那样被杨坚血洗，相反，杨坚一直非常礼遇萧氏，就连萧岿在江陵的墓地都派了专人看守。

萧琮虽然寄人篱下，颇怀忧郁，但是萧氏一族却得以保全，兰陵萧氏一族也成为隋唐时期著名的门阀大族。唐初著名宰相萧瑀，就是萧岿的第七子，隋朝萧皇后的亲弟弟，最后位列凌烟阁二十四功臣之一。

陈后主即位

就在北周发生三总管叛乱，杨坚完成改朝换代的同时，南方的陈朝也发生了一场宫廷政变。

公元582年，北方的隋朝是开皇二年，而在南方的陈朝是太建十四年。

新年元旦刚过，当隋军声称将要大举南下这一紧张时刻，在位十四年的陈宣帝却突然病倒了。

说起来，陈宣帝算得上是中国历代帝王中的"英雄父亲"，他一生有42个儿子，这也创造了古代帝王生儿子最多的纪录。

如果论生孩子数量的话，陈宣帝不是最多的，但是如果论生儿子数量，陈宣帝一举超越了唐玄宗（59个子女、30个儿子）、宋徽宗（80个子女、38个儿子）、康熙帝（55个子女、33个儿子），位列历代帝王之首。

纵观历史我们会发现，皇帝儿子多虽然能开枝散叶、绵延子嗣，但是其实并非什么好事儿。唐玄宗一日连杀三子，康熙皇帝更是将太子两立两废，晚年酿成九子夺嫡的人伦之祸。

儿子多，就注定抢夺皇位的人多，龙椅只有一把，想坐上去的却有数十人，皇子皇孙们怎能善罢甘休呢？

在陈宣帝病重期间，皇太子陈叔宝、始兴王陈叔陵、长沙王陈叔坚这三兄弟就被同时召入宫中，侍奉在老皇帝身前。

这一年，陈叔宝虚岁三十岁，他是柳皇后所生，在兄弟中排行老大，是名正言顺的嫡长子。陈宣帝将陈叔宝封为太子，但是，有一个人却始终对他不服，这个人就是陈宣帝的次子——始兴王陈叔陵。

事实上，陈叔宝和陈叔陵年龄上几乎相差无几，陈叔陵仅比陈叔宝小了几个月。也就因为自己晚出生了几个月，就和太子之位失之交臂，这让陈叔陵内心十分不甘。

不过，在陈宣帝在位期间，陈叔宝一直是个乖孩子。《陈书》记载："后主昔在储宫，早标令德，及南面继业，实允天人之望矣。"也就是说，陈叔宝在当太子期间名声一直很好，而且颇有文艺气息，是众人眼中合格的储君，然而，这一切却更加让陈叔陵感到愤懑。

因此，陈叔陵就总在世人面前伪装出一副贤孝圣明的形象。为了博取好名声，每次上朝，他总是手捧一本书，坐在车上或骑在马上装模作样地朗读，一副扬扬自得的样子。可是，一回到家中，他就把书本扔到一边，手持斧头杂耍，一副混世魔王的样子。

陈叔陵的母亲彭贵人去世，他就请求父皇厚葬生母，实际上他却大兴盗墓，还把东晋名臣谢安的墓地给掘开，盗取宝物之后，再把母亲的棺椁放入。在守丧期间，他每日每夜号啕痛哭，装出一副伤心欲绝的样子。他又叫手下人给他对外宣传，宣传说自己刺破了手指，用鲜血抄写《涅槃经》，以此来超度母亲的亡灵。

陈宣帝听说陈叔陵的孝行之后，大为感动。但实际上，陈叔陵的"表演"连十天都没能坚持下来，就让厨子开始给他准备大鱼大肉，一顿饱腹之后，再继续"表演"。

就在陈宣帝病危之时，陈叔陵感觉到时机成熟了。他想携带凶器入宫，但是宫中守备森严，于是便就地取材，对掌管医药的医官说："切药草的刀钝了，应该磨一磨。"

不过，陈叔陵的这些小动作，被四弟陈叔坚察觉到了，他知道哥哥陈叔陵肯定要在父亲的灵前有所异动。

就在正月初十，陈宣帝病逝，灵柩停放在云龙殿宫门之外，宫廷内外都处在哀伤的气氛中，太子陈叔宝趴在棺前痛哭。然而，陈叔陵却没哭，冷不丁地抽出他早已备好的切药用的尖刀，朝着太子陈叔宝就砍了过去，直中陈叔宝的颈项，陈叔宝昏倒在地。

这一刀并没有要了陈叔宝的命，陈叔陵举起药刀准备再砍，就在这千钧一发之际，陈叔宝的生母柳皇后出于母性的本能，用身体扑在了陈叔宝的身上，陈叔陵又砍了柳皇后几下，始终没有得逞。

这时候，陈叔宝的奶妈乐安君吴氏从身后抱住了陈叔陵，企图阻止陈叔陵继续行凶。就这一会儿工夫，陈叔宝开始苏醒，从地上爬了起来，一边挣扎一边在大殿上奔逃。

陈叔坚一个箭步冲了出来，趁陈叔陵不备，从后面掐住了他的脖子，从他手中夺下药刀，再将其牵到房柱旁，捆绑在了柱子上。惊魂未定的陈叔宝，半天说不出话来，陈叔坚问他该如何处置陈叔陵，陈叔宝始终未发一语。

陈叔陵素来身强体壮，趁着陈叔坚离开，他就强行挣脱束缚，一路狂奔，逃回到东府。陈叔坚知道箭在弦上不得不发，于是便打开监狱，把囚犯全部释放，组织起了一支队伍。他又亲自穿上铠甲，戴上白布帽子，登上东府城西门，号召百姓响应自己。

陈叔陵清点了一下人马，结果发现愿意跟随自己起兵反叛的人，满打满算也仅有一千多号。就这点儿人马怎么可能成事，更不可能攻下宫城。他只好退而求其次，打算暂时据守东府城，守株待兔，以待时机。

这时候，陈叔陵想到了一个人，这个人就是萧摩诃，也是陈朝的最后一位名将。如果能把萧摩诃拉拢过来，那可就是事半功倍了，还怕大事不成吗？

于是，陈叔陵便派人去联络萧摩诃，结果萧摩诃见到来人只是个小角色，根本不买陈叔陵的账。陈叔陵只好又派了一票人去说服萧摩诃，萧摩诃见这次来人挺多，而且还都是陈叔陵心腹之臣，立马就下令捆了起来，送到台城斩首示众。

陈叔陵本想拉拢萧摩诃，结果人没拉成，反而还折损了几员心腹，简直是赔了夫人又折兵。愤怒的陈叔陵回到自己家中，开始拿自家人撒气，他把王妃张氏以及另外七名爱妾全部投入井中溺死。

成为孤家寡人的陈叔陵率领数百人狼狈而逃，一直逃到新林，想从这里北渡长江，归顺隋朝。然而，陈叔陵并没有逃出去多远，就被萧摩诃的部下陈智深骑马追来，一枪将陈叔陵刺落马下，陈仲华冲上来，一刀了结了陈叔陵的性命。

叛乱平定之后，陈叔陵的子女被全部处死，从犯陈伯固（陈文帝之子，陈叔宝的堂兄）的子女也被废为庶民，这场政变自此结束。

正月十七，陈叔宝登基称帝，这就是历史上著名的陈后主。

可以说，在这场政变中，陈叔宝差一点就命丧陈叔陵之手，多亏了陈叔坚关键时刻挺身而出，以及萧摩诃的立场坚定，这才有惊无险地逃过一劫。

陈叔宝下令查抄了陈叔陵的全部家产，然后把获得的金银财宝全部都赏赐给了萧摩诃。他封萧摩诃为车骑将军、南徐州刺史，封绥远公，又任命长沙王陈叔坚为骠骑将军、开府仪同三司、扬州刺史，以此来犒赏这两位功臣。

陈叔陵的政变虽然前后不过半天时间，但是给陈叔宝带来的心理阴影却是巨大的。陈叔宝即位之后，他除了在刚开始的一段时间比较勤于政务，在日后的更长时间里，他开始不问政事、沉溺声色，把所有的政务都交给了手下大臣处理。究其原因，就是受到这场政变的影响，陈叔宝对政治感到厌恶，他对天下之事开始充耳不闻，日日用声色麻痹自己，创作一些淫词艳曲，以聊慰余生。

当时，隋朝扬言南下讨伐，并且已经攻占了江北淮南大片土地。陈叔宝刚刚登基，非常惊慌，立刻派出使者出使隋朝求和，杨坚欣然应允，便下令撤军。杨坚还抛出了一个借口，说自古就有"礼不伐丧"的规矩，陈宣帝刚刚驾崩，陈叔宝刚刚继位，我们撤军也是应该的。

当然，杨坚撤军的主要原因并非"礼不伐丧"，而是突厥南犯，杨坚为了避免两线作战，不得已只能下令撤军，偏偏这个时候陈朝使臣上门求和，杨坚正好有了顺坡下驴的借口。

使臣回到陈朝之后，看到杨坚同意求和，陈叔宝非常高兴。同时，陈叔宝也十分好奇杨坚的为人，于是就让使臣把杨坚的相貌临摹出来。当陈叔宝查看画像的时候，他吓得脸色煞白，大叫道："吾不欲见此人。"左右连忙收起了画像。

第二年，即隋朝开皇三年，公元583年，陈朝改元至德。

从这一年开始，杨坚开始了励精图治，陈叔宝开始了声色犬马，一边是欣欣向荣、昂扬向上的隋朝，另一边则是纸醉歌迷、意志消沉的陈朝，隋朝越来越强盛，而陈朝越来越颓败。

历史的跷跷板就这样一边倒地倾斜向了隋朝，隋朝距离天下一统只有一步之遥。

玉树后庭花

杜牧有一首著名的《泊秦淮》：

烟笼寒水月笼沙，夜泊秦淮近酒家。
商女不知亡国恨，隔江犹唱后庭花。

这里的"后庭花"所指的就是《玉树后庭花》，它的作者就是陈后主陈叔宝。

陈后主是著名的文人皇帝，他留下的作品也比较多。明代人编辑有《陈后主集》，今人逯钦立先生辑校的《先秦汉魏南北朝诗·陈诗》中，也收录了他99首诗歌。

由于《玉树后庭花》在后世影响力巨大，所以我们通常都认为陈叔宝的诗歌风格属于艳情宫体诗，实则不然，陈叔宝也创作过不少边塞诗、咏物诗和山水诗。可以说，陈叔宝的诗歌风格还是比较多样的。

比如，陈叔宝就创作过一首《饮马长城窟行》：

月色含城暗，秋声杂塞长。

何以酬天子，马革报疆场。

这样豪迈的诗歌，你能想象得到是陈叔宝所创作的吗？恐怕很多人都联想不到。

这其实也印证了一个道理，作诗和做人是两码事，有的人在诗里特别会表达为君之道、尧舜之道，但是做起事来却滥用民力、穷兵黩武。也许你猜到我说的是谁了，这就是后来令隋朝二世而亡的隋炀帝杨广。

陈后主没有隋炀帝那么大本事，但是他十分崇尚文学气息，有点像后来的南唐后主李煜。正所谓爱屋及乌，陈叔宝把他对文学的热爱带到了朝堂之上，在朝堂上也刮起了一股文学之风。比如他就任用了一个著名的文人来处理政务，这个人就是江总。

江总是当时南朝著名的大才子，最大的特点就是爱好读书。喜欢读书当然只是一件很平常的事，但是江总却能把读书这样一件平凡的小事做到极致，他家中藏书万卷，然后不分昼夜废寝忘食地阅读，从早到晚手不释卷。他喜好读书的名声迅速传遍了南朝文学界，很多白发银丝的老知识分子都愿意和他做忘年交，可谓轰动一时。

当时，朝中的尚书令一职缺人，江总就向陈叔宝推荐了一个，此人叫作姚察。陈叔宝十分高兴，他早就听说过姚察的大名，知道这人也是个文化人，便说道："姚察不只是学问好，操守品行也高，这样难得的人才，今天我算是得到了。"

说起姚察，大家可能会觉得陌生，但是他在中国史学史上却占有重要地位。姚察和他的儿子姚思廉，共同完成了"二十四史"中两本书——《梁书》和《陈书》。我们现在所讲的陈朝历史，其实都是姚察父子写下来的。

不过，陈叔宝也不完全是只任用文人治国，他还任用一些游手好闲溜须拍马之徒。

当时就有一个叫孔范的人，他是孔子之后，但是却没有孔子的学问，人品也很差。孔范这样的人，原本是入不了陈叔宝的眼的，但是他极会钻营，和陈叔宝的爱妃孔贵嫔结为了干兄妹，在孔贵嫔的帮助之下，孔范从此平步青云，成了陈后主最信任的朝臣之一。

孔范虽然没什么本事，但却自命不凡，自诩为文武全才，有一次就对陈后主陈叔宝说："外间诸将，都是行伍出身，只有匹夫之勇；深谋远虑的事，岂是他们所知道的！"

陈叔宝一听，觉得孔范言之有理，就罢黜了很多武将，把兵马之权交到了孔范等人的手上。文人掌兵，这不是天方夜谭吗？文人挥舞笔杆子可以，让他去舞枪弄棒，这怎么可能呢？

其实，我觉得陈叔宝之所以会听取这样的意见，和他之前遭遇到的陈叔陵政变有关。陈叔宝打心眼儿里害怕政治、害怕军事，如果夺掉武将的兵权，自己不就可以高枕无忧了吗？

而且，中国也有句古话，秀才造反，三年不成。兵权交给孔范这些人有什么好怕，他们最多不过是贪权，他们就算是吃了熊心豹子胆也不可能起兵造反。

这就是陈叔宝的文人班子，在陈叔宝身边，聚集了众多江总、孔范这样的文人雅士。陈叔宝经常把这些人召集到宫中，把这些人称为"狎客"，再从后宫挖掘出十几个才貌双全的宫女，称为"女学士"，就这样男男女女一大帮人会聚在一起，一起饮酒作乐、吟诗作赋。

本来后宫是禁地，中国人非常讲究男女之别，但是在陈叔宝眼里，这些根本都不算个事儿，只要自己玩得开心就好。

我们再来看看陈叔宝的后宫。

就在至德二年（584）的时候，陈后主陈叔宝就开始了一项重大的土木工程——他在光昭殿前建筑了三座阁楼，分别取名为临春阁、结绮阁、望仙阁。

三个阁楼，高数十丈，每座阁楼上都有数十个房间，建造阁楼的木料全部采用沉香木、檀香木，再用黄金、玉石镶嵌其中，屋内设有宝床、宝帐，衣服、玩物，极尽奢华。三个阁楼下面又开挖水池，建造假山，种植了各种奇花异草。

其中，陈叔宝住在临春阁，他最宠爱的张贵妃张丽华住在结绮阁，龚贵嫔和孔贵嫔则住在望仙阁，三座阁楼之间有双层走廊相连，陈叔宝可以随时召幸自己的爱妃。

除了这几位爱妃之外，还有王美人、李美人、张淑媛、薛淑媛、袁昭仪、何婕好、江修容等，她们都深得陈叔宝的宠爱，轮流侍奉陈叔宝。

有人可能会有疑问，怎么都是妃子呢？皇后去哪儿啦？

陈叔宝的皇后叫沈婺华，出身于吴兴沈氏，是江南的名门望族，母亲又是陈高祖陈霸先的女儿，可见她出身高贵。

沈婺华性情寡淡，无欲无求，知书达理，温文典雅，用现在的话来说，沈皇后这个人非常高冷。这样的人让陈叔宝实在爱不起来，陈叔宝经常半年都不去见沈皇后一次。

沈皇后与世无争，她知道陈叔宝宠幸张丽华，但她从来都不会争风吃醋，从无嫉妒之色。因此，陈叔宝把后宫之中大小事务全部交由张丽华处理，沈皇后从无异议。

偶然有一次，陈叔宝想临幸沈皇后，就来到沈皇后的房中。然而，陈叔宝坐在房中，沈皇后却半天一点表示都没有，脸色不冷不热，二人也没有共同语言交流。陈叔宝实在忍不住了，起身准备离开。沈皇后恭送陈叔宝，连一句挽留的话都没有。

陈叔宝十分郁闷，别的女人对他都是热情洋溢，偏偏就只有沈皇后对自己不冷不热。临走时，陈叔宝说道："你为何连一句挽留的话都不说呢？"

喜爱吟诗作赋的陈叔宝，当即便写下一首《戏赠沈后》：

留人不留人，不留人亦去。此处不留人，自有留人处。

沈皇后看罢，也写了一首答诗回敬陈叔宝：

谁言不相忆？见罢倒成羞。情知不肯住，教遣若为留。

陈叔宝的那句"此处不留人，自有留人处"，一直流传至今，变成了"此处不留爷，自有留爷处"。

从沈皇后的诗里可以看出，沈婺华内心其实还是渴望陈叔宝的宠爱的，但是人有点古板，放不下架子，不会像其他妃嫔一样表达感情。因此，陈叔宝突然降临，反而让她觉得有点尴尬，无所适从，如果强行挽留，又觉得丢面子。

可见，两个人的性格实在不合。

而在这众多妃嫔之中，陈叔宝最宠爱的就要数张丽华了，他也把宫中事务都交给了张丽华来处理。随着陈叔宝和沈皇后的关系逐渐疏远，他渐渐萌发了废黜沈皇后、改立张皇后的念头，只是碍于一些朝臣的反对，始终未能付诸行动。

张丽华，出身卑微，家中几代人都是当兵，父兄以织席为业。最初她只是龚良娣（后来的龚贵妃）身边的侍女，一次偶然的机会，她被当时还是太子的陈叔宝一眼看中，她从此开始得宠。

张丽华得宠之后，先后为陈叔宝诞下第四子陈深和第八子陈庄。陈叔宝登基称帝之后，张丽华晋位为贵妃，从此恩宠不断。

能获得陈叔宝多年的宠幸，张丽华自然不是等闲姿色。据说，张丽华发长七尺，比人的身高还长。而且，张丽华记性极佳，思维敏捷，经常给陈叔宝出谋划策，替他分析问题和出主意。

有这样的红粉佳人，陈叔宝自然是乐得逍遥，也正是在此期间，他创作出了著名的《玉树后庭花》《临春乐》等。

陈后主日夜沉浸在温柔乡中，对政事也无心过问，他整天不上朝，百官也见不到皇帝的面，朝臣们的奏疏都是通过宦官代为传达。每次陈叔宝处理公文，都是把张丽华抱在膝盖上，一边批阅奏疏，一边和张丽华说笑。

于是，朝政大事渐渐被张丽华和宦官们掌控，公卿大臣们无不攀附张丽华，只要张丽华一句话，所有人都得唯命是从，不然就会遭到她的打击报复，陈朝政治也愈加黑暗和腐败。

其实，陈叔宝很多时候也察觉到自己言行有失，就会自责起来，这个时候孔范就会从旁开解，把陈叔宝所做的很多原本不太好的事，曲意解释成好事，对他歌功颂德，陈叔宝便龙颜大悦。

一个皇帝如果只听得好话，却听不得坏话，那朝廷的言路必然堵塞，身边都是阿谀奉承之辈，真正有才能的朝臣被越来越疏远。要知道，小人是无法治理好国家的，一个国家如果是小人当道的话，那这个国家势必不会长久。

《陈书》记载，此时的陈朝可谓是"阉宦便佞之徒，内外交结，转相引进，贿赂公行，赏罚无常，纲纪瞀乱矣"。

其实，客观评论，陈叔宝并不是一个坏人，也不是坏皇帝，除了做过一些大兴土木劳民伤财的事情之外，他并没有刻意做过任何危害国家的事情。

陈叔宝是个绝好的文人、诗人、艺术家、音乐家，但偏偏他错生在了帝王家，并且成了一国之君，他的人生注定是一场悲剧。

平陈方略

陈叔宝曾经对着杨坚的画像说："吾不欲见此人。"后来的事实证明，陈叔宝陷入了"墨菲定律"，他怕什么偏偏就来什么，即便陈叔宝不想见杨坚，但杨坚已经磨刀霍霍，迫不及待想要见他了。

杨坚为了麻痹陈叔宝，经常和陈叔宝往来书信，在书信中常常用词谦卑，书信末尾都要写"杨坚顿首"四个字，即便是派使臣出使陈朝，杨坚也再三叮嘱，千万不要逞口舌之快和陈朝君臣闹不愉快。

陈叔宝常年居住深宫，张贵妃、孔贵嫔以及一种文臣宦官把陈叔宝哄得团团转，从来都是报喜不报忧，这让陈叔宝根本不清楚外界天下的局势。

闭目塞听的陈叔宝一直以为陈朝国富民强，当他看到杨坚来信如此谦卑的时候，他就更加坚信了这一点，看来隋朝不过是一介蕞尔小国，杨坚都害怕自己，内心不禁有点飘飘然起来。

盲目自大的陈叔宝开始以"天朝上国"自居起来，在给杨坚回信中，他说道："想彼统内如宜，此宇宙清泰。"意思是，你的国家过得还好吧？我的宇宙十分清静太平。

管自己的国家叫"宇宙"，管杨坚的国家叫"统内"，管自己国家的情况叫"清泰"，管杨坚的国家情况叫"如宜"。

言辞之间，尽显傲慢和无礼！

这让我联想到后来清朝乾隆皇帝给英国女王的回信，乾隆说："天朝物产丰盈，无所不有，原不借外夷货物以通有无。特因天朝所产茶叶、瓷器、丝斤为西洋各国必需之物，是以加恩体恤，在澳门开设洋行，俾日用有资，并沾余润。"

英国本来是想和清朝发展贸易的，结果乾隆却以天朝上国自居，拒绝了英国的贸易请求，出于"加恩体恤"的考虑，才在澳门单独设立洋行开展贸易。

陈叔宝此时的倨傲心态就如同一千二百年之后的乾隆。

杨坚看到这封回信，十分生气，把信件内容传示给朝臣们看。大臣们看了，也义愤填膺，纷纷扬言讨伐陈朝。

上柱国杨素立刻拜倒在杨坚面前，慷慨陈词道："君主受辱，是我等臣子的罪过，请派我讨伐南陈。"然后连连叩头。

前文介绍过杨素，他出身于弘农杨氏，是个极有血性的男儿，在周武帝平齐战争中主动请缨，并立有战功。后来，周宣帝暴崩，杨坚主政，杨素便义无反顾地投身到杨坚丞相府下，后来又跟随韦孝宽讨伐尉迟迥。杨坚受禅称帝之后，杨素也被封为了上柱国。

杨坚没有说什么，但是杨坚的意思早已昭然若揭，他早就想伐陈了，把信件给朝臣们看，不仅是出于自己生气，更是想让朝臣们也感受到来自陈朝的羞辱，他想让所有人都支持他的统一大业。

在这之后，有很多人开始向杨坚呈献平陈之策，诸如梁睿、薛道衡、皇甫绩等，光是见诸史书记载的就有十多人。

其中，有一个人献了一条非常毒辣的计策，这个人就是高颎。

高颎建议，长江南北庄稼成熟的时间存在时间差，南方比北方成熟得早，南方农忙时节北方还正是农闲的时候，我们可趁这个机会，在他们忙着收庄稼的时候，我们征集少量军队，在边境上虚张声势，装出一副要进攻的样子，他们必然会丢下手中的农活儿，拿起武器以作防御。

然后，等他们集结得差不多的时候，我们就下令撤军。这样多次以后，他们的粮草会大量折损，我们再次集结军队的时候，他们也会放松警惕，到时候可以打个出其不意。

损招儿不止这样一个，高颎继续说，江南土薄（地下水位高），他们通常不会把粮食放在窖藏里，而是囤放在地上的茅草屋里，我们只要派遣小股人马，偷偷烧掉他们的粮仓，他们再建，我们再烧，如此多次以后，就能极大地消耗对方物资储备。

说到底，这就是个疲敌之计，无形中消耗掉对方的实力，从而增加战争的胜算。

杨坚对高颎的建议十分赞赏，连连称赞，于是便依计而行。高颎的这条计策，如同一把无形的刀，深深地刺进了陈朝的心脏，可谓杀敌于无形。

结果可想而知，陈朝上下都摸不清楚隋朝打的是什么主意，一会儿莫名其妙集结兵力，一会儿又偷偷纵火。当有一天，他们开始盘查仓库的时候才发现，仓库里的粮食已经所剩无几，这时候他们才反应过来，原来隋朝是想从经济上拖垮自己，然而为时已晚。

想要讨伐陈朝，多少都得找个借口，正当杨坚为伐陈殚精竭虑的时候，一个绝佳的发动战争的借口来了。

公元 587 年，杨坚征召西梁皇帝萧琮到长安朝见，西梁也就此灭亡。然而，当时的江陵城人心惶惶，有很多百姓就聚拢在萧琮的叔父萧岩的旗下，跟随着萧岩归顺了陈朝。

面对十多万百姓的投奔，陈叔宝自然不会拒绝，热情地接纳了萧岩和江陵百姓。

陈叔宝虽然爱好文学，但很显然他没读过多少史书，就是几十年前，梁武帝也接纳了来自北朝投奔的侯景，结果却酿成大祸。此时，萧岩就如同侯景，对陈朝来说有害无益，只能惹来祸乱。

陈叔宝觉得自己是"天朝上国"，所以才会有这么多百姓前来投奔，他为此沾沾自喜，于是他又决定来年元旦举行大阅兵，在自己的新国民面前好好宣扬一下陈朝的强大国威。

为了举行阅兵式，陈叔宝把长江上的战舰全部调遣回建康城。因此，当隋军大举南下时，长江江面上竟然没有一艘陈军战舰。

为了要面子，讲排场，陈叔宝竟然不惜撤掉边境线防卫力量，简直是昏庸到家了。

公元 588 年，隋开皇八年三月，杨坚发布诏书，宣布对陈朝讨伐。

战争究竟该怎么打呢？崔仲方为杨坚制定了全套的作战方针：

今唯须武昌已下，蕲、和、滁、方、吴、海等州更帖精兵，密营渡计。益、信、襄、荆、基、郢等州速造舟楫，多张形势，为水战之具。蜀、汉二江，是其上流，水路冲要，必争之所。贼虽于流头、荆门、延州、公安、巴陵、隐矶、夏首、蕲口、盆城置船，然终聚汉口、峡口，以水战大决。若贼必以上流有军，令精兵赴援者，下流诸将即须择便横渡。如拥众自卫，上江水军鼓行以前。虽恃九江五湖之险，非德无以为固，徒有三吴、百越之兵，无恩不能自立。

我很少会大篇幅引用史料，但是对于崔仲方的这篇作战方略，我却不得不引用，因为整套作战方略的设置可谓十分精彩。

崔仲方的意思是，陈隋之间隔着长江天堑，因此，平陈最大的困难就是如何突破这条天险。

长江上游两个重要的关口，一个是三峡的峡口，另一个是汉江入口汉口。崔仲方认为，我们应该在长江中游的武昌地区增派精兵，同时在位于上游的四川地区建造舟船，大造声势。

如果陈朝担心长江上游、中游地区的安全，派精锐部队来布防的话，那隋军就在下游趁机横渡长江；如果陈朝固守下游核心地区，那隋军就从上游以及中游顺流而下。

实际上，这个建议和三百年前晋灭吴的作战部署十分相似，王濬楼船破吴的故事相信很多人都知道。什么是军事经典？这就是，时隔三百年再次运用，依然可以获得胜利。

杨坚对崔仲方的计策非常赞成，于是任命他为基州刺史（今湖北荆门），让他负责大建水师。

日落金陵

隋开皇八年（588）九月，杨坚开始了对陈朝的讨伐。

杨坚集结了五十一万兵力，把他们分成了三个集团军：

第一集团军由杨坚的二儿子晋王杨广担任行军元帅，下设四路大军，负责长江下游作战，重点突破陈朝的首都建康；

第二集团军由杨坚的三儿子秦王杨俊担任行军元帅，下设三路大军，负责长江中游作战，重点突破汉口；

第三集团军由清河公杨素担任行军元帅，下设两路大军，负责长江上游的作战，重点突破三峡的峡口。

对于这一切，陈叔宝自始至终都被蒙在鼓里，即便有探子报告军情，他也不以为然，反而从容地对大臣们说："王气在我们这边，当年北齐军队三次南下，北周两次，无不败退，如今，他杨坚又算得了什么！"

尚书孔范也附和道："长江天堑，自古以来一直隔绝南北，今日隋军岂能飞渡？边将们想升官发财，才谎报军情，我经常不满意我的官位，假如隋军真的要渡江，我一定能当上太尉了！"

有人报告隋军死亡了大量战马，孔范却说道："这即将是我们的马了！为何要死掉呢！"陈叔宝不仅不以为意，反而哈哈大笑起来，于是更加放松警惕，一如往常。

孔范原本就自命不凡，以文武全才自居，如今随军打来，正是他施展军事才干的好机会，他又怎能轻易放过呢！

在这之后，边境上传来的所有告急文书，全部都被陈叔宝身边的宠臣拦截了下来，不予呈报。

隋开皇九年（589），这一天是农历正月初一。

陈叔宝和他的朝臣们，沉浸在春节的氛围中，众人喝得酩酊大醉。偏偏这一天又起了大雾，雾色朦胧，而且十分呛鼻。陈叔宝就这样昏睡过去，一直到当天的下午才睡醒过来。

就在陈叔宝昏睡的时候，驻扎在广陵（今江苏扬州）的吴州总管贺若弼已经趁着雾气发起了渡江战役。

驻守在长江边的陈朝守军也是喝酒的喝酒，打牌的打牌，毕竟这是春节嘛，谁都不想在春节的时候还值班上岗。

贺若弼率领着他一万两千人的军队，堂而皇之地渡过了长江，并轻而易举地攻下了京口（今江苏镇江）。

而驻守在横江（今安徽和县）的庐州总管韩擒虎，带领着五百人的队伍，从除夕夜开始就发动了进攻，一举拿下了采石（今安徽马鞍山）。

同一时间，晋王杨广也率领大军驻扎在六合的桃叶山（今江苏南京六合区瓜埠镇）。

京口、采石、桃叶山正好处在建康城的东、南、北三个方向，可以说，隋朝大军已经从三个方向对身处建康城的陈叔宝实现了战略上的全面包围。

而此时的陈叔宝却刚刚酣睡醒来，他根本不知道就在几十里外，隋朝的三支大军已经把自己团团包围了。

陈叔宝和孔范口中的"长江天堑"，却被隋军如此轻易地突破，一方面是隋朝战略战术得当，另一方面可以说就是陈叔宝自己咎由自取。

而当隋军成功跨过长江之后，他们已经避免了和陈军在水上作战，在陆路上，他们的长处将得以施展，他们也将无所畏惧，而此时的陈叔宝已然成了瓮中之鳖，等待他的只有束手就擒。

正月初三，也就是隋军渡江两日后，陈叔宝才得到了采石守将传来的有关隋军南渡的消息。

这时候，陈叔宝才终于开始着急了，他像热锅上的蚂蚁一样急得直跺脚，他找到了孔范，向他寻求对策。孔范之前说过，武将们只知道逞匹夫之勇，要求撤掉武将的兵权，而且他反复称自己是文武全才。好了，现在正是你一展才华、建功立业的好时候，孔范你还等什么呢？

陈叔宝焦急地等待着孔范的答复，哪怕是一个肯定的眼神也行，然而孔范自己也傻了眼、犯了尿，半天说不出一句话。陈叔宝这才知道，原来孔范只会吹牛皮，动真格的就彻底不行了。

陈叔宝立刻又想到了自己还有两员猛将，他们就是萧摩诃和任忠。

任忠首先提出应敌之策，他认为应该坚守台城，坚壁清野，城中兵足粮丰，不可跟隋军正面交锋，等到春雨涨起来的时候，上游的周罗睺将军，必定沿着长江而下赶来援助。

然而，陈叔宝最终选择听从萧摩诃的建议，主动出击。

正月二十，萧摩诃带领着十万陈军，倾巢而出。然而，奇怪的是，大军却南北排列，摆成了一条三十里的长阵。长阵头和尾，根本无法互通消息，将帅无法节制，犹如一盘散沙。

当时驻扎在蒋山的贺若弼，手下只有八千人，他原本想暂时撤退，以避陈军的锋芒。然而，当他登上山顶远眺之时，他才发现陈军竟然摆出这样的"一字长蛇阵"，这打起来就太简单了，随即放弃了撤退的想法。

从兵力对比来看，贺若弼只有八千人，陈军有十万之多，兵力对比悬殊。但是，两军一交战，贺若弼的军队便如同砍瓜切菜一般把陈军打得无力还击，陈军中唯独鲁广达所率部下作战最为英勇。

贺若弼在鲁广达面前吃了亏，不敢贸然前进，于是他命人点起浓烟，以此挡住敌人的视线，然后才撤军。

这时候，陈朝士兵开始忙着争抢地上隋军的尸首，砍下首级，好回去领赏。也正是这个节骨眼，隋军不仅躲避了鲁广达部队的锋芒，而且引来了陈朝士兵的争抢，一时间陈军阵脚大乱。

机会来了，贺若弼再次下令发起进攻，这次他把矛头对准了孔范。

柿子要拿软的捏，孔范无疑就是个软柿子。两军刚一交战，孔范的军队立刻兵败如山倒，溃不成军，陈军伤亡五千余人，就连主将萧摩诃也被贺若弼的部下俘虏了。主帅被擒，整个陈军自然也就不攻自破了。

这一战，我们可以看到萧摩诃几乎没起到什么作用，这和他当年的风采相比差得实在太远了，根本就不在一个水平线上。这是怎么一回事儿呢？

原来，就在萧摩诃领兵出征的时候，陈叔宝竟然偷偷把萧摩诃的老婆接到了宫中。别看萧摩诃是一个武将，但他的老婆却颇有姿色，陈叔宝也是垂涎已久，趁着这个机会就把萧摩诃的老婆给奸污了。

我给你卖命打仗，你却在背后给我戴绿帽子，既然如此，这仗我也没办法打了，索性束手就擒好了。

萧摩诃战败之后，陈叔宝只好再次找老将任忠求助。任忠却说道："一切都晚了，陛下收拾好东西，乘船逃走吧，臣一定护您周全。"

陈叔宝非常感动，当即就命张贵妃收拾行囊细软，然后坐在宫中等候任忠的接应。然而，陈叔宝左等右等，等得火烧眉毛了，等来的却是任忠投敌的消息，以及凶神恶煞的韩擒虎。

关键时刻，任忠背弃了他的名字，选择了"不忠"，他让陈叔宝在宫里等候，其实是怕陈叔宝乱跑，而他自己则投靠了韩擒虎，然后把陈叔宝当作礼物送给了韩擒虎。

萧摩诃和任忠都是陈朝资历最老的将军，如今他们一个被擒，一个投降，其他的陈朝士兵也纷纷丢盔弃甲，放弃了抵抗。

就这样，韩擒虎不费一兵一卒，带着兵士大摇大摆地进入了朱雀门，直奔台城而来。

正所谓大难临头各自飞，此时，陈叔宝身边的文人"狎客"早已是树倒猢狲散，纷纷离陈叔宝而去。如今仍然选择留在陈叔宝身边的，除了张贵妃和孔贵嫔之外，就只有尚书仆射袁宪一人了。

陈叔宝不禁长叹一声："非唯朕无德，亦是江东衣冠道尽。"

意思是，如今落得这般下场，不仅仅是我无德所致，更是江东衣冠沦丧的结果啊！

陈叔宝惊慌失措，想找地方躲藏，袁宪却严肃地说道："隋军进入皇宫后，必不会对陛下有所侵侮。事已至此，陛下还能躲到什么地方去？我请求陛下把衣服冠冕穿戴整齐，端坐正殿，依照当年梁武帝见侯景的做法。"

当然，陈叔宝毕竟只是陈叔宝，他没有梁武帝的胆识，他也做不到用气场来震慑敌人。

陈叔宝只说道："我自有办法！"

说罢，陈叔宝就带着两位爱妃逃出了宫殿，看到殿后有一口深井，于是便抱着两个爱妃，用绳索吊着，钻了进去。

果然是个好办法，妙！实在是妙！

袁宪看得是既好气又好笑！

没过多久，韩擒虎的人马终于到了，然而他们左找右找，怎么也找不到陈叔宝的踪影，难不成长翅膀飞啦？

正好有细心的隋军兵士路过井口，发现里面有异样，于是便向井里窥视，果然发现里面有人影闪动，并大声喊叫，然而井下始终无人应答。

士兵扬言说道："再不回答，就扔石头啦！"井下这才立马传出求饶的声音。

众人用绳索往上拉人，感到非常沉重，直到把人拉上来，才发现下面是三个人——陈叔宝和张贵妃、孔贵嫔。

这口井本来只是一个极普通的井，然而经过陈叔宝的这次投井，这口井也有了一个新的名字——胭脂井。后世文人常来此凭吊，感叹陈朝灭亡的历史教训，这口井也因此被称为"辱井"。

陈叔宝，以一种狼狈而可笑的方式，结束了自己的帝王生涯。从此以后，他只是一个阶下之囚。

建康城破，陈朝自此灭亡。

隋开皇九年（589），这注定是一个铭刻史册的年份，分裂三百多年的中华大地，再次迎来了天下一统。

回首北魏末年以来的割据纷争，这五十年间，光明和黑暗并存，人性和道德在动荡中被重塑，胡人的血、汉人的泪最终铸成中华民族的坚韧骨骼。

宇文泰、高欢、宇文邕、陈霸先、杨坚……这些名字注定将成为历史的过客，但是，他们为我们所创造出的灿烂文明将永远伴随我们！

盛世的大幕

魏晋南北朝近四百年，从三国（魏、蜀、吴）始，又以三国（周、齐、陈）终。

东汉后期群雄割据，最终分裂为三国。从黄巾起义（184）算起，到曹丕代汉称帝（220），历经三十多年才形成魏、蜀、吴三足鼎立的格局。而三国归晋，从魏灭蜀（263），到晋灭吴（280），也历经了十七年的历史。

然而，到了南北朝后期，从周武帝灭齐（577）算起，到隋灭陈（589），前后历时却只用了短短十二年的时间，就完成了隋朝大一统的历史重任，这不能不说是个历史的奇迹。

因此，难怪清朝的赵翼会发出这样的感叹——"古来得天下之易，未有如隋文帝者"！

隋文帝不仅是靠欺负孤儿寡妇得的天下，而且在最短的时间内，完成了天下一统，这等成就实在来得太过容易！

古往今来，哪个开国之君不是经历一番腥风血雨才上位的？更别提开创大一统王朝这样的伟业。但偏偏杨坚就这么"容易"夺取了皇位，并完成了天下一统，简直是羡煞世人！

杨坚夺取天下真的很"容易"吗？笔者认为，说容易也容易，说不容易也不容易。

杨坚夺取天下的"容易"之处，有三个方面：

第一，北周武帝宇文邕和他的北周王朝给杨坚留下了极为丰厚的政治遗产。

宇文泰和周武帝两代帝王的军政改革，不仅使北周的国力得到极大提升，并且最终实现了对北齐的军事征服，短短十余年间，巴蜀、江汉、山东全部都成了北周的领土，而南朝政权则龟缩于江南，南北强弱形势已经奠定。

第二，北周中央集权的加强。

西魏宇文泰府兵制改革以来，朝廷中形成了以八柱国为核心的"关陇贵族集团"，这些人出则为将、入则为相，掌握着西魏最高军政权力。然而，随着北周的建立，宇文家族攫取了最高皇权，八柱国的势力迅速转向衰落，客观上来说，北周的中央集权得到了极大加强。

周武帝宇文邕亲政之后，继续推行军政改革，把府兵的统治权从军将收归中央，这意味着从今以后府兵只听命于皇帝一人，大大削弱了传统的军事旧贵族的势力。在军事部署上，遵循内重外轻的原则，府兵的精锐兵力都集中在京师附近，地方上兵力有限，后来三总管叛乱被迅速平定，即与此有关。

再加上周宣帝的猜忌，他为了巩固自己的皇权统治，大肆杀戮前朝功臣，拥有实权的宗室成员也都被外放到地方，因此，杨坚一旦获取中枢最高权力，其他方面就都成为次要问题了，从而显得他的上位"容易"很多。

第三，杨坚夺取天下偶然性因素很强，也就是说杨坚的"运气"非常好。

杨坚最大的"好运"莫过于周宣帝的突然暴崩。当时周宣帝宇文赟才二十岁出头，任谁都不会想到他会意外驾崩，但是这种看似不可能发生的事竟然发生了，这也成为杨坚人生中最大的一次机遇。

随着周宣帝的意外驾崩，北周的中枢突然真空，这给了杨坚趁机窃取权柄的绝佳机会，最终杨坚完整地"继承"了北周的全部遗产，并实现了南北一统。

可以说，杨坚在称帝的过程中充满了"好运气"，而且周武帝宇文邕所做出的历史功绩全部成了后来隋王朝走向盛世的"嫁衣"。纵观中国古代历史，这种"好运"恐怕只有后来建立宋朝的赵匡胤可以与之相媲美。

但是，历史应该辩证地去看，杨坚夺取天下同样也充满了艰辛和不易，主要体现在三个方面：

第一，杨坚多年培植的强大的人脉网络。

杨坚从进入太学读书开始，就结交西魏北周官场上的人脉，杨坚无论被派遣到何处任职，他都能结交一批"死党"。在周宣帝病危之时，刘昉和郑译矫诏拥立杨坚辅政的过程，正是他多年培植亲信的"成果"体现。

在杨坚掌控京师的过程中，柳裘、卢贲、皇甫绩等人同样也发挥了极为重要的作用，他们不仅为杨坚制造声势和舆论，更是积极为杨坚刺探情报，"五王"的最后落败就归功于杨坚的强大人脉和情报网络。而这一切不仅要靠杨坚个人的威望，更需要他花费多年心血才能培植起来。

第二，杨坚强大的政治才能。

杨坚强大的领导力，我在讲平定三方叛乱的时候就说到了，这里我再说一下隋朝建国之初的情况。

隋朝建国之初，可谓是"四面楚歌"，隋朝北有突厥，西有吐谷浑，东北有高宝宁势力，南有陈朝。这样的"国际"环境，无疑非常考验杨坚的领导和决策能力。杨坚采用了长孙晟"远交近攻""离强合弱"的计策，在短短几年之内就迅速消除了来自北方的外患，甚至赢得了"圣人可汗"的名号。

第三，隋朝完成统一要比以往历史上的任何一次大一统都更加艰难。

这是我们重点要讲的一个问题，这个问题其实也可以换种表述，那就是隋朝的大一统和以往其他王朝的大一统到底有何不同。

在隋朝之前，能够实现大统一的有秦朝、汉朝、西晋这三个王朝，局部实现统一的也有曹魏、前秦、北魏。但是，它们的统一更多是版图意义上的统一，而隋朝的统一则更为深刻。

隋朝不仅实现了中国版图的统一，更是实现了另外两个维度上的大一统，即民族文化认同上的"大一统"和南北文化认同上的"大一统"。

我们要知道，西晋、前秦、北魏，其实都是被内外的民族矛盾所击败的，而秦朝之所以短命而亡，也和当时的"东西矛盾"有着密切关系，最终将秦朝推翻的无不是来自东方六国的力量。

从西魏到北周，从宇文泰到宇文邕，数十年历史上，汉化改革无时无刻不在推行着，这最终帮助北周实现了北方的统一。而隋朝完整地继承了北周的衣钵，同时吸纳了北齐和南陈的汉族文化，这种民族文化上的兼收并蓄最终成就了多民族统一的隋唐大帝国。

比如杨坚和他的妻子独孤皇后，他们这对联璧其实就是胡汉融合的明证。独孤皇后其实是出身鲜卑族，她本人也性格剽悍，这其实就是北朝胡风的影响使然。后来唐朝出现了一代女皇武则天，我们其实就可以从独孤皇后这里找到影子，正是这种胡风的融入，才唤醒了当时"女性意识"的觉醒。

同时，我们还可以看到一个现象，无论是北魏孝文帝，还是北周武帝，虽然他们都是鲜卑人，但是却从不以蛮夷小国自居，而是自认是"中国"的主人，并且参与到了与南朝争夺"天下之主"的竞争中。

这本质上就是一种汉化的体现，作为草原民族的统治者，却怀揣起"定鼎中原"的志向，这无疑是受到了汉文化"天下观"的影响。

再说，南北文化认同上的"大一统"。

从西晋灭亡以来，上百年的南北对立，造成了南北文化上的隔阂，南朝称北朝为"索虏"，北朝称南朝为"岛夷"。南北朝在文化上常常处于南北对立的状态，势如水火。

然而，随着侯景之乱的爆发，大量北人开始在南朝任职，大量的南朝官员也开始进入北朝，前文中我们提到的颜之推颜氏家族"身仕四朝"就是这样的例证。这样一来，南北之间人员流动大大加强，南北之间的文化隔阂也逐渐被消弭。

隋朝平定陈朝之后，虽然陈朝江南旧地也出现了一些反叛势力，但是隋文帝杨坚派出二子晋王杨广前往江都担任扬州总管，在南方采取了文化上的怀柔政策。杨广在担任扬州总管期间，积极笼络江南士大夫，又结交高僧大德，这对消弭南北隔阂和稳固大一统局面起到了极为重要的影响。

隋文帝虽然对北周宗室大肆杀戮，但是他对陈朝和西梁的皇室后裔却非常不错，身为亡国之君的陈叔宝和萧岿在隋朝享受到了极大的礼遇。

历史学家田余庆在《东晋门阀政治》中提出："即令苻坚通过一次战役的胜利消灭了江左政权（东晋），也不过是把北方的民族动乱扩大到南方，从而使南北统一根本无法维持。"

前秦苻坚也曾有过大一统的曙光，但是，诚如田余庆先生所言，前秦即便能取得淝水之战的胜利，统一东晋，完成版图的统一，但是内部的民族矛盾和南北隔阂没有解决，这样的大一统也注定不会长久。

而到了隋朝的时代，无论是民族文化认同，还是南北文化认同，隋朝都已经具备了实现大一统的可能，而且这种大一统绝非表面的版图统一，而是更为深刻的文化心理认同上的统一。

我们还是那句老话，历史是复杂的，是多种因素聚合的结果，单纯地用"容易"和"不容易"来评判一个王朝的建国和统一，这未免显得过于武断。

这同样也带来另外一个问题，从南北朝分裂到隋朝一统，历史究竟发生了什么改变？

从表面上看，这只是一次由分裂到统一的改朝换代，政权的更迭和过渡似乎并没有给历史带来什么改变。

但从更大的角度来看，从南北朝到隋唐，历史确实发生了一次巨变，最大的变化其实就是贵族政治的解体，最大的表现就是科举制的创建。

钱穆在《国史大纲》中说，到了隋朝"古代之贵族封建，以及魏晋以来之门第特权，至此皆已消失"。

可能很多人会认为，宋朝以后中国才算走入官僚社会，而在宋朝以前的隋唐时期，仍为贵族政治时代。虽然科举在隋朝便已创建，唐朝继续完善，但是在很长的一段时间里，通过门第和恩荫入朝为官的人仍然占据了大多数。而且，古代的文字普及程度不高，能够读得起书，同时还能走上科举之路的，基本都不会是平民出身，家底普遍比较殷实。

不过，正如阎步克先生所说，隋唐时代的恩荫已经和魏晋时代的恩荫大为不同，魏晋南北朝时代的恩荫是属于门第特权的，而隋唐时代的恩荫已经属于官僚特权了。而且，从人的角度说，"昔日的士族也已按新的游戏规则争权夺势了"。

什么是"新的游戏规则"？这就是科举。

没错，在隋唐的科举时代，世家大族依然是官场上的主角，但是，不管你是高门大族还是平民百姓，从此刻开始，绝大多数人都必须按照"新的游戏规则"来进入仕途。

这就让隋唐社会呈现出一种"竞争性"的特征，这种特征在秦汉魏晋南北朝时代是不存在的，在隋朝以前是世卿世禄，官位都可以世袭，高门大族永远都不需要担心丢失"铁饭碗"。但是进入隋唐时代，高门大族也要开始担心起自己的未来了，门第郡望虽然仍是行走社会的头号"名片"，但是它的作用已经越来越衰弱了。

这其实也体现了制度上的一种"滞后性"。科举制度虽然建立了，但是贵族政治要真正被破除却仍需要一段很长的路要走，这段路一直走到宋朝才真正完成，科举制才真正大行于世，才真正实现了"朝为田舍郎，暮登天子堂"的理想愿景。

除了科举之外，隋朝还在北周六官制的基础上创设了三省六部制，隋朝还在北齐律的基础上制定出了《开皇律》，最后在唐高宗时代形成《唐律疏议》。阎步克在《波峰与波谷：秦汉魏晋南北朝的政治文明》中说"仅此三项进步，就足以在中国制度史上承前启后、继往开来"，是继"西汉前期的创制运动之后的又一里程碑"。

因此，从南北朝到隋朝，也就是在南北朝的这最后五十年里，历史正在悄悄地发生着巨变，它为之后隋唐盛世的到来埋下了希望的火种。

附录一

南北朝后期帝王世系表

西魏、北周世系

朝代	庙号	谥号	姓名	年号	纪年
西魏		文帝	元宝炬	大统	535—551 年
		废帝	元钦	无	551—554 年
		恭帝	元廓	无	554—556 年
北周	太祖（追封）	文帝（追封）	宇文泰	无	
		孝闵帝	宇文觉	无	557 年
	世宗	明帝	宇文毓	无	557—559 年
				武成	559—560 年
	高祖	武帝	宇文邕	保定	561—565 年
				天和	566—572 年
				建德	572—578 年
				宣政	578 年
	高宗	宣帝	宇文赟	大成	579 年正月
		静帝	宇文阐	大象	579—580 年
				大定	581 年

东魏、北齐世系

朝代	庙号	谥号	姓名	年号	纪年
东魏		孝静帝	元善见	天平	534—538 年
				元象	538—539 年
				兴和	539—543 年
				武定	543—550 年
北齐	高祖（追封）	神武帝（追封）	高欢		
	世宗（追封）	文襄帝（追封）	高澄		
	显祖、威宗	文宣帝、景烈帝	高欢	天保	550—559 年

朝代	庙号	谥号	姓名	年号	纪年
北齐	恭宗	闵悼帝	高殷	乾明	560 年
	肃宗	孝昭帝	高演	皇建	560—561 年
	世祖	武成帝	高湛	大宁	561—562 年
				河清	562—565 年
			高纬	天统	565—569 年
				武平	570—576 年
				隆化	576—577 年
			高恒	承光	577 年

梁朝、西梁、陈朝世系

朝代	庙号	谥号	姓名	年号	纪年
梁朝	高祖	武帝	萧衍	天监	502—519 年
				普通	520—527 年
				大通	527—529 年
				中大通	529—534 年
				大同	535—546 年
				中大同	546—547 年
				太清	547—549 年
			萧正德	正平	548—549 年
	太宗	简文帝	萧纲	大宝	550—551 年
			萧栋	天正	551 年
		孝元帝	萧绎	承圣	552—554 年
		闵帝	萧渊明	天成	555 年
		敬帝	萧方智	绍泰	555 年
				太平	556—557 年
西梁	中宗	宣帝	萧詧	大定	555—562 年

朝代	庙号	谥号	姓名	年号	纪年
西梁	世宗	孝明帝	萧岿	天保	563—585 年
		孝靖帝	萧琮	广运	586—587 年
陈朝	高祖	武帝	陈霸先	永定	557—559 年
	世祖	文帝	陈蒨	天嘉	560—566 年
				天康	566 年
			陈伯宗	奉业	567—568 年
	高宗	宣帝	陈顼	太建	569—582 年
		炀公	陈叔宝	至德	583—586 年
				祯明	587—589 年

南北朝后期大事年表

524 年

春，沃野镇破六韩拔陵起义，六镇起义自此爆发。

528 年

四月，尔朱荣发动"河阴之变"，将北魏胡太后和幼帝元钊在河阴抛入黄河，杀戮公卿百官 2000 余人，同时，拥立元子攸为帝，是为北魏孝庄帝。

七月，万俟丑奴起义，称天子，建百官。

530 年

四月，贺拔岳领兵进入关中，平定万俟丑奴起义。

九月，孝庄帝元子攸杀尔朱荣于殿上。

十二月，尔朱兆进入洛阳，杀孝庄帝。

531 年

六月，高欢新都起兵，反攻尔朱氏。

四月，高欢攻入洛阳，拥立元脩为帝，是为北魏孝武帝，高欢自认大丞相。

533 年

正月，尔朱兆兵败自缢。

534 年

二月，侯莫陈悦杀贺拔岳，宇文泰被推举为帅，统领贺拔旧部。

四月，侯莫陈悦兵败自缢。

七月，孝武帝元脩西逃至长安。

十月，高欢立元善见为帝，是为东魏孝静帝，改元天平，迁都邺城，北魏正式分裂，东魏自此建立。

闰十二月，宇文泰鸩杀孝武帝元脩，拥立元孝矩为帝。

535 年

正月，元孝矩正式称帝，改元大统，宇文泰自认大行台，西魏自此建立。

537 年

春，东魏攻伐西魏，宇文泰在小关之战中擒杀窦泰，东魏兵败。

十月，东魏攻伐西魏，宇文泰于沙苑以伏兵偷袭高欢，东魏兵败。

538 年

八月，宇文泰出兵洛阳河桥，中了东魏埋伏，西魏大败。

541 年

六月，杨坚诞生。

543 年

三月，东西魏决战于邙山，东魏大败西魏，西魏此战几乎全军覆没。

546 年

九月，东魏高欢发兵攻打西魏玉壁。

十一月，高欢染病撤兵，东魏大败。

547 年

正月，高欢病逝，高澄秘不发丧，侯景反叛。

二月，侯景遣使南梁。

548 年

正月，东魏慕容绍宗大败侯景，侯景率残兵投奔南梁。

八月，侯景叛梁起兵。

十月，侯景进入建康，围困台城。

549 年

三月，侯景攻陷台城，囚梁武帝。

四月，东魏高澄晋封齐王。

五月，梁武帝萧衍驾崩，拥立萧纲为帝，是为简文帝。

八月，高澄在东柏堂被刺杀。

550 年

四月，湘东王萧绎下令讨伐侯景。

五月，高洋废东魏孝静帝自立，改元天保，国号齐，史称北齐。

551 年

三月，西魏文帝元宝炬崩，元钦立。

八月，侯景废简文帝，立萧栋为帝。

十一月，侯景称帝，国号汉。

十二月，高洋弑杀东魏孝静帝元善见。

552 年

四月，侯景被杀，武陵王萧纪称帝于成都。

十一月，湘东王萧绎称帝于江陵，是为梁元帝。

553 年

三月，西魏发兵攻蜀。

七月，萧纪兵败被杀。

八月，尉迟迥攻取成都，任益州刺史。

554 年

正月，宇文泰废元钦，立元廓为帝，是为西魏恭帝。

十月，西魏发兵江陵。

十一月，西魏攻陷江陵，梁元帝被杀。

555 年

正月，萧詧称帝于江陵，向西魏称藩，史称西梁（后梁）。

五月，王僧辩迎立萧渊明称帝于建康。

九月，陈霸先杀王僧辩。

十月，陈霸先拥立萧方智为帝，是为梁敬帝。

556 年

正月，西魏设立六官制。

十月，宇文泰病逝于云阳宫，托孤于宇文护。

557 年

正月，宇文觉称天王，国号周，是为北周孝闵帝，北周自此建立。

二月，赵贵谋反被杀。

三月，独孤信被赐死。

九月，宇文护废宇文觉，立宇文毓为天王，是为北周明帝。

十月，陈霸先受禅称帝，定都建康，国号陈，是为陈武帝，陈朝是南朝的最后一个王朝。

559 年

六月，陈霸先驾崩，陈蒨即位，是为陈文帝。

八月，北周明帝宇文毓称帝，建元武成。

十月，北齐高洋驾崩，高殷即位。

560 年

四月，北周宇文护废宇文毓，立宇文邕为帝，是为北周武帝。

八月，北齐高殷被废，高演即位，是为北齐孝昭帝。

561 年

九月，北齐孝昭帝高演杀废帝高殷。

十一月，北齐高演驾崩，高湛即位，是为北齐武成帝。

562 年

闰二月，西梁萧詧驾崩，萧岿即位，是为西梁明帝。

563 年

冬，北周联合突厥发兵北齐。

564 年

正月，北齐击败北周和突厥。

十月，北周宇文护发兵攻打北齐。

十二月，北周军大败。

565 年

四月，北齐高湛称太上皇，禅位于高纬，是为北齐后主。

566 年

四月，陈文帝驾崩，陈伯宗即位。

568 年

七月，杨忠病逝，杨坚袭爵。

十一月，北齐太上皇高湛驾崩。

569 年

正月，陈朝陈顼废帝自立，是为陈宣帝。

571 年

七月，北齐琅邪王高俨杀和士开。

九月，高俨被杀。

572 年

三月，北周宇文护被杀，宇文邕亲政，改元建德。

六月，北齐斛律光被杀。

573 年

二月，北齐设文林馆。

三月，陈宣帝命吴明彻统兵伐齐。

十月，王琳被杀。

十二月，北周定三教次序，以儒为先，道为次，释为后。

574 年

五月，北周武帝下诏灭佛。

575 年

七月，北周武帝宇文邕下诏伐齐，六路大军出兵北齐。

九月，北周撤军。

576 年

二月，北周皇太子宇文赟征讨吐谷浑。

九月，北周武帝再次下诏伐齐。

十二月，北齐高延宗称帝于晋阳。

577 年

正月，高纬传位于高恒，高恒即位，北周攻破北齐都城邺城，后主高纬和幼主高恒逃至青州被俘。

二月，北周攻破信都，北齐灭亡，北周完成了对北方的统一。

十月，陈宣帝命吴明彻出兵北伐。

十二月，高绍义称帝。

578 年

二月，吴明彻围彭城，兵败被擒。

五月，北周武帝北伐突厥，驾崩于云阳宫。

六月，太子宇文赟即位，是为北周宣帝。

579 年

二月，北周宣帝禅位，自称天元皇帝，改元大象，太子宇文阐即位，是为北周静帝。

580 年

五月，北周宣帝暴病而亡，杨坚矫诏辅政，总理朝政。

六月，相州总管尉迟迥起兵反叛。

十月，三总管之乱平定。

十二月，杨坚晋封随王。

581 年

二月，杨坚受禅称帝，国号隋，是为隋文帝，改元开皇，隋朝自此建立。

582 年

正月，陈宣帝陈顼驾崩，陈叔宝即位，是为陈后主。

584 年

正月，西梁萧岿入朝长安。

585 年

五月，西梁明帝萧岿驾崩，萧琮即位。

587 年

八月，西梁萧琮入朝长安。

九月，西梁国除，萧岩投奔陈朝。

588 年

三月，隋文帝下诏伐陈。

九月，隋文帝正式发兵陈朝。

589 年

正月，隋军攻陷陈朝，俘虏陈后主，陈朝灭亡，隋朝完成南北统一。

附录三

主要参考书目

[1] ［唐］令狐德 . 周书 [M]. 北京：中华书局，1971.

[2] ［唐］李百药 . 北齐书 [M]. 北京：中华书局，1972.

[3] ［唐］魏徵，等 . 隋书 [M]. 北京：中华书局，1973.

[4] ［唐］姚思廉 . 梁书 [M]. 北京：中华书局，1973.

[5] ［唐］姚思廉 . 陈书 [M]. 北京：中华书局，1972.

[6] ［北齐］魏收 . 魏书 [M]. 北京：中华书局，1974.

[7] ［唐］李延寿 . 南史 [M]. 北京：中华书局，1975.

[8] ［唐］李延寿 . 北史 [M]. 北京：中华书局，1974.

[9] ［宋］司马光编著 . 资治通鉴 [M]. 北京：中华书局，1976.

[10] ［唐］道宣撰 . 续高僧传 [M]. 北京：中华书局，2014.

[11] 王仲荦著 . 北周六典 [M]. 北京：中华书局，1979.

[12] 雷依群著 . 北周史稿 [M]. 西安：陕西人民教育出版社，1999.

[13] 韩昇 . 隋文帝传 [M]. 北京：人民出版社，1998.

[14] 陈寅恪著 . 隋唐制度渊源略论稿　唐代政治史述论稿 [M]. 北京：商务印书馆，2011.

[15] 唐长孺著 . 魏晋南北朝史论丛 [M]. 北京：商务印书馆，2010.

[16] 唐长孺著 . 魏晋南北朝隋唐史三论 [M]. 北京：中华书局，2011.

[17] 王仲荦著 . 魏晋南北朝史 [M]. 上海：上海人民出版社，2016.

[18] 万绳楠整理 . 陈寅恪魏晋南北朝史讲演录 [M]. 贵阳：贵州人民出版社，2007.

[19] 严耀中著 . 中国历史　两晋南北朝史 [M]. 北京：人民出版社，2009.

[20] 吕春盛著 . 北齐政治史研究　北齐衰亡原因之考察 [M]. 台湾：国立台湾大学出版委员会，1987.

[21] 吕春盛著 . 陈朝的政治结构与族群问题 [M]. 台湾：稻乡出版社，2001.

[22] 吕春盛著 . 关陇集团的权力结构演变　西魏北周政治史研究 [M]. 台湾：稻乡出版社，2010.

[23] 李万生著 . 侯景之乱与北朝政局 [M]. 北京：中国社会科学出版社，2003.

[24][日] 谷川道雄著；李济沧译 . 隋唐帝国形成史论 [M]. 上海：上海古籍出版社，2011.

[25] 陈琳国，侯旭东主编 . 中国大通史 7 魏晋南北朝 上 [M]. 北京：学苑出版社，2018.

[26] 陈琳国，侯旭东主编 . 中国大通史 8 魏晋南北朝 下 [M]. 北京：学苑出

版社，2018.

[27] 陈琳国，陈群著.可汗的子孙与魏晋乱世 [M].合肥：安徽人民出版社，2013.

[28] 周一良著.魏晋南北朝史论集 [M].北京：北京大学出版社，2003.

[29] 周一良著.魏晋南北朝史十二讲 [M].北京：中华书局，2010.

[30] 吕思勉著.两晋南北朝史 上 [M].上海：上海古籍出版社，2005.

[31] 吕思勉著.两晋南北朝史 下 [M].上海：上海古籍出版社，2005.

[32] 劳榦著.魏晋南北朝简史 [M].北京：中华书局，2018.

[33] 曾磊著.北朝后期军阀政治研究 [M].北京：人民出版社，2015.

[34] 苏小华著.北镇势力与北朝政治文化 [M].北京：中国社会科学出版社，2012.

[35] 阎步克著.波峰与波谷　秦汉魏晋南北朝的政治文明 [M].北京：北京大学出版社，2017.

[36] 汤用彤著.汉魏两晋南北朝佛教史 [M].上海：上海人民出版社，2015.

[37] 黄永年著.六至九世纪中国政治史 [M].上海：上海书店出版社，2004.

[38] 萨孟武.中国社会政治史　三国两晋南北朝卷 [M].北京：生活·读书·新知三联书店，2018.

[39] 余方德编著.陈朝五帝与陈朝兴亡 [M].杭州：浙江人民出版社，2013.

[40] 庄辉明著.齐梁文化研究丛书　南朝齐梁史 [M].上海：上海古籍出版社，2015.

[41] 庄辉明著.萧衍评传 [M].上海：上海古籍出版社，2018.

[42] 张金龙著.治乱兴亡　军权与南朝政权演进 [M].北京：商务印书馆，2016.

[43] 罗新，叶炜著.新出魏晋南北朝墓志疏证 [M].北京：中华书局，2016.

[44] 杜士铎主编.北魏史 [M].太原：北岳文艺出版社，2017.

[45] 施建中著.隋文帝评传　沿革随时再统华夏的英主 [M].南宁：广西教育出版社，1996.

[46] 洪卫中著.后三国　梁末北迁士人研究 [M].北京：中国社会科学出版社，2014.

[47] 姜狼著.逐鹿天下　北齐和北周四十年争霸史 526-581[M].北京：现代出版社，2015.

[48] 陈羡著.悠悠南北朝——三国归隋的统一路 [M].重庆：重庆出版社，2009.

[49] 岑仲勉著 . 隋书求是 [M]. 北京：中华书局，2004.

[50] 韩国磐著 . 隋朝史略 [M]. 上海：华东人民出版社，1954.

[51] 李文才著 . 魏晋南北朝隋唐政治与文化论稿 [M]. 北京：世界知识出版社，2006.

[52] 姚薇元著 . 北朝胡姓考 [M]. 北京：中华书局，2007.

[53] 谷霁光著 . 府兵制度考释 [M]. 北京：中华书局，2011.

[54] 台湾三军大学著 . 中国历代战争史 6 南北朝 [M]. 北京：中信出版社，2012.

[55] 台湾三军大学著 . 中国历代战争史 7 隋 [M]. 北京：中信出版社，2013.

[56] 雷家骥著 . 隋史十二讲 [M]. 北京：清华大学出版社，2012.

[57] 熊伟著 . 魏晋隋唐政治制度史研究　以监察制与府兵制为中心 [M]. 郑州：郑州大学出版社，2015.

[58] 熊伟著 . 府兵制与北朝隋唐国家政治生态研究 [M]. 北京：人民出版社，2014.